모든 세대가 함께하는

고령화사회

모든 세대가 함께하는

고령화사회

선진국의 경험과 한국의 정책 방향

펴낸곳 서울대학교출판문화원
펴낸이 오연천
편저자 최성재

초판 1쇄 발행 2012년 2월 20일
초판 2쇄 발행 2012년 11월 1일

출판등록 제15-3호
주소 서울특별시 관악구 관악로 1 우편번호 151-742
대표전화 02-880-5252 팩스 02-888-4148
마케팅팀(판매상담) 02-889-4424, 02-880-7995
이메일 snubook@snu.ac.kr
홈페이지 www.snupress.com
영문홈페이지 eng.snupress.com

ISBN 978-89-521-1287-3 93330

모든 세대가 함께하는

고령화사회

선진국의 경험과 한국의 정책 방향

최성재 편저

서울대학교출판문화원

책을 펴내면서

21세기에 인류사회가 직면한 가장 큰 과제 중의 하나는 고령화 현상이라 해도 과언이 아닐 것이다. 2002년 스페인 마드리드에서 UN 주관으로 개최된 제2차 세계고령화총회(The Second World Assembly on Ageing)에서 고령화를 세계화(globalization)에 버금갈 정도로 미래사회의 중요한 변화요인이라고 인정하였다.

이제 고령화는 선진국에서만이 아니라 개발도상국에서도 중요한 과제로서 세계적인 현상이 되고 있고, 모든 사회가 고령화사회로 향하는 것을 피할 수 없다. 고령화는 단순히 노인복지나 사회복지 차원에서 해결할 과제가 아니라 사회의 전반적 제도와 연계되어 있기 때문에 국가사회 전체의 과제가 될 수밖에 없다.

고령화가 심화되어 니디날 미래사회는 전체적으로 지금까지와는 전혀 다른 새로운 사회가 될 수밖에 없을 것이다. 고령화의 가장 큰 두 가지 원인은 저출산과 수명연장인데, 이 두 가지 현상은 우리에게 불가피하게 다가올 것이기 때문에 고령화사회는 두려움의 대상이 되고 부정적 사회로 인식되고 있다.

이 책의 편저자로서 나는 지난 30년 가까이 대학 강단에서 학생들을 가르치고, 연구하고 또한 우리보다 먼저 고령화를 경험한 선진국을 방문하여 고령화의 영향을 보고 듣는 기회를 많이 얻었다. 이를 통해 고령화사회는 인류사회 발전의 위대한 결과라 생각하고, 향후 진전될 고령화사회는 사회와 사회 구성원이 노력하면 장수의 축복 속에 삶의 만족을 누리는 새로운 사회로 만들어 갈 수 있다는 확신을 하게 되었다.

우리 앞에 다가올 미래사회, 고령화사회를 새로운 사회로 만들어 나아가기 위해서는 사회 전체와 사회구성원 모두가 고령화 현상을 바로 이해할 필요가 있고, 우리보다 앞서 고령화를 경험한 선진국의 대책과 시행착오를 살펴보고 우리 사회가 대응해 나아가야 할 방향을 제시하는 것이 중요하다고 생각한다.

이에 정책 전문가는 물론 일반인이나 대학생들이 교양적 수준에서 고령화사회를 이해하고 대책을 강구하는 데 도움이 될 수 있는 지침서가 필요하다고 생각하여 이 책을 엮어내게 되었다. 우리 사회가 지향해야 할 미래사회는 '모든 세대가 함께하는 사회'가 되어야 한다는 의미에서 책의 제목을 '모든 세대가 함께하는 고령화사회'으로 정하였다.

이 책을 편집하면서 교양수준의 책을 쓴다는 것이 참 어려운 일이라는 것을 다시 한 번 깨닫게 되었다. 전문적 용어와 이론, 주장을 쉽게 풀어쓰면서 간단명료하게 설명하는 것은 어려운 작업이었다. 따라서 책 내용 중에 전문적 용어와 이론을 잘 설명하지 못한 난해한 부분이 상당히 있음을 말씀드리고 이는 모두 편저자의 노력 부족과 능력의 부족임을 솔직히 고백한다.

그럼에도 불구하고 이 책이 고령화사회를 이해하고 대책을 생각하는 데 도움이 될 수 있을 것으로 기대하는 마음 간절하다. 부족한 점은 계속 개정판을 통해 고쳐 나아갈 것을 약속드린다.

이 책을 펴내는 데 기꺼이 원고를 써 준 나의 사랑하는 제자들과 이 책의 출판을 기꺼이 맡아 준 서울대학교출판문화원 김종서 원장님, 그리고 책 전체의 편집을 꼼꼼히 지도해 주신 형난옥 본부장님과 편집 업무를 맡아 준 정성숙 팀장님께 깊이 감사드리고, 이 책의 원고 교정을 도와준 연구실 허선영 조교에게도 감사드린다.

2012년 2월

관악 캠퍼스 연구실에서

편저자 최성재

차 례

제1장
고령화사회의 의미와 영향

20세기(1900년대)에 들어서면서부터 의학의 발전, 위생상태와 영양상태의 개선, 건강 상식의 확산 등으로 인간의 수명이 종전에 비해 크게 늘어나게 되었다. 세계적으로 평균수명이 크게 연장되어 왔으며, 특히 선진 산업사회에서는 평균수명(남녀평균)이 80세를 넘어서게 되었다. 우리나라에서도 평균수명이 크게 늘어나 2010년 현재 평균수명(남녀평균)이 80세가 되었고, 65세 이상 노인인구는 총인구의 11%를 차지하는 것으로 나타났다.

지금부터 1200여 년 전 중국 당나라 시대 유명 시인 두보(杜甫)가 읊은 '人生七十古來稀'(사람이 70세까지 사는 것은 옛날부터 드문 일)라는 시구('曲江[第二首]'의 한 구절)를 보면 당시 70세는 아주 보기 드문 장수의 나이였다는 것을 알 수 있다. 우리나라에서 이제는 인생 팔십이 보편화되었고 백세인(100세 이상의 사람)의 수도 2010년 현재 1,836명으로 백세인도 이제는 보기 드문 장수자가 아닐 정도가 되었다. 앞으로 평균수명은 계속 연장되어 '인생일백(人生一百)'이 보편화될 수 있을지도 모른다.

고령화는 개인의 평균수명이 연장되는 개인 고령화(individual aging)와 개인 고령화를 사회적 차원에서 총체적으로 생각하는 인구 고령화(population aging)를 모두 포함하고 있다. 고령화사회는 개인이 고령화하고 이에 따라 한 사회의 인구가 고령화하는 사회를 말하는 것이다. 개인 고령화는 개인과 가족의 입장에서 소원의 성취나 축복이 될 수 있지만 다른 한편으로는 여러 가지 어려운 문제가 따라올 수도 있다. 그리고 인구 고령화는 인류사회 발전의 위대한 성취라 할 수 있지만 사회적으로 많은 부담을 증가시킬 수 있기 때문에 사회 문제가 될 수도 있다.

고령화사회는 우리가 피해 갈 수 없는 큰 사회적 변화이기 때문에 고령화사회를 잘 이해하고 개인적으로는 물론 사회적으로 잘 대응하고 준비해 나가야 할 것이다. 따라서 고령화사회와 이에 관련된 여러 사회적 현상을 이해하는 것이 중요하다. 고령화사회와 관련된 사회현상을 본격적으로 이해하기 위한 첫 출발로서 이 장에서는 고령화를 개인 고령화와 인구 고령화로 나누어 그 의미를 살펴보고, 고령화사회의 의미와 고령화의 영향을 생각해 보기로 하겠다.

I. 개인 고령화

개인 고령화(individual aging)는 시간의 경과(연령의 증가)에 따라 신체적·생리적 변화로 나타나는 현상을 의미하지만 많은 경우 신체적·생리적 변화와 더불어 수명이 연장되는 것을 의미하기도 한다. 우리말로 고령화라 할 때는 개인의 수명이 점차 연장되는 것을 말하는 경우가 대부분이다. 개인의 수명은 그 개인이 속한 사회 전체의 개인 수명을 평균해서 말하는 것이 더 큰 의미가 있기 때문에 평균수명(life expectancy)을 개인의 수명이 얼마나 길어지고 있는가를 나타내는 지표로 삼고 있다. 평균수명은 '평균기대수명'이라 말하는 것이 더 정확하지만 '기대'라는 말을 생략하고 간단히 '평균수명'으로 말하는 경우가 대부분이다. 평균수명은 특정한 해에 특정한 사회에서 출생한 가상적 사람들이 다른 연령의 모든 사람들과 동일한 사망위험 요인이 주어진 상태에서 기대할 수 있는 평균적 사망 연령을 말한다. 다시 말해 평균수명은 그 연령에 속한 사람들이 같은 사망위험 요인이 주어질 것으로 가정하고 그러한 사망 위험요인을 안고 앞으로 살 수 있을 것으로 기대하는 평균적 수명이라는 의미이다. 그 특정한 해(연령)는 출생 시점의 해가 될 수도 있고 생존하고 있는 사람의 현재 나이에 해당하는 해일 수도 있다. 다시 말해 0세에서 평균수명, 10세에서 평균수명, 20세에서 평균수명, 65세에서 평균수명으로 말할 수 있다는 것이다.

그런데 일반적으로 우리나라에서는 출생 시(0세) 평균수명의 경우만 평균수명이라는 말을 사용하고, 출생하여 일정한 나이까지 생존하고 있는 경우의 평균수명은 그 나이(그해)에서 앞으로 남아 있을 것으로 기대하는 수명이라는 의미를 강조하여 '그 나이에서 기대여명'(예 : 50세에서 기대여명)이라 한다. 다시 말해 평균수명이라 하면 출생 시(0세)에서의 평균기대수명을 말하고, 기대여명이라 하면 생존하고 있는 사람의 당시 나이에서 평균기대수명을 말하는 것으로 이해하는 것이 일반적이다. 예를 들어 2011년 현재 평균수명이 80세라 하면 2011년에 현재 출생한 영아(0세)의 평균수명을 말하고, 2011년 현재 50세에서 기대여명이 30세라 하면 현재 50세인 사람이 앞으로 남아 있을 것으로 기대하는 수명이 평균 30년이라는 의미가 된다.

각 연령과 그 연령에서 기대여명(예를 들면 20세에서 기대여명 등)의 합은 평균수명보다 길다. 왜냐하면 20세까지 산 사람은 20년간의 사망 위험요인을 이미 극복했기 때문에 평균수명에서 20년간의 사망 위험률이 적용되지 않아 [나이+기대여명]은 평균수명보다 길게 된다. 예를 들어 2005년 현재 65세 남자의 기대여명은 16세이므로 나이+기대여명은 65세+16세= 81세가 된다. 그런데 이 81세는 2005년도 남자 평균수명 75세보다 훨씬 길다. 그러므로 어떤 해에 어떤 나이에 해당하는 사람의 기대여명을 계산할 때 그해의 평균수명에서 그 나이를 뺀 값으로 계산하지 않도록 주의할 필요가 있다.

역사적으로 보면 선사시대에는 동서양을 막론하고 평균수명이 20세가 되지 못했던 것으로 추정된다(Cowgill, 1986). B. C. 500년경 그리스에서는 평균수명이 18세, A. D. 100년경 로마에서는 25년 정도였던 것으로 추정된다(Harris & Cole, 최신덕 역, 1985). 로마제국 시대 후 18세기까지는 별다른 평균수명의 증가가 거의 나타나지 않았다.

표 1-1 주요 국가 평균수명 추이 (단위: 년)

국 명		2005~2010	2015~2020	2025~2030	2045~2050
선진국	전체	75.6	78.2	79.8	82.4
	남	71.9	74.7	76.5	79.4
	여	79.3	81.6	83.0	85.5
개도국	전체	64.1	68.2	70.5	74.3
	남	62.5	66.3	68.5	72.1
	여	65.9	70.1	72.5	76.5
미국	전체	77.4	79.5	80.7	83.1
	남	74.7	76.8	77.9	80.4
	여	80.0	82.1	83.3	85.7
일본	전체	81.9	84.2	85.2	87.1
	남	78.3	80.5	81.5	83.3
	여	85.2	87.9	88.9	90.9
이탈리아	전체	79.9	81.7	82.9	85.5
	남	76.9	78.8	79.9	82.1
	여	82.9	84.6	85.8	87.9
중국	전체	72.0	74.9	76.6	79.3
	남	70.5	73.2	74.8	77.4
	여	73.7	76.9	78.6	81.3
스웨덴	전체	80.1	82.2	83.3	85.2
	남	77.8	80.3	81.4	83.5
	여	82.3	84.2	85.2	87.0
한국	전체	77.0	80.2	81.4	83.5
	남	73.5	76.6	77.8	79.9
	여	80.6	83.8	85.0	87.1

출처: UN(2007), World population prospects: the 2006 revision.
통계청(2006), 장래인구 추계 결과.

표 1-2 세계 각국의 평균수명(2007~2009) (단위: 년)

국 가	평균수명			국 가	평균수명		
	남	여	연도		남	여	연도
한 국	76.5	83.3	2008	영국	77.6	81.8	2007
일 본	79.3	86.1	2008	오스트리아	77.8	83.3	2008
스웨덴	79.4	83.4	2009	프랑스	77.8	84.5	2009
아이슬란드	79.6	83.0	2008	벨지움	77.1	82.6	2007
스위스	79.8	84.6	2008	미국	75.3	80.4	2007
노르웨이	78.3	83.0	2008	아일랜드	77.5	82.3	2008
호주	79.2	83.7	2008	룩셈부르크	78.1	83.1	2008
그리스	77.5	82.5	2008	독일	77.6	82.7	2008
캐나다	78.3	83.0	2007	포르투갈	76.2	82.4	2008
네덜란드	78.3	82.3	2009	핀란드	76.5	83.3	2008
이탈리아	78.7	84.2	2007	멕시코	72.9	77.6	2009

출처: OECD(2011), Society at a glance.

표 1-3 우리나라 평균수명 추이 (단위: 년)

연 도	평 균 수 명		
	전체	남	여
1905	–	22.6	24.4
1945	–	45.6	50.7
1950	–	48.3	53.9
1960	52.4	51.1	53.7
1971	62.3	59.0	66.1
1981	66.2	62.3	70.5
1991	71.7	67.7	75.9
2000	76.0	72.3	79.6
2010	79.6	76.1	82.9
2020	81.5	78.0	84.7
2030	83.1	79.8	86.3
2050	86.0	82.9	88.9

출처: 통계청(2006), 장래인구추계 결과.

19세기 중엽 유럽에서 선진국 평균수명이 45세에 이른 나라도 있었지만 (Stolnitz, 1968), 20세기에 이르러서야 평균수명이 전반적으로 크게 증가하기 시작하였다.

<표 1-1>에서 보는 바와 같이 21세기에도 세계 각국의 평균수명은 계속적으로 크게 연장될 것으로 예측된다. 국가별 평균수명을 살펴보면 <표 1-2>에서 보는 바와 같이 일본은 세계 최장수국으로 2008년에 남자 79.3세, 여자 86.1세였고, 호주는 2008년에 79.2세, 83.7세였으며, 영국은 2007년에 77.6세, 81.8세였다. 그리고 프랑스는 2009년에 77.8세, 84.5세였고, 미국은 2007년에 75.3세, 80.4세였으며, 멕시코는 2009년에 72.9세, 77.6세였다.

우리나라의 경우 20세기에 막 들어선 1905년에 평균수명은 남자 22.6세, 여자 24.4세였던 것이 해방 당시인 1945년에는 남자 45.6세, 여자 50.7세로 40년 사이에 2배로 연장되었고, 2000년에는 남자가 72.3세, 여자 79.6세가 되어 20세기 초반에 비해 3~4배가량 증가되었다(<표 1-3> 참조). 그리고 2050년경에는 평균수명이 남자 82.9세, 여자 88.9세가 될 것으로 예상된다.

이와 같은 평균수명의 연장은 주로 유아 사망률의 저하, 보건위생의 개선, 의학의 발달로 인한 성인질병, 특히 뇌혈관질환, 악성 신생물(암 종류) 및 심장병 등에 대한 치료의 진전 때문인 것으로 생각된다.

평균수명은 건강평균수명(healthy life expectancy)과 의존평균수명(dependent life expectancy)으로 구분하는 경우도 있다. 건강평균수명은 일생 중 건강하게 생활하는 기간의 수명을 말하고, 의존평균수명은 일생 중 건강하지 못하여 일상생활 활동을 남에게 의존하여 생활하는 기간의 수명을 말한다. 즉, 평균수명=건강평균수명+의존평균수명이 된다. 우리나라의 경우 2004년 평균수명(남여 평균)은 79세였는데 건강수명은 69년이었고, 의존평균수명은 10년이나 되었다(보건복지부, 2006).

개인 고령화와 관련된 중요한 분류 중 하나는 65세 이상의 노인인구를 연령에 따라 다시 3개 집단, 즉 연소노인(the young old), 중고령노인(the middle old) 및 초고령노인(the old old or the oldest old)으로 구분하는 것이다. 사실 노인을 65세 이상의 사람으로 규정하는 경우가 가장 일반적인데 평균수명이 연장됨에 따라 노인의 연령은 65세부터 100세 이상까지 그 폭이 대단히 커지고 있기 때문에 65세 이상을 한 부류로 묶어 생각하는 것은 노인의 특성을 제대로 반영하기 어렵다고 본다. 그래서 65세 이상 노인을 세 집단으로 구분하여 65~74세 노인을 연소노인, 75~84세 노인을 중고령노인, 85세 이상 노인을 초고령노인으로 부르는 경우가 많다(80세 이상을 초고령 노인으로 보는 경우도 있다). 노인인구를 이렇게 세 집단으로 구분해 볼 때 초고령노인 집단의 증가율이 우리나라에서는 물론 세계적으로도 가장 높다.

II. 인구 고령화

1. 인구 고령화의 의미

인구 고령화(population aging)는 개인 고령화를 사회(국가) 전체적으로 생각한 것인데 한 사회의 총인구 중 사망률의 저하로 65세 이상의 노인인구가 증가하고 출산율의 저하로 노인인구 비율이 증가하는 현상을 말한다(Weeks, 2005). 인구 고령화는 노인인구 비율이 상대적으로 증가하는 현상이기 때문에 그 근본적 원인은 평균수명 연장과 출산율(fertility rate or 정확히 말해 total fertility rate) 저하라 할 수 있다. 이런 의미에서 모든 사회의 인구는 고령화하고 있다고 할 수 있다.

인구 고령화의 사회적 영향과 관련하여 이해해야 할 주요한 개념 중의 하나는 노인인구 부양비(support ratio)이다. 사회인구학적 차원에서 연령집단의 분류는 생산활동에 종사할 수 있는 연령인가 아닌가에 따라 부양인구(생산인구)와 피부양인구로 나눈다. 부양인구는 생산활동에 종사할 수 있는 15~64세의 인구를 말하고, 피부양인구는 생산활동에 종사하기 어려운 0~14세의 유소년인구(幼少年人口)와 65세 이상 노인인구를 말한다. 전체인구의 부양비는 유소년인구와 노인인구의 합을 부양인구로 나눈 값에 100을 곱한 것으로 계산한다. 계산식으로 표시하면 ([유소년인구 + 노인인구] ÷ 부양인구) × 100이 된다.

부양비가 10이라 하면 사회적으로 피부양인구 10명을 부양인구 100명이 부양한다는 의미인데 이를 간단히 말하면 사회적으로 10명이 일해서 1명을 먹여 살린다는 의미가 된다. 부양비는 유소년인구 부양비와 노인인구 부양비로 나누어 말할 수도 있다. 유소년인구 부양비는 유소년인구를 부양인구로 나누어 100을 곱한 값([유소년인구 ÷ 부양인구] × 100)으로, 노인 부양비는 65세 이상 노인인구를 부양인구로 나눈 값에 100을 곱한 값([노인인구 ÷ 부양인구] × 100)으로 계산한다. 예를 들어 노인 부양비가 20이면 사회적으로 노인 20명을 생산인구 100명이 부양한다는 것인데 이는 사회적으로 노인 1명을 5명(20/100=1/5)이 일해서 먹여 살린다는 의미이다. 노인인구 비중이 증가할수록 노인 부양비가 늘어나게 되고 이는 곧 사회적 부담이 증가한다는 것을 의미한다. 이러한 의미에서 노인 부양비는 곧 사회적 부담을 나타내는 지표로 널리 활용되고 있다.

연령적으로 0~14세까지(유소년인구)를 피부양인구로 인정하는 데는 별다른 이의가 없겠지만 15~64세를 부양인구로 간주하는 것과 65세 이상을 피부양인구로 인정하는 것에 대해서는 이의가 있을 수 있다. 그럼에도 불구하고 사회인구학적으로 이 같은 부양비 계산방식이 국제적으로 널리 통용되고 있다. 이와 같이 총인구를 부양인구와 피부양인구의 2개 집단으로 나누어 부양비를 계산하는 것은 국가 간 또는 지역 간 비교의 편의성을 도모한다는 면에서 의미가 있지만 사회제도가 다른 특정 국가나 사회의 정확한 부양비를 알기에는 미흡한 점이 상당히 있다.

예를 들면 우리나라의 경우 고등학교 졸업자의 85% 정도가 대학에 진학하고 대학 졸업 후 군복무까지 의무적으로 끝내야 비로소 경제적으로 자립할 수 있는 상태가 되기 때문에 연소 피부양인구를 0~25세로 보는 것이 현실적일 것이다. 그리고 평균 퇴직연령이 아직도 60세에도 이르지 못하는 상태이기 때문에 노년 피부양인구는 60세 이상으로 보는 것이 현실적일 것이다. 이렇게 보면 피부양인구는 크게 확대되고 부양인구는 크게 축소되어 우리나라의 실제 부양비는 아주 높다고 할 수 있다. 따라서 부양인구와 피부양인구의 범위는 한 국가사회의 일반적 취업연령과 법정 또는 관행적 퇴직연령에 따라 다르게 분류하여 계산하는 것이 현실적일 것이다.

인구 고령화와 관련된 다른 하나의 개념으로 유소년 인구에 대한 노인인구의 상대적 비율[(노인인구 ÷ 유소년인구) × 100]을 나타내는 노령화(고령화)지수가 있으나 인구 고령화의 지표로는 많이 사용되지 않는 편이다.

2. 노인인구 비율에 따른 사회 분류

65세 이상 노인인구가 한 국가사회의 전체인구 중에 차지하는 비율에 따라 국가사회를 두 가지 분류 체계로 분류하고 있다. 한 분류 체계는 UN의 정의에 따른 것인데 65세 이상 인구가 7% 이상인 국가를 고령국가(aged nation), 4% 이상 7% 미만인 국가를 장년국가(matured nation), 4% 미만인 국가를 청년국가(young nation)로 구분하는 것이다(UN, 1956). 이는 세계적 고령화 현상이 별로 나타나지 않았고 급속하게 진행될 것으로 예상하지 못했던 20세기 중반의 상황에서 나온 분류 체계라 할 수 있다.

다른 분류 체계는 일본식 분류 체계로 UN에서 분류했다고 하나 확인할 수가 없다. 이는 65세 이상 인구가 7% 이상 14% 미만의 사회를 고령화사회(aging society), 14% 이상 21% 미만인 사회를 고령사회(aged society), 21% 이상인 사회를 초고령사회(super-aged society)로 구분하는 것이다(内海洋一, 1992). 우리나라에서도 이와 같은 분류를 따르고 있다. 대부분의 일본 문헌에서는 UN에서 이렇게 세 가지로 분류했다고 주장하고 있지만 UN의 공식적 보고나 기록에서는 이와 같은 분류를 찾아볼 수 없다. 더욱이 일부 일본 문헌에서도 UN의 분류라는 것이 불확실하다고 하고 있다(일본 대장성, 2005). UN 보고서를 검토해 본 결과 1956년도 UN의 Population Studies, No. 26(The Aging of Populations and Its Economic and Social Implications)의 제1장의 "··· 65세 이상 인구의 비율이 7%를 초과하면 고령인구(aged population)라고 임의적으로 정의할 수 있다"(p. 7)라고 말한 내용에서 7%를 고령화사회를 분류하는 기준 비율로 삼은 것이 아닌가 생각된다. 그러나 이 UN 보고서에서 만 65세 이상 인구 7% 이상을 고령국가로 언급했을 뿐 그 이외의 다른 UN 보고서나 문서에서 고령화사회, 고령사회 및 초고령사회를 7% 및 그 배수 비율을 사용하여 분류한 근거는 찾아볼 수 없다.

또한 일본 문헌에서 초고령사회를 분류하는 노인인구 비율로 20% 이상과 21% 이상을 혼용하고 있으나 20%를 사용하는 경우가 더 많고, 우리나라에서도 20% 이상을 초고령사회로 분류하고 있는 경우를 많이 볼 수 있다. 20%와 21%는 수적으로 차이가 큰 것도 아니고 20%가 될 때와 21%가 될 때에 확연한 사회적 차이가 나타날 것으로 예측되는 근거도 없기 때문에 20%인가 혹은 21%인가를 따지는 것은 큰 의미가 없지만 적어도 그것이 분류 체계인 만큼 그 기준은 논리적이어야 한다. 그러나 왜 초고령사회의 노인인구 비율을 7%의 배수 개념인 21%로 하지 않고 20%로 하는지에 대한 타당한 근거는 찾기 어렵다. UN에서 처음 65세 이상 인구가 7% 이상인 국가를 고령국가(aged nation)로 한 것이 임의적이기는 하지만(UN, 1956), 일단 65세 이상 노인인구 7% 이상을 고령국가로 분류한 수치로 받아들이기로 하고 7%의 배수 개념을 적용하여 고령화사회를 구분하는 것이 더 논리적이라 생각한다. 따라서 초고령사회는 노인인구 20% 이상이 아니라 21% 이상인 사회로 보는 것이 타당하다.

이와 같은 일본식 세 분류 체계는 일본과 우리나라 이외의 외국이나 UN에서는 거의 사용되지 않고 있으며, 학술적으로도 사용되지 않고 있다. 우리나라에서 이 같은 세 분류 체계를 마치 UN에서 공식적으로 사용한 것처럼 널리 이해하고 많이 사용하고 있는 현상을 무시할 수는 없다 하더라도 국제적인 보고나 학술적 논의에 사용하는 데는 신중을 기할 필요가 있다.

즉, 이 같은 일본식 분류 체계는 노인인구 비중의 증가 지표로서, 그리고 인구 고령화 지표로서 의미는 있으나 아직 국제적으로 인정되고 있는 것은 아니다. 따라서 국제적인 논의에서는 고령화사회-고령사회-초고령사회의 3분류 체계를 사용하는 것보다는 고령화사회(aging society)로 단순화시켜 사용하는 것이 바람직하다. 세계 모든 나라에서 노인인구의 비율과 수가 증가하고 있기 때문에 세계 모든 국가사회는 고령화사회라 할 수 있다. 그러나 모든 국가를 고령화사회라 하면 구분이 어려우므로 일정 노인인구 비율을 고령화사회의 기준 수치로 삼아야 한다면 7% 이상인 사회를 고령화사회로 보는 것이 바람직하다.

한편 현실적으로 3분류 체계를 일본과 우리나라에서 보편적으로 사용하고 있기 때문에 이 분류 체계를 무시할 수는 없다. 따라서 위에서 말한 두 가지 분류 체계를 혼합하여 65세 이상 노인인구 비율에 따른 각각의 국가사회를 <표 1-4>와 같이 분류할 수 있을 것이다.

표 1-4 65세 이상 노인인구 비율에 따른 국가사회의 분류

총인구 중 65세 이상 노인인구 비율	사회의 명칭
4% 미만	청년기사회(young society)
4% 이상～7% 미만	장년기사회(matured society)
7% 이상～14% 미만	고령화사회(aging society)
14% 이상～21% 미만	고령사회(aged society)
21% 이상	초고령사회(super-aged society)

기존의 문헌에서 초고령사회를 65세 이상 노인인구 20% 이상의 사회로 규정하는 경우가 일반화되어 있지만(우리나라 통계청에서조차 그렇게 사용하고 있음) 초고령사회를 65세 이상 노인인구 21% 이상의 사회로 규정하는 것

이 더 합리적이기 때문에 세계 몇몇 주요 국가의 65세 이상 노인인구가 언제 7%, 14%, 그리고 21%가 되었는가(될 것인가)를 추정한 결과는 <표 1-5>와 같다.

표 1-5 주요 국가의 인구 고령화 속도 추이

국 가	도달 연도			증가소요 연수	
	7%	14%	21%	7% → 14%	14% → 21%
일본	1970	1994	2006	24	12
프랑스	1864	1979	2022	115	43
독일	1932	1972	2014	40	42
영국	1929	1976	2027	47	51
이탈리아	1927	1988	2012	61	24
미국	1942	2013	2040	71	27
한국	2000	2018	2026	18	8

출처 : UN(2010), The world population prospects : the 2010 revision.
OECD(2010), OECD factbook 2010.

3. 전 세계 및 OECD 국가의 고령화 현상

<표 1-5>에서 보는 바와 같이 노인인구 7%에서 14%에 이르는 데 프랑스는 115년, 미국은 71년, 독일은 40년, 일본은 24년 정도 걸렸으나 우리나라는 18년 정도 걸릴 것으로 예상된다. 그리고 노인인구가 14%에서 21%에 이르는 데 프랑스는 43년, 미국은 27년, 일본은 12년 걸리겠지만, 우리나라는 겨우 8년밖에 걸리지 않을 것으로 예상된다. <표 1-5>에서 보면 일단 노인인구 14% 이상이 넘으면 그 증가속도는 더욱 급속해지는데 우리나라의 경우는 세계적으로 유례를 찾기 어려울 정도로 급속한 고령화가 진행되고 있음을 알 수 있다. 21세기 초반의 세계적인 인구변화 특성 중의 하나는 다른 연령집단에 비해 65세 이상 노인인구의 증가가 두드러질 것이라는 것이다(<표 1-6> 참조).

또한 세계적 추세로 주목할 만한 현상은 산업화 및 도시화로 젊은 층의 도시이주 현상이 늘어나고 이에 따라 유소년인구(0~14세까지)가 줄어들어 농촌지역에서의 노인인구 구성비율이 도시지역보다 높은 현상을 보이고 있다는 것이다(Hoover & Siegel, 1986).

표 1-6 세계 주요 국가의 인구구조 (단위: %)

국가	인구구조(%)						노인부양지수	
	2000			2050			2000	2050
	0~14세	15~64세	65세+	0~14세	15~64세	65세+		
전 세계	30.3	62.8	6.9	20.5	63.3	16.2	11.0	25.7
선진국	18.2	67.5	14.3	16.6	57.7	25.7	21.2	44.6
개도국	33.1	61.8	5.1	21.1	64.2	14.7	8.3	22.9
한국	21.1	71.7	7.2	13.2	54.0	32.8	10.0	60.7
일본	14.7	68.1	17.2	13.4	51.1	35.6	25.3	69.6
미국	21.6	66.1	12.3	18.8	60.0	21.2	18.6	35.4
이탈리아	14.3	67.5	18.2	14.3	53.0	32.7	27.0	61.7
프랑스	18.7	65.0	16.3	17.6	57.5	24.9	25.1	43.4
중국	25.0	68.2	6.8	13.5	61.1	25.6	10.0	41.9
인도	35.0	61.7	4.6	19.0	67.6	13.5	7.5	20.0

주: UN의 노인인구 비율 추정은 OECD의 추정(표 1-7)과 다름.
출처: UN(2010), World population prospects, the 2010 revision.

<표 1-7>에서 OECD 30개 국가(2011년 현재 OECD 회원국은 34개국이지만 4개 국가 자료는 제외됨)의 노인인구 비율 평균은 2000년 13.0%에서 2030년 21.5%, 2050년 25.8%로 증가할 것으로 예상되고 전 세계 평균에 비해서도 거의 2배 정도 높을 것으로 예상된다. 2010년 현재 우리나라는 11.3%에 불과하지만 2030년이 되면 OECD 평균을 넘어선 후 2050년이 되면 38.2%가 되어 21세기 중반에는 OECD 국가 중 일본 다음으로 가장 노인인구 비율이 높은 국가가 될 것으로 예상된다.

표 1-7 OECD 국가의 65세 이상 노인인구 비율 추계 (단위: %)

국 가	2000	2010	2020	2030	2040	2050
호주	12.4	14.3	18.3	22.2	24.5	25.7
오스트리아	15.4	17.4	19.3	23.4	26.4	27.4
벨지움	16.8	17.6	20.7	24.9	27.4	27.7
캐나다	12.6	14.1	18.2	23.1	25.0	26.3
체코	13.8	15.4	20.1	22.7	26.5	31.2
덴마크	14.8	16.8	20.9	24.1	26.2	25.4
핀란드	14.9	17.3	22.8	26.2	27.0	27.6
프랑스	16.1	16.7	20.3	23.4	25.6	26.2
독일	16.4	20.4	22.7	27.8	31.1	31.5
그리스	16.6	18.9	21.3	24.8	29.4	32.5

표 1-7 OECD 국가의 65세 이상 노인인구 비율 추계(계속)

국 가	2000	2010	2020	2030	2040	2050
헝가리	15.1	16.7	20.1	21.5	23.9	26.9
아이슬란드	11.6	12.4	15.5	19.2	20.9	21.5
아일랜드	11.2	11.9	14.9	18.5	22.4	26.3
이탈리아	18.3	20.5	23.3	27.3	32.2	33.6
일본	17.4	23.1	29.2	31.8	36.5	39.6
한국	7.2	11.3	15.6	24.3	32.5	38.2
룩셈부르크	14.1	14.6	16.6	20.0	22.3	22.1
멕시코	4.7	5.9	8.1	11.8	16.7	21.2
네덜란드	13.6	15.5	19.8	23.4	25.0	23.5
뉴질랜드	11.8	13.3	17.1	21.9	25.2	26.2
노르웨이	15.2	15.1	18.0	20.6	22.9	23.2
폴란드	12.2	13.5	18.5	22.7	25.0	29.6
포르투갈	16.2	17.5	20.1	23.9	28.2	31.6
슬로바키아	11.4	12.8	17.3	21.6	25.0	30.1
스페인	16.8	17.4	20.0	25.1	31.6	35.7
스웨덴	17.3	18.5	21.2	22.8	24.0	23.6
스위스	15.3	17.2	20.2	24.2	27.0	27.9
터키	5.4	6.3	7.8	10.4	14.2	17.6
영국	15.8	16.5	19.0	21.9	23.7	24.1
미국	12.4	13.0	16.1	19.3	20.0	20.2
OECD(평균)	13.0	14.8	18.0	21.5	24.2	25.8
세계(평균)	6.8	7.6	9.3	11.7	14.2	16.2

출처 : OECD(2010), OECD factbook.

4. 우리나라의 인구 고령화 현상

전체인구의 계속적인 증가에 따라 우리나라 노인인구도 늘어나고 있는 추세이며, 그 증가속도는 다른 연령층보다 빠르다. 노인인구 구성비의 증가는 <표 1-8>에서 보는 바와 같이 65세 이상 노인인구를 15~64세의 생산인구가 부양해야 하는 노인인구 부양비를 증가시키는 것이 되고(1960년 5.3에서 2000년에 10.1, 2050년에 72.0으로 증가), 이는 곧 생산인구의 사회적 부담이 증가하는 것을 의미하게 된다. 현재와 같은 저출산 현상이 큰 변화 없이 지속된다면 노인인구 부양비는 2030년에는 37.7, 2040년에는 56.7, 2050년에는 72.0으로 크게 증가하게 될 것이다. 2050년이 되면 15~64세의 생산인구 1.4명이 65세 이상 노인 1명을 사회적으로 부양해야 하는 심각한 결과를 가져올 것으로 예측된다.

표 1-8 1960~2050년의 한국 인구구조 전망 (단위: 천 명; ( ) 안은 구성비 %)

연 도	총인구	0~14세	15~64세	60+	65+	60+ 노인인구 부양비	65+ 노인인구 부양비
1960	25,012 (100.0)	10,588 (42.3)	13,698 (54.8)	1,244 (5.0)	726 (2.9)	9.4	5.3
1970	32,241 (100.0)	13,709 (42.5)	17,540 (54.4)	1,650 (5.1)	991 (3.1)	9.8	5.6
1980	38,124 (100.0)	12,951 (34.0)	23,717 (62.2)	2,292 (6.0)	1,456 (3.8)	10.0	6.1
1985	40,806 (100.0)	12,305 (30.2)	26,759 (65.6)	2,752 (6.7)	1,742 (4.3)	10.7	6.5
1990	42,869 (100.0)	10,974 (25.6)	29,701 (69.3)	3,352 (7.8)	2,195 (5.1)	11.7	7.4
1995	45,093 (100.0)	10,537 (23.4)	31,900 (70.7)	4,146 (9.2)	2,657 (5.9)	13.6	8.3
2000	47,008 (100.0)	9,911 (21.1)	33,702 (71.7)	5,212 (11.1)	3,395 (7.2)	16.3	10.1
2005	48,138 (100.0)	9,241 (19.2)	34,530 (71.7)	6,294 (13.1)	4,367 (9.1)	19.3	12.6
2010	48,875 (100.0)	7,907 (16.2)	35,611 (72.9)	7,544 (15.4)	5,357 (11.0)	22.6	15.0
2015	49,277 (100.0)	6,733 (13.7)	36,163 (73.4)	9,092 (18.5)	6,381 (12.9)	27.2	17.6
2020	49,326 (100.0)	6,118 (12.4)	35,506 (72.0)	11,412 (23.1)	7,701 (15.6)	35.9	21.7
2025	49,108 (100.0)	5,778 (11.8)	33,562 (68.3)	13,721 (27.9)	9,768 (19.9)	46.3	29.1
2030	48,635 (100.0)	5,525 (11.4)	31,299 (64.4)	15,736 (32.4)	11,811 (24.3)	57.5	37.7
2040	46,343 (100.0)	4,777 (10.3)	26,525 (57.2)	18,618 (40.2)	15,041 (32.5)	81.1	56.7
2050	42,343 (100.0)	3,763 (8.9)	22,424 (53.0)	19,071 (45.0)	16,156 (38.2)	97.8	72.0

출처: 경제기획원(1966, 1970, 1980), 인구 및 주택 총 조사 보고서.
통계청(2006), 장래인구 추계 결과.

60세 이상을 비생산 인구로 보면 사회적 부양부담은 더욱 커진다. 60세 이상 노인인구 부양비는 1960년에 9.4에서 2000년에는 16.3으로 증가하였고, 2020년에는 35.9까지 증가할 것으로 예상된다. 2020년에는 15~59세의 생산인구 3명이 60세 이상 노인 1명을 사회적으로 부양해야 하기 때문에 사회적 부담은 더욱 크게 증가할 것으로 예상된다. 더 나아가 2020년 이후 60세 이상 노인인구 부양비는 더욱 급속하게 증가하여 2030년에 57.5, 2040년에 81.1, 그리고

2050년에는 97.8이 될 것이다. 즉, 2050년에는 15~60세의 생산인구 1명이 60세 이상 노인인구 1명을 부양해야 할 정도가 되는 것이다. 그러나 60세 이상은 여전히 건강한 경우가 많고 70대 후반까지는 능력이 그다지 저하되지 않을 것이다. 이에 따라 점차 정년이 65세 혹은 그 이상으로 늘어나거나 아예 미국처럼 정년이 폐지될 가능성도 있기 때문에 60세 이상을 피부양인구로 보는 것은 한계가 있다. 즉, 2030년대를 넘어서까지 60세부터 피부양인구로 생각하는 것은 비현실적일 수 있다. 그럼에도 불구하고 2010년대 초반인 현재는 정년연장의 속도가 느릴 뿐만 아니라 2030년대 초반에 가서야 공적연금인 국민연금의 수급연령이 65세로 상향조정될 것이기에 2020년대까지는 실제 피부양노인인구를 60세 이상으로 보는 것이 오히려 타당할 것으로 본다.

한편 저출산으로 인한 유소년인구의 감소와 노인인구의 증가는 연령별 구조를 크게 변화시키고 있다. <표 1-8>에서 인구를 0~14세(유소년인구), 15~64세(생산인구), 65세 이상(노인인구)으로 대별해서 살펴보면, 1960년대에서 1970년대 사이에는 세 연령집단 간 구성비에는 변화가 거의 없었는데 1980년대부터는 유소년인구가 급격히 줄어드는 반면 노인인구는 점차 증가하여 2000년대 이후는 급격한 증가세를 보인다.

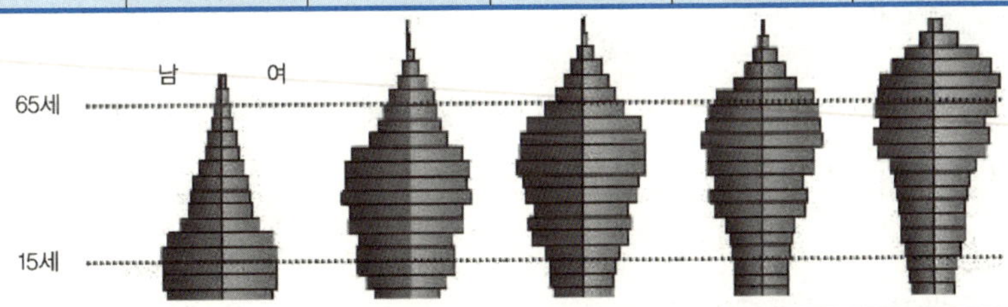

	1980년	2009년	2020년	2030년	2050년
총인구(만 명)	3,812	4,875	4,996	4,933	4,235
생산가능인구(만 명)	2,372	3,537	3,584	3,189	2,276
노인인구(만 명)	146	519	782	1,190	1,579
유소년인구(만 명)	1,295	818	630	554	380

출처: 보건복지부(2009), 노인보건복지사업지침서 2009년.

그림 1-1 인구 고령화에 따른 인구 피라미드의 형태변화

생산인구는 2015년대 중반까지 증가하다 감소세를 보인다. 이에 따라 2050년으로 갈수록 <그림 1-1>과 같이 인구구조 모형은 피라미드형에서 종형으로, 그리고 역피라미드형으로 바뀔 것으로 예상된다.

III. 고령화의 영향

고령화의 영향을 먼저 사회적 체계 단위별로 개인, 가족 및 사회 차원으로 나누어 살펴보고, 우리나라 베이비부머(baby boomer : 1955~1963년생)의 영향도 아울러 살펴보기로 하겠다. 거의 대부분이 주장하는 고령화의 영향은 노화와 노인에 대한 부정적 편견과 고령화사회에 대한 부정적 시각을 전제로 하고 있기 때문에 부정적 영향이 지배적이다. 여기서 제시하는 고령화의 영향도 그러한 부정적 편견과 부정적 시각을 전제로 일반적으로 주장하는 영향을 정리한 것이다.

베이비부머는 연령상으로는 노인인구로 간주할 수 없지만, 1955년에 출생한 사람들이 2010년에 55세에 도달함에 따라 퇴직연령에 진입하였다. 퇴직은 사회적인 의미에서 직업역할을 상실하는 것으로 실제 노인이 되는 것과 다름없기 때문에 베이비부머의 영향도 함께 살펴보고자 한다.

1. 사회 체계 차원의 고령화 영향

1) 개인 차원에서의 영향

- 건강약화 문제 : 많은 경우 노쇠, 질병 및 장애 등의 건강약화로 인해 개인적 문제 발생.
- 가족으로부터의 수발 서비스 수급 문제 : 가족, 친척 및 사회의 보건복지 서비스 기관으로부터 서비스를 받는 데 있어서 수발자와의 갈등, 미안함,

비용 문제 등의 어려움을 겪을 수 있음.

- 노후 생활의 경제적 문제: 특히 경제력의 약화로 일상생활비, 의료비, 수발 비용부담, 여가생활 비용부담 등의 문제가 나타나게 됨.
- 여가선용 문제와 역할 없는 역할(roleless role) 수행 문제: 사회적 역할 상실로 인한 뚜렷한 역할의 부재로 사회주류에서 분리된 주변부 인생이 되고, 여가에 대한 사회화 부족으로 여가시간 선용 문제가 심각해짐.
- 배우자 상실과 고독 및 소외 문제: 배우자의 상실과 이에 따른 외로움 및 노혼(老婚)과 관련된 문제도 노인 개인에게 중요한 관심사와 문제가 될 수 있음.

2) 가족 차원에서의 영향

- 가족 수발자의 수발부담과 갈등 문제: 노인 단독세대가 증가하면서 노인이 자녀와 별거하는 경우 노인들의 건강이 약화되면 가족들에게 여러 가지로 문제가 제기됨. 수발부담 문제, 노인과 같이 동거할 것인가 아닌가에 대한 갈등 이와 관련된 주거공간의 부족 문제 및 가족 역할의 재조정 문제(직업생활 제한, 포기) 등이 따를 수 있음.
- 의료비 부담 증가 문제: 수발 및 의료비용 부담이 가족의 큰 부담이 될 수 있음.
- 가족제도의 변화 및 주거 서비스 증가: 노인단독세대(부부 및 독거)의 증가에 따른 노인전용주택 수요가 증가할 것임.
- 가족 외적 서비스 이용 증가: 지역사회 및 시설 서비스 이용이 증가할 것임.

3) 사회 차원에서의 영향

- 노동자의 고령화 및 노동인력 부족: 저출산으로 노동인구가 감소하여 고령 근로자가 노동 시장에 더 오래 머물러 있어야 하거나 아니면 노동력 부족 현상 발생 가능성이 높음.
- 공적 연금보험료 부담의 증가: 노인인구 수와 비율의 증가 및 공적연금

수급기간의 연장 등으로 공적연금 보험료(기여금)를 더 많이 납부해야 하는 사회적 부담이 크게 증가될 수 있음.

- 절대적 및 상대적 빈곤노인에 대한 사회적 비용부담 증가: 빈곤노인 수와 비율의 증가로 소득 및 의료비에 대한 공공부조 비용이 증가할 것임.
- 국가 재정 적자의 증가: 노인 소득보장 및 의료보장 비용을 보충하기 위한 국가 재정 적자가 누적적으로 증가할 가능성이 커짐.
- 노인의 다양한 삶의 질 향상 욕구 충족을 위한 사회적 비용 증가: 소득보장 및 의료보장 외에 노인의 자기발전 및 생활상 편의를 위한 다양한 사회 서비스 제공 비용이 증가할 것임.
- 노인의 다양한 서비스 수요에 대응하기 위한 시장경제 서비스 발전: 노인문제 해결을 위한 사회복지 서비스의 개선과 발전은 물론 비영리 및 영리부문에서 노인의 다양한 문제와 욕구를 해결하기 위한 서비스가 제공될 것임.
- 가정과 직장의 양립 체계가 가능한 노동시장 및 보육 서비스 발전: 출산력 제고를 위해 여성 노동력의 시장 참여 증진과 보육부담 경감을 위한 대책이 요구될 것임.
- 저축률 감소 및 경제성장의 둔화: 소비계층으로서의 노인인구 증가로 인해 저축률이 낮아지고 생산력이 하락할 가능성 높음.

2. 베이비부머의 영향

특정기간 중 매년 출생아 수가 그 기간 이전 연도나 이후 연도에 비하여 현저하게 높은 경우가 있는데 이와 같이 특정한 사회적 요인에 의해 출생아 수가 증가하는 현상을 가리켜 베이비붐(baby boom)이라 한다. 베이비붐 기간에 태어난 사람들을 가리켜 베이비부머(baby boomer) 혹은 베이비붐 세대라고 한다. 베이비붐 기간은 주로 긴 전쟁이 끝난 후에 시작되어 다른 사회적 요인에 의해 출생아 수가 현저하게 줄어드는 시기까지 지속된다.

베이비붐 기간은 사회에 따라 다르게 나타난다. 유럽이나 미국의 경우는 제2차 세계대전이 끝난 1945년부터 1964년까지의 20년간이 베이비붐 기간이고, 일본의 경우는 제2차 세계대전 후 1947년부터 1949년까지 3년간이다. 우리나라의 경우는 6·25 전쟁이 끝난 1955년부터 시작되어 산아제한 정책이 시작되기 전인 1963년까지 9년간이 베이비붐 기간이라 할 수 있다. 미국의 경우 베이비붐 기간이 20년이나 되기 때문에 베이비부머는 총인구의 27% 정도가 될 정도로 큰 부분을 차지하고, 일본의 경우 베이비부머는 총인구의 약 7% 정도를 차지한다. 우리나라의 경우 베이비부머는 약 713만 명으로 총인구의 14.6%에 해당된다.

미국은 1945년생이 62세가 되는 2007년부터 베이비부머의 퇴직이 시작되었고(미국의 경우 사실상 퇴직연령이 폐지되었지만 62세부터 공적 노령연금을 수급할 수 있기 때문에 퇴직하는 사람이 많음), 일본은 공식적 퇴직연령이 60세가 되어 있는 경우가 많기 때문에 1947년생이 60세가 되는 2007년에 베이비부머들이 대거 퇴직하게 되었다. 우리나라에서는 기업이나 사회단체의 퇴직연령이 55세로 되어 있는 경우가 가장 많기 때문에(고용노동부에서 조사한 바에 의하면 2009년 기준으로 300인 이상 사업장의 근로자 39.9%가 55세 정년이었음) 2010년부터 퇴직하는 사람들이 크게 늘어나게 되었다.

우리나라 베이비부머들은 그 이전 연령층(1945~1954년생)에 비해 매년 평균 40만 명 정도가 많기 때문에 이들의 집단적 퇴직은 개인, 가족, 사회적으로 여러 가지 영향을 미치게 된다: ① 소비주력세대였던 이들의 소비력 약화로 내수 시장이 상당히 위축될 가능성이 있고, ② 베이비부머 퇴직자들은 아직도 자녀의 교육, 결혼에 대한 부담과 부모부양에 대한 부담도 같이 지고 있어 심리적 스트레스가 크며, ③ 더군다나 특별히 경제적으로 노후준비를 한 경우도 많지 않고, ④ 재취업도 어려워 노후에 대한 불안과 사회에 대한 불만도 상당히 클 수 있다.

이들은 연령적으로는 노인이 아니라도 사회적 역할 상실이라는 관점에서 보면 사회적으로는 노인이나 다름없다. 특히 정년이 55세 이후로 연장되거나 기업 측의 재취업 프로그램과 이에 대한 국가적 지원이 정책적으로 마련되지 않으면 2010년 이후 베이비부머들은 매년 대거 퇴직하면서 개인과 가정과 사회에 여러 가지 문제를 유발할 가능성이 크다는 점에서 베이비부머 세대들의 문제는 65세 이상 노인들의 노인문제나 크게 다를 바 없다고 할 수 있다.

제2장
노화와 고령화사회에 대한 부정적 시각

일반적으로 개인이나 집단이 어떤 현상을 인식하고 생각하며 행동하는 데는 그 현상을 바라보는 기본적 시각이 크게 영향을 미친다. 기본적 시각을 관점이라 부르거나 패러다임(paradigm)이라 부르기도 한다. 이러한 시각은 개인이나 집단이 공유하고 있는 지식, 가치관, 신념, 사회의 일반적 상식 등에 의해서도 영향을 받는다.

노인인구 비율이 전 인구의 7%를 넘어 계속 증가하는 고령화사회(aging society) 현상을 기본적으로 바라보는 시각은 긍정적일 수도 있고, 부정적일 수도 있다. 노화와 고령화사회에 대한 이러한 시각은 과학적 지식에 근거하지 못하거나 가치관, 신념 또는 주관적 해석에 근거하고 있을 때 편견이 되거나 부정적인 경향으로 흐를 가능성이 크다.

노화, 노인 및 고령화사회를 바라보는 전반적 시각은 부정적인 경우가 거의 대부분이라 할 수 있다. 이 장에서는 먼저 노화의 의미를 생각해 보고, 노화에 따른 능력의 변화와 그리고 노화와 노인에 대한 부정적 시각과 고령화사회에 대한 부정적 시각을 정리해 보고자 한다.

I. 노화의 의미

노화(aging)라는 말은 우리 생활에서 자주 혹은 친숙하게 쓰이지는 않았지만 점차 사용되는 경우와 빈도가 늘어나고 있다. 예를 들면, 최근 '피부의 노화 방지', '노화 방지 화장품' 등으로 노화라는 말이 자연스레 사용되고 있다.

'노화' 하면 가장 먼저 생물학적 노화를 생각하게 되는데 이 외에 심리적 노화와 사회적 노화도 중요한 의미를 가지고 있다. 즉, 노화라 하면 생물학적 측면, 심리적 측면 및 사회적 측면도 같이 생각해야 하고 이 세 가지 측면의 노화는 각각 서로 영향을 주고받는다. 그리고 이 세 가지 측면이 아닌 또 하나의 중요한 측면이 있는데 그것은 나이 들어가는 것, 즉 시간의 경과를 의미한다.

1. 생물학적 노화

생물학적 노화(biological aging)는 노화를 가장 기본적으로 이해하는 측면이라 할 수 있는데 그 의미를 구체적으로 살펴보기로 하자. 생물학적 노화는 스트렐러(Strehler, 1977)가 제시한 대로 다음과 같은 조건에 해당되는 현상을 말한다.

첫째, 모든 사람에게 보편적으로 일어나는 것이어야 한다. 예를 들면, 신체의 면역 체계가 약화되는 것은 모든 사람에게 공통적으로 일어나는 현상이다. 물론 그 시기 및 진행 속도는 어느 정도의 차이가 있을 수 있으나 결국은 모든 사람에게 똑같이 일어나는 변화이다. 반면에 폐암과 같은 질병은 어느 특정 개인에게 일어나는 것이지 결코 모든 사람에게 일어나는 것이 아니므로 노화 현상이 될 수는 없다.

둘째, 노화의 주된 원인이 신체 내적인 데 있어야 한다. 과도하게 방사선에 노출되면 신체적 노화가 촉진되지만 이것은 신체 외적인 데 그 원인이 있으므로 이러한 변화는 생물학적 노화 현상이라고 볼 수 없다.

셋째, 신체적 기능에 부정적 영향을 미쳐 생명이 끝나는 결과를 가져오는 것이어야 한다. 즉, 그러한 변화로 인해 신체적 기능이 약해져 생물학적으로 죽게 되는 결과를 가져오게 되는 것이어야 한다.

넷째, 점진적으로 일어나야 한다는 것이다. 즉, 기능의 상실이 장기간에 걸쳐 서서히 일어나야 한다는 것이다. 어떤 질병이나 사고 또는 외부 환경적 요인으로 갑자기 짧은 시간에 기능 상실이 일어나는 것은 노화라 할 수 없다.

이러한 네 가지 조건에 모두 해당되는 신체적 변화 과정을 생물학적 노화라 할 수 있는데 이 같은 생물학적 노화는 개인에 따라 차이가 있을 뿐 아니라 동일한 개인에게 있어서도 신체적 기관 또는 기능에 따라 차이가 있다. 우리가 가장 일반적으로 세는 나이, 즉 역연령(曆年齡: 달력으로 세는 연령)이 65세가 되었다 하더라도 모든 사람이 다 같은 정도의 노화 현상을 보이는 것은 아니며, 한 개인의 신체기관이나 기관도 같은 정도의 노화현상을 보이는 것이 아니다. 예를 들면, 시력이나 청력의 노화 정도는 개인에 따라 차이가 있을 뿐만 아니라 한 개인에게 있어서도 시력은 큰 문제가 없으나 청력은 상당히 약해지는 현상을 볼 수 있는 것은 바로 개인 간 및 개인 내에 있어서 생물학적 노화의 차이를 말하는 것이다.

2. 심리적 노화

인간은 단순한 생물학적 유기체로서 생존하고 변화하고 사멸하는 존재에 그치지 않고 환경 속에서 어떤 사물이나 현상을 감지하고 생각하고 반응을 보이며, 목적 있는 행동을 하는 심리적 존재이다. 따라서 심리적 존재로서의 노화, 즉 심리적 노화(psychological aging)는 시간의 경과에 따라 인간의 심리 내적인 감각기능, 심리근육운동기능, 지각기능, 정신기능, 본능적 욕구, 동기, 정서의 변화, 성격의 변화 등을 의미한다.

3. 사회적 노화

인간은 살아서 움직이는 유기체로서의 생물학적 존재이며 또한 무엇을 감지하고, 판단하고, 배우고, 생각하는 심리적인 존재일 뿐만 아니라 다른 사람들과 상호작용하는 사회적인 존재이다. '인간은 사회적 동물'이라는 말은 바로 인간의 사회적 측면을 나타내는 말이다. 인간은 출생하면서부터 개인과 집단 간의 끊임없는 상호관계 속에서 살아가고 있다. 따라서 사회적 노화(social aging)는 시간의 경과에 따라 가족, 이웃, 지역사회 및 국가사회의 집단 속에서 어떤 지위를 획득하고 그에 따른 역할을 수행하는 사회적 관계를 유지하며 지위의 변화와 상실에 따라 역할의 변화와 상실이 일어나고 사회적 관계가 변화되는 것 등을 말한다.

4. 시간의 경과(나이 들어감)

노화의 또 다른 중요한 측면은 바로 시간의 경과이다. 시간의 경과는 시간을 구분하는 여러 단위로 측정하는데, 예를 들면 달력에 의해 1년 단위로 나이가 들어가는 것으로 측정할 수 있다. 이렇게 시간의 경과를 나이로 측정하여 나타내는 것을 역연령(chronological age)이라 한다. 역연령은 단순한 시간의 경과 또는 나이 들어감을 의미할 뿐이다. 그럼에도 불구하고 거의 대부분의 경우 역연령의 증가를 바로 생물학적 노화의 기준으로 삼고 있고 때로는 심리적 노화와 사회적 노화의 기준으로 삼는 경우도 있다. 그러나 "나이는 숫자에 불과하다"는 말이 있는데 이는 바로 역연령은 생물학적 노화는 물론 심리적 노화 및 사회적 노화와도 일치하지 않음을 반증하는 표현이라 할 수 있다.

II. 노화와 능력(생산성)

1. 노화(나이 들어감)와 능력에 관한 이론

노화는 적어도 생물학적, 심리적 및 사회적 측면을 모두 고려해야 함에도 불구하고 생물학적 노화나 나이 들어가는 것만을 의미하는 경우가 대부분이다.

능력은 생산성이라 해도 크게 다를 바 없다. 원래 생산성은 단순히 어떤 직업의 업무능력만을 의미하는 경우가 많지만 사회적으로 가치 있는 활동을 할 수 있는 능력까지 포함하는 것을 의미하는 경우도 있다. 생산성을 직업 능력과 연계하여 생각하는 경우가 가장 많기 때문에 여기서는 직업 능력에 한정해서 생각해 보기로 한다.

노화(나이 들어감)에 따라 생산성이 하락하는가, 별 차이가 없는가, 혹은 증가하는가는 이론적으로 세 가지 차원, 즉 생물학적·심리적·사회적 기능 차원에서 생각해 볼 수 있다.

생물학적, 즉 신체적 기능, 특히 신체적 힘을 요하는 기능면에서 노화에 따라 신체적 능력이 하락하는 것은 이론적으로 분명하다. 신체 구조적 측면에서 수의근(隨意筋)의 수축력이 약해져 물건을 들거나 나르는 능력이 점차 약해질 수밖에 없다. 그리고 몸무게도 가벼워지고 골격의 무게도 가벼워진다. 신체 내부 기능적 측면에서도 노화에 따라 소화기능이 감퇴하고, 세포 및 장기 기능도 약해지고 호흡기능도 약해지기 때문에 신체적 능력 발휘가 점차 어려워지고 건강유지도 어려워지게 된다.

사회적 기능면에서 타인과 협력하고, 타협하고, 조직을 만들고, 리더십을 발휘하는 능력은 일반적으로 사회적 경험이 크게 영향을 미친다고 할 수 있다. 노화에 따라 일반적으로 사회적 관계 경험이 증가하는 것으로 볼 수 있기 때문에 사회적 관계가 중요시되는 직업 활동의 능력은 노화에 따라 오히려 증진되거나 큰 변화 없이 유지될 수 있다(Butler et al., 1990).

심리적 기능면에서는 성격에서 나이가 들어감에 따라 안정성과 성숙성이 증가하므로 사회적 관계 유지에 긍정적 영향을 미칠 수 있고, 지능에서 유동적 지능(fluid intelligence : 생래적 지능으로 추리능력, 기억용량, 도형지각능력 등)은 노화에 따라 하락하지만 결정화 지능(crystallized intelligence : 생후의 경험, 교육, 훈련 등에 의해 획득되는 능력)은 오히려 증가한다(Horn & Cattell, 1966). 직업 특성과 업무에 따라서는 결정화 지능이 더 중요시되는 경우도 많기 때문에 노화에 따라 직업능력이 떨어진다고 단언하기는 어렵다.

따라서 노화에 따른 신체적·심리적·사회적 측면의 변화에 따라 직업과 관련된 개인 능력은 차이가 있으므로 직업이나 업무에 관계없이 노화에 따라 능력이 하락하는 것으로 판단하기 어렵다. 즉 직업이나 업무의 종류에 따라 신체적·심리적·사회적 능력이 중시되는 정도가 다르며, 직업 활동은 신체적·사회적·심리적 능력의 결합으로 이루어지고, 또 많은 경우 직업 활동은 타인과 사회적 관계 속(조직의 맥락)에서 수행되는 경우가 많기 때문에 신체적 능력의 하락만으로 직업능력이 하락한다고 판단하기 어려운 경우가 많다(Birren & Perlmutter, 1990).

2. 경험적 연구 결과

노화에 따른 능력을 생산성으로 파악할 수 있지만 노화에 따른 생산성의 연구는 아직도 드문 편이고(Glass et al., 1995), 노화와 노인에 대한 부정적 고정관념으로 인해 노화에 따라 생산성이 하락한다는 것으로 과장되게 이해되고 있다. 현재까지의 몇 가지 주요 연구를 중심으로 노화에 따른 노인의 신체적·정신적(심리적 한 측면)·사회적 능력 변화를 검토해 보기로 하겠다.

노화에 따른 활동능력의 변화를 알아볼 수 있는 연구가 거의 이루어지지 못한 상태여서 현재까지의 극소수의 연구로 일반화하기는 어렵지만, 노화에 따라 활동능력은 하락되지만 그 하락 정도는 70대 후반까지는 크지 않다는 연구도 있어 신체적 노화에 따라 능력이 하락하는 것으로 단언하기는 어렵다.

구랄닉(Guralnik, 1985)이 1920년 출생자를 대상으로 조사한 바에 의하면 힘든 가사 일, 큰 물건 이동, 10파운드 이상 물건 들어올리기 및 운반과 같은 활동은 65세 이상 노인의 62%가 할 수 있었고, 79세까지 노인의 65~70%가 이런 행동을 할 수 있는 신체적 조건을 갖추고 있었으며, 80세 이후부터는 크게 낮아져 21% 정도만 가능하였다. 같은 조사에서 정원 손질, 캠핑, 사냥, 낚시, 수영, 달리기, 에어로빅, 자전거 타기, 테니스 등의 운동은 79세까지 노인의 90%가 한 가지 이상을 할 수 있었고, 85세까지도 61%나 가능하였다.

글래스 등(Glass et al., 1995)의 연구 결과를 보면 노화에 따라 일의 종류별로 참여빈도에 변화가 없는 경우, 감소하는 경우, 증가하는 경우가 있었다. 별다른 변화가 없는 경우가 제일 많았고, 떨어지는 경우와 증가되는 경우는 상대적으로 적었다.

심리적 노화의 측면에서는 노인의 정신적 능력이 중요한 요소가 된다. 인간 뇌(腦)의 기억용량은 고정되어 있는 것이 아니고 실제로 사용되는 부분보다는 사용되지 않는 부분이 훨씬 많다. 언어능력인 어휘력은 노화와 더불어 크게 증가하는 것이 일반적인데 대학 졸업 시 평균 22,000단어 정도에 불과하던 것이 계속 개발하면 45,000단어까지도 증가한다(Birren, 1990). 그리고 노화에 따라 신체적 능력은 약해지지만 정신적으로 오히려 강해지는 경향을 보인다는 연구 결과도 있다(Ilmarinen, 2001). 유럽연합 11개국 41개 조직의 사례를 연구한 결과에 의하면, 강도 높은 수작업, 과거의 지식이 도움 안 될 정도로 빠르게 배워야 하는 일, 시간제약이 상당히 많은 일은 연령이 증가함에 따라 수행에 어려움이 많지만, 시간제약이 비교적 적고 상당한 지식적 판단과 사회적 기술, 능력이 요청되는 일은 경험이 많은 사람에게 유리한 것으로 나타났다(Warwick Institute for Employment Research, University of Warwick and Economic Research & Consulting, 2006).

인지능력의 저하는 사회적 및 문화적 특성으로 인해 발휘가 제한되는 경우도 있을 수 있고 또한 생산적 활동을 할 수 있는 기회가 제공되지 못해 노인이 실제로 능력을 발휘할 수 있는 기회가 없어지는 경우도 있다(Birren, 1990). 또한 노화에 따른 창의력도 종사하는 직업과 수행하는 활동에 따라 변화의 정도가 다르다는 것이 연구에서 밝혀지고 있다. 김선자와 윤진(1992)의 지능 변화 연구에 의하면 결정적 지능은 노화에 따라 쇠퇴하지 않는다는 것을 시사하고 있다.

노화와 관련한 사회적 능력의 중요한 일면은 직업능력으로 판단할 수 있다. 직업 수행능력은 신체근육운동, 인지 및 사회적 기술의 결합이라 할 수 있는데 노화에 따라 신체적 및 생리적 능력의 제한이 있어도 인지 및 사회적 기술을 활용하여 일을 효율적이고 효과적으로, 또한 유연하게 할 수 있기 때문에 노인의 능력을 특히 속도, 힘, 지구력으로 평가하거나 신체 조직기관의 기능으로 평가하는 것은 단순한 평가에 불과하다(Habib, 1990).

린다우어 등(Lindauer et al., 1997)이 연구한 바에 의하면 60대, 70대, 80대 그래픽 아티스트(graphic artist)의 생산성을 측정한 결과, 작품의 양과 질 모두에 있어서 고령층일수록 더 증가하는 경향을 보였고, 오스터 등(Oster et al, 1998)의 연구에서 경제학자들이 주요 학술지에 논문을 싣는 정도(게재율)를 비교한 결과, 연령 증가로 게재율이 하락하는 경우는 거의 없는 것으로 나타났다. 코스타와 사토리(Costa & Sartori, 2007)의 연구에 의하면 직업의 종류에 따라 직업능력이 하락하는 정도는 다른데 사무원, 의사, 생물학자에게서는 직업능력에는 차이가 거의 없지만 간호사나 노동자의 경우는 능력이 상당히 하락하는 것으로 나타났다. 찬 등(Chan et al., 2000)이 연구한 결과에 의하면 노인은 젊은이보다 일하는 속도와 의사결정이 다소 느리지만 일을 정확히 하고 의사결정도 더 정확하게 한다고 하였다.

이상의 이론적 근거와 경험적 연구 결과에 의하면 신체적 능력을 제외하고는 노화에 따라 능력 또는 생산성이 하락한다는 결론을 내리기 어렵다고 생각되며 앞으로 보다 많은 정교한 과학적 연구가 이루어진 후에 결론을 내리는 것이 바람직하다.

III. 노화와 노인에 대한 부정적 편견

1. 부정적 편견에 관한 이론

노화와 노인에 대한 부정적 인식과 태도는 역사적으로 거의 모든 사회에서 있어 왔다. 전통사회에서는 부정적 인식보다는 긍정적 인식이 더 많았을 것으로 생각되지만 근대와 현대로 오면서 점차 전반적으로 부정적인 방향으로 인식되어 온 것으로 보인다. 노화와 노인에 대한 '전반적' 부정적 인식이라 할 경우 노화와 노인에 대한 다양한 측면에서 긍정적 인식의 측면보다는 부정적 인식의 측면이 더 많다는 것을 의미한다.

노화와 노인에 대한 부정적 인식의 개념, 이러한 부정적 인식을 형성하는 요인과 부정적 인식의 결과, 그리고 부정적 인식의 보편성에 대해 간략히 살펴보기로 한다.

1) 부정적 인식 관련 개념

노화와 노인에 대한 인식은 다양한 측면이 있는데 크게는 긍정적 측면과 부정적 측면으로 나누어 볼 수 있다. 현재로서는 긍정적 측면보다는 부정적 측면이 강조되고 부정적 측면의 수가 더 많게 인식됨으로써 노인과 노화에 대한 부정적 인식이 일반화되고 있는 것으로 보인다. 노화와 노인에 대한 부정적 측면을 강조하여 나타내는 특별한 용어를 미국의 노년학자 버틀러(Butler, 1969)가 에이지이즘(ageism)이라고 부르기 시작하면서 이 용어가 노화와 노인에 대한 부정적 인식을 일컫는 말로 일반화되었다. 에이지이즘이라는 말은 우리말로 '노화와 노인에 대한 부정적 고정관념과 차별적 태도'라고 표현할 수 있다. 이 말이 너무 길기 때문에 이하 이 장에서는 에이지이즘을 그대로 사용하기로 하겠다. 에이지이즘은 초기에는 노화와 노인에 대한 부정적 측면을 강조하는 말로만 사용되었으나 이후에는 보다 그 의미가 확대되어

'어느 특별한 연령집단에 속하는 사람들에게 부정적 또는 긍정적 고정관념을 갖거나 이를 근거로 차별하는 것'을 의미하는 것으로 쓰이기도 한다(Palmore, 1990).

노화와 노인에 대한 부정적 측면을 강조하는 개념으로 에이지이즘과 상호 교환적으로 쓰이는 다른 용어로는 노화의 고정관념(stereotype of aging: 이하 편의상 '고정관념'으로 표현함)이 있다. 고정관념은 어떤 부류에 속하는 사람들의 특성(속성)으로 생각하는 여러 가지 복합적인 신념을 의미한다. 고정관념은 한 부류에 속하는 사람들의 특성과 그 정도가 다양함에도 불구하고 가장 대표적인 특성(통계적 의미에서 집중경향치[central tendency])으로 한정하여 일반화하는 것을 말한다. 고정관념은 부정적인 면을 강조하는 의미에서 부정적 고정관념(negative stereotype on aging)이라 하는 경우도 종종 있다(Cavanaugh & Blanchard-Fields, 2002). 노화와 노인에 대한 고정관념은 부정적인 측면도 있고 긍정적인 측면도 있지만 부정적 측면이 훨씬 더 많다고 할 수 있다(Atchley & Barusch, 2004).

2) 부정적 인식 형성 요인과 부정적 인식 작동 방식

에이지이즘 또는 고정관념을 형성하는데 중요하게 작용하는 요인으로 네 가지를 들 수 있다(Woolf, 2007). 에이지이즘은 미국의 문화 속에서 형성된 언어이므로 미국의 문화적 요인이 이러한 노화와 노인에 대한 부정적 편견을 형성하는 데 기여했다고 할 수 있다. 울프(Woolf, 2007)가 제시하는 네 가지 요인으로 ① 죽음에 대한 두려움, ② 젊은이 중심 문화, ③ 생산성 강조 문화, ④ 허약노인을 대상으로 이루어진 연구 결과라 할 수 있는데, 이는 타당성 있는 주장이라 생각된다. 모든 사람은 죽음을 두려워하는데 노인은 죽음을 얼마 남겨두고 있지 않은 사람으로 생각하여 노인이나 노령은 곧 죽음을 연상하게 하므로 사람들은 늙는 것을 싫어하게 되고 따라서 노화와 노인에 대해 부정적 편견을 가지게 된다는 것이다.

미국에서는 젊은이 중심 문화로 인해 젊음, 아름다움, 성적인 매력을 강조하게 되고 따라서 노인은 영상매체나 인쇄매체, 소설 등의 등장인물에서 크게 소외되어 있다. 설령 그러한 매체에 등장한다 해도 노인은 부정적으로 인식되거나 무시당하는 것으로 묘사되는 경우가 많다. 이 같이 미국의 젊은이 중심 문화는 노인들에 대한 비노인층의 부정적 인식을 조장할 뿐 아니라 신체적 외모와 젊음에 의존하여 자아 정체성을 찾으려는 경향을 조장하여 노화나 노인은 곧 자아 상실을 의미하는 것으로 인식된다.

퇴직의 제도화로 인해 노인이 공식적으로 생산현장에서 퇴장하게 되는 것은 노인은 일반적으로 생산성이 없다는 것과 사회에 경제적으로 부담을 주는 존재라는 것을 인정하게 된다. 이와 같은 노화와 노인에 대한 인식이 부정적 측면을 강화하는 방향으로 작동하는 것을 볼 수 있다.

그리고 노인에 대한 연구가 처음 시작될 때는 연구대상 접근 편의성과 사회문제 제기 대상으로서의 적합성 때문에 노인시설 특히 요양시설의 노인들을 대상으로 한 연구가 많이 이루어졌다. 이들 노인들의 특성은 건강이 나쁘고 허약하고 위축된 모습으로 묘사되었기 때문에 이 같은 노인에 대한 연구결과는 노화와 노인에 대한 인식을 부정적으로 형성하는 데 작용하였을 가능성이 높다고 할 수 있다.

앞에서 말한 바와 같이 노화와 노인에 대한 부정적 편견에 기여하는 요인 네 가지는 미국의 문화적 배경에 속하는 것이기는 하지만 한국사회에서도 역시 서구화, 산업화, 현대화, 세계화의 영향으로 역시 젊은이 중심 문화, 생산성 강조 문화, 허약노인을 대상으로 한 노인연구 결과 등이 큰 차이 없이 적용되고 있는 것으로 보인다. 또한 노인이 죽음을 연상케 하는 심리적 기제는 문화적 특성이기보다는 인간의 보편적 심리적 기제라 할 수 있기 때문에 이 요인도 역시 한국사회에 그대로 적용되는 것으로 보인다. 다시 말해서 미국의 사회문화적 배경에 근거한 노화와 노인에 대한 부정적 인식은 한국사회에서도 부정적 인식을 강화시키는 요인으로 작용하는 것으로 보인다.

이렇게 형성된 부정적 인식, 즉 에이지이즘이 무의식적으로 잠재되어 있다가 자동적으로 행동에 영향을 미치게 된다. 그래서 사람들이 노인에 대해 차별적인 행동을 하게 되거나 보호자적 대화(patronizing behavior: 말을 천천히 하거나 또박또박 하거나 또는 쉬운 말로 하는 등 노인을 보호하고 도움을 주려는 식의 행동)를 하게 된다.(Cavanaugh & Blanchard-Fields, 2002).

3) 부정적 인식에 대한 노인의 반응

노화 및 노인에 대한 부정적 인식에 대한 노인의 반응은 대체로 다음의 네 가지, 즉 ① 수용(acceptance), ② 부정(denial), ③ 회피(avoidance), ④ 개혁(reform)으로 나타난다는 것이다(Palmore, 1990).

수용의 반응은 마치 낙인이론(labeling theory)에서와 같이 비노인층이 노인을 부정적으로 인식하는 그대로 노인 자신도 부정적 인식을 받아들여 그 인식에 맞추어 행동하거나 생각한다는 것이다. 다시 말해서 노인은 편견이 적용되는 대로 행동함으로써 자신을 스스로 부정적으로 낙인찍게 된다는 것이다. 예를 들면 노인은 의기소침하고 활동적이지 못하다는 부정적 인식에 맞추어 스스로 활발한 활동을 줄이거나 나이 많은 척하거나 소극적으로 행동하게 된다는 것이다.

노화를 부정하는 반응은 자신의 나이를 속이거나 머리를 염색하거나 성형수술을 해서라도 자신을 젊은 모습으로 바꾸어 보려 노력하는 것으로 나타난다.

회피의 반응은 편견이 적용되는 조건이나 상황을 피하려 하는 것인데, 노인전용 주거지로 이사하거나 스스로 소외시키거나 알코올이나 약물중독에 빠지거나 심지어는 자살까지 하게 되는 것으로 나타날 수 있다.

개혁의 반응은 차별과 편견을 제거하려고 노력하는 것이다. 이러한 반응은 개인적으로 이루어지기보다는 많은 경우 자신들의 입장을 옹호하기 위한 자조집단을 만들어 일반인들의 의식을 개선하려는 노력으로 나타난다.

4) 부정적 인식의 보편성

노화와 노인에 대한 부정적 인식은 문화에 따라 그 정도가 다르게 나타난다는 주장도 있지만(Woolf, 2008), 문화적 차이는 부정적 측면이 긍정적 측면보다 더 많으면서 다만 부정적 측면의 수가 어느 정도냐의 차이를 가져올 뿐 긍정적 측면이 부정적 측면보다 더 많을 수 있는 가능성은 낮다고 할 수 있다. 노화에 대한 현대화 이론(modernization theory of aging)에서처럼 사회가 현대화할수록 노인과 노화에 대한 인식이 부정적으로 발전하고 있는 것이 아닌가 생각된다(Cowgill & Holmes, 1972).

노화와 노인에 대한 부정적 인식은 연령에 따라 큰 차이가 없기는 하지만 연령이 증가함에 따라 그 인식하는 측면이 보다 정교해 지는 면이 있다(Baltes et al., 1999 ; Hummert, 1999 ; Heckhausen et al., 1989 ; Whitbourne, 1986).

에이지이즘과 고정관념은 서구사회에서는 보편적인 것으로 인정되고 있지만 노인존경과 효 문화의 전통적 가치관이 여전히 많이 유지되고 있는 동양문화권에서는 이러한 경향이 약하게 나타난다는 주장이 있다(Woolf, 2008). 그러나 앞에서 언급한 대로 노화와 노인에 대한 부정적 인식을 강화시키는 요인이 점차 동양문화권 속에도 상당히 침투해 있고, 그러한 요인이 노출되는 조건이 강화되고 있기 때문에 노화와 노인에 대한 부정적 인식은 서구문화권에만 강하게 나타나는 것이 아니라 동양문화권 속에서도 점차 강하게 나타나고 있다. 그렇기 때문에 에이지이즘과 고정관념은 문화적 배경과 크게 관계없는 보편적 현상이 되고 있는 것으로 보인다(Montepare & Zebrowiz, 2002).

2. 경험적 연구 결과

노화와 노인에 대한 부정적 인식과 태도에 관한 연구는 미국을 비롯한 서구 사회에서는 현재까지 일일이 나열할 수 없을 정도로 많다(Woolf, 2008; Cavanaugh & Blanchard-Fields, 2006; Atchley & Barasch, 2004). 외국의 연구 결과는 주로 크게 다섯 가지로 정리할 수 있다. ① 에이지이즘이나 고정관념은 긍정적 측면의 부분과 부정적 측면의 부분으로 크게 나눌 수 있다. ② 에이지이즘이나 고정관념은 긍정적 측면의 부분보다 부정적 측면의 부분이 훨씬 많다. ③ 에이지이즘이나 고정관념은 다양한 측면으로 나누어 생각하는 것이 바람직하다. ④ 연령계층에 따라 에이지이즘이나 고정관념의 정도가 다르게 나타나고 있다. ⑤ 에이지이즘이나 고정관념에는 아직도 부정적 측면들이 많지만 점차 긍정적 측면들이 증가하고 있는 현상을 보인다. 이렇게 긍정적 측면이 증가하는 이유는 에이지이즘이나 고정관념을 불식시키고자하는 노력과 과학적 연구의 결과가 크게 영향을 미친 것으로 보인다.

에이지이즘에 대한 국내의 연구는 많지 않은 편이고 연구대상이 대학생이나 중·고등학생인 경우(대학생이나 중·고등학생들의 노화와 노인에 대한 인식)가 가장 많다. 먼저 현재까지의 국내의 연구 결과를 정리해 본 후 최성재(2009)가 연구한 내용을 살펴보기로 하겠다.

현재까지의 국내 연구 결과를 정리해 보면 다음과 같다. ① 노인에 대한 인식은 긍정적인 면과 부정적인 측면이 있으나 부정적인 측면이 훨씬 많다(김미혜, 2003 ; 박경란·이영숙, 2001 ; 한정란, 2000 ; 이선자, 1989). ② 연령이 증가할수록 부정적 인식이나 이미지가 증가하는 편이다(김영숙, 2002 ; 이선자, 1989). ③ 여성이 남성보다 부정적으로 인식하고 있다(김영숙, 2002 ; 이인수, 2000 ; 한정란 2000). ④ 농촌지역 거주자가 도시지역 거주자보다 부정적 인식의 정도가 약하다(이인수, 2000). ⑤ 노인과의 접촉경험이 많을수록 부정적 인식이 약한 편이다(김영숙, 2002 ; 서병숙·김수현, 1999 ; 이혜원, 1999). 남성 노인에 대해서보다는 여성 노인에 대한 부정적 인식이 더 높은 편이다(한정란, 2000).

수도권 중년기 이후 세대 30명을 대상으로 실시한 심층적 조사연구에서 나타난 결과를 살펴보면 다음과 같다(최성재, 2009). 노인에 대한 전반적 인식을 "노인에 대해 제일 먼저 떠오르는 느낌이 무엇인가"로 물어보았는데 긍정적 인식은 거의 없었고 부정적 인식이 거의 대부분이었다. 중년층은 긍정적 인식을 극히 일부 가지고 있었지만 거의 전부가 부정적이었고, 노년층은 모두가 부정적이었다. 긍정적 인식으로는 경륜이 있고 베테랑이라는 것뿐이었고, 나머지는 연령에 관계없이 모두 부정적으로 인식하고 있었다(신체적으로 불편하다, 경제적으로 어렵다, 불쌍하다, 건강이 약하다, 치매에 걸려 있다, 고집불통이다, 지능이 떨어진다, 희망이 없다, 일할 능력이 없다, 스스로 자신을 꾸려 갈 수 없다, 외롭다, 병들었다, 소외되어 있다 등).

일할 수 있는 능력에 대해 일부는 중년층과 노년층 능력 사이에 큰 차이가 없다고 했지만 대부분의 경우는 노년층이 능력이 떨어지거나 없다고 하는 것이 일반적이었다. 즉, 노년층이 중년층과 별 차이 없이 일할 수 있는 능력이 있다는 것에 대해서는 부정적으로 인식하는 편이었다(능력이 없다, 기운 쓰는 일은 어렵다, 몸이 말을 안 듣는다, 다 약화되는 편이다, 매년 다르다, 안 좋아지는 것을 느낀다, 떨어진다 등). 경제력에 대해서는 개인에 따라 다르다는 경우도 있지만 세대 간 별 차이 없이 전반적으로 노인의 경제력이 떨어진다는 부정적 인식을 보였다.

신체적 모습에 대해서도 중년층과 노년층 사이에 별 차이 없이 거의 부정적이었고, 성격이나 태도에 대한 인식도 세대 간에 큰 차이 없이 거의 부정적이었다(몸이 불편하다, 몸이 쇠퇴했다, 지저분해진다, 꼬부라지고 다리도 휘어진다, 걷는 모습이 이상하다, 쭈글쭈글하다, 추하다 등). 정신능력에 대한 인식에서도 일부 사람들은 정신능력이 떨어지지 않는다고 했지만 세대 간 큰 차이 없이 거의 전부 부정적이었으며, 창의력에 대한 인식도 역시 세대 간 별 차이 없이 거의 부정적이었다(능력이 떨어진다, 기억력이 감퇴된다, 이해력이 떨어진다, 정신이 없어진다 등). 성격이나 태도도 거의 부정적으로 인식하고 있었다(단순해진다, 융통성이 부족하다, 답답하다, 짜증난다, 말도 똑 같다, 옷도 같은 모양으로 입는다, 애기처럼 된다, 고집이 세다, 자주 화를 낸다 등). 생각과 사고방식에 대해서도 세대 간 별 차이 없이 거의 부정적이었고, 노인의 행동에 대해서는 세대 간 별 차이 없이 대부분 노인의 행동이 활발하지 못한 것으로 인식하였다(고지식하다, 고집이 세다, 고루하다, 잘 잊어버린다, 과거 스타일을 강조한다, 왔다 갔다 한다 등).

이상에서 살펴본 우리나라 사람들의 노인과 노화에 대한 인식을 서구 사회 사람들과 비교해 본다면 단편적 판단이기는 하지만 우리나라의 경우가 오히려 서구의 경우보다 더 부정적인 것이 아닌가 하는 생각도 든다. 결국 에이지이즘이나 고정관념은 사회문화적 배경에 따라 별 차이 없이 긍정적 인식은 약하고 부정적 인식이 훨씬 강하게 나타나고 있는 것으로 보인다.

Ⅳ. 고령화사회에 대한 부정적 시각

고령화(aging)는 크게 두 가지 의미를 가지고 있다. 하나는 개인 고령화(individual aging)이고 다른 하나는 인구 고령화(population aging 또는 demographic aging)이다. 개인 고령화는 개인이 나이를 먹거나 노화하는 현상을 말하고, 인구 고령화는 사회 전체나 국가 전체인구의 평균연령(중위연령)이 높아지거나 고령화하는 것을 말한다. 인구 고령화를 다른 말로는 고령화사회(aging society)라고도 말한다. 고령화사회라고 하면 전체인구의 평균연령(중위연령)이 증가하는 사회 또는 인구 중에 노인인구(65세 이상 또는 60세 이상) 비율이 7%를 넘어 계속적으로 증가하는 사회를 말하는 경우가 훨씬 더 많다. 실제로 전체인구 중 노인인구 비율로 한 사회나 국가의 고령화 정도를 측정하는 지표로 삼고 있다.

고령화사회라 하면 개인 고령화 또는 인구 고령화, 아니면 두 가지 모두로 이해하는 경우도 있지만 대체로 개인 고령화까지 포함해서 전체인구의 고령화로 이해하는 경우가 훨씬 많은 것으로 생각된다. 따라서 고령화를 인구 고령화, 즉 고령화사회로 생각하고 그 고령화사회를 바라보는 시각을 정리해 보기로 하겠다.

노인과 노화에 대한 시각이 전반적으로 부정적이었듯이 고령화사회에 대한 시각도 전문가든 일반인이든 상관없이 부정적인 입장인 경우가 거의 대부분이다. 이처럼 고령화사회를 부정적으로 보는 원인을 다음과 같이 생각해 볼 수 있다.

1) 노인에 대한 부정적 편견이 원인이 된다. 노인의 변해 가는 외모에 치중하여 노인을 아름답지 못한 모습으로 보거나 노인은 신체적 및 정신적 능력과 건강 등이 약해지고 생각과 태도가 고루하다고 생각하는 등은 과학적 근거가 없거나 불충분한 편견임에도 불구하고 이러한 편견을 그대로 믿기 때문에 노인의 수와 비율이 늘어나는 고령화사회를 싫어하게 되는 것이다.

2) 고령화사회가 됨에 따라 개인적 및 사회적 부담이 커진다고 생각하여 부

담을 피하고자 하는 의도가 원인이 된다. 고령화사회가 됨에 따라 개인적 및 사회적 부담을 피하고자 하는 의도를 강화하기 위해 그런 주장을 하는 사람들이 특정한 가치관을 믿고 적극적으로 고령화사회의 부담을 부정적 측면으로 부각시키고 많은 사람들이 그렇게 믿도록 노력하고 있다.

사회적 부담을 피하고자 노력하는 사람들은 주로 '부담을 다른 세대에 지우지 말고 자기 세대끼리 해결해야 한다'는 세대 간 형평성(generational equity) 논리를 주장하는 사람들로서 개인주의, 자유주의, 보수주의 가치관이 강한 사람들이다. 이러한 세대간 형평성 논리를 펴는 사람들은 과학적 근거가 없거나 불충분함에도 불구하고 자신들의 논리와 가정이 타당하다는 것을 강하게 주장하고 사람들을 설득하기 위해 고령화의 사회적 부담을 과다하게 부각시키고 있는 것으로 보인다(Williamson & Watts-Roys, 1999).

고령화로 사회적 부담이 커질 것이라는 것은 하나의 가정에 불과한 것이고 이는 아직도 역사적으로 경험되거나 검증된 바가 없다. 사회적 부담이 커진다는 논리 뒤에는 노화에 따라 생산성이 하락한다는 편견도 같이 작용하고 있다. 또한 경제성장의 둔화는 기후변화, 금융위기, 세계화 등과 연계된 경기변동이 훨씬 더 큰 원인이 됨에도 불구하고 고령화를 큰 원인으로 지목하고 있다. 고령화로 인한 사회적 부담이 커진다는 주장은 다른 사회적 또는 정치적 문제에 대한 관심을 다른 데로 돌리기 위해 고령화를 부각시켜 희생양으로 삼는 경우도 있다(Williamson & Watts-Roy, 1999 ; LaPierre & Hughes, 1994).

3) 고령화의 사회적 부담을 지나치게 극단적이고 자극적인 용어를 사용하여 그 부담의 정도를 크게 부각시키는 것이 그 원인이 된다. 세대 간 형평성 논리를 펴는 사람들은 고령화사회를 '피할 수 없는 재앙(inexorable disaster)', '인구 지진(demographic earthquake)', '인구의 시한폭탄(demographic time bomb)', '거대한 빚더미(colossal debt)' 등의 용어로 표현하여 사회적 부담이나 문제를 사실보다는 훨씬 더 크게 부각시키기 때문에 고령화사회에 대한 부정적 시각이 널리 확산되고 있다(Williamson & Watts-Roy, 1999).

미국의 경우 사회문화적으로 깊이 배어 있는 자본주의 정신과 개인주의 가치관으로 인해 사회가 공동부담으로 책임지는 사회복지에 대해 호의적이지 못했고 경제가 어려울 때는 보수주의자들의 반복지적 정서가 되살아나곤 하였다. 1977년 미국에서 연금 재정의 위기가 나타났고 1970년대 두 번씩이나 나타난 석유파동으로 인한 경제성장의 둔화는 보수주의자들의 복지에 대한 반대정서를 부추겼으며, 심지어 1983년에는 '세대 간 형평성을 위한 미국인 모임(Americans for Generational Equity)'이라는 정치사회 운동단체가 형성되기도 하였다. 이러한 배경에서 1980년대부터 노인들의 경제적 사정이 아동들보다 좋아지고 있는 점을 강조하고 노인에 대한 복지지출을 반대하는 입장에서 노인들을 '탐욕스런 노인(greedy geezers)', '아동을 희생하여 자신들의 이득을 취하는 사람'으로 묘사하여 노인이 많아지는 고령화사회의 사회적 부담을 간접적으로 부각시키기도 하였다.

4) 대중매체들이 고령화사회의 영향을 부정적으로 크게 부각시키고 있는 것도 원인이 된다(LaPierre & Hughes, 1994). 일반적으로 대중매체의 노인에 대한 편견이 일반인보다 더 심한데다 고령화사회의 부정적 영향도 과장되게 자주 부각시키고 있다. 언론 보도의 경우 사회문제를 부각시켜 사회적 경각심을 갖게 하기도 하지만 사실을 주관적으로 과장되게 해석하는 경우도 많다. 특히 인구 고령화의 경우는 외국이나 국내에서 계속적으로 부정적 영향을 과장 보도해 오고 있기 때문에 일반 대중들은 물론 전문가들까지도 고령화의 영향을 부정적으로 인식하는 경향이 강하게 나타나고 있다.

5) 사회적 부담에 대한 세대 간 갈등을 부각시키는 것도 원인이 되고 있다. 현재 고령화 정도가 심한 선진국의 경우 노인이 많아지고 퇴직한 노인들이 연금을 받아 상당히 유복하게 살고 있는 사실에 주목하여 세대 간 갈등을 부추기고 있다. 앞으로 저출산 현상으로 인하여 노동세대들이 노인이 되면 현재의 노인만큼 경제적으로 사회로부터 부양받지 못하게 될 것이므로 부담을 피하려는 노동세대와 계속 혜택을 받고자 하는 노인세대 간에 갈등이 생길 것을 부각시킴으로써 고령화사회에 대한 부정적 시각이 강화되고 있다. 그런데 최근 OECD 국가 대상 조사에서(OECD, 2011) 노인이 사회적으로 큰 부담이 된다고 생각하는 비율은 14%에 불과하였고, 우리나라의 여론조사(KBS 방송문화연구소, 2011)에서도 노인들을 위해 세금을 더 부담할 용의가 있다는

응답자 비율이 없다는 응답자 비율보다 훨씬 더 많은 결과를 보면 고령화사회 부담을 둘러싼 세대 간 갈등발생 가능성은 낮을 것으로 생각된다. 또한 사회정책의 기본적 가치관의 하나는 세대 간 유대와 상호의존이기 때문에 세대 간 갈등의 가능성을 부각시키는 것은 사회정책의 존속과 사회의 존속을 위협하는 중요한 도전이 될 수도 있다는 의미에서 세대 간 갈등 발생 가능성은 낮을 것으로 생각된다.

6) 미래사회에 대한 불확실성과 불안이 원인이 되고 있다(Mullan, 2002). 전반적으로 급속한 사회적 변화로 미래에 대한 예측이 불확실해지고 따라서 미래를 전반적으로 불안하게 인식하는 경향이 나타나고 있다. 고령화를 특히 청년층과 중년층에게 예측하기 어려운 미래사회에 대한 불안을 가중시키는 현상으로 부각시키고 있다. 미래의 불안을 초래하는 요인은 고령화 이외에도 많이 있음에도 불구하고 고령화는 확실히 예측되는 미래사회 현상이라는 것 때문에 고령화의 영향이 불확실함에도 불구하고 고령화를 미래에 불안을 일으키는 주요한 요인으로 보는 것은 과장된 예측이 아닐 수 없다.

V. 노화와 고령화사회에 대한 긍정적 시각

인간은 생물학적 존재이지만 심리적 및 사회적 존재이기도 하므로 노화과정을 적어도 세 가지 측면에서 종합적으로 이해하는 것이 바람직하지만 시간의 경과와 생물학적 노화에 치중하여 노화과정을 이해하는 경향이 일반적이다. 시간의 경과에 따른 생물학적 노화도 개인 간, 그리고 같은 개인이라도 신체 기관과 기능에 따라 차이가 있고, 심리적 및 사회적 측면의 노화는 생물학적 기능이나 능력의 저하와 일치하지 않는 경우가 많다. 그리고 생물학적 노화에 대한 연구가 충분하지 않을 뿐더러 심리적 및 사회적 노화에 대한 연구도 상당히 미진하기 때문에 연령 증가에 따른 생물학적, 심리적 및 사회적 기능 저하와 능력 저하는 많은 경우 사실과 다른 편견에 의해 부정적으로 이해되고 판단되는 것이다.

고령화사회를 이해하고 판단하는 데도 노화와 노인에 대한 부정적 편견, 사회적 부담과 관련된 과장된 주장과 미래사회에 대한 불안이 작용하여 고령화사회를 부정적으로 부각시키고 있다. 인류사회가 고령화사회로 나아가는 것은 불가피하기 때문에 고령화사회를 부정적으로 바라보고 고령화사회를 두려워하는 것은 결코 바람직하지 못하다. 고령화사회에 대한 부정적 시각은 노화 과정과 노인의 능력에 대한 편견, 비과학적 상식과 편향된 가치관을 전제로 하고 있기 때문이라 할 수 있다. 전생애 과정을 통한 인간 성장과 발달 가능성, 의학과 과학발전에 의한 건강한 장수 현상의 보편화, 생산기술 발전 가능성을 생각하면 고령화사회로의 발전은 당연한 결과이며 인류 사회발전의 위대한 승리라 할 수 있다.

시간의 경과에 따라 생물학적인 존재인 인간은 궁극적으로는 노화로 사망할 것이지만 인류사회 발전으로 개인의 노화 과정은 크게 지연될 수도 있고, 기능적으로 불가역적 퇴화만 하는 것이 아니라 유지, 회복 또는 향상될 수도 있다는 것이 과학적 연구를 통해서 서서히 검증되고 있다. 고령화사회는 80세의 평균수명을 넘어 100세까지 생존이 가능하고 고령에도 능력 발휘가 가능한 사회가 될 수 있다. 그러므로 우리는 인생 60~70년을 전제로 한 전통적 사회제도의 틀에서 완전히 벗어난 새로운 사회의 틀을 만들어 가야 할 것이고, 그러한 새로운 사회는 충분히 가능한 인류사회의 새로운 도전이 될 수 있을 것이다.

제3장
고령화사회의 노인 인권*

*우국희(서울기독대학교 사회복지학과 교수)

시민적, 정치적 권리뿐만 아니라 경제적, 사회적, 문화적 권리 등 인권영역이 확장되면서 우리 사회에서도 인권의식과 정부의 정책적 대응이 증가되고 있다. 2004년 '노인복지법' 개정을 통해 착취와 학대의 피해로부터 안전을 보장받고 존엄하게 살아갈 수 있는 권리를 보장하고, 2008년 '고령자고용촉진법'을 '고용상 연령차별금지 및 고령자 고용촉진에 관한 법률'로 개정하여 노인의 노동권리 존중의 길을 마련한 것, 2007년 '노인장기요양보험법' 제정을 통하여 건강과 케어에 필요한 사회적 서비스를 받을 수 있도록 한 것 등 정부의 이러한 노력들은 모두 노인인권 보호를 위해 강화된 국가의 의무와 책임을 보여주고 있다.

그러나 실제 그러한 법적 장치들이 인권을 의식적으로 염두에 두고 이를 실천하려는 의지에서 출발한 것인지는 의문스럽다. 정치적으로 이야기하는 것에서는 인권, 시민권을 내세우고 있지만 그 내용은 사회적 비용을 줄이려는 경제적 논리에 근거하고 있을 수도 있다.

그럼에도 불구하고 한국사회는 시민권을 인정하는 위에 발전하여 온 서구 복지국가의 근본적 이념과 제도를 당연한 것으로 받아들이고 노인을 대상으로 한 다양한 복지정책을 수립하여 시행해 오고 있으며 세계적으로 유례없이 급속하게 진전되는 고령화사회에 대응하여 중장기적 정책들이 수립되어 시행되어 오고 있다. 고령화라는 새로운 사회적 위험에 대처하면서 지속가능한 한국형 복지국가 모형을 추구해 나가야 하는 상황에서 노인의 인권을 검토해 보는 것은 고령화사회로의 진전에 대응하여 노인 또는 고령자 관련 정책에 새로운 관점을 제공해 줄 수도 있을 것이다.

이 장에서는 먼저 인권에 대한 기본적 의미를 생각해 보고 노인인권을 보장하기 위한 국내외적 노력을 살펴본 후 노인인권을 새롭게 바라는 시각을 제시해 보고자 한다.

I. 인권에 대한 이해

20세기 후반의 주된 담론 중의 하나는 '권리'와 '인권'이었다. 인류의 역사는 권리의 확대 역사와 맥을 같이한다. 인권에서 제기되는 권리의 내용은 확장되고, 그 대상도 넓어지고 있다. 헌트(Hunt, 2007)는 "한 집단에 이어 다른 집단이 권리를 요구하고 획득해 나가는 권리 선언의 불도저 같은 효력"을 언급하였는데, 인권은 개방적이면서 확장적이고 현재진행형이라 보았다. 헌트의 지적을 들지 않더라도, 인권 주체의 확대와 더불어 인권 내용 또한 확대되어 왔음은 주지의 사실이다. 인권은 시민사회의 성장과 더불어 기본적 자유권에서 출발해 정치권, 사회권으로 확대되어 왔으며, 이러한 권리는 모든 시민들에게 적용되는 보편적 권리이자 '인권'으로 발전되어 왔다. 여기서 인권은 인간이기 때문에 당연히 가지는 권리로서, 국가나 실정법에 의하여 부여된 것이 아니라 인간이기 때문에 인정되는 모든 인간의 생득적이고 절대적인 기본권을 의미한다. 인권은 일반적으로 마샬(Marshall, 1950)의 시민권, UN의 "인권에 관한 국제규약(International Covenants on Human Rights, 1966)"을 통해 그 개념과 내용을 이해할 수 있다.

1. 시민권

시민권은 사회경제적 변동, 통치 이념의 변화에 따라 지속적으로 변화하는 역동적 개념이다. 시민권을 가장 먼저 제기한 마셜(Marshall, 1950)은 18세기 공민권이 19세기에는 정치권으로, 20세기에는 복지국가로 인한 사회권의 발달로 그 개념이 확대되었다고 주장하였다.

먼저, 공민권은 근대적 시민사회가 형성되어 가던 18세기에 형성된 것으로, 인간의 기본권인 자유권을 핵심으로 한다. 계약체결의 자유 및 사유재산권 등의 자유가 자본주의적 생산양식의 발전을 가능하게 했던 권리라면 언론, 출판, 집회, 결사의 자유는 시민사회로 발전할 수 있는 토대였다. 공민권은 자연권의 개념으로, 외부로부터 부여되거나 획득되는 것이 아니라 인간이면 누구나 가지고 태어나는 권리이므로 당연히 보호되고 보장되어야 한다는 인식에 기반을 두고 있다. 이 권리에 의해 빈곤으로부터의 보호, 법 앞에서의 평등, 시민의 자유가 제도화되었다.

19세기에 발달한 정치권은 한 사회의 성원으로서 투표할 수 있는 권리뿐만 아니라 대의기구에 선출될 수 있는 권리이다. 이 권리는 18세기까지는 소수에게만 허용된 권리였으나 자본주의의 발달에 따른 노동자 계급이 성장하자 이러한 정치권이 점차 대중화되기 시작하였다. 이는 궁극적으로 민주주의의 발달에 토대가 된 것으로 평가되었다.

20세기 복지국가는 시민권의 성격에 중요한 변화를 가져왔는데, 그 이전에는 빈곤 등으로 인한 의존성이 정치적 권리를 배제시키는 충분한 근거가 되었지만, 복지국가로의 발전 이후 의존성은 국가로부터 보호되고 보장받아야 할 권리의 기반으로 변화되었다(유해미, 2006). 그 대표적인 것이 사회권으로 사회권은 건강보호 서비스, 공공교육과 같은 복지국가에서 제도화된 다양한 사회 서비스 권리를 의미하였다. 이 기본권은 특히 산업사회의 발전에 따라 등장한 빈곤, 실업, 노령, 질병 등의 문제에 직면하여 이들 사회경제적 약자가 인간다운 생활을 하기 위해 국가에게 일정한 물질적 급부와 적절한 배려를 요구할 수 있는 권리로 등장하였다(홍일선, 2007). 1919년 바이마르 헌법에서 최초로 사회적 기본권을 규정한 이래로, 오늘날 대부분의 민주주의 국가에서는 규정방식의 여하에도 불구하고 자유권적 기본권과 더불어 사회적 기본권을 보편적 권리, 즉 인권으로 인정하고 있다(윤석진, 2006).

국가권력의 개입이나 간섭을 최대한 제한하는 데 목적이 있는 자유권적 기본권과는 달리 사회적 기본권은 국가의 적극적 개입과 활동을 오히려 더 필요로 한다. 따라서 다른 기본권과는 달리, 사회적 기본권은 국가의 행정적 및 재정적 지원 없이는 실현 불가능하다. 사회적 기본권이 비록 권리의 형식으로 규정되어 있다 할지라도, 이 권리는 곧바로 실현될 수가 없는 추상적, 불완전한 권리로 존재한다.

최근 프레드먼(Fredman, 2008)은 자유권, 사회권 할 것 없이 모든 권리가 국가의 적극적 의무를 발생시키는 것으로 보아야 한다는 인권 개념의 근본적인 재정립을 주장하였다. 자유는 불간섭에서 오는 것이 아니라 개인이 자신의 선택을 충족시킬 수 있도록 능력을 촉진해 주는 데서 온다. 프레드먼은 강압이나 간섭이 없는 상태를 자유라고 강조하는 전통적 태도를 비판하면서 자유는 진정한 선택을 할 수 있는 능력, 그리고 그러한 선택에 맞추어 행동할 수 있는 능력으로 해석하였다. 자유를 폭넓게 파악하는 이러한 견해는 국가가 개인의 진정한 선택을 촉진할 의무, 다시 말해 실행 가능한 선택 지점들의 범위를 늘리고, 개인의 선택을 제한하는 강압을 제거하는 등의 적극적 의무를 수행해야 함을 강조한다. 폴란드 태생의 탈근대 사회학자 가운데 한 명인 바우만(Bauman, 1988) 또한 행위를 금하거나 간섭하지 않는 것은 자유를 행할 수 있는 필요조건이기는 하지만 충분조건은 아니라고 보았다. 마음대로 떠날 자유가 있을지 모르지만 비행기 표를 살 돈이 없을 수 있으며, 직업을 선택하는 자유는 있겠지만 그러한 일거리 자체를 얻지 못할 수도 있기 때문이다(문성원 역, 2002).

2. UN의 인권에 관한 국제규약(International Covenants on Human Rights, 1966)

1948년 UN의 세계 인권선언에는 시민적, 정치적, 경제적, 사회적, 문화적 권리가 포함되어 있다. 그러나 선언은 말 그대로 원칙과 기준을 제시하는 수준에 머무를 뿐, 세계 각국에 이를 강제할 수 있는 구속력이 없기 때문에 회원국들에게 구체적인 의무를 부과하지는 않는다. 이에 따라 UN은 구체적인 권리와 권리 행사에 대한 사항들을 규정하는 협약을 별도로 두고 있다. 그것이 바로 UN의 "인권에 관한 국제규약"이다. 첫 번째 규약은 시민적, 정치적 권리를 다루고 있으며, 두 번째 규약은 경제적, 사회적, 문화적 권리를 다루고 있다. 세계 인권선언은 모든 인권을 하나의 틀 안에서 동일하게 다루었지만 UN 인권규약에 이르러서는 인권이 두 가지 유형으로 구분되었다. 인권이 두 갈래로 구분되게 된 것은 동서냉전 기간 중 중앙집중적 계획경제를 표방하는 진영에서는 '시민적, 정치적 권리'를 선호하고, 시장경제를 표방하는 국가들은 '경제적, 사회적, 문화적 권리'를 선호함으로써 각 진영에서 이를 구현하기 위한 규약 초안을 마련했기 때문이었다(강병근, 2008). 각각의 규약에 규정되어 있는 구체적인 권리는 다음과 같다.[1)]

1) 유엔기구는 인권과 관련하여 특정한 주제에 관한 선언과 협약을 채택하고 있다. 일반적으로, 선언은 인권에 관한 일반적 원칙과 일반적 기준을 설정한다. 그러나 법률적으로 구속력이 있는 문서가 아니기 때문에 회원국들에게 구체적인 의무를 부과하지는 않는다. 반면, 협약은 구체적인 권리와 동 권리 행사의 한계 또는 제한 사항을 규정하고, 협약에 비준하거나 또는 가입한 당사국들이 준수해야 할 의무를 기술한다. 협약은 본문에 규정되어 있는 숫자만큼의 국가가 비준을 하여야 법률적 효력이 발생하고, 비준 또는 가입에 의해 당사국이 된 국가에 대하여 법률적 구속력을 갖는다(이혜원 역, 2005 : 61). 사람들이 인권을 침해하거나 부정하는 것에 대해 호소할 수 있도록 하고, 이에 대해 제재 조치를 수립하고자 하는 국제적 노력의 일환으로 국제사면위원회(Amnesty International)와 인권감시단(Human Rights Watch) 등이 있다.

1) 시민적·정치적 권리에 관한 국제규약(International Covenant on Civil and Political Rights): 1966년 12월 16일 채택, 1976년 3월 23일 발효, 1990년 4월 10일 한국 가입

- 생명권: 사형의 사면 또는 감형을 청구할 권리
- 고문 또는 비인간적인, 굴욕적인 대우나 처벌을 받지 않을 권리
- 예속되지 않을 권리: 노예제도 및 노예매매 금지
- 강제노동을 당하지 않을 권리
- 신체의 자유와 안전에 관한 권리
- 계약상 의무 불이행으로 인해 구금되지 않을 권리
- 공정한 재판을 받을 권리
- 사상, 양심 및 종교의 자유, 표현의 자유, 집회의 자유 및 노동조합 가입을 포함한 결사의 자유에 관한 권리
- 이주와 거주의 자유에 관한 권리
- 보통선거권에 의해 선거할 권리
- 소수자로 보호받을 권리

2) 경제적·사회적·문화적 권리에 관한 국제규약(International Covenant on Economic, Social and Cultural Rights): 1966년 12월 16일 채택, 1976년 1월 3일 발효, 1990년 7월 10일 한국 가입

- 생계를 영위할 권리를 포함하는 근로의 권리
- 노동조합 결성 및 가입의 권리
- 사회보험을 포함한 사회보장 권리
- 가정에 대한 보호를 받을 권리
- 적절한 생활수준을 누릴 권리
- 교육에 대한 권리
- 신체적 및 정신적 건강을 향유할 권리
- 문화생활에 참여할 권리, 과학의 진보 및 응용으로부터 이익을 향유할 권리

3. 한국의 UN 권리규약 가입과 인권기구

우리나라에서 인권, 권리 담론이 본격화된 것은 비교적 최근의 일이다. 오랜 역사의 분단체제와 군사독재로 인해 인권을 생각할 여지가 없었으며, 오히려 인권을 이야기함은 사회적 안전과 체제를 위협하는 것으로 생각해 온 경향이 많았다.

우리나라가 UN 권리규약에 가입한 것은 1990년이다. 그 후 1997년 15대 대통령선거에서 국가인권기구 설치를 선거공약으로 내건 김대중 후보가 당선됨에 따라 1998년 대통령인수위원회가 '인권법제정 및 국가인권기구 설치'를 새 정부 100대 과제의 하나로 발표하고, 2001년 5월 24일 '국가인권위원회법'이 법률로 공포되어 '인권의 세계화' 현상에 동참하게 되는 틀을 갖추게 되었다(이석준, 2001). 그 후 국가인권위원회는 국가인권실천계획(NAP)을 마련했는데, 2006년 1월 정부에 전달한 인권위의 「국가인권정책기본계획(National Action Plans for the Promotion and Protection of Human Rights, 이하 '인권 NAP')」 권고안은 우리 사회가 나아가야 할 방향을 제시하는 국가적 인권 청사진이며 이에 따른 정부의 인권 관련 종합계획 수립을 권고한 것이다.

II. 노인인권의 내용

일찍이 인류가 한 번도 경험해 보지 못한 가공할 고령화의 격랑 속에 매일 어마어마한 숫자의 노인들이 생겨나고 있건만 우리는 아직 그들이 '인간답게 살기 위한 최소한의 권리'에 대해 말하지 않고 있다(최재천, 2010). 이는 국제사회에서도 마찬가지였다. 여성, 장애인, 아동, 난민, 실향민 등의 인권 분야가 국제사회에서 관심을 끌고 있는 것에 비해 노인인권에 관한 관심은 높지 않다. 주요 국제인권법 교재들도 이들 집단에 대한 인권은 별도의 장을 두어 다루고 있지만 노인인권에 대해서는 전혀 다루고 있지 않아 노인인권을 하나의 독립적인 영역으로 보고 있지 않음을 알 수 있다(강병근, 2008).

하지만 노인인권의 내용을 전혀 짐작할 수 없는 것은 아니다. 「인권에 관한 국제규약(International Covenants on Human Rights, 1966)」을 기반으로 하여 유엔이 채택한 '노인을 위한 UN 원칙'이 있기 때문이다. 이 원칙은 1991년 12월 16일 유엔총회에서 채택된 것으로, 유엔에 가입된 정부는 모두 언제든지 그들의 사업에 이 원칙들을 반영하도록 하고 있다. 이로 인해 노인의 권리는 더 이상 생소한 개념이 아니며, 국제적으로 보장되고 있다. 우리나라도 UN에서 채택된 이 노인을 위한 원칙에 동의하고 서명하였다. 따라서 노인인권과 관련된 국제사회의 노력과 '노인을 위한 UN 원칙'에 대해 구체적으로 살펴보기로 한다.

1. UN의 노인인권 관련조항 및 활동

1) 세계 인권선언(1948)

세계 인권선언 제25조에는 모든 개인이 누리는 사회보장권과 관련해서 특별히 노인을 염두에 둔 내용을 포함하고 있다.

"모든 사람은 식량, 의복, 주택, 의료, 필수적인 사회역무를 포함하여 자신과 가족의 건강과 안녕에 적합한 생활수준을 누릴 권리를 가지며, 실업, 질병, 불구, 배우자와의 사별, 고령, 그 밖의 자신이 통제할 수 없는 상황에서의 다른 생계 결핍의 경우 사회보장을 누릴 권리를 가진다."

2) 비엔나 국제 고령화 행동계획(1982)

1982년 오스트리아 비엔나에서 개최된 UN 주관 '제1차 세계고령화총회(The First World Assembly on Ageing)'에서 '국제 고령화 행동계획'이 채택되었다. 이 계획은 각국 정부와 시민사회가 인구 고령화에 효과적으로 대처하고 경제개발과 관련한 노인의 잠재력 및 노인 수발문제를 다루고 있다. 이 회의의 중요한 합의는 노인인권 보호가 민간차원이 아닌 정부 차원에서 주도적으로 진행되어야 할 것이 요구되었다는 점이다. 예를 들면, "각국 정부는 노인의 인권 보장 의무를 맡고 있는데, 인권이라는 것은 먼저 국민이 정부에 대해 요구하고 정부가 이를 보장하는 것이어야 한다. 즉 노인의 인권을 보장하기 위하여 정부는 어떠한 것을 해야만 한다."라고 제안되었다. 각 회원국들이 실행하여야 할 구체적인 조치를 상세히 제시하고 있어 노인인권의 국제적 보호에 유용한 최초의 지침이라 볼 수 있다.

3) 노인을 위한 UN 원칙(1991)

1991년 유엔 총회에서 채택된 이 원칙은 노인의 독립, 참여, 케어, 자아실현, 존엄 5개 분야에 대해 18개 사항을 제시하였다. 이는 노인인권을 이해하는 데 매우 핵심적인 아이디어를 제공하는 것으로 평가되고 있어 다음에서 좀 더 상세하게 다루도록 하겠다.

4) 고령화에 관한 선언(1992)

1992년 유엔 총회는 비엔나 국제 고령화 행동계획 10주년에 '고령화에 관한 선언(Proclamation on Ageing)'을 채택하였다. 여기에서는 1982년에 채택된 비엔나 국제 고령화 행동계획 시행을 촉구함과 동시에 노인 여성들의 사회적 기여를 인정, 지원하고, 노인 남성이 퇴직 이후에도 지속적으로 자기 계발을 할 수 있도록 지원하고, 노인을 돌보는 가족에 대한 지원 등을 강조하였다. 그리고 1999년을 '국제노인의 해(International Year of Older Persons)'로 제정하여 선포하였다.

5) 마드리드 국제 고령화 행동계획(2002)

비엔나 제1차 세계고령화총회에 이어 20년 후인 2002년 스페인 마드리드에서 개최된 제2차 세계고령화총회에는 159개국이 참가하였다. 1982년 비엔나

회의가 사회복지 차원에서 선진국의 고령화 상황에 집중했다면, 2002년 마드리드 회의는 개도국의 고령화 상황이 주요 의제였다(강병근, 2008). 이 회의에서 채택된 마드리드 국제 고령화 행동계획에는 노인들이 안전과 존엄성을 가지고 노후를 보낼 수 있도록 시민권적 권리가 강조되었으며, 지속적인 사회참여를 보장하는 원칙이 제시되었다. 즉, 노인 연령층의 잠재적 가능성이 사회발전의 동력으로 실현될 수 있도록 정책 및 관행의 변화를 요구하였다. 이는 노인을 의존적 역할에서 벗어나 완전한 권리를 가진 시민으로서의 사회참여를 보장하여 미래발전의 토대로 활용해야 한다는 인식을 반영하고 있다. 노인복지의 관점 또한 시혜적 차원에서 권리적 차원으로 이동함을 보여준다(조영황, 2005).

2. 노인을 위한 UN 원칙(UN Principles for Older Persons)

이 원칙의 특징은 단순히 노인의 권리가 무엇임을 제시하기보다 정부가 노인을 위해 해야 하는 의무를 제시함으로써 노인의 권리를 짐작할 수 있게 했다는 점이다. 정부의 의무는 UN이 각국 정부가 노인관련 사업을 운영하는 데 반영해야 할 18개의 목표를 5개의 원칙으로 묶어 제시하고 있다. 비록 서술방식은 "노인은 ~해야 한다"는 식으로 표현되고 있지만, 그 내용은 정부가 수행해야 하는 의무, 다시 말해 노인 권리의 보장을 위한 국가의 의무를 담고 있다. '독립, 참여, 돌봄, 자아실현, 존엄'이라는 5개 군 18개 항으로 이루어진 원칙과 목표를 살펴보면 다음과 같다.

첫째, 독립(independence)의 원칙에는 6개 목표가 제시되고 있다. ① 가족과 지역사회의 지원 및 자조를 통하여 적절한 식량, 물, 주거, 의복 및 건강보호를 받을 수 있어야 한다. ② 일을 할 수 있는 기회를 제공받거나, 다른 소득을 얻을 수 있는 기회를 가질 수 있어야 한다. ③ 직장에서 언제, 어떻게 그만둘 것인지에 대한 결정에 참여할 수 있어야 한다. ④ 적절한 교육과 훈련 프로그램을 받을 수 있어야 한다. ⑤ 개인의 선호와 변화하는 능력에 맞추어 안전하고 적응할 수 있는 주거환경에서 살 수 있어야 한다. ⑥ 가능한 한 오랫동안 가정에서 살 수 있어야 한다. 이는 노인이 독립적으로 살아갈 수 있는 데 필요한 소득, 근로, 주거에 대한 자유로운 접근이 보장되어야 함을 제시하고 있다. '독립'의 원칙은 특히 노인 노동의 권리를 보장하는 중요한 내용을 담고 있는데, "노인은 일할 수 있는 기회와 소득창출의 기회를 가져야 한다", "노인은 직장에서 은퇴할 수 있는 시기를 스스로 결정할 수 있어야 한다"는 목표는 오늘날 노인에게 일자리를 제공하고, 정년을 연장하거나 보장하는 것이 국가의 주요 의무임을 말하고 있다.

둘째, 참여(participation)의 원칙에는 3개 목표를 제시하고 있다. ① 노인들이 그들의 복지에 직접 영향을 미치는 정책의 형성과 이행에 적극적으로 참여하고, 그들의 지식과 기술을 젊은 세대와 함께 공유하여야 한다. ② 지역사회 봉사를 위한 기회를 찾고 개발하여야 하며, 그들의 흥미와 능력에 알맞은 자원봉사자로서 봉사할 수 있어야 한다. ③ 노인들을 위한 사회운동과 단체를 형성할 수 있어야 한다. 이 원칙은 노인들이 무능력자, 수동적 서비스 수혜자가 아니라 사회 기여자, 적극적인 서비스 소비자로 변화됨을 인식하고, 노인 정책 영역에서 노인 압력집단의 출현을 촉진시키는 것이 정부의 주요 의무임을 시사한다.

셋째, 돌봄(care)의 원칙에는 다음의 5개 목표를 제시하고 있다. ① 각 사회의 문화적 가치 체계에 따라 가족과 지역사회의 보살핌과 보호를 받아야 한다. ② 신체적·정신적·정서적 안녕의 최적 수준을 유지하거나 되찾도록 도와주고, 질병을 예방할 수 있는 건강보호를 받을 수 있어야 한다. ③ 노인들의 자율과 보호를 확보하기 위해 사회적·법적 서비스를 받을 수 있어야 한다. ④ 인간적이고 안전한 시설에 입소해서 적절한 보호, 재활, 사회적, 정신적 서비스를 제공받아야 한다. ⑤ 노인들이 보호시설이나 치료시설에 거주할 때도 그들의 존엄, 신념, 욕구와 사생활을 존중받으며, 노후생활에 필요한 보호와 삶의 질에 대한 사항을 스스로 결정할 수 있는 인권과 자유를 향유할 수 있어야 한다. 이 원칙은 노인이 비록 다른 사람의 돌봄을 받는 상황에서도 마지막까지 노인 개인의 자율권을 손상하지 않고 안전하게 보호해 주는 것이 국가의 의무임을 주지시키고 있다.

넷째, 자아실현(self-fulfillment)의 원칙에는 2개 목표를 제시하고 있다. ① 노인들은 그들이 가지고 있는 잠재능력을 충분히 발휘할 수 있는 기회를 가져야 한다. ② 지역사회에서 제공하는 교육, 문화, 종교, 여가 프로그램을 이용할 수 있어야 한다. 이 원칙은 노인을 대상으로 하는 교육, 여가, 문화 프로그램을 제공해 주어야 하는 국가의 의무를 제기한다.

다섯째, 존엄성(dignity)의 원칙에는 2개 목표를 제시하고 있다. ① 노인들이 존엄과 안전 속에서 살 수 있어야 하며, 착취와 육체적 정신적 학대로부터 자유로워야 한다. ② 나이 · 성별 · 인종이나 민족적인 배경, 경제적 수준의 정도 등에 따라 차별받지 않고 항상 공정한 대우를 받아야 한다. 이는 노인학대를 근절하고 예방하는 국가의 책임을 강조하며, 차별과 착취로부터 노인을 보호하기 위해서는 적절한 법적 장치들을 마련해 두어야 함을 시사한다.

3. 노인인권 보호에 연관된 한국의 법적 정비

노인의 시민적, 정치적 권리뿐만 아니라 경제적, 사회적, 문화적 권리 등 여러 차원에서 인권 영역이 확장되며 인권보호 체계가 다양하게 도입되고 있다. 우리나라도 국제사회의 권고에 따라 노인인권 보장을 위한 첫걸음으로 다양한 법적 장치를 마련하기 시작하였다. 2004년 '노인복지법' 개정을 통해 착취나 학대의 피해로부터 안전을 보장받고 존엄하게 살아갈 수 있는 권리를 보장하고, 2008년 '고령자고용촉진법'을 '고용상 연령차별금지 및 고령자 고용촉진에 관한 법률'로 개정하여 노인의 노동권리 존중의 길을 마련한 것, 2007년 '노인장기요양보험법'의 제정(2008년 7월 시행)을 통해 건강과 케어에 필요한 사회적 서비스를 받을 수 있게 한 것 등 정부의 이러한 노력들은 모두 노인인권 보호를 위해 강화된 국가 의무와 책임이행에 연관된 일단의 노력이라 볼 수 있을 것이다. 여기에서는 직접적으로 노인인권을 명시하거나 다룬 최근에 개정된 법률을 중심으로 제시하고자 한다.

1) 독립원칙 – 근로권 보장

독립은 다른 인권을 실현하기 위한 필수적인 것으로 인간의 존엄성을 유지하는 데 있어 불가결하고 고유한 부분이다. '경제적, 사회적 및 문화적 권리에 관한 국제규약' 제6(1)조에 따르면, 모든 사람은 스스로 선택하고 수락한 근로를 통해서 생계를 유지할 기회를 가질 권리가 있고 이를 보호하기 위해 당사국은 적절한 조치를 취해야 한다.

여기서 나아가 1991년 유엔의 노인원칙에서는 독립과 관련하여 "노인은 일할 수 있는 기회와 소득창출의 기회를 가져야 한다", "노인은 직장에서 은퇴할 수 있는 시기를 스스로 결정할 수 있어야 한다" 등이 명시되어 있다. 이는 노인에게 일자리를 제공하고 연령으로 인한 강제퇴직 금지가 국가의 주요 의무임을 밝힌 것이다.

> 제1조(목적) : 이 법은 합리적인 이유 없이 연령을 이유로 하는 고용차별을 금지하고, 고령자가 그 능력에 맞는 직업을 가질 수 있도록 지원하고 촉진함으로써, 고령자의 고용안정과 국민경제의 발전에 이바지하는 것을 목적으로 한다.[전문개정 2008.3.21]
>
> 제3조(정부의 책무) : 정부는 고용에서 연령을 이유로 차별하는 관행을 해소하기 위하여 연령차별금지정책을 수립·시행하며, 고령자의 고용에 관하여 사업주와 국민 일반의 이해를 높이고, 고령자의 고용촉진과 직업안정을 꾀하기 위하여 고령자 고용촉진 대책의 수립·시행, 직업능력개발훈련 등 필요한 시책을 종합적이고 효과적으로 추진하여야 한다.[전문개정 2008.3.21]
>
> 제4조의6(시정과 권고의 통보) : ① 제4조의4의 연령차별 금지의 위반으로 연령차별을 당한 사람(이하 "피해자"라 한다)은 「국가인권위원회법」 제30조에 따라 국가인권위원회에 그 내용을 진정할 수 있다.
>
> ② 국가인권위원회는 제1항에 따른 진정을 조사한 결과 연령차별이 있다고 판단하여 피진정인, 그 소속 기관·단체 또는 감독기관의 장에게 구제조치 등을 권고할 경우 그 권고내용을 고용노동부장관에게도 통보하여야 한다.<개정 2010.6.4> [본조신설 2008.3.21]

우리나라에서는 2008년 3월 '고령자고용촉진법'을 '고용상 연령차별금지 및 고령자 고용촉진에 관한 법률'로 개정하였다. 이후 2010년 6월 일부 개정에서는 연령차별 관련 진정 및 시정명령이 가능하도록 하는 조항을 삽입하였다. 일부 관련 조항을 소개하면 위와 같다.

2) 케어 원칙 – 돌봄 받을 권리

'경제적, 사회적 및 문화적 권리에 관한 국제규약' 제10(1)조에 따르면, 당사국은 가족을 지원, 보호, 강화하고 각 사회의 문화적 가치를 지닌 제도에 따라서 가족 중 노인이 필요로 하는 바를 도와주기 위하여 모든 노력을 다 해야 한다. 각 사회의 문화적 가치 체계에 따른 보살핌은 UN의 노인원칙에 이르러 '인간적이고 안전한 시설에 입소해서 적절한 보호, 재활, 사회적, 정신적 서비스를 제공받되, 그들의 존엄, 신념, 욕구와 사생활을 존중받으며, 노후생활에 필요한 보호와 삶의 질에 대한 사항을 스스로 결정할 수 있는 인권과 자유를 향유할 수 있어야 함'을 강조하는 방향으로 발전되었다. 케어 장소에 대한 노인의 자기결정과 선택을 존중하면서 만일 노인이 부득이하게 시설에서의 보호를 선택하는 경우에도 인권이 충분히 보장되어야 함을 강조하고 있다.

우리나라에서는 2008년 7월 시행된 '노인장기요양보험법'과 보건복지부가 마련한 2006년 5월 '노인복지시설 인권보호 및 안전관리 지침'이 이 원칙에 연관되어 있다고 볼 수 있다. '노인장기요양보험법' 제37조에 의하면 "장기요양기관의 종사자 등이 ① 수급자의 신체에 폭행을 가하거나 상해를 입히는 행위, ② 수급자에게 성적 수치심을 주는 성폭행, 성희롱 등의 행위, ③ 자신의 보호·감독을 받는 수급자를 유기하거나 의식주를 포함한 기본적 보호 및 치료를 소홀히 하는 방임행위를 한 경우에는 장기요양기관의 지정을 취소할 수 있다"고 규정되어 있다. 그리고 2006년 5월 보건복지부는 '시설 생활노인의 인권보호지침'을 마련하여, 시설종사자, 가족, 지역사회 관계자들이 취해야 하는 구체적인 행동강령을 제시하였다.

현행 노인복지법에 생활시설 노인의 인권보호에 관한 구체적인 조항들이 마련되어 있지 않은 점을 볼 때 이 지침이 시설 내에서의 인권보호를 위한 최초의 지침이라고 볼 수 있다. 이 지침에는 아래와 같이 11개의 생활시설 노인의 권리가 제시되고 있다.

1. 존엄한 존재로 대우받고, 차별, 착취, 학대, 방임 없이 생활할 수 있는 권리
2. 개인적 욕구에 상응하는 질 높은 케어와 서비스를 요구하고 제공받을 권리
3. 안전하고 가정과 같은 환경에서 생활할 권리
4. 시설 내, 외부 활동에 신체적 구속을 받지 않을 권리
5. 개인적 사생활과 비밀 보장에 대한 권리
6. 우편, 전화 등 개인적 통신을 주고받을 권리
7. 정치적, 문화적, 종교적 활동에 제약을 받지 않고 자유롭게 참여할 권리
8. 개인 소유 재산과 소유물을 스스로 관리할 권리
9. 비난이나 제약을 받지 않고 시설운영과 서비스에 대한 개인적 견해와 불평을 표현하고 이의 해결을 요구할 권리
10. 시설 내외부에서 개인적 활동, 단체 및 사회적 관계에 참여할 권리
11. 시설 입·퇴소, 일상생활, 서비스 이용, 제반 시설활동 참여 등 개인의 삶에 영향을 미치는 모든 부분에서 정보에 접근하고 자기결정권을 행사할 권리

출처: 보건복지부(2006), 생활시설노인의 권리.

3) 존엄성 원칙 – 학대받지 않을 권리

유엔 노인원칙 중 다섯 번째 원칙인 '존엄의 원칙'을 기반으로 하여 2002년 세계고령화총회에서는 노인학대를 근절하기 위해 UN 권리규약에 서명한 모든 국가들에 대해 노인학대 관련 법률을 제정할 것을 요구하였다. 이에 따라 우리나라는 2003년 국정감사 때 노인인권을 주제로 노인자살, 노인범죄, 노인학대 등을 조사 발표하였으며, 그 결과 노인자살이나 학대 문제는 상당히 충격적이었다.

제39조의4(긴급전화의 설치 등) ① 국가 및 지방자치단체는 노인학대를 예방하고 수시로 신고를 받을 수 있도록 긴급전화를 설치하여야 한다.[신설 2004.1.29]

제39조의5(노인보호전문기관의 설치 등) ① 국가는 지역 간의 연계 체계를 구축하고 노인학대를 예방하기 위하여 다음 각 호의 업무를 담당하는 중앙노인보호전문기관을 설치·운영하여야 한다.

1. 노인인권보호 관련 정책제안
2. 노인인권보호를 위한 연구 및 프로그램의 개발
3. 노인학대 예방의 홍보, 교육 자료의 제작 및 보급
4. 노인보호전문사업 관련 실적 취합, 관리 및 대외자료 제공
5. 지역노인보호전문기관의 관리 및 업무지원
6. 지역노인보호전문기관 상담원의 심화교육
7. 관련 기관 협력 체계의 구축 및 교류
8. 그 밖에 노인의 보호를 위하여 대통령령으로 정하는 사항

② 학대받는 노인의 발견·보호·치료 등을 신속히 처리하고 노인학대를 예방하기 위하여 다음 각 호의 업무를 담당하는 지역노인보호전문기관을 특별시·광역시·도·특별자치도(이하 "시·도"라 한다)에 둔다.

1. 노인학대 신고전화의 운영 및 사례접수
2. 노인학대 의심사례에 대한 현장조사
3. 피해노인 및 노인학대자에 대한 상담
4. 피해노인가족 관련자와 관련 기관에 대한 상담
5. 상담 및 서비스제공에 따른 기록과 보관
6. 일반인을 대상으로 한 노인학대 예방교육
7. 노인학대행위자를 대상으로 한 재발방지 교육
8. 그 밖에 노인의 보호를 위하여 보건복지부령으로 정하는 사항

③ 보건복지부장관 및 시·도지사는 노인학대예방사업을 목적으로 하는 비영리법인을 지정하여 제1항에 따른 중앙노인보호전문기관과 제2항에 따른 지역노인보호전문기관의 운영을 위탁할 수 있다.

④ 제1항에 따른 중앙노인보호전문기관과 제2항에 따른 지역노인보호전문기관의 설치기준과 운영, 상담원의 자격과 배치기준 및 제3항에 따른 위탁기관의 지정 등에 필요한 사항은 대통령령으로 정한다.[전문개정 2011.6.7]

이를 토대로 2003년 5월 국회의원 10인이 노인학대를 주요 골자로 하는 '노인복지법 중 개정법률안'을 공동 발의하였고, 2004년 1월 29일 노인복지법을 개정하여 노인학대 문제를 다룰 구체적인 법안을 마련하였다. 그리고 2011년 6월에는 노인복지법 일부 개정을 통해 '노인인권보호'라는 용어를 법안에 직접 명시하였는데, 이는 법령에서 노인인권을 최초로 언급한 경우라 할 수 있다. 2011년 현재 노인학대를 전문적으로 다루는 노인보호 전문기관은 중앙노인보호전문기관 1개소와 23개의 지방노인보호전문기관이 있으며, 전국 16개 광역시도에 '피학대노인전용쉼터'를 운영하고 있다. 노인학대 및 노인보호전문기관 설치에 관한 노인복지법 규정은 위와 같다.

III. 노인인권 관점: 한 인간의 서사적 삶에 대한 공감

인권의식의 향상이 동반되지 않은 외부로부터 주어진 인권의 제도화는 모래성 위에 세워진 집과 같다. 제도와 정책은 인권의 확고한 기반인 듯하지만 그것은 경쟁적인 가치 사이에서의 선택에 지나지 않으며, 정치적 판단에 따라 쉽게 달라질 수 있다. 우리는 최근 이를 자주 목격한다. 1990년대 민주화와 더불어 국가인권위원회법이 공포되고 관련 국가 기관이 설립되는 등 '인권의 세계화' 현상에 동참하게 되는 제도적 틀을 갖추어 온 지 어언 20여 년이 흘렀지만, 우리 사회 전반의 인권의식과 인권의 실행 수준은 이를 뒷받침해 주고 있지 못하다. 보수주의 정부가 들어서자마자 국가인권위원회의 이념적 성향이 문제시되고, 실질적으로 국가인권위의 조직 축소가 진행되었고, 인권의 개념 또한 정치적 자의성에 종속되어 가고 있다. 인권과 사회적 안전은 대립된 구도로 이해되고, 심지어 인권을 주장함이 사회적 안전을 위협하는 불법의 온상으로 치부되고 이전에 중시되던 가치가 현재에 와서 전면 부정되고 있는 현실은, 인권의 제도화가 내부적 성찰 과정을 거치지 않고 외부적으로 주어질 때, 그리고 인권중심의 사고가 우리 사회에 일상화되어 있지 않을 때, 그것이 얼마나 쉽게 무너질 수 있는지를 잘 보여준다.

노인인권은 어떠한가? 노인인권은 인권 개념이 아직 명확히 자리 잡혀 있지 않은데다 노인의 개념 자체가 변화하고 있기 때문에 보다 더 혼란스러운 상황에 놓여 있다. 평균수명의 연장으로 노년기가 30년 이상 길어지고, 과거의 노년 세대와 그 특성이 다름은 물론 구성원의 이질성과 다양성이 높아지는 오늘날 우리는 "과연 누가 노인인가?"에 대한 대답조차 하기 어렵다. 더군다나 전 세계적으로 불어 닥친 금융위기와 일자리 감소는 국가의 재정안정을 위협하고 노인들을 위한 복지 예산의 축소를 정당화하였으며, 고령인구의 증가를 사회적 부담으로 보는 정치적 시선과 정년연장을 포함하여 가능한 많은 노인들을 자립케 하려는 현재의 노동 정책들은 청년실업, 베이비붐 세대의 대규모 퇴직 문제와 맞물려 노인을 에이지이즘(ageism)의 희생자로 보는 기존의 관점에 의문을 제기하게 한다.

노인차별주의는 여전히 우리 사회 곳곳에 스며들어 있다. 건강하고 활동적인 노인의 등장으로 노인에 대한 편견이 많이 완화되고 있다고 하지만 혼자 힘으로 살아가기 힘든 병약한 노인들이 여전히 존재하는 한 그러한 편견은 특정 노인집단에게 적용될 것이다. 이미 노인인구가 20%를 넘어선 서구 사회에서 노인은 동정과 보호의 대상이라는 관점을 벗어난 지가 오래지만 다른 한편으로 노인은 국가의 복지지출 중 가장 높은 비율을 차지하고 있는 '탐욕스런 노인(greedy elders)'으로 규정되는 등 또 다른 형태의 노인 편견이 적용되고 있다. 노인인구의 수적 증가는 정치적 권리 중 하나인 유권자로서의 노인파워로 나타나며, 다른 연령집단에 비해 선거의 참여율이 높다는 이유로 정치인들은 노인집단의 요구를 무시하기 힘들다. 이러한 현상은 보편적 기본권으로서의 정치적 권리 행사로 접근되기보다 노인을 이기적인 정치 행위자라는 이미지로 부각시킨다.

정의보다는 불의를 통해 정의가 무엇인지를 알게 되는 것처럼 인권 또한 인권 그 자체보다는 인권이 침해됨을 느끼고 나서야 인권의식이 발달되는 경향이 많다. 우리 사회에서 노인인권은 노인인권이 무엇인지에 대한 충분한 논의와 검토를 거치기 전 노인학대에 대한 관심에서 비롯되었다. 노인인권하면 제일 먼저 떠오르는 것이 노인학대라 할 정도로 노인인권과 노인학대는 거의 동일시되고 있다. 학대는 인권의 기반이 되는 인간의 존엄성 자체에 대한 공격이자 위협이라는 사실은 보편적으로 인식되고 있으며, 누구도 이를 부정하지 않는다. 노인학대는 노인인권 문제를 발 빠르게 우리 사회의 주요 관심사로 부상시켰다는 점에서는 긍정적으로 기여했으나 노인인권 전반에 대한 폭넓은 이해, 노인인권에 대한 적극적 해석을 제한시켰다는 부정적인 측면도 있다.

권리담론이 우리 주변에서 넘쳐나고 노인을 소비자, 서비스 사용자, 고령 시민, 제3기 인생으로 부르는 등 기존의 부정적이고 의존적인 이미지를 극복하고 권리의 주체로서 노인을 강조하는 대안적 용어들이 만들어지고 있으며, 법률의 제·개정을 통한 노인인권 관련 법률이 마련되고 있지만, 여전히 노인 인권에 대한 이해는 부족하다. 권리 자격이 곧 권리 보장으로 이어지지는 않는다. 우리나라 노인들은 모두 헌법에 보장된 기본권을 갖는다. 그리고 사회 경제정책은 이러한 권리를 실질적으로 보장해 주기 위한 여건을 마련하고 있다. 그러나 그것이 누구의 관점에서 만들어지고 있는가를 따져 보면 반드시 그렇다고 평가하기가 어렵다.

노인인권 보장은 노인들의 삶과 그들이 중요하게 생각하는 의미들을 얼마나 이해하고 받아들여 주는가에서 출발해야 한다. 우리 사회에서 노인인권 보장은 노인과 전문가 집단, 노인과 공공집단 간의 불평등에서 시작되며, 노인의 삶에 대한 공감은 부족하다. 사회는 노인의 궁핍에만 초점을 맞추거나, 공공의 안전과 불편에 더 관심을 갖는다. 이러한 과정에서 노인은 보이지 않는 존재로서 존중의 결여를 경험한다. 인권의식과 인권에 대한 열정적 관심은 무엇에서 출발되는가? 역사학자의 관점에서 인권을 연구한 헌트(Hunt, 2007)는 인권은 이성만큼이나 감성에 의존함을 강조하였다. 인권은 자명성을 요구하는데 자명성의 요구는 궁극적으로 감성에 호소할 수밖에 없으며, 감성은 개인의 내면을 움직여 확신을 갖게 한다. 인권 침해로 공포를 느낄 때 비로소 인권이 문제가 된다는 점은 부정할 수 없는 사실이며, 타인이 우리와 똑같이 느끼고 생각한다는 점을 인정하고 이해하는 공감 능력이 바로 인권을 구성하는 핵심 요소라는 것이다. 인권에 대한 감성적 공감은 단순한 이념이 아니라 사람을 이해하려고 하는 능동적 의지이자 문화적 실천이기 때문에 인간이 공감하는 법을 배우는 데서 인권의 발전이 있었다는 헌트의 제안은 우리 사회에서 노인인권을 발전시키는 데 시사하는 바가 적지 않다.

노인들에게서 자주 듣는 말은 그들의 살아온 인생과 경험을 인정하고 존중해 달라는 것이다. 한 조사에서 나타난 바에 의하면 노인들이 생각하는 학대는 '무시'였다. 존재하지만 없는 존재로 취급되는, 그들의 살아온 삶이 하나도 존중받지 못하는, 그것은 곧 그들 존재 자체의 부정을 의미하는 것이었다. 노인들의 삶 가운데에는 그들의 이야기가 자리 잡고 있다. 그들에게 무엇보다 중요한 것은 연속적인 시간의 흐름 속에서 축적되어 온 다양한 경험들이다. 그들의 삶은 스스로 경험한 것을 일관성이 있는 것으로 만들기 위해 노력해 온 역사이다. 이러한 관점에서 바라볼 때, 자기 방임 노인의 행동은 정신적 손상이나 병리의 결과라기보다 비록 그것이 부적응적 행동이라 할지라도 자기 자신을 보존하고 사물이나 관계에 대한 관습적 통제를 유지하기 위한 노력이다.

노인에게 제공되는 현재의 서비스들은 특히 시설보호나 재가서비스의 경우 대체로 그들 경험이 서사적으로 단절되지 않도록 주의를 기울이기보다는 오히려 삶의 단절, 자신의 정체성과의 분리라는 의도하지 않은 결과를 초래하기 일쑤이다. 노인들에게 있어 연속성은 점점 더 중요한 사안이 되어 가지만 사회는 노인들의 이야기를 들어 줌으로써 그들의 연속성을 보장해 줄 정도의 여유나 배려가 없다. 공식화되어 가는 노인케어의 흐름 속에서 정작 보살핌을 받는 노인들은 정서적으로 친밀한 환경과 사람들로부터의 보살핌을 원한다. 그러나 오늘날의 사회정책은 일자리 창출, 노동력 확보 등의 명목으로 가족들을 가정 밖으로 끌어내고, 가족의 빈자리에는 요양보호사(케어 워커)라는 공식적 돌봄 제공자들로 채우고 그들에게 가족과 같은 친밀관계 형성을 요구한다. 자신의 의사를 이야기해도 그것을 의미 없는 말들의 반복이거나 비합리적이라 여기는 사회적 편견 앞에서 노인들의 권리가 설 자리는 어디인지 다시 한 번 생각해 보아야 할 것이다.

제2편 선진국과 국제기구의 고령화사회 대응책

제4장
OECD와 UN의 고령화 대응 정책 대안*

*신원우(협성대학교 사회복지학과 교수)

개인 고령화와 인구 고령화는 각각 개인과 사회에 긍정적인 영향과 부정적 영향을 주고 있다. 개인 고령화는 건강하고 의미 있는 노년기를 보장해 주지 못하기 때문에 문제가 되고, 인구 고령화는 사회문제와 비용 증가로 미래사회에 심각한 위기를 초래할 수 있다는 점에서 문제가 된다. 고령화가 사회문제로 인식되고 있는 사회는 이미 고령화가 20세기 중반까지 빠르게 진행된 선진국들이다. 그러나 20세기 후반에 들어와서는 개발도상국에서도 고령화가 급속히 진행되기 시작하여 고령화는 이제 전 세계적 현상이 되고 있다.

서구 선진국가일수록 고령화 문제에 대한 심각성을 인식하고 이에 대한 국가적·사회적 대책이 필요함을 강조하고 있다. 이에 따라 세계 선진국들이 모두 포함되고 개발도상국도 상당히 포함된 경제협력개발기구인 OECD(Organization for Economic Cooperation and Development, 경제협력개발기구, 이하 OECD)에서는 1998년에 회원국이 고령화에 정책적으로 대응해야 할 과제에 관한 보고서를 발간하여 각국에서 핵심적 문제에 대해 장기적으로 대응하도록 촉구하였다. 또한 UN(United Nations : 국제연합, 이하 UN)에서도 전 세계적인 고령화 현상을 중요한 변화로 인식하고 특히 선진국에서 고령화로 인해 나타나고 있는 사회문제와 향후 예상되는 문제점을 세계적으로 알리고 개발도상국도 같이 고령화에 대응하도록 하는 의미에서 1982년과 2002년에 UN 주관으로 세계고령화총회(World Assembly on Ageing)를 개최하고 고령화 대응 행동계획을 채택하여 회원국이 따르기를 촉구하였다.

고령화와 관련하여 OECD와 UN에서 어떠한 대책을 각국에 촉구하고 있는지를 검토해 보는 것은 선진국의 고령화 대응 정책을 이해하고 우리나라가 대응해야 할 정책방향을 정하는 데 중요한 지침이 될 수 있을 것이라 생각된다. 이 장에서는 개별 국가의 문제이면서 공통의 사회문제로 경험하고 있는 고령화에 대해 OECD와 UN이 제시하고 있는 대응책을 정리하여 소개하고자 한다.

I. OECD의 대응책

OECD[1)]는 회원국과 전 세계의 경제 관련 이슈에 대한 통계 작성과 대책에 대한 보고서와 정책을 제시하고 있다. 그중에서 고령화는 현재 진행 중인 국가를 비롯해서 앞으로 사회문제로 예상되는 국가들 중에 중요한 사회 이슈로 채택되어 최근 20여 년 동안 포괄적으로 이와 관련한 통계를 수집하고 고령화로 인한 문제에 대해 해당 국가 및 회원국 전체에 경고함과 동시에 대책 수립을 촉구하는 보고서를 제출하고 있다. 1996년 OECD 사회장관회의에서 OECD 사무국으로 하여금 고령화와 관련하여 OECD 국가에서 도전적 과제가 되는 사항을 분석하여 회의에 보고할 것을 요청하여 1998년에 『고령화사회에서의 지속적 번영유지(Maintaining Prosperity in an Ageing Society)』라는 보고서를 발간하였다. 이 정책 보고서는 OECD 국가에서 고령화로 향후 나타날 것으로 예상되는 핵심적 문제점과 문제점 해결을 위한 개혁 원칙을 제시하고 있다(OECD, 1998).

1) OECD 회원국은 우리나라를 포함해서 2011년 현재 34개 국가이다.

1. OECD 국가의 고령화로 인한 근본 문제

고령화는 사회의 다양한 측면에 영향을 미치겠지만 OECD 보고서에서는 그중 몇 가지 중요한 측면의 영향에 초점을 두고 그 대책을 촉구하고 있다. 먼저 보고서에 나타난 고령화의 영향을 간략히 정리해 보기로 하겠다.

1) 노인인구 증가 및 노동인구 감소로 인한 사회적 부담증가

평균수명의 연장, 저출산 및 조기은퇴 경향으로 노동인구 수는 2010년 이후 크게 감소하게 될 것으로 예측된다. 1960년에는 노동인구 대비 노인인구 비율은 15% 정도였으나 2030년경에는 35%가 될 것으로 예상되는데, 특히 베이비부머 세대들이 본격적으로 은퇴하기 시작하는 2010년부터는 그 증가현상이 더욱 커질 것으로 예상된다. 이는 곧 노인인구 부양률을 증가시키는 것, 즉 사회적 부담의 증가를 의미한다. 사회적 부담증가는 노동인구의 부담증가뿐만 아니라 노동인구의 부담만으로 비용을 충당하기 어려운 경우 국가가 부채를 질 수밖에 없는 결과를 초래하게 된다.

OECD 대부분의 선진국에서는 공적연금 기금을 마련하는 방법으로 당해연도에 노동인구가 낸 연금 기여금을 당해 연도 연금수급자의 연금으로 사용하는 부과방식(pay-as-you-go system)을 사용하고 있기 때문에 노인인구가 늘어나고 노동인구가 줄어드는 것은 노동인구의 연금 기여율을 높이게 되고 이는 결국 노동인구의 사회보장 부담률을 높이는 결과를 초래하게 된다. 노인인구 비율이 크게 늘어나서 노동인구의 연금 기여금 부담이 커지게 되면 정치적 이유 및 다른 이유로 연금 기여금을 계속 올릴 수 없어 결국은 노인인구의 연금을 지급하기 위해 국가가 부채를 질 수 밖에 없다. 이처럼 노인인구의 증가는 고령화 관련 비용 충당을 위한 국가부채를 증가시키기 때문에 OECD 국가의 가장 큰 고민거리가 되고 있다. OECD 국가의 1998년 현재 GDP 대비 부채율 평균은 70% 수준이었고, 이탈리아나 벨지움과 같은 나라는 100%를 넘었다(OECD, 1998). 노인인구 증가로 인한 사회적 부담이 결국은 OECD 국가들이 고령화에 대처해야 할 필요성을 가장 절박하게 만드는 요인이 되었다고 할 수 있다.

2) 사회적 부담증가로 인한 생활수준 향상 둔화 및 노동동기 저해

노인인구를 부양하기 위한 사회적 부담은 건강보호 및 장기요양 비용 증가와 사회 서비스 비용 증가에 따른 조세 부담 증가 및 사회보장 비용(각종 사회보험료 또는 기여금) 증가를 가져오고 이 같은 사회적 부담 증가는 결국은 노동인구의 생활비 감소와 노동 동기도 약화시킬 수 있다.

3) 노동인구의 감소로 인한 경제성장 둔화

재화와 서비스의 생산은 그 사회의 물질적 생활수준을 결정하는 데 재화와 서비스의 생산량은 주로 생산인구 수와 생산성으로 결정된다. 따라서 생산인구 수의 감소는 물질적 생활수준 성장률, 즉 경제성장률을 둔화시키는 요인이 될 수 있다.

4) 노인인구 증가로 인한 소비 감소와 저축률 하락

은퇴한 노인은 수입의 감소로 축적한 예금을 인출하는 경우가 많아지고 저축하는 경우는 줄고 또한 소비지출도 줄이게 되므로 노인인구의 증가는 결국 경제성장을 둔화시키는 요인이 될 수 있다.

2. 고령화 대응 개혁의 방향과 원칙

고령화사회에서 지속적인 번영을 누리기 위해 선택해야 할 개혁 과제는 경제적·재정적·사회적 분야와 정부의 모든 부처가 책임지고 관여해야 할 과제가 되어야 하며, 개혁 과제는 국가적 차원에서 전략의 틀을 마련하고 시간표를 짜서 집중적으로 수행할 수 있어야 한다. 개혁의 핵심적 목표는 급속하게 증가하는 은퇴자들에게 자원을 이전하는 방식이 경제적으로나 사회적으로 큰 부담을 주지 않도록 되어야 한다는 것이고 고령화의 속도를 생각하면 개혁의 시간 여유가 많지 않지만 지속적으로 해 나아가야 한다는 것이다. 따라서 1998년 OECD 보고서에서는 개혁의 지침으로 다음과 같은 7개 원칙을 제시하고 있다.

1) 조기퇴직 유인 요인과 만년퇴직 저해요인 제거: 조기퇴직(early retirement)을 유인하고 만년퇴직(late retirement)에 장애요인이 되는 재정 체계를 없애도록 공적 연금제도, 조세 체계 및 사회적 이전 지출 프로그램(social transfer programmes)이 개혁되어야 한다.

2) 고령 노동자의 고용 증진: 고령노동자에게 보다 많은 직업을 가질 수 있는 기회를 주고, 이들이 필요한 기술과 능력을 갖출 수 있도록 개혁되어야 한다.

3) 재정 적자 및 부담 통제: 국가의 재정 적자와 부담을 완화하기 위해 공적연금액을 점진적으로 줄이고 연금 기여율은 높이는 것을 포함해야 한다.

4) 다층적 노후소득보장 체계 지향: 퇴직 후 소득은 세금과 이전지출(정부보조금)의 혼합, 적립식 공적연금, 개인 저축과 소득에 의하여 마련되어야 한다. 이 같은 방향으로 개혁하는 것은 노후 소득 원천의 위험을 분산하고, 세대 간 부담을 공평하게 분담하고, 개인이 퇴직 시기를 융통성 있게 결정하도록 하기 위한 것이다.

5) 일반 건강보호와 장기요양보호의 효율성 증진: 급성질병 중심의 의료진료와 장기요양보호 비용지출이 효율적이 되도록 국가적 관리가 필요하고, 신체적 의존성을 점차 줄여 나가는 방법이 연구되어야 하며, 허약한 노인에 대한 요양보호를 제공하기 위한 명백한 정책이 개발되어야 한다.

6) 적립식 연금재정 방식 개발과 금융시장 구조 강화의 병행: 연금재정을 적립식으로 개혁하는 것과 동시에 현대적이고 효율적인 규제방법으로 연금재정 관련 금융시장 체계를 개선하는 방향으로 나아가야 한다.

7) 국가적 차원에서의 개혁을 위한 전략적 틀 마련: 고령화 관련 개혁을 지

속적으로 조화롭게 추진하고 개혁의 수행에 적절한 관심을 이끌어 내고 국민들의 이해와 지지를 얻기 위해 국가적 차원에서 개혁의 전략적 틀을 마련해야 한다.

3. 고령화 대응의 구체적 정책 방향

1998년 OECD 보고서에서 부각시키고 있는 개혁의 과제는 ① 조기퇴직 개선, ② 연금구조 개혁(연금액 하향조정, 적립식 재정방법 도입, 다층적 노후소득보장 제도 도입 등), ③ 사적연금 기금관리 개혁, ④ 고령노동자 고용증진, ⑤ 활동적 노화증진, ⑥ 건강보호 및 장기요양보호 정책 개선으로 구분된다. 이 6개 개혁과제에 대해 간략히 살펴보기로 하겠다.

1) 조기퇴직 개선

OECD 국가의 대부분의 근로자들은 완전노령연금을 수급할 수 있는 연령 또는 공식 퇴직연령보다 상당히 조기에 퇴직하는 경향을 나타내었다. 특히 1990년까지 그런 현상이 두드러졌다가 2000년대 들어온 후에는 정책적 개선으로 그러한 경향은 다소 약화되는 현상을 보였다. 이 같은 조기퇴직 현상을 보인 데는 몇 가지 이유가 있다. ① 연금액이 상당히 후해졌고, ② 연금제도의 구조상 더 오래 일해도 연금액이 더 이상 증가되지 않거나 거의 증가되지 않았고, ③ 계속 일을 하는 경우 불가피하게 드는 부대비용(교통비, 식비, 세금 등)을 지불해야 되고 게다가 여가나 다른 원하는 활동을 할 수 있는 기회를 잃게 되는 기회비용을 생각하면 계속 일하는 것이 이득이 되지 못하고, ④ 장애수당이나 실업수당을 지급하는 조건이 상당히 느슨하여 조기퇴직 후 장애수당이나 실업수당을 받아 완전연금을 받을 수 있는 표준 퇴직연령까지 버틸 수 있었고, ⑤ 다른 사적연금을 받을 수 있기 때문에 완전노령연금 수급 연령까지 가는 데 큰 문제가 없는 경우도 많았기 때문이다.

조기퇴직은 결국 연금수급 기간을 연장하여 연금비용을 증폭시키고 결국은 현 노동세대에 부담을 주거나 국가부채를 증가시키는 원인으로 작용하기 때문에 시급히 개선되어야 할 과제가 된 것이다. 이 같은 조기퇴직 현상은 기업이나 사회단체의 정관이나 사회적 관행으로 불가피하게 55~60세에 강제적으로 퇴직할 수밖에 없는 우리나라의 조기퇴직과는 전혀 배경이 다른 이야기이지만 OECD 선진국에서는 개선되어야 할 심각한 문제였다.

이 같은 조기퇴직 현상에 대한 대책은 ① 연금수급 연령을 올리는 것, ② 장애수당 및 실업수당 지급 조건을 강화하는 것, ③ 계속 일할 경우 일하는 기간에 따른 연금액 추가 급여 등을 포함하여 조기퇴직하는 경우의 이득이 거의 없도록 하는 방향으로 개혁이 제안되었다.

2) 연금구조 개혁

OECD 국가 연금의 재정방법은 거의 대부분 부과방식으로 되어 있기 때문에 현재의 노동인구 부담을 증가시키고 또한 국가 재정 악화를 가져오는 큰 원인이 되기 때문에 개혁이 불가피하였다. 특히 베이비부머 세대가 대거 퇴직하게 되는 2010년 이후는 연금의 재정부담이 더욱 커질 것으로 우려되었다.

연금 구조개혁으로 부과방식의 문제점을 개선한다는 원칙하에 여러 가지 방향이 제시되었으며 국가에 따라 다양한 방법으로 실제 개혁을 해 오고 있다. 제시된 방법은 ① 연금액을 줄이는 것, ② 재정방법을 일부 또는 전부를 적립방식으로 변경하는 것, ③ 완전연금 수급 연령을 올리는 것, ④ 연금수급 최소연령을 올리는 것, ⑤ 수급조건으로 연금가입 기간을 늘리는 것, ⑥ 연금 기여금 납부기간과 연금수급액을 연계시키는 것, ⑦ 공적연금 외에 퇴직연금(직업연금), 역모기지, 개인저축 등 다양한 층으로 노후소득원을 다양하게 보완하는 것 등이다.

3) 사적연금 기금 관리 개선

직업연금 등 사적연금도 노후소득보장의 중요한 한 층이 되고 있기 때문에 연금기금을 잘 관리하여 연금기금의 수익률을 높이는 것은 연금 가입자의 노후생활을 보장하는 데 대단히 중요하다. 1996년 현재 국가별 차이는 크지만 OECD 국가의 사적연금의 기금규모는 평균 GDP의 39%에 해당할 만큼 늘어났다. 연금기금 운용을 금융시장에 아무 규제 없이 맡겨 두는 것은 가입자의 노후 소득보장에 악영향을 줄 수 있기 때문에 국가에서는 연금기금 운용에 대해 상당한 규제를 하고 있고, 기금을 운용하는 측에서도 발전된 지식과 기술이 필요하다. 사적연금 기금을 전통적인 방법으로 운용하거나 국가가 양적으로만 규제하는 것은 바람직하지 못하기 때문에 기금운용과 규제를 개선할 필요성이 있다.

정부는 사적연금 기금관리를 보통 두 가지 방법으로 규제를 해 왔다. 하나는 자산제한(asset restriction) 방법으로서 기금의 안정성을 확보하기 위해 연금기금 투자항목(portfolio)을 양적으로 규제하는 것이고, 다른 하나는 신중인 원칙(prudent person principle) 방법으로 전문적 지식과 기술을 가진 전문 자금관리자가 일정한 정도 위험부담 책임을 면제받고 재량권을 가지고 신중하게 자금을 투자하고 관리하도록 하는 방식이다. OECD 국가에서 사적연금 관리방법으로 이 두 가지 방법을 선택하는 것에 대해 논란이 있어 왔으나 경험상 신중인 원칙이 더 높은 수익률을 내는 경우가 많았다. 또한 연금기금의 투자도 안전성을 중시하여 국내나 기존의 성숙된 금융시장에 투자하는 경향을 보였는데 위험부담은 있지만 수익률이 높은 외국 신흥 금융시장에 투자하는 방법도 생각할 수 있다.

사적연금 기금관리에는 적절하고 효율적인 규제방법을 선택하여 개선하는 것과 더불어 안정적이고 건전하고 효율적인 금융시장 체계(법적 규정, 회계체계, 규제 및 감독 체계, 정산 체계 등)를 발전시켜 나아가는 것도 중요하다. OECD 국가는 효율적 금융시장 체계를 발전시켜 왔지만 아직도 개선의 여지가 많고 발전에 뒤지는 국가도 있기 때문에 금융시장의 체계를 계속 개선할 필요가 있다.

4) 고령근로자의 고용증진

OECD 선진국의 조기퇴직 현상은 연금제도 및 기타 복지제도와 연계되어 있고 노화 및 노인에 대한 부정적 편견 등에 의해 문제가 되고 있다. 또한 OECD 국가 중 법정 퇴직연령 또는 관행적 퇴직연령이 낮은 국가의 경우는 주로 노화 및 노인에 대한 부정적 편견으로 조기퇴직하여 일을 더 오래 하고 싶은데도 일을 할 수가 없거나 일자리가 없어 문제가 되고 있다. 따라서 고령근로자의 고용증진 정책은 OECD 선진국의 경우에 연금제도 개선의 일환으로서는 물론 노년기의 삶을 보다 활기차게 만드는 활동적 노화(active ageing) 차원에서 중요하고, OECD 국가 중 법정 퇴직연령이나 관행적 퇴직연령이 낮은 국가에서는 경제적 이유와 활동적 노화 차원에서 대단히 중요한 정책이 된다.

OECD 선진국의 고령자 고용 또는 취업에 문제가 되는 것은 연령 자체이기보다는 고령노동자의 교육수준이 낮은 점에서 기인한다. 따라서 교육과 훈련수준을 높이는 것 또는 평생 학습과 훈련을 통한 인적 자원 개발은 고령근로자뿐만 아니라 근로가능한 모든 연령층에 해당되는 바람직한 정책방향이라 할 수 있다. 그런데 서구 선진국에서는 아직도 노화와 노인에 대한 부정적 편견과 차별 등이 상당히 일반화되어 있어 고령근로자의 취업에 장애가 되고 있다. 그리고 많은 고령자들의 건강상태가 점점 더 좋아지고 있어 평균수명 80세가 보편화된 현재 70세를 넘어서도 활발하게 움직이고 능력을 발휘할 수 있음에도 불구하고 연령이 증가함에 따라 고령자 스스로 소극적이 되는 것도 문제이다. 따라서 OECD의 고령자 고용증진 정책 방향은 ① 교육(평생교육, 평생직업훈련 등)을 통한 근로능력 향상, ② 중년기 이후의 경력 전환과 이에 따른 새로운 교육과 훈련 기회 제공, ③ 노화와 노인에 대한 부정적 편견과 차별 배제 및 연령차별금지법 제정, ④ 고용주(노동시장) 측에서 증가하는 고령근로자를 흡수하기 위한 수단으로 경력을 바꾸어 주거나 경력 선택의 기회를 제공하는 것, ⑤ 국가에서 노동시장 전체를 고려한 고령근로자 활용 계획을 수립하고 공급을 조정하는 것 등이다.

5) 활동적 노화증진

1990년대에 들어와서 '활동적 노화'라는 용어와 개념이 처음으로 나타나기 시작하였다. WHO에서는 "수명이 연장되고 있는 만큼 그 연장된 수명에 생명을 더 해야 한다"는 구호 하에 활동적 노화는 건강 유지와 증진, 가족, 지역사회 및 국가사회의 모든 영역에서 노인의 적극적 참여와 포함을 의미하는 것으로 부각시켰다.

2000년대에 들어서면서 활동적 노화는 WHO, OECD, EU(European Union : 유럽연합)에서 고령화사회의 정책 아젠다로 삼게 되었고, 이에 대한 여러 가지 정책연구와 제안이 이루어졌다(Hutchison et al., 2006). 2002년 마드리드에서 개최된 UN 주관 제2차 고령화총회(The Second World Assembly on Ageing)에서 WHO는 활동적 노화를 '나이 들어감에 따라 삶의 질을 향상하기 위해 건강, 참여 및 안전의 기회를 최적화하는 과정'으로 정의하였다. 그러나 이러한 정의는 노후생활의 복지를 위한 거의 모든 정책(소득보장, 의료보장, 주거보장, 사회참여)을 포함하는 포괄적인 개념으로 이해된다. 고령화사회에 대응하는 사회정책을 좀 더 세분화하면 다른 정책 분야와 크게 중복되기 때문에 활동적 노화는 다른 분야의 정책과 구분이 어려워지는 문제점이 있다.

OECD에서는 활동적 노화를 나이 들어감에 따라 사회와 경제 분야에 생산적 활동을 해 나갈 수 있는 능력을 발휘하는 것으로 보고 있다(OECD, 1998). OECD 정의는 WHO 정의보다는 한정되어 사회생활과 경제생활에서 생산적 활동을 하는 것을 말하는데, 생산적(productive)이라는 말을 사용함으로써 경제적으로 가치 있는 활동만을 강조하는 듯한 문제점이 있다. 이 외에도 활동적 노화에 대한 정의가 많이 있지만 기존의 정의를 참고하여 다시 정의해 보면 활동적 노화는 '나이 들어감에 따라 신체적·사회적·심리적·경제적·문화적 및 영적 영역의 생활에 적극적으로 참여하여 개인적·사회적으로 가치와 의미를 찾는 것'이라 할 수 있다.

활동적 노화의 중요한 영역은 직업 활동이다. 직업 활동은 고령근로자의 고용증진에서 다루기 때문에 이 부분에서는 경제활동을 제외한 신체적·사회적·심리적·문화적·영적 영역의 활동에 적극적으로 참여하는 것으로 한정하기로 한다. 신체적·심리적 영역은 신체적·정신적 건강유지를 포함하는 것으로 볼 수 있다. OECD의 고령화 대응책에서 관심의 대상이 되는 것은 신체적·정신적으로 건강하고 능력을 발휘할 수 있는데도 노화와 노인에 대한 편견과 자기효능감(자신감) 부족 등으로 노인이 소극적으로 생활하는 태도이다. 과학의 발달과 건강상식의 증진으로 과거에 비하여 같은 나이의 건강상태는 크게 개선되고 있고 따라서 허약과 장애 노인의 절대적 수는 늘어나겠지만 이들의 비율은 늘어나지 않거나 앞으로 줄어들 가능성도 크다.

건강 문제로 남에게 의존하는 기간은 생의 마지막 2~4년에 집중되는 경향이 있고 평균수명 80년이 보편화되고 있음에도 불구하고 60~70대에 단순히 나이가 많다는 이유로 능력이 떨어지는 것으로 판단하는 사회적 통념이 아직도 지배적이다. 따라서 일반인들이 노인을 소극적인 존재로 생각하고 노인자신도 사회적 통념에 맞추어 자신을 능력 없고 소극적인 존재로 자기 낙인을 찍는 경우도 많은데 이는 실로 비과학적인 편견이 아닐 수 없다.

특히 전통적으로 연령에 따라 사회적 역할을 규정하던 사고방식(청소년기－교육, 청·중년기－일, 노년기－은퇴/여가)이 점차 변하고는 있지만 아직도 그러한 전통적 사고방식이 지배적이다. 따라서 노년기에 교육받는 활동을 하거나 일하는 것은 적합하지 않다는 생각이 노년기 삶을 더욱 소극적으로 만들고 있다. 노화와 노인에 대한 부정적 편견과 연령에 따라 역할을 규정하는 선통적 사고방식을 깨는 중요한 정책적 수단은 평생교육과 일에서 점진적으로 은퇴하는 제도적 장치를 수립하고 동시에 모든 연령에 걸쳐 교육(학습)과 사회적 활동이 필요하다는 문화를 만들어 가는 것이다. OECD에서 권고하는 활동적 노화의 구체적 예는 그리 많지 않지만 노동활동 참여 외에 일반교양 및 직업 관련 학습활동, 자원봉사활동, 가족과 이웃의 돌봄 활동 등이 있다.

6) 일반 건강보호와 장기요양보호 정책 개선

고령화사회로의 진전이 사회적 부담이 되는 중요한 요인 중의 하나는 일반

건강보호와 장기요양보호의 비용, 노동집약적 돌봄 활동의 증가이다. 연령이 증가할수록 급성질병은 줄어들고 반면에 만성질병은 증가하는데 질병진료와 돌봄의 사회적 비용이 크게 늘어나는 것이 문제이다. 평균적으로 말해서 노인들의 비율에 비해 노인들의 건강 관련 비용은 국민 전체 건강 관련 비용의 30~40%를 차지하여 노인 건강비용이 크게 증가되고 있다.

노인의 일반 건강보호와 장기요양보호에 관련하여 OECD에서 제시하고 있는 정책적 대응방안은 서비스 전달체계의 효율성 증진과 서비스의 비용 효과성 증진이다. 특히 장기요양보호의 경우 서비스 자체의 비용절약 보다는 서비스 전달체계의 효율성을 높이는 것이다. 전달체계의 효율성을 높이는 것은 서비스의 통합성과 연계성을 높이는 것이다. 예를 들면 의료 서비스와 사회 서비스(수발 서비스)를 별도로 제공하는 것보다 의료 서비스와 사회 서비스를 통합하거나 연계하여 제공하는 것이 전달체계의 효율성을 높이는 것이 된다. 또 다른 하나의 예는 우선순위를 정하여 장기요양보호 서비스를 많이 요하는 치매 등의 치료나 돌봄의 방법을 연구하는 데 비용을 많이 투입하는 것도 바람직하다는 것이다.

OECD에서 장기요양보호 정책 개선 과제로 제시하는 것은 대체로 다음과 같다. ① 장기요양보호 수요에 비해 실제 서비스 수급자 비율이 낮은 것에 유의하여 적절한 장기요양보호 서비스 체계를 마련하는 것이다. 많은 국가들이 일반 건강보호 체계에서 분리된 별도의 장기요양보호 서비스 체계를 갖지 못하고 있다. ② 시설보호에 치중한 것에서 벗어나 지역사회(재가)보호를 강화하는 것이다. 이는 아직도 재가에서 시설로 옮겨가는 과정에서 장애의 정도에 따라 다양한 서비스를 마련하는 보호의 연속적 체계가 부족한 것이 한 원인이 되고 또한 자기가 살던 곳에서 계속 살고 싶어 하는(aging in place) 노인의 일반적 심리적 특성을 잘 고려하지 못하는 것도 한 원인이 될 수 있다. ③ 장기요양보호 서비스에서 건강보호 서비스와 사회보호 서비스를 통합 또는 연계하는 것이다. ④ 장기요양보호에 대한 사회적 비용부담 체계를 개발하는 것이다. 특히 장기요양보호 서비스를 시장경제 체계에 의존하고 있는 나라에서는 개인적 부담을 경감하여 장기요양보호 서비스에 대한 접근성을 높여야 할 것이다. ⑤ 장기요양보호의 원인이 되는 주요 질병에 대한 치료 방법 연구와 돌봄 방법의 연구에 대해서도 비용의 투자가 이루어져 할 것이다.

4. OECD 국가의 소득보장과 장기요양보장 정책의 개혁 동향

OECD에서 1998년에 『고령화사회에서의 지속적인 번영유지』의 정책건의 보고서를 발간한 이후 고령화와 관련한 다양한 정책 개혁이 추진되어 왔는데, 이에 발맞추어 회원국들이 집중적으로 추진하고 있는 과제는 ① 연금개혁, ② 노후빈곤 정책 개혁, ③ 일반 건강보호 및 장기요양보호 정책 개혁이다. 여기서는 1999년 이후 현재까지 이 세 가지 정책이 추진되어 온 동향을 간략히 살펴보기로 하겠다.

1) 연금개혁

연금개혁은 고령화 문제에 대한 OECD의 정책 중 가장 핵심적인 내용이다. 연금 고갈 문제는 노인인구 증가에 따라 사회복지재정에 대한 정부 부담을 가속화하는 가장 큰 문제이기 때문이다. 우선적으로 OECD는 회원국의 인구 증가 및 재정 부담 추이를 분석하여 연금 세도 개혁의 필요성에 대해 지속적으로 경고하고 있다. 물론 연금 제도는 역사적으로, 정치사회적으로, 경제적으로 국가마다 다르게 발전해 오고 있기 때문에 통일된 형태의 개혁 방향을 제시하기에는 무리가 있다. 하지만 지금까지 진행되어 온 고령화 현상에 비추어 현재 상태의 연금 제도로는 정부 부담 가중, 기금 고갈, 세대 간 갈등, 경제적 후퇴 등 더 심각한 사회문제에 부딪치게 된다는 예측을 일관되게 제시하고 있다.

이러한 연금개혁의 가장 핵심적인 원칙은 재정운용 능력의 강화와 근로활동 인구규모의 확대를 통한 공적 연금제도의 지속가능성 확보라고 할 수 있다(김원종, 2004). OECD는 1998년 각국 사회장관의 합의하에 재정 강화를 고령화시대 주요 정책의 하나로 설정하고 있다. 이를 위해 공적연금 급여율 인하와 기여율의 증대를 통해 공공부채를 줄이도록 각국에 적극 권장하고 있다. 또한 인구 고령화의 부정적 효과를 최소화할 수 있는 대안으로 가장 역점을 두고 있는 것이 근로활동 인구의 확대이다. 이를 위해 공적연금 등 사회보장제도에서 조기퇴직을 유인하는 각종 경제적 인센티브를 제거하여 연금 기금 고갈을 늦추도록 강력히 촉구하고 있다.

이러한 연금개혁의 구체적인 방안과 각국의 사례를 살펴보면 다음과 같다(OECD, 2009).

(1) 연금 제도의 범위(coverage of pension systems)에 대한 개혁으로서 최근의 연금 체계에 대한 개혁은 주로 연금 적용 제도를 확대하는 방법으로 사적연금에 초점을 둔다. 프랑스, 헝가리, 폴란드, 포르투갈은 세금 우대를 하는 사적연금제도를 새로 도입하였다. 독일은 2008년에 세금 유인을 확대하였고, 한국과 이탈리아는 고용주가 퇴직금을 관리했던 제도에서 직업연금 제도로 전환하는 정책을 추진하고 있으나 추진 정도는 미미한 상태이다. 노르웨이는 사적연금 가입을 의무화하였다.

(2) 연금 급여의 적절성(adequacy of retirement benefits)을 확보하는 개혁으로서, 주로 저소득층에 대한 연금 급여액을 높이는 방향으로 추진되고 있다. 호주와 그리스는 일시금 지급으로 변경하였으며, 한국과 영국은 기초연금제도를 확대하였다. 또한 핀란드의 경우 2011년부터 기존 급여수준에서 23% 향상된 새로운 형태의 보장 연금을 도입하고 있다. 한편 호주, 핀란드, 스웨덴 등에서는 연금수급자의 생활수준을 개선하기 위해 연금수급자에 대한 세금을 인하하고 있다.

(3) 재정의 지속가능성(financial sustainability)에 대한 개혁으로서, 연금 급여 대상 인구가 증가함에 따라 연금비용 마련이 어려워질 것으로 전망되기 때문에 여러 국가들은 급여수준을 낮추어서 연금제도가 지속되도록 보완하고 있다. 예를 들어 프랑스와 멕시코는 공무원 연금을 개혁하고 있으며, 핀란드와 포르투갈은 기대여명 증가에 따라 급여를 삭감하고 있다. 또한 헝가리, 한국과 스위스 등에서는 직접적 급여를 삭감하였다. 한편 헝가리와 프랑스에서는

물가연동제를 도입함으로써 재정의 지속가능성을 높이려고 시도하였다.

(4) 경제적 효율성(economic efficiency)에 대한 개혁으로서, 이는 퇴직연령 및 연금수급 연령을 높이려는 정책과 관련된다. 덴마크, 독일, 영국은 점진적으로 퇴직연령을 67, 68세로 늘리고 있으며, 프랑스와 일본은 연금수급 연령 이후에 근로를 희망하는 근로자를 해고하지 못하도록 하는 조치를 도입하였다. 이러한 퇴직연령의 조정은 <표 4-1>과 같이 대부분의 OECD 국가에서 공적 연금수급 연령의 상향조정과 연결되어 있다. 특히 대부분의 국가에서 여성의 연금수급 연령을 남성과 동일하게 상향조정하거나 2~7년 정도 단독으로 상향조정하였다. 이러한 퇴직연령 상향조정은 연금에 대한 기여기간을 늘리고 연금수급 기간은 단축하여 궁극적으로 연금수급 인구를 줄여 기금의 고갈을 예방하는 효과가 있다.

(5) 운영 효율성(administrative efficiency)에 대한 개혁으로서, 연금 체계를 운영하는 조직 및 행정 비용에 대한 개혁을 의미한다. 예를 들어, 일본의 사회보험청에서는 개인 식별 번호에 따른 개인 직업 경력과 연금의 연동 제도를 2007년에 추진하였다. 또한 그리스는 133개의 연금 제도를 13개로 합병하여 중앙 집중적 자료 관리를 통해 행정비용을 줄이고 있다.

(6) 급여의 안정성(security of benefits)을 확보하기 위해 투자 위험을 줄이는 방향으로 나가고 있다. 구체적으로는 투자 대상을 다양화하고 퇴직 시기가 가까워질수록 덜 위험한 투자로 전환하도록 하는 방식 등이 있다. 특히 많은 국가들이 사적연금의 수급방식을 확정기여 방식으로 전환하여 연금기금을 금융시장에 투자하여 관리하고 있다. 예를 들어 벨지움, 캐나다, 멕시코의 경우 연금기금을 다양한 자산 방식으로 투자하고 있다. 영국은 생애 주기에 따른 투자 포트폴리오 제도를 도입하거나 확정급여 직업 연금의 경우는 연금보호기금을 통해 보호하도록 하고 있다.

표 4-1 OECD 국가의 연금수급 연령 조정 현황

국 가	연금수급 연령 조정	비 고
호주	여 60세→65세	사적보험의 경우 55세→60세
오스트리아	조기퇴직 연령을 1.5년 상향조정 여성의 연금수급 연령을 남성과 동일하게 조정	
벨지움	여성의 연금수급 연령을 남성과 동일하게 조정	
체코	63세로 조정	
그리스	58세 → 65세	
헝가리	남 60세→62세 / 여 55세→62세	남녀 동일하게 점진적 조정
이탈리아	남 60세→65세 / 여 55세→60세 남성의 조기수급 연령 60세→62세	
일본	60세→65세	
한국	60세→65세	
뉴질랜드	60세→65세	
폴란드	조기수급제도 폐지	
포르투갈	여성의 연금수급 연령을 남성과 동일하게조정(65세)	
슬로바키아	남녀 모두 62세로 조정	
스위스	여 62세→64세	
영국	여 60세→65세	
미국	완전 연금수급 65세→67세	

출처 : Whiteford & Whitehouse(2006), Pension challenges and pension reforms in OECD countries, pp. 90-91, 표 4 재구성.

OECD의 최근 보고서에 따르면, OECD의 많은 국가가 퇴직연령을 상향조정했지만 이러한 연금개혁은 미래 연금 비용 증가를 해결하기에는 여전히 부족하다고 지적하고 있다(OECD, 2011a). 다시 말해, 최근의 연금개혁은 고령화 문제에 근본적으로 대처하기에는 부분적이고 일시적인 개혁에 불과하다고 평가하고 있다. 호주, 아일랜드, 노르웨이, 미국과 같은 일부 국가의 연금개혁은 현재 중단된 상태에 있으며 다른 국가들은 개혁 속도를 늦추거나 아예 후퇴하기까지 하였다. 이탈리아의 경우 연금개혁에 따른 법률 개정이 연기되었고 슬로바키아는 새롭게 도입된 퇴직연금제도의 확정기여형 가입자가 예전 공적 연금제도로 되돌아갈 수 있도록 하는 등 연금개혁의 후퇴 현상이 나타나고 있다. 또한 1990년대 이후 OECD 국가들의 연금개혁으로 인해 2050년에는 20% 정도 미래 수익이 감소할 것으로 전망하였다. 앞으로의 개혁은 국가재정적으로나 사회적으로 책임성 있게 진행되어야 하며, 특히 소득불평등 문제 해결, 고령자 취업, 사적연금을 통한 위험 분산, 취약계층의 보호 등에 대해 강하게 권고하고 있다.

2) 노인빈곤 정책 개혁

고령화로 발생할 수 있는 문제 중 하나로 노인빈곤을 들 수 있다. 최근의 연금개혁으로 인해 연금수급기준 강화, 급여 축소, 사적연금으로의 유도 등의 영향으로 취약계층 노인의 빈곤 문제가 심각한 것으로 부각되고 있다. 특히 대부분의 연금개혁을 진행 중인 국가들은 개혁의 효력이 현재의 젊은 세대가 은퇴하는 시점에서 발휘되기 때문에, 현재 빈곤 위험이 증가하고 있는 국가들은 더 많은 주의가 요구된다. 이에 OECD는 취약계층의 퇴직 이후 소득보장을 위해 각 회원국이 채택·운영하고 있는 정책동향과 권고사항을 제시하고 있다.

2000년대 중반 OECD 국가들의 노인 소득은 전 인구 평균 소득의 82.4%였다. 또한 지난 30년 동안 노인빈곤율(상대적 빈곤율: 국민의 소득분포에서 하위 50%에 해당하는 소득액의 1/2 이하 비율; 중위 소득의 1/2 이하 비율)은 낮아졌다. 1980년대 중반 후기 고령노인(75세 이상)의 빈곤율이 전체인구 빈곤율의 거의 2배였으나 2000년대 중반에는 1.45배 수준으로 낮아졌다. 한편, OECD 회원국 간 노인빈곤율은 큰 편차를 보이고 있다. 2000년대 중반 OECD 회권국의 노인 중 13.3%가 빈곤층인 것으로 보고되었다. 이는 일반 인구의 빈곤율 10.6%와 비교해 볼 때 높은 수준임을 알 수 있다. 그중에서 한국은 45%로 가장 높은 노인빈곤율을 보이고 있으며, 호주, 그리스, 아일랜드, 일본, 멕시코, 미국이 20% 정도이다.

반면 캐나다, 체코, 네덜란드, 뉴질랜드 등 8개 국가만이 5% 이하의 낮은 노인빈곤율을 보이고 있다. 이러한 노인 빈곤의 국가별 차이를 가져오는 중요한 원인 중의 하나는 노인에 대한 사회안전망 급여의 수준과 관련이 있다

(OECD, 2009). 예를 들어 호주의 경우 노령 연금이 2005년 기준 빈곤선 지급액인 14,700AUD보다 낮은 12,700AUD이고, 네덜란드의 경우에도 기초노령연금 지급액은 빈곤선 기준액인 11,500EUR에 비해 약간 낮은 수준이었다.

한편, 최근의 OECD 보고서에서는 각 국가의 연금개혁이 노인 소득과 빈곤의 변화에 상당한 영향을 미칠 것이며, 국가마다 다르게 나타날 것이라고 전망하였다. 이 보고서에서는 연금개혁 전과 후의 소득대체율의 변화에 따라 OECD 국가를 4개 유형으로 다르게 예측하였다(OECD, 2009). 첫 번째 유형은 소득수준에 상관없이 동일하게 급여수준을 삭감한 국가로서 핀란드, 독일, 한국, 일본 등이 이에 포함된다. 두 번째 유형은 급여는 삭감하지만 저소득층을 보호하는 국가로서 프랑스, 멕시코, 스웨덴 등이 이에 해당한다. 프랑스와 스웨덴의 경우 평균 근로자의 급여 삭감은 약 20%이지만, 저소득층은 5%에 그친다. 세 번째 유형은 소득과 연금의 연계성을 강화하여 고소득층의 연금급여가 확대된 국가로서 헝가리, 폴란드, 슬로바키아 등이 이에 포함된다. 이 경우 이전 연금 체계에 비해 새로운 연금 체계에서 소득 재분배 효과(즉, 저소득층 노인을 보호하려는 효과)가 더 낮게 나타난다. 네 번째 유형은 높은 연금 급여수준으로 개혁한 국가들로서 호주, 노르웨이, 뉴질랜드, 체코, 영국 등이 포함된다. 이 중에서 호주와 노르웨이는 사적연금 가입을 의무화하여 저소득층 근로자들이 사적연금에 의해 보장받을 수 있기 때문인 것으로 분석된다. 이러한 분석은 국가에 따라서 연금개혁으로 인한 저소득층 노인의 빈곤 완화 및 악화에 대한 효과가 다르게 나타나고 있음을 시사하고 있다.

따라서 OECD는 노인 소득수준 및 빈곤정도에 따라 국가별로 다르게 대처할 것을 권고하고 있다(OECD, 2009). 우선, 전반적으로 노인의 소득이 낮고 빈곤율이 높은 국가의 경우, 현재 근로 세대로부터 퇴직자로 이전하는 좀 더 적극적인 재분배 정책을 추진할 필요가 있다. 이러한 사례로 2000년대 중반부터 호주, 아일랜드, 한국은 이미 이러한 방향으로 개선되어 가고 있다. 반면, 노인인구 중 중상위 소득층의 비율이 높고 소득 재분배 효과가 낮은 국가의 경우, 퇴직 소득이 낮은 노인들에게 유리한 노령 연금 제도의 개선이 필요하다. 즉, 소득수준에 따라 급여 삭감 비율을 다르게 적용하거나 적은 연금을 받는 노인들을 위한 정부의 소득 보전 정책을 도입함으로써 빈곤층 노인에 대한 소득 보장 효과를 제고할 필요가 있다.

3) 일반 건강보호 및 장기요양보호 정책 개혁

인구 고령화로 인해 전체 노인 중에서 80세 이상의 후기 고령노인이 급속히 증가하고 있다. OECD 국가에서 전체인구 중에 후기 고령인구가 차지하는 비율은 2010년 현재 4% 수준이지만 2050년에는 거의 10%에 다다를 것으로 전망된다. 그중에서 일본은 17%, 독일은 15%로 전망되고 있다. 또한 장기요양보호(long-term care)에 지출되는 비용은 현재 OECD 국가 평균 GDP의 1.5%에서 2050년까지 2배에서 3배에 이를 정도로 지속적으로 증가될 것으로 예측된다(OECD, 2011b). 이에 따른 대표적인 문제는 의료비 급증과 장기요양보호의 수요 증가이다.

우선 의료비 급증 문제에 대처하기 위해 OECD에서는 2004년 체결된 보건장관 합의문에 의한 정책과제로 예방 및 건강증진정책의 우선적 수행, 의료접근성의 형평성 제고, 보건의료 재정의 지속적 확보, 의료 전달체계의 효율성 제고 등을 설정하였다. 또한 OECD 사무국에서는 각 회원국의 보건의료서비스의 질적 수준을 평가할 수 있는 지표를 개발하고 보건계정(Health Account)을 통해 각국의 보건의료 지출 추이를 비교 분석하는 등 보건의료시스템의 성과를 높이기 위한 후속작업을 진행하고 있다(김원종, 2004).

한편, 장기요양보호와 관련해서 OECD는 최근 다음과 같은 정책 대안을 제시하고 있다(Colombo et al., 2011).

첫째, 모든 OECD 국가는 공식적 장기요양보호서비스를 제공하는 체계가 필요하다. 이러한 서비스 체계는 시설, 가정기반 서비스, 지역사회 서비스, 공식 및 비공식 보호 체계의 파트너십 등을 포함한다. 또한 공공 및 민간 재원의 혼합과 공식적 보호인력 공급은 모든 정부가 해결해야 할 과제이다. <표 4-2>는 OECD에서 지난 10년간 회원국의 장기요양보호제도의 정책 변화를 범위(coverage), 이용(use), 요양보호 제공자 지원(carer support), 전달체계(provision)

를 중심으로 조사한 결과이다. 독일이나 캐나다의 경우 요양보호 제공자를 지원하는 방향으로 정책 변화를 추진한 반면 뉴질랜드나 일본의 경우 공적 장기요양보호제도의 인력공급과 질적 향상과 관련한 체계 개혁을 도입하였다. 또한 많은 국가들이 장기요양보호제도의 재정과 범위와 관련한 개혁을 추진하고 있다. 이와 같이 각 국가의 상황과 정책 의지에 따라 장기요양보호제도의 정책 변화가 다르게 나타나고 있음을 알 수 있다.

표 4-2 OECD 국가의 장기요양보호제도의 정책 변화(2003~2011)

국 가	적용범위			이 용		요양보호 제공자 지원	전달체계	
	재정	자부담	자격 기준	급여	선택		인력	서비스 질
호주		O	O	O	O		O	O
오스트리아				O		O	O	
벨지움	O							
캐나다				O		O	O	
체코	O		O	O	O			O
덴마크							O	O
핀란드			O	O				O
프랑스	O	O	O		O	O	O	O
독일	O	O	O	O	O	O	O	O
아일랜드	O	O	O					
아이슬란드		O	O		O		O	O
일본	O	O		O			O	
한국	O	O	O	O			O	O
룩셈부르크			O	O	O			O
멕시코								
네덜란드	O		O	O			O	O
뉴질랜드		O	O			O	O	O
포르투갈	O		O	O				
슬로바키아				O	O	O		
스페인	O	O	O		O	O	O	
스위스								O
영국			O			O		
미국	O	O		O	O		O	

주: O는 정책 변화에 해당

출처: Colombo et al. (2011), Help wanted? providing and paying for long-term care, p. 55, 표 1.2 재구성.

둘째, 비공식(가족) 보호 제공자의 욕구에 관심을 둠으로써 서비스 제공에 있어서 비용을 줄이는 대책이 되어야 한다. 비공식 보호 제공자는 장기요양 보호제도의 중추적인 역할을 한다. 많은 OECD 국가에서 50세 이상 성인의 1/10은 비공식적 보호를 제공받고 있다.

표 4-3 비공식적 장기요양보호 보상 및 지원 제도 시행 현황[2)]

국 가	현금급여 제도	기타 지원 제도
호주	• carer payment : 노동시장 참여 제약에 대한 소득지원 • carer allowance : 가정에서 일상적으로 요양보호를 제공하는 사람에 대한 소득보조	요양보호휴가, 서비스 제공자에 대한 상담과 정보 지원
오스트리아	• long-term care allowance : 1993년 도입, 소득과 자산수준에 관계없이 요양 욕구에 따라 수당수급 기준 결정	요양보호휴가, 서비스 제공자에 대한 상담
캐나다	• compassionate care benefit : 2004년 도입, 고용보험 가입자 중 가족이 6개월 내에 사망할 위험에 처해 있을 경우 지급(6주간)	비공식적 요양보호 제공자에게 소득세 감면
독일, 룩셈부르크	• 장기요양보험급여를 현금 또는 현물/현금 혼합 형태로 선택 가능	
아일랜드	• carer allowance : 비공식적 요양보호를 제공하는 저소득자 소득보조 • carer benefit : 일시적으로 노동시장을 떠난 사람에 대한 소득 지원	
폴란드		세금 감면, 1년 14일 유급 근로휴직
스웨덴	• 비공식적 요양보호자에 대한 다양한 현금급여 또는 지자체가 요양보호자 직접 고용	요양보호휴가, 상담 및 교육 서비스, 불치병에 걸린 가족이나 친척이 있는 사람에게 유급휴가
영국	• 요양보호자 수당(자산조사 부가) : 2002년까지는 65세 미만 요양보호자에게 유효하였지만 이후 그 이상의 연령대 사람에게까지 확대	
이탈리아	• 영구적 장애를 가진 사람들에게 장애수당 이외에 월 436.77유로(시각장애인의 경우 월 649.15유로)의 요양수당 지급	
일본	• 노인재가보호수당 : 장기요양보험에서 제공되는 공공서비스를 사용하지 않고 1년 동안 가장 심각한 의존도를 가진 노인을 돌본 가족에게 지급(해당 가족이 극히 소수임)	

자료 : 최은영 외(2008), OECD 국가의 노인장기요양서비스 체계 비교와 정책적 함의.
OECD(2005), OECD Health project for long-term care.

2) 최은영 외(2008), OECD(2005)의 내용을 토대로 김철주·홍성대(2007)에서 재구성하였음.

또한 보호 제공자 중 2/3 이상이 여성이다. 따라서 비공식 보호 제공자를 지원하는 정책은 장기요양보호제도의 비용을 줄이기 위해 반드시 필요한 과업이다. 이에 대해 OECD는 구체적으로 세 가지 방안을 제시하고 있다. 각국의 사례는 <표 4-3>과 같다.

(1) 현금 지급(providing cash) : 가족 보호 제공자나 보호 수급자에게 수당을 제공하는 방안

- 가족보호 제공자에 대한 수당 지급 : 노르딕 국가와 영어권 국가(호주, 캐나다, 아일랜드, 뉴질랜드, 영국)
- 보호 제공자에 대한 현금급여 지급 : 공적 장기요양제도를 실시하는 거의 모든 OECD 국가[3)]

(2) 탄력적 근로형태 조정(promoting a better work-life balance) : 요양보호휴가(care leave)와 같이 보호를 위한 근로형태의 선택과 유연성을 보장함.

- 요양보호 휴가 도입 : OECD 국가의 2/3 도입[4)]
- 탄력적 근로시간 조정 : 영국, 호주, 미국

(3) 지원 서비스 도입(introducing support services) : 일시적 교대 요양보호(respite care), 훈련, 상담 등이 포함됨.

- 일시적 교대 요양보호 제도 : 핀란드(매월 2~3일), 독일과 오스트리아(매년 4주)
- 상담 서비스 : 스웨덴, 아일랜드, 네덜란드, 독일, 미국 등에서 시행
- 통합적 사례관리(care management) : 호주, 스웨덴, 영국(수급자 욕구 사정에 의한 적절한 서비스 연결)

---

3) 일부 국가(호주, 헝가리, 일본, 멕시코)에서는 현물 방식으로 제공되고 있다.

4) 요양보호휴가 제도를 도입한 국가 중 유급휴가로 운영되는 국가는 50% 이하이며, 육아휴가(parental leave)에 비해 급여수준이 매우 낮거나 휴가기간도 매우 짧다.

셋째, 보호 제공 인력(care worker)의 지속적인 수급유지와 이직률을 낮추기 위한 구체적인 방안이 필요하다. 일반적으로 보호 제공 인력들은 임금이 낮고 노동 강도는 높은 수준에 있다. 이러한 문제는 결국 보호 제공자의 이직을 촉진하게 되어 서비스의 질에 영향을 주고 있다. 이러한 문제를 해결하기 위해 OECD 국가들이 시행하고 있는 제도와 사례는 다음과 같다.

(1) 인력수급 풀(pool) 확대와 이주 근로자 활용

- 젊은 층의 인력 수급 풀 조성: 노르웨이, 영국
- 장기 실업자의 인력 수급 풀 조성: 일본, 핀란드
- 외국인 이주민 인력 활용: 이탈리아, 이스라엘, 미국
- 장기요양 보호 참여 이주민에 대한 특별한 근로 허가 부여: 호주, 캐나다

(2) 이직 방지 대책: 장기요양 인력 특히 요양보호사(care worker)의 임금과 근로 조건을 개선하여 이직하지 않고 계속 일하게 함.

- 근로조건 개선: 독일, 네덜란드, 스웨덴, 노르웨이

(3) 요양보호 인력의 생산성 제고 방안 도입

- 근로 과정의 효율적 개선: 네덜란드
- 간접적 근로부담 감소: 핀란드, 미국
- 간호사 업무의 간호보조원에게 위임: 미국

넷째, 보호의 접근성과 재정 건전성을 확보하기 위하여 장기요양보호의 제도 개선이 필요하다. 대부분의 OECD 국가들은 요양비용에 대하여 사회적 차원(집단적 차원)의 비용부담 방식을 택하고 있다. 회원국의 1/3은 조세 재정의 보편적 제도로 시행하고 있거나(북구 국가들) 사회보험 방식(독일, 일본, 한국, 네덜란드, 룩셈부르크) 혹은 일반 의료 시스템의 일부(벨지움)로 운영되고 있다. 또한 일부 국가(미국 등)에서는 민간 장기요양보험제도를 도입하고 있다. 보편적 장기요양보호제도의 도입은 바람직하지만 고령 인구의 증가로 인해

재정적 위험 부담을 갖고 있다. 따라서 지출에 대한 통제를 유지하기 위해 OECD 국가들은 다음과 같은 방식으로 대처하고 있다.

(1) 비용의 자부담 정책 및 서비스 자격요건 강화

- 엄격한 사정 기준 도입: 한국, 독일
- 비용 자부담: 정액 부담(한국) 부과에서 소득에 따른 차등 부담(스웨덴)에 이르기까지 다양한 유형으로 모든 국가에서 실시

(2) 재원 확대

- 세제 확대(대안적 보조 재원 추가): 일본, 네덜란드, 벨지움, 룩셈부르크
- 퇴직자 및 근로세대 보험료 부과: 독일
- 공공－민간 파트너십에 의한 기금 마련: 미국, 싱가포르

(3) 시설보호 비용에 대한 지불방식 개발[5)]

- 무이자 융자 체계 도입: 호주
- 요양시설 비용 지불 유예를 위한 정부 정책 시행 : 아일랜드, 영국의 일부 지자체
- 민간 금융 영역 방법 활용 : 미국, 영국(주택 역모기지, 민간 생명보험 결합 상품에 의한 비용 마련)

다섯째, 고령화에 의해 장기요양보호에 지불되는 비용은 지속적으로 증가하고 있기 때문에 앞으로 장기요양보호 제도의 재정을 건전하게 만들어야 한다. 이러한 방식으로는 가정 및 지역사회 보호의 도입, 장기요양보호제도의 생산성 제고,[6)] 건강한 노화(healthy ageing) 유도,[7)] 보건 및 장기요양보호 기관

5) 시설(요양원) 거주 비용은 개인 보호 및 간호의 통합 서비스보다 2~3배 정도 높다. 하지만 자가 소유자는 다양한 방식으로 이러한 비용을 마련할 수 있는 방법을 선택할 수 있다.

6) 한 예로, 스웨덴, 덴마크, 핀란드의 경우 바우처 제도(voucher)를 도입하여 서비스 공급의 경쟁을 유도하고 소비자 선택을 강화하고 있다.

과 보호의 조정, 조직 운영 효율성 제고[8] 등을 포함한다.

II. UN의 대응책[9]

고령화에 대해 UN에서 본격적으로 논의하기 시작한 것은 1982년 오스트리아 비엔나에서 UN 주관 제1차 세계고령화총회(The First World Assembly on Ageing)라고 할 수 있다. 이 총회에서 '비엔나 국제 고령화 행동계획(Vienna International Plan of Action on Ageing: 이하 비엔나 행동계획)'을 채택하여 UN 회원국이 고령화에 대응한 정책을 시행하도록 촉구하였다. 이후 1991년 UN 총회에서 '노인을 위한 UN 원칙(United Nations Principles for Older Persons)'이 결의되었다. 그리고 1998년에는 10월 1일을 '국제노인의 날(International Day of Older Persons)'로 제정하였고, 1999년을 '국제노인의 해(International Year of Older Persons)'로 선포하고 그 주제를 '모든 세대가 함께하는 사회(A Society for All Ages)'로 정하였다.

그 후 UN은 2002년 스페인 마드리드에서 제2차 세계고령화총회(The Second World Assembly on Ageing)를 개최하고 '마드리드 국제 고령화 행동계획(MIPAA: Madrid International Plan of Action on Ageing: 이하 마드리드 행동계획)'을 채택하여 지금에 이르고 있다. 마드리드 행동계획은 비엔나 행동계획과 노인을

---

7) 예를 들어, 일본의 경우 2006년 장기요양보호 체계 내에 경증의 요보호 노인을 대상으로 하는 지역사회 기반의 예방적 장기요양보험 급여를 도입하였다. 독일은 2008년 재활에 성공하거나 요양원에서 경증 보호 기관으로의 이전에 성공한 경우 재정적 인센티브를 지급하는 제도를 도입하였다.

8) 이러한 방안은 구체적으로 장기요양보호 서비스정보센터 설립, 지방정부 및 서비스 제공자의 의사결정을 위한 가이드라인 마련, 개별화된 욕구 사정과 자원연계를 기반으로 한 보호계획 과정 개발, 장기요양보호 관련 기관의 정보 공유 등이 포함된다.

9) UN에서 채택한 주요한 원칙 혹은 행동계획이 두 개이지만, 2002년 마드리드 국제행동계획이 가장 최근이면서 현재진행형으로 수행되고 있기 때문에 본 내용에는 마드리드 국제행동계획을 중심으로 정리되었음.

위한 UN 원칙이 확대발전된 것으로 볼 수 있다(정경희 외, 2008).

1982년 비엔나 행동계획은 제1차 세계고령화총회에서 채택되었는데, 고령화에 대한 첫 번째 국제문서라고 볼 수 있다. 이 행동계획은 국제사회, 정부, 기구와 단체가 전 세계에서 점진적으로 진행되고 있는 고령화에 대한 정책과 프로그램을 고려하여 마련하는 지침을 제시하고 있다. 이 행동계획은 정부와 시민사회의 역량을 강화하고, 노인의 잠재적 능력과 자립요구 충족을 목표로 설정하여, 이의 실현을 위한 62개 권고사항을 제시하고 있는데 이를 분류하면 ① 보건과 영양(1~17), ② 노인소비자 보호(18), ③ 주거와 환경(19~24), ④ 가족(25~29), ⑤ 사회복지(30~35), ⑥ 소득안정과 고용(36~43), ⑦ 교육(44~51)의 7개 영역으로 제시되고 있다. 또한 자료 수집과 분석(52~53), 훈련과 교육(54~59), 연구(60~62)를 부가적인 권고사항으로 제시하고 있다(정경희 외, 2008).

1991년 UN 총회는 노인을 위한 UN 원칙을 채택하였는데, 모두 18가지 원칙을 포함하고 있다. 이는 노인의 지위에 대한 소주제인 독립, 참여, 돌봄, 자아실현, 존엄성으로 나눈다. 또한 UN 원칙은 노인에게 우선적 관심을 갖는 것을 목표로 삼고 있다.

2002년 마드리드 행동계획은 노인과 발전(older persons and development), 노년까지의 건강과 안녕증진(advancing health and wellbeing into old age), 능력을 부여하고 지원하는 환경 확보(enabling and supportive environments)라는 세 가지 기본방향 하에 18개의 과제와 그에 따른 구체적인 행동목표를 제시하고 있다. 또한 마드리드 행동계획 채택 5주년을 기점으로 국가별, 단체별 행동강령 수행실태에 대한 모니터링 작업이 수행되고 있다. 마드리드 행동계획의 기본구조는 크게 서문, 행동을 위한 권고, 이행과 후속조치 등 세 부분으로 구성되어 있다(UN, 2002; <표 4-4> 참조). 마드리드 행동계획의 결론 부분은 계획이행과 후속조치로 구성되어 있다. 이 계획은 개인 및 전체 인구의 고령화에 관련한 우선순위를 맞추는 정책 결정권자를 지원하는 실제수단으로 활용되도록 의도한 것이다. 계획은 모든 연령의 사회 비전과 가치를 정하고 있고, 많은 잠재적 고령자가 만족할 수 있는 방식의 입장, 정책과 관행에서의 변화를 요구하고 있다(장복희, 2003).

표 4-4 마드리드 국제행동계획의 기본 구조

Ⅰ. 서문: 1~15항
Ⅱ. 행동을 위한 권고: 16~113항
A. 주요 방향 Ⅰ: 노인과 발전(16~56항) ① 사회발전에 적극적 참여(19~22항) ② 경제활동과 노동력의 고령화(23~28항) ③ 농촌 개발, 이주 및 도시화(29~34항) ④ 지식, 교육 및 훈련에의 접근(35~41항) ⑤ 세대 간 연대성(42~44항) ⑥ 빈곤 해소(45~48항) ⑦ 소득보장, 사회보호/사회보장 및 빈곤예방(49~53항) ⑧ 긴급 상황(54~56항)
B. 주요 방향 Ⅱ: 노년까지의 건강과 안녕 증진(57~90항) ① 전 생애에 걸친 건강 증진과 안녕(62~68항) ② 보건의료 서비스에 대한 보편적이고 평등한 접근(69~77항) ③ 노인과 에이즈(78~81항) ④ 보호제공자와 보건전문가 훈련(82~83항) ⑤ 노인의 정신건강 욕구(84~86항) ⑥ 노인과 장애(87~90항)
C. 주요 방향 Ⅲ: 능력을 부여하고 지원하는 환경 확보(91~113항) ① 주택과 주거환경(95~100항) ② 보호 및 보호제공자 지원(101~106항) ③ 유기, 학대 및 폭력(107~111항) ④ 노화의 이미지(112~113항)
Ⅲ. 이행과 후속조치: 114~132항 ① 국가적 행동(116~119항) ② 국제적 행동(120~128항) ③ 조사연구(129~130항) ④ 국제적인 모니터링, 검토 및 개정(131~132항)

출처: UN(2002), Report of the second world assembly on ageing.

또한 행동을 위한 주요 방향으로 노인과 발전, 노년까지의 건강과 안녕 증진, 능력을 부여하고 지원하는 환경 확보로 설정하고 각 방향에 대한 구체적인 과제와 행동 목표를 제시하고 있다. 이 내용은 <표 4-5>와 같다.

표 4-5 고령화에 관한 마드리드 국제행동계획의 개요

방 향	과 제	행동목표
노인과 발전	사회발전에 적극적 참여	• 노인의 사회적, 문화적, 경제적, 정치적 기여 인식 • 모든 수준의 의사결정 과정에서의 노인 참여
	경제활동과 노동력의 고령화	• 일하기 원하는 모든 노인에게 고용 기회 부여
	농촌개발, 이주와 도시화	• 농촌지역의 생활여건 및 하부구조 개선 • 농촌지역 노인들의 소외 완화 • 노인 이주자의 새로운 지역사회 통합
	지식, 교육 및 훈련에의 접근	• 직업 지도 및 배치서비스를 포함하여 계속적인 교육, 훈련 및 재훈련에 대한 전 생애를 통한 기회 균등 • 연령증가에 따라 늘어나는 경험의 이익을 인식하여 모든 연령계층 사람들의 잠재능력과 전문지식의 완전한 이용
	세대 간 연대	• 세대 간 평등과 상호이익을 통한 연대성 강화
	빈곤해소	• 노인들의 빈곤감소
	소득보장, 사회보호/사회보장 및 빈곤 예방	• 모든 근로자에게 가능한 연금, 장애보험, 건강급여를 포함한 기본적 사회보장 프로그램 증진 • 사회적, 경제적으로 취약한 계층에 특별한 주의를 기울이며 모든 노인들에게 충분한 최적소득 제공
	긴급상황 하의 노인보호	• 자연재해와 기타 인도주의적 비상사태 기간과 그 후 식량, 피난처 및 기타 서비스에 대한 노인들의 동등한 접근 • 비상사태 이후 지역사회와 사회구조 재건에 노인들의 기여 제고
노년기까지의 건강과 안녕 증진	전 생애에 걸친 건강 증진과 안녕	• 질병의 위험과 그 결과로 노년에 잠재적 의존을 증가시키는 누적적인 영향요소 감축 • 노인질병 예방정책 개발 • 식품 및 적절한 영양에 대한 모든 노인들의 접근
	보건의료 서비스에 대한 보편적이고 평등한 접근	• 노인들에게 보편적이고 평등한 보건의료 접근을 보장하기 위해 연령, 성별, 언어적 장애를 포함한 기타 사회경제적 불평등 철폐 • 노인욕구를 만족시키는 지속적인 보건의료 개발 • 노인의 개발참여 및 일차보건서비스와 장기요양치료 서비스 강화
	노인과 에이즈	• 감염노인 및 감염 가족을 돌보는 노인 모두를 위한 에이즈 영향평가 향상 • 에이즈 감염노인과 그 보호자에게 적절한 정보, 보호기술 관련 훈련, 치료, 의학적 보호 및 사회적 지원 제공 • 에이즈를 포함한 만성질병을 가지고 있는 아동의 보호자와 부모대리인으로서 역할을 개발하도록 노인들의 기여 증진
	보호제공자와 보건전문가훈련	• 노인 욕구와 관련된 보건전문가와 준전문가들을 위한 향상된 정보와 훈련 제공

표 4-5 고령화에 관한 마드리드 국제행동계획의 개요(계속)

방 향	과 제	행동목표
노년기까지의 건강과 안녕 증진	노인과 정신건강 욕구	• 노인 정신건강 문제에 대한 예방부터 개입과정에 대한 종합적인 정신건강 보호 서비스 개발
	노인과 장애	• 장애노인의 전 생애에 걸친 최대한 기능적 능력 유지 및 완전한 참여 증진
능력을 부여하고 지원하는 환경 확보	주택과 주거 환경	• 개인적인 선호 및 지불 능력을 고려한 주택 제공을 통해 친고령 지역사회 여건 증진 • 특히 장애노인 등의 욕구를 고려하여 독립적인 주거를 향상시킬 수 있도록 주택과 환경 설계 증진 • 노인들을 위한 접근가능하고 공급 가능한 교통수단의 제공 증진
	보호와 보호제공자 지원	• 노인을 위한 지속적이고 다양한 보호와 서비스 제공 및 보호 제공자에 대한 지원 제공 • 노인, 특히 여성노인의 보호자 역할 지원
	유기, 학대 및 폭력	• 노인에 대한 모든 형태의 유기, 학대 및 폭력 근절 • 노인학대 대응을 위한 지원 서비스 신설
	노화의 이미지	• 노인의 권위, 지혜, 생산성, 여타 중요한 공헌에 대한 사회의 인식

출처: UN(2002), Report of the second world assembly on ageing.; 정경희 외(2009), 국제적 관점에서 본 고령화 대응현황과 과제.

UN은 행동계획을 구체적으로 이행하기 위해 UN 사회경제국(UN Department of Economic and Social Affairs)이 발표한 『고령화에 관한 마드리드 국제행동계획의 이행을 위한 안내서』와 UN 사회개발국(UN Commission for Social Development)의 『MIPAA의 점검과 평가를 위한 안내』 등을 통해 가이드라인을 제시하고 있다(정경희 외, 2008).

먼저 행동계획의 실현에 있어 국가이행전략 마련의 기본방향으로서 ① 발전과 정책수립에서 노인문제에 대한 관심을 높이기 위해 연령에 특화된(age-specific) 정책을 반영시켜야 하며, ② 모든 연령집단의 형평성(equity)과 포섭(inclusiveness)을 강조하는 통합적 시각을 가지고 세대 통합적이며 생애주기적인 접근을 견지해야 한다. 이를 위한 구체적 방법으로, 노화 이미지 개선 및 정상적인 삶의 과정으로 수용, 정책과 규제에서 연령차별 철폐, 노인의 능력 강화를 위한 정책수립, 노인에 대한 사회적 배제 해결 등을 제시하고 있다.

또한 노인문제에 대한 관심을 높이기 위해 대중참여적 접근(bottom-up approach)을 강조한다.

대중참여적 접근은 두 가지 기능을 가진다. ① 구조화된 인터뷰, 집단 심층 토론, 참여관찰 등 질적 연구방법을 통해 노인에 대한 비차별적이고 풍부한 정보를 제공하는 것이다. ② 정책설계, 적용, 관찰, 평가 등 노인에 관한 정책 수행의 전 단계에 노인의 참여를 촉진하는 것이다. 이에 대한 촉진 방안으로는 경제활동참여, 소득창출활동, 의사결정과정에의 노인 참여, 배제와 고정관념에 대한 도전, 옹호활동, NGO 형성, 노인포럼 조직, 모니터링 체계 구축, 노인교육을 통한 역량 강화 등이 있다. 한편, 노인의 참여방법으로는 ① 투표권자로서 개인 차원에서 참여, ② 노인 단체 구성을 통한 집단 차원에서 참여, ③ 로비스트로서 정부 차원에서 참여 등 3단계가 있다.

또한 마드리드 행동계획의 구체적인 이행을 위해서는 3단계의 노력이 요구된다. 첫 번째 단계는 국가발전 전략과 계획에서 노인의 우선순위를 포함하는 것인데, 여기에는 프로그램의 사회적 영향력, 비용효과성, 지배구조 이슈, 지속가능성과 비용 및 자원 확보 등의 기준으로 사회정책과 프로그램을 진단해야 한다. 두 번째 단계는 예산 확보로서, 프로그램 개발비용, 비용효과성, 규제, 지속가능성 등에 기초하여 우선순위를 판단해야 한다. 세 번째 단계는 프로그램 이행을 위한 인적·물적 기반에 대한 점검이 필요하다. 여기서는 인력 확보, 노인의 서비스 접근성 제고, 서비스 질 관리 체계 구축 등이 요구된다.

또한 마드리드 행동계획의 적절한 실현은 이행상황에 대한 지속적인 평가와 점검에 의해 가능할 것이다. 이러한 행동계획과 이에 따른 이행전략의 마련, 이행전략의 실천실태에 대한 검토와 평가의 과정에서 각 주체별로 기대되는 역할을 정리하면 <표 4-6>과 같다.

한편, UN 지속가능발전위원회(CSD)는 2004년 개최된 42회 회기에서 구성원들은 개별국가에 국가조정기구(National Coordinating Bodies on Ageing) 또는 유사한 기구를 설립하고 강화하며, 그것의 검토와 평가를 포함한 마드리드 행동계획에 대한 정보의 적용과 보급을 촉진하도록 장려하였다.

표 4-6 검토와 평가의 과정에서 각 주체별로 기대되는 역할

주체	역할
노인	• 정책의 사정과 우선순위에 대한 피드백 제공 • 정책에 대한 정보와 분석을 위한 검토에 참여 및 자문 과정에 개입
정부조직	• 노인에 대한 정책과 서비스에 책임이 있는 정부 부처 간 연계 및 협력 • 통계 관련 국가기관에서의 노인 참여 장려
국제연합	• UN 조직, 기금, 특별기구의 정책입안, 조사, 행동강령의 과업에 대한 개입
시민사회	• 평가과정에 지역사회 조직, 비정부기구, 무역기구, 노인집단의 참여 • 정책 검토 과정에 노인이 참여하도록 정부와 함께 작업
사적 영역	• 노인의 건강과 복지를 위한 연대책임 인식 향상 • 지역적인 검토와 평가를 위한 조직적 지지 및 재정 제공
연구·학계	• 정책 검토와 평가에 필요한 배경 지식, 방법론 제공 및 활동의 초점 제안 • 노인과 함께하는 참여 검토 촉진
대중매체	• 노인 및 노인 문제에 관한 인식 개선 • 노인 관련 정부정책과 프로그램 홍보

출처: 정경희 외(2008), 국제적 관점에서 본 고령화 대응현황과 과제, pp. 30-33 재구성.

전 세계적 검토와 평가과정의 첫 번째 주기와 관련해서 2006년 2월 위원회가 개최되었고, 2008년 2월에 보고서가 발간되었다. 이와 함께 지역단위로 지역특화된 이행전략이 마련되고 있다. 유럽의 UNECE(UN-Economic Commission for Europe) 아시아태평양지역의 아시아태평양 경제사회위원회(UNESCAP), 유엔중남미 경제위원회(UNECLAC), 아프리카 지역의 아프리카경제위원회(UNECA), 아랍문화권의 서아시아 경제사회협의회(UNESCWA) 등에서 각기 지역별 마드리드 이행선략을 제시하고 있다(정경희 외, 2008).

또한 UN과 각 국가들은 2012년까지 마드리드 행동계획의 검토와 평가의 두 번째 주기에 맞추어 지속적으로 피드백 과정을 수행하고 있다. 그 예로 2009년 개최된 47회 회기에서 각 국가는 2012년까지 마드리드 행동계획의 이행에 대한 노력에 초점을 맞추도록 전략적 이행 틀을 UN 사회개발국에 제출하였다. 특히 국가 정책 행동을 위한 원칙으로 고령화에 대한 국가 역량 개발(developing national capacity on ageing), 인식 제고(awareness-raising), 역량 강화와 참여(empowerment and participation) 등 세 가지를 제시하였다. 이러한 원칙과 과제의 이행을 검토하고자 2010년에 각 국가의 정책 동향과 사례에 대한 보고서가 제출되었다(UN, 2010). 이에 대한 간략한 내용은 다음과 같다.

(1) 고령화에 대한 국가 역량 개발

① 고령화를 국가 개발 정책으로 통합

- 국가 고령화 정책 수립 : 모로코, 슬로바키아, 터키
- 국가발전계획에 통합 : 아일랜드(국가발전계획(2007~2013)), 프랑스(Ageing Well(2007~2009)), 태국(10차 국가 경제사회개발계획)
- 고령자 노동시장 참여 촉진 : 멕시코(사용자 세금우대), 슬로베니아, 오스트리아

② 인적자본 투자

- 고령 인구를 위한 의료 인력 양성 : 호주(National Dementia Initiative), 우크라이나, 이집트, 이라크, 요르단, 레바논, 카타르, 예멘 등
- 비공식 요양 보호 제공자 양성 : 홍콩, 중국, 싱가포르
- 공식 요양 보호 제공자 훈련 : 아르헨티나, 코스타리카, 미얀마, 태국, 우루과이, 한국

③ 고령자를 자원봉사자로 참여시키기

- 자원봉사 프로그램 개발 : 스리랑카, 슬로베니아, 미국(Edward M. Kennedy Serve America Act of 2009)
- 자원봉사자 및 옹호 집단 조직 : 뉴질랜드, 인도
- 고령 및 젊은 세대의 자원봉사 참여 촉진 : 독일(Create New Age)

④ 조사 및 자료수집 강조

- 자료수집 및 조사 향상을 위한 자원 투자 : 네덜란드, 미국, 유럽 경제국(Economic Commission for Europe, ECE)

• UN 기구 및 NGO와의 협력: 인도(하버드 공공보건대학원, 세계보건기구)

(2) 고령화 관련 이슈에 대한 인식 제고

① 인식 제고를 위한 통로 개발

• 고령자에 대한 긍정적이고 실제적인 이미지 제고: 오스트리아(워크숍 개최), 영국(긍정적 이미지 테스크포스 조직), 캐나다(정부 보고서 발간)
• 기념일 및 주간 제정: 키르기스스탄, 일본, 호주, 북한, 중국

② 파트너십 구축

• 국가적 차원의 대처: NGO, 학계의 역할 강조(언론 보도 및 보고서 출간)
• 다국적 차원의 대처: 선진국 간 협력(일본－영국－노르웨이), 선진국과 저개발국가와의 협력(프랑스－세네갈), 저개발국가 간의 협력(방글라데시－부탄－인도－몰디브－네팔－파키스탄－스리랑카)
• 정부－NGO 협력: 캄보디아(HelpAge 국제기구와 협력), 키르기스스탄(HelpAge 국제기구, 유럽 기술 지원 협력단과 협력)
• 특별한 욕구를 지닌 고령 집단에 대한 서비스를 위한 조직과의 협력: 중국(고령자 지원 단체 예산 지원), 인도(마이크로크레딧 대부와 의료보호 제공)

(3) 고령자 역량강화 및 인권보장

• 인권 법안 제정: 케냐(2010년), 도미니카 공화국(2010년), 볼리비아(2009년), 에콰도르(2008년), 브라질(2008년)
• 환자 보호, 재정 보장, 양성평등 등 특정 이슈를 위한 법안 제정: 미국(2010년 「환자 보호 및 보호 법안」, 「고령자 정의 법안」), 우간다(2009년 보호와 존엄을 위한 고령자 정책), 영국(2010년 「평등법」), 카자흐스탄(2010년 「양성평등법」)

또한 이 보고서에는 노인학대와 요양보호에 대한 두 가지 이슈를 특별히

부각시켜 다루고 있다(UN, 2010). 각 국가는 고령자를 포함한 전 국민의 노인 학대와 방임에 대한 법안을 강화하고 인식을 높일 수 있는 정책을 개발하고 있다. 이러한 노력으로는 연구 개발(스페인), 인식 제고를 위한 시민 사회 조직, 새로운 캠페인 개최(캐나다, 뉴질랜드, 슬로베니아, 미국), 고령자에 대한 폭력 근절을 위한 행동 계획 수립(브라질) 등이 있다. 그리고 요양보호와 관련하여 요양보호서비스 개발, 공식 및 비공식 요양보호 제공자 양성, 요양보호 제공자를 위한 서비스 개발을 포함한다. 예를 들어, 호주 정부에서는 2010년 「보호 제공자 인정 법안(Carer Recognition Bill 2010)」을 제정하여 요양보호자에 대한 정의, 요양 수급자 연금 급여, 특별 장애 서비스에 대한 기금, 재가 보호 및 보호휴가, 보호 제공자의 훈련 및 기술 개발을 제공하고 있다. 또한 러시아, 태국, 도미니카 공화국, 아르헨티나 등 개발도상국가에서도 보호 제공자를 지원하는 정책을 도입하고 있다.

이러한 사례들을 고찰해 볼 때, 마드리드 행동계획을 이행하려는 각 국가의 노력에 대한 성과를 확인할 수 있다. 하지만 각 국가에서 계획하고 상정한 정책과 법안이 보편적으로 실행되거나 모니터링되는 것은 아니다. 또한 재정적 및 인적자본 역량, 정치적 의지, 연구와 자료의 부실과 제한적 적용으로 인해 많은 개발도상국가에서의 제도적 인프라는 취약하다. 선진국의 경우에도 글로벌 경제위기로 인해 사회서비스에 대한 예산 삭감 등 어려움을 경험하고 있다. 이러한 현실 속에서도 고령자 인구의 증가 속도에 맞추어 모든 국가들이 마드리드 행동계획 이행에 충족하기 위한 더 큰 노력에 투자할 필요가 있다고 촉구하고 있다. 이러한 정책 노력으로 UN이 각 국가에 제안하고 있는 전략은 다음과 같다.

1) 2012년까지 마드리드 행동계획의 이행에 있어서 주요 우선순위를 확인해야 한다.

2) 마드리드 행동계획에 의해서 국가 개발 계획에서 고령화 이슈가 우선순위가 되도록 아젠다 개발에 힘써야 한다.

3) 시민 사회 조직과의 강력한 파트너십을 형성해야 한다.

4) 고령자 상황에 대한 연구 및 분석에 더 많은 투자를 해야 한다.

제 5 장
선진국의 노후 소득보장 정책*

*남기철(동덕여자대학교 사회복지학과 교수)

산업사회에서는 노년기에 정상적 노동시장 참여가 어려워지기 때문에 노년기에도 국민적 최저수준의 인간다운 생활을 누리기 위해서는 안정적인 소득보장이 반드시 필요하다. 노후 소득보장이 사회보장제도의 가장 핵심적 제도 중의 하나가 되는 것은 바로 이러한 이유 때문이다. 또한 노후 소득보장제도는 사회보험제도를 통해 복지국가를 발전시켜 온 가장 중심적 제도라 할 수 있다.

1980년대 이후 급속히 진전된 인구 고령화가 21세기에 들어와서는 전 지구적 현상이 되었고 역사적으로 이전에는 경험하지 못한 새로운 사회적 위험으로 등장하였다. 전통적인 의미에서 노후 소득보장 제도는 단순히 생애주기에 따른 노령기 소득상실 문제를 해결하는 노인복지의 차원에서 그 제도의 중요성이 인정되어 왔다. 전 지구적 고령화의 시점에서 노후 소득보장은 사회적 부담을 증가시킴에 따라 제도의 지속 가능성 문제에도 직면하고 있다.

한국사회는 21세기 전반기에 급속한 인구 고령화를 맞이할 것으로 예상하고 있다. 인구 고령화를 일찍이 경험한 선진국에서 노후 소득보장 제도를 어떻게 개혁하고 발전시켜 오고 있는지를 검토해 봄으로써 한국사회가 향후 노후 소득보장 제도를 우리의 현실에 맞게 발전시켜 나아가는 데 중요한 시사점과 교훈을 얻을 수 있을 것으로 생각한다.

I. 노후 소득보장 정책의 방법과 성립

노후 소득보장은 노인이 빈곤에 빠지지 않도록 하기 위해 적정한 수준의 소득을 확보해 주는 것이다. 소득은 시장경제 상황에서 자신의 근로활동이나 개인적 재산을 활용하여 확보할 수도 있으나, 산업사회에서 노인은 다른 연령 집단에 비하여 시장을 통한 소득확보가 어려운 것이 일반적이다. 대부분의 국가에서 노인 개인이나 노인가구의 빈곤율은 전체인구의 빈곤율에 비하여 높은데, 이는 OECD 선진국의 경우에도 마찬가지이다. <표 5-1>에서 보는 바와 같이 OECD 주요 국가의 65세 이상 상대적 빈곤율(중위소득의 절반 이하 해당 비율) 통계에서도 노인의 빈곤율은 전체인구의 비곤율보다 상당히 높은 것을 알 수 있다.

표 5-1 OECD 주요 국가의 노인빈곤율 (단위: %)

국 가	65세 이상							전 인구
	65세 이상 전체	연령별		성별		가구형태별		
		65~74	75+	남	여	독거	부부	
호주	26.9	26.1	28.3	24.6	28.9	49.9	17.7	12.4
캐나다	5.9	5.2	6.8	3.1	8.1	16.2	3.9	12.0
프랑스	8.8	7.2	10.6	6.6	10.4	16.2	4.1	7.1
독일	8.4	6.5	11.1	5.1	10.8	15.0	4.7	11.0
그리스	22.7	19.2	27.8	20.4	24.5	34.2	17.6	12.6
이태리	12.8	11.2	15.2	8.1	16.1	25.0	9.4	11.4
일본	22.0	19.4	25.4	18.4	24.7	47.7	16.6	14.9
한국	45.1	43.3	49.8	41.8	47.2	76.6	40.8	14.6
멕시코	28.0	26.3	31.2	27.6	28.5	44.9	20.9	18.4
노르웨이	9.1	3.8	14.6	3.5	13.1	20.0	1.2	6.8
스페인	22.8	20.0	26.4	20.1	24.7	38.6	24.2	14.1
스웨덴	6.2	3.4	9.8	4.2	7.7	13.0	1.1	5.3
영국	10.3	8.5	12.6	7.4	12.6	17.5	6.7	8.3
미국	22.4	20.0	27.4	18.5	26.8	41.3	17.3	17.1
OECD 평균	13.5	11.7	16.1	11.1	15.2	25.0	9.5	10.6

출처: OECD(2011), OECD 소득분포 데이터베이스(2008)에서 재인용.

평균수명이 연장되고 인구 고령화가 진행되면서 노인의 빈곤위험은 개인적인 문제가 아니라 사회적 대응이 필요한 과제로 대두되었다. 그렇기 때문에 우리보다 앞서 고령화를 경험해 온 선진국은 노후 소득보장에 대해 다양한 국가적·사회적 정책을 펼쳐 왔다. 사실상 현대 복지국가의 가장 기본적이고 핵심적인 기제는 노후 소득보장 체계에 관련된다고 보아도 과언은 아니다.

1. 노후 소득보장 방법

노후 소득보장을 위한 정책 프로그램은 통상 직접급여 방법과 간접급여 방법으로 구별할 수 있다(최성재·장인협, 2010). 직접급여 방법은 소득을 확보하도록 급여를 제공하는 것이다. 사회보험, 데모그란트, 공공부조 등이 이에 해당한다. 간접급여 방법은 각종 비용을 감면 혹은 할인해 주는 방법, 소득을 창출할 수 있는 기회를 제공해 주는 방법 등이 해당된다.

거의 대부분의 국가에서는 노후 소득보장의 핵심적 방법으로서 사회보험 방법을 공적 프로그램으로 제도화하고 있다. 가입자들이 근로를 하는 기간 동안에 보험료를 납입하고 은퇴 후 보험료 납입에 따른 자격으로 현금 급여를 제공받는다. 데모그란트(demogrant)는 사회보험과 달리 보험료를 납부하지 않고 국가의 재정으로 노인에게 급여를 제공하는 방식이다. 반면, 공공부조는 자산조사(means test)를 통해 빈곤노인층을 표적대상으로 하여 소득을 제공하는 선별적 성격이 강하며, 세금에 기초한 국가재정으로 운영된다.

사회보험과 데모그란트, 공공부조는 실제 프로그램 상에서는 명확히 어느 하나로 구별되지 않고 그 성격이 혼합되는 경우가 많다. 그렇기 때문에 서구 선진국에서는 사회보험, 공공부조, 데모그란트의 성격들이 포함된 직접적 노후 소득보장 프로그램을 흔히 '연금(pension)'이라는 표현으로 총칭하기도 한다. 연금제도는 일반적인 의미에서 사회보험으로 간주될 수 있다. 하지만, 어떤 경우에는 전 국민 모두가 적용되는 것이 아니라 일정 소득 이하의 사람들만 적용되도록 하여 자산조사(means test)에 따른 공공부조의 속성을 나타내기도 하고, 가입자의 기여금이 중심이 되는 것이 아니라 조세를 기반으로 한 재정충당 구조를 가지고 모든 노인에게 주어지는 데모그란트의 속성을 나타내기도 한다.

간접적인 노후소득보장의 방법 중에서 감면이나 할인은 큰 비중을 차지하는 소득보장 프로그램은 아니다. 감면이나 할인은 직접적으로 국가의 재정이 많이 투입되지 않는다는 장점이 있지만, 상대적으로 경제적으로 형편이 좋은 노인들이 더 많은 혜택을 받게 되는 역진성의 단점이 있다. 기본적으로 감면과 할인은 노인들의 생활유지에 필요한 소득을 확보해 줄 수 없기 때문에 보조적인 방법으로만 활용되는 것이 보통이다.

또 다른 간접적 소득보장 방법으로 노인의 고용을 촉진하거나 유지하는 프로그램이 활용된다. 이는 노인 스스로 근로소득을 창출할 수 있도록 지원하는 방법이다. 시장상황에서 노인 고용이 충분치 않으므로 고용을 지원하거나 혹은 보호된 노동시장을 창출하는 방식이 활용된다. 이는 소득을 보장해 주는 경제적 효과만이 아니라 노인의 근로활동을 촉진하여 사회적 통합, 심리적 만족감과 자존감, 건강증진 등 다면적인 효과를 도모할 수 있다. 또한 이 방법은 활동적 노화(active aging) 혹은 생산적 노화(productive aging)라는 최근의 슬로건에 부합하는 것이기도 하다.

서구 선진국에서의 노후 소득보장은 연금 체계의 성립과 변화가 가장 핵심적인 것이라 할 수 있다. 다른 소득보장의 방법들도 중요한 의미를 가지고 있으나 공적연금 프로그램이야말로 고령화에 대응하는 서구 선진국의 관점을 가장 잘 나타내고 있다. 또한 연금 체계가 전체 소득보장 체계에서 차지하는 비중 역시 절대적이다.

2. 노후 소득보장 체계의 성립

전통사회에서는 노후의 소득보장을 사회적 혹은 국가적 정책을 통해 해결해야 할 필요성이 낮았다. 우선, 전반적인 평균수명 자체가 길지 않았다. 따라서 스스로 생산활동에 종사하지 않는 노후기간이 짧았다. 또한 전통사회의 일차산업 중심 경제활동에서는 고령층이라고 해서 소위 정년에 따른 '은퇴'가 일반적이지 않았다. 소득의 보장은 스스로의 생산활동, 그리고 이것이 여의치 않을 경우라면 가족과 지역공동체의 비공식적인 사적 부양을 통해 이루어지는 것이었다.

근대산업사회 이후 복지국가가 형성되면서 소득보장 정책이 공식적인 체계로 부각되었다. 산업사회에서는 다음과 같은 노인빈곤의 원인으로 인해 노후 소득보장 체계가 필요해지게 되었다(최성재 · 장인협, 2010). ① 생물학적인 노화이다. 전통사회의 농경이나 수렵은 자신의 신체적 능력에 맞추어 계속해서 일을 할 수 있었지만, 현대사회에서의 직업활동은 생물학적 노화와 신체적인 능력 약화에 따라 그 기회가 극히 제한된다. ② 노동시장에서의 경쟁력 상실이다. 현대사회에서의 급속한 기술발전에 따라 노인들의 신체능력 저하나 학습기회 부족은 노동시장에서 노인의 취업기회나 임금수준을 열악하게 만든다. ③ 현대사회에서 정년퇴직이라는 인위적이고 사회적인 제도가 일반화되면서 노인의 수입이 절감되거나 단절된다. ④ 노년기 이전부터 많은 노동자들의 수입은 자신의 노동력을 재생산하기에 급급한 수준이라 노후를 대비할만한 여력을 갖추지 못한다. 그렇기 때문에 노년기에 접어들면서 빈곤에 빠질 가능성이 커진다.

서구 선진국들이 근대산업사회 시기에 접어든 이후 평균수명은 크게 연장되었다. 사회구성원 개인들에게는 노년기가 길어졌고, 사회 전체적으로도 인구 고령화가 점차 진행되었다. 이러한 상황 속에서 노인빈곤의 위험은 사회적인 대응을 필요로 하게 되었다. 이러한 요구가 더욱 두드러진 서구 선진국에서는 국가의 핵심적인 사회보장 체계로 노후 소득보장 정책을 추진하기 시작하였다.

사회보험의 형태로 노후소득 보장을 위한 공적 체계를 편성했던 것은 19세기 후반 독일의 비스마르크형 사회보장 체계에서부터 찾아볼 수 있는데 1889년 처음으로 공적 노령연금제도가 도입되었다. 이후 제2차 세계대전 후에 영국에서는 베버리지 보고서를 통해 전 국민을 대상으로 하는 공적 연금체계를 기획하고 현실화시키기 시작하였다. 프랑스에서도 직업연금이 19세기 후반에 도입되었는데 프랑스의 직업연금제도는 제2차 세계대전 후에는 전 직종으로 확대되었다. 국가마다 조금씩 다른 형태를 취하기는 하지만 서구 선진국들은 20세기 중반부터 경제활동 시기에 보험료를 납부하고 이를 토대로 하여 은퇴 이후 '관대한 수준'의 연금을 받을 수 있도록 하는 제도를 보편적으로 시행하였다. 대개의 서구 선진국가에서 공적 연금제도의 초기에는 경제활동을 하는 가입자들의 보험료를 적립하여 이를 운영하고, 향후 가입자들에게 연금으로 돌려주는 '적립방식'을 활용하였다. 이는 이후 자연스럽게 경제활동세대가 은퇴세대를 부양하는 방법(은퇴세대를 위한 연금을 경제활동세대가 낸 기여금으로 충당하는 방법)인 '부과방식(pay as you go)'으로 제도운영이 변화되었다. 사회보험방식의 공적연금제도가 가장 중요한 비중을 차지하기는 하였지만, 이외에도 빈곤층을 표적대상으로 하여 운영되는 공공부조나 보험료 대신 세금을 주요 재원으로 활용하는 데모그란트 방식의 제도도 연금제도에 결합되어 활용되었다.

서구 선진국가의 노후 소득보장 체계는 고령생존기간의 연장과 퇴직이라는 산업사회의 특징에 따라 통상 퇴직 이전의 소득수준을 유지해 주고자 하는 '보험'적 성격과 최소한의 노후소득을 보장하여 노인의 빈곤을 최소화하려는 목적을 동시에 가지고 있는 것이었다. 이 중 어느 목적이 더 강조되느냐 하는 점과 각국의 사회경제적 상황에 따라 연금제도는 서구 선진국 각 나라마다 조금씩 다른 형태를 나타내기도 하였다.

1980년대 초반까지 전반적인 경제 성장 시기 동안 서구 선진국가에서는 공적연금을 필두로 하는 노후 소득보장 체계의 강화가 일반적 경향이었다. 이는 산업사회에서 일정 연령에 도달하면 은퇴하도록 하며 이들에게는 빈곤에 빠지지 않도록 공공체계(연금제도)를 통해 소득을 보장하고, 이를 통해 젊은 세대가 일할 수 있도록 일자리를 많이 확보하는 것이 효율적이라고 보는 관점과도 관련된다.

관대한 사회보험을 특징으로 하는 공적연금 중심의 서구 선진국 노후 소득보장 체계는 몇 가지 전제를 기초하는 것이었다. ① 완전고용과 경제성장이다. 연금제도가 재정적으로 유지되기 위해서는 대부분의 사람을 연금에 포괄시킬 수 있도록 낮은 실업률, 꾸준한 경제성장이 필요하였다. ② 연령에 따른 생산력의 차이이다. 노인층은 젊은 세대에 비해 현저히 생산력이 떨어지고 따라서 노인의 은퇴와 연금수급 생활이 사회 전체적인 생산력에 지장이 없다는 것이다. ③ 핵가족과 남성가구주의 부양모델이다. 대개의 경우 남성 단신 가구주가 안정된 근로를 기반으로 핵가족을 부양하는 방식이 경제활동 시기나 은퇴 시기 모두 일반적이라는 것이다. ④ 적정한 인구구조이다. 관대한 공적 연금제도가 안정적으로 운영되기 위해서는 연금수급자인 노인층 인구와 경제생산을 담당하는(또한 연금보험료를 납입하는) 젊은 층 인구의 비율이 적절하게 유지되어야 한다. 서구 선진국의 근대적 노후 소득보장 체계는 대체로 이러한 전제가 인정되고 합의되는 상황에서 성립되었고 1980년대까지 꾸준한 성장을 나타내었다.

II. 노후 소득보장 정책의 변화와 동향

1. 노후 소득보장 체계의 변화

20세기 후반 이후 서구 선진국은 관대한 공적 연금제도를 기초로 하는 노후 소득보장 체계에 변화를 가져오게 된다. 1980년대 칠레의 연금개혁은 많은 주목을 받았다. 이는 소위 개인계좌방식으로의 전환이 핵심이었다. 부과방식에 의해 운영되던 공적 연금제도를 보험수리적 접근에 근거하는 개편을 통해 낸 돈만큼만 받아가도록 하는 성격이었다. 많은 라틴아메리카 국가에서 유사한 제도의 도입을 단행하였다. 또한 서구 선진국가들에서도 칠레와 남미의 연금개혁은 중요한 의미를 가지는 것으로 간주되었다. 서구 선진국가의 공적 연금제도 역시 많은 변화를 경험하게 되었다. 이는 기본적으로 서구 선진국가의 관대한 연금제도를 성립하게 했던 전제조건의 붕괴와 관련된다.

가장 우선적으로 인구 고령화의 급속한 진행에 따라 연금재정의 지속가능성에 문제가 야기된다는 점이 부각되었다. OECD 국가의 65세 이상 비율은 20세기 말부터 급속하게 높아졌다. 이 비율은 21세기 초 13.0%(2000년)에서 2010년 14.8%, 2030년 21.5%, 2050년 25.8%로 더욱 급격한 증가를 나타낼 것으로 예상되고 있다(OECD, 2010). 고령화에는 저출산 현상도 큰 요인이 되고 있다. 연금제도의 유지를 위해서는 은퇴한 노령인구를 부양해야 하는 생산인구가 적절한 수준으로 확보되어야 하는데 이것이 원활치 않다. 또한 서구 선진국가에서는 저성장 기조가 일반화되고 있다. 특히 고용이 잘 늘어나기 어려운 산업구조도 근대 산업사회와는 달라진 모습이다. 젊은 층의 생산력으로 노년층의 퇴직 후를 부양하는 것이 효율적이라는 판단을 가능하게 하는 연령별 생산력의 차이에 대해서도 의문이 제기되었다. 20세기 말 이후의 추세로는 서구 선진국가의 연금 재정이 지속가능하기 어렵다는 관측이 지배적으로 현실화된 것이다.

이전까지 OECD 국가에서는 대체로 평균수명은 올라가는 반면 관대한 연금제도의 성격으로 인해 연금수급 연령은 낮아지는 추세를 보여 왔다. 이른바 조기퇴직 현상이다. 조기퇴직 현상은 한때 연금제도를 통해 서구 선진국가에서 장려되기도 하였다. 하지만 점차 사회의 지속가능한 성장과 발전을 위협하는 요소로 간주되었다.

이러한 상황에 의해 서구 선진국에서는 연금재정의 취약성을 보완하는 연금개혁을 추진해 왔다. 연금개혁이 최근 서구 선진국의 노후 소득보장 동향을 나타내는 가장 중요한 내용 중의 하나라 할 수 있다.

연금개혁은 대부분의 서구 국가에서 수차례에 걸쳐 점진적이고 정기적으로 진행되어 왔다. 연금개혁의 주된 방향이 연금 재정 안정성을 강화하는 것이었기 때문에 평균수명 연장에 따른 연금수급 연령의 상향조정과 미래의 연금 혜택을 점차 줄이는 방향으로 진행되어 왔다. 연금수급 연령의 상향조정, 기여기간 연장, 수급률 하락 등이 일반적이었다. 그러나 이것은 정치적인 이슈와 관련되어 있어 반발도 많았고, 노인인구의 빈곤위험이 높아질 가능성에도 대처해야 하는 것이었다. 따라서 많은 서구 국가에서는 연금개혁이 유발하는 저소득 노인의 빈곤 위험에 대해 주목하고, 이들에 대해서는 대상 효율성을 강화하는 프로그램을 보완해야 하였다. 그러면서 중위 소득 이상의 계층에 대해서는 사적연금과 같은 민간보험을 활용하도록 유도하는 형태로 연금개혁이 진행되었다.

OECD는 대부분의 국가에서 나타난 연금개혁을 모수적(지급 기준 수치 변경) 개혁과 구조적 개혁으로 나누어 설명하고 있다(OECD, 2007). 모수적 개혁의 몇 가지 대표적 양상은 다음과 같다. ① 연금수급 연령을 높이는 것이다. 평균수명은 길어지는데 연금수급 연령은 오히려 낮아지는 경향은 모순이므로 연금수급 연령을 높이는 것이 타당하다고 보는 것이다. 남성보다 낮았던 여성의 수급연령도 올리면서 전체적으로 연금수급 연령을 올리는 방향으로 나가고 있다. ② 연금수급액의 기준이 되는 개인 봉급을 최종 봉급이나 가입기간 중 최고 봉급으로 계산하는 것에서 가입 기간 평균 봉급으로 계산하는 형태로 변화하고 있다. ③ 연금수급권 발생 시기와 실제 연금수급 시기 사이의 생활수준의 변화를 고려하여 과거 소득을 재평가하도록 하는 것이다(실제로 연금수급 시 생활수준이 낮아지는 것으로 보아 연금액이 낮아지는 경우가 많음). ④ 연금수급액을 봉급변화(봉급액 인상 정도)에 연동하는 것에서 물가상승 정도에 연동하는 것으로 축소하였다. 이는 결국 연금급여의 기준을 변화시켜 연금액수를 하향조정하는 방향으로 나가는 것이다.

구조적 개혁의 한 가지 방법은 기존의 '확정급여(DB: defined benefit : 기여기간과 봉급액에 따른 공식에 의해 일정액을 지급함)'에서 '확정기여(DC : defined contribution: 봉급액과 개인 기여금을 투자하여 얻은 이윤을 근거하여 지급함. 같은 봉급과 기여금의 경우도 개인에 따라 지급액이 다름)' 형태로의 전환이 가장 큰 특징이라 할 수 있다. 이는 연금제도 틀의 기본적 변화를 의미한다. 기존에는 은퇴 후 받게 될 연금의 수준이 (빈곤에 빠지지 않을 정도의 관대한 수준으로) 정해져 있었다면 이제는 탈빈곤 이상의 수준을 전제로 하는 설계를 포기하는 것이라 할 수 있다. 또 하나의 구조적 개혁방법은 '확정급여' 방법을 '명목계좌(notional accounts)'[1] 방법으로 전환하는 것이다.

화이트포드와 화이트하우스(Whiteford와 Whitehouse, 2006)는 20세기 말 이후

OECD 국가의 연금개혁에서 나타나는 특징을 다음과 같이 지적하고 있다.

1) 연금수급액 결정의 중요한 기준이 되는 기준봉급을 계산하는 데 있어서 노동 기간의 변화이다. 기존에는 기준봉급을 은퇴 전 마지막 시기의 봉급으로 산정했는데 점차 노동하는 기간 전체에 걸친 봉급의 평균으로 계산하는 방식으로 변화하고 있다. 이는 연금개혁을 통해 수급액을 축소하는 것이라 할 수 있다.

2) 과거 임금에 대한 가격 산정(가치 재평가) 방법의 변화이다. 대부분의 소득비례연금(earning-related pension)에서 연금수급권 발생 당시와 실제 연금수급 당시의 생활수준의 변화를 고려하여 과거 봉급의 가격을 다시 정하는 방향으로 나가고 있다. 그런데 과거 봉급 가격 산정에 경제 전반 성장률이 아니라 물가 상승률을 연동하면 연금액이 크게 줄어들게 된다.

3) 연금수급액 산정에 있어서 임금상승률과 연동하는 방식에서 벗어나 물가상승률과 연동하는 방식으로 개혁방향을 정하고 있다.

4) 기대여명과 연금을 연결시키는 것이다. 명목계좌나 확정기여방식을 통해 기대여명 증가에 따라 자동으로 연금수급액을 조정하는 방향으로 나아가고 있다.

5) 연금수급 개시 연령을 높이고 있다. 이는 조기퇴직과 연금수급의 경향을 축소하려는 것이다.

6) 계속적으로 일하는 데 대한 보상을 증가시키는 것이다. 은퇴를 억제하는 동시에 완전 연금수급액을 받기 위해서 필요한 가입기간을 연장하고 또한 평균 은퇴 연령 이후까지 일을 하는 사람에게 인센티브를 제공하는 방식을 도입하고 있다.

---

1) 명목계좌 방법은 개인별 구좌를 설정하여 연금 기여금의 거의 대부분(스웨덴에서와 같이 명목계좌 외에 기여금의 일부를 개인투자 계좌에도 입금하는 경우도 있음)을 명목적으로(다만 입금되었다는 기록만하고) 입금하고 실제로는 그 계좌에 입금하지 않고 그대로 현재와 같은 부과방식 연금기금으로 활용하고 퇴직 후 국가에서 설정한 이자율(또는 임금 인상률이나 GDP 성장률)에 따라 개인별 연금액 자산을 계산하여 지급하는 방법이다. 이러한 명목계좌 방법은 기대여명과 연동되는 경우가 많은데 기대여명이 길어지면 연금을 오랫동안 받게 되므로 연금액이 더 낮아지게 된다.

7) 기존 방식을 확정기여 방식으로 전환하거나 기존의 방식에 일부 확정기여 방식을 추가하고 있다.

이러한 서구 선진국가의 연금개혁은 소위 연금재정의 위기를 극복하고자 하는 것이 기본 성격이다. 공적 연금제도를 노후 소득보장의 기본 틀로 만들었던 서구 선진국의 상황이 근본적으로 변화하였다. 산업사회 성립 이후 초기 고령화의 진전이 한때는 연금제도를 필두로 하는 노후 소득보장 체계가 성립되도록 하는 조건이었지만, 이제는 급속한 고령화의 진전이 공적연금 중심의 노후 소득보장 체계 지속가능성을 위협하는 조건이 된 것이다. 고령화의 수준이 변화하면서 이제는 노후 소득보장 체계의 방법도 변화하도록 요구하고 있다. 이에 따라 연금급여의 수준과 기간을 축소하고, 생산활동과 기여의 기간을 증가시키기 위한 방안을 활용하고 있는 것이다. 동시에 민간보험 방식의 도입이 늘어나며, 관대한 공적연금은 빈곤층만을 주요 표적으로 해서 구성하는 등 '다층적' 소득보장 체계가 일반화되고 있다.

다른 한편에서는 고령자에 대한 고용의 활성화가 중요한 소득보장 정책의 일환으로 부각되고 있다. 이는 노인을 사회적인 부양 대상자로 간주하는 것이 아니라 생산력을 발휘할 수 있는 기회를 제공하고 이에 대한 급여로 소득을 확보할 수 있도록 하는 것이다. 연금개혁에서 근로연장에 대한 인센티브를 구성하는 것과 아울러 고령자에 대한 고용촉진 정책도 점점 주목받고 있다.

2. OECD 국가의 노후 소득보장 프로그램

1) OECD 국가의 노후 소득보장 구조

유럽과 OECD 국가의 노후 소득보장 체계는 대체로 두 가지 모형으로 분류되어 왔는데 사회보험 모형(social insurance model)과 다층보장 체계 모형(multi-pillar system model)이다(한국보건사회연구원, 2009). 사회보험 모형은 단일한 공적연금을 전 국민에게 비교적 높은 수준의 은퇴 후 소득으로 지급하는 것이 특징인데 독일, 프랑스, 이탈리아, 스웨덴 등이 해당한다. 다층보장 체계 모형에서는 국가가 기본적 소득보장만을 책임지고 그 이상에 대해서는 다양한 다층적 부문을 활용하여 보장이 이루어지도록 유도한다. 영국, 덴마크, 네덜란드, 스위스 등이 이에 속한다. 사회보험 모형의 연금 체계에서는 공적연금의 수준이 관대한 것이 일반적이었지만 다층보장 체계 모형에서는 공적연금의 소득보장 정도가 낮기 때문에 사적연금의 중요성이 강조되어 왔다(민세진, 2008).

그러나 최근에는 대부분의 OECD 국가들에서 전반적 연금개혁이 이루어지면서 다양화와 수렴화 현상이 동시에 나타나, 연금제도의 특성이 몇 가지 유형으로 뚜렷이 구별되지는 않는 양상이다. 이에 세계은행과 OECD 등에서 다양한 유형의 노후 소득보장 체계를 제시하고 있다.

세계은행의 노후 소득보장 체계는 국가별로 다양한 형태를 포괄하는 5개층의 다층 체계를 제시하고 있는데 노인빈곤을 경감하기 위한 0층, 공적 부문에서 운영하는 공적 연금제도(1층), 직역연금 또는 개인연금제도(2층), 자발적인 직역연금 또는 개인연금제도(3층), 가족을 통한 비공식 지원과 기타 자산(4층)이다(<표 5-2> 참조).

표 5-2 세계은행의 노후 소득보장 체계

층	대 상			주요 기준		
	빈곤층	비공식	공식	특 징	가 입	재 원
0	◉	◎	○	기초연금 또는 사회수당형 연금, 공공부조방식	보편적 또는 잔여적	예산 또는 일반회계
1			◉	공공부문에서 운영하는 공적 연금제도	의무	보험료, 일부 적립금(금융자산)
2			◉	직역연금 또는 개인연금제도 (완전적립식)	의무	금융자산
3	○	◉	◉	직역연금 또는 개인연금제도 (부분 또는 완전적립식)	자발적	금융자산
4	◉	◉	◎	비공식지원, 기타 공식적인 사회보장제도, 기타 개인의 금융 및 비금융 자산 (주택)	자발적	금융 및 비금융 자산

주: ◉, ◎, ○는 중요도 순서임.

출처: The World Bank(2005), Old-age income support in the 21st century, 한국보건사회연구원(2009)에서 재인용.

표 5-3 OECD 국가의 노후 소득보장 체계

보장 층별	공/사의 구분	연금 유형		
3층 자발적 가입(저축)	민간	확정급여(DB)		확정기여(DC)
2층 의무가입(저축) 목표수준 생활보장	공공	확정급여 (DB)	점수제 (points)	명목계정 (notional accounts)
	민간	확정급여(DB)		확정기여(DC)
1층 의무가입 최저생활보장	공공	기초연금 (basic)	자산조사 연금 (resource-tested)	최소연금 (minimum)

출처 : OECD(2009), Pension at a glance.

OECD에서는 노후 소득보장 체계를 공공부문과 민간부문으로 구별하고, 다시 민간부문을 법정부문과 자발적 부문으로 나누어 3층 체계로 제시하고 있다(<표 5-3> 참조).

1층과 2층은 두 가지 의무적(mandatory) 체계이다. 이 중 1층은 재분배적 부분이고 2층은 저축 부분이라고 할 수 있다. 재분배적 부분인 1층은 연금수급자가 절대적인 최소 생활수준을 영위할 수 있도록 보장하는 것으로 공공의 영역이라 할 수 있다. 1층 연금 체계는 다시 그 형태에 따라 기초연금, 자산조사연금, 최소연금으로 구분될 수 있다. 기초연금은 같은 액수의 연금 또는 근로년수에 따른 차등적 연금을 지급하는 것이다. 자산조사 연금은 자산의 범위로 소득만 고려하는 경우도 있고 소득과 재산을 모두 고려하는 경우도 있는데, 규정된 자산액에 따라 일정 수준 연금액의 부족분을 차등지급하는 것이다. 그리고 최소 연금은 최소 가입기간 이상 가입자에 대해 소득만을 고려하여 일정액의 최소 연금을 보장해 주는 것이다.

의무저축 부분인 2층은 퇴직 전 시기의 생활수준과 관련된 보장을 위한 것이라 할 수 있다. 이는 공공의 영역과 민간의 영역으로 다시 나눌 수 있는데 그 각각에서의 방법에 따라 다시 세분화된다. 공공이 제공자인 경우에는 확정급여(DB : defined benefits), 점수(points), 명목계좌(notional accounts)의 방법으로 구분될 수 있다. 민간 제공자 영역은 확정급여와 확정기여(DC : defined contribution)

의 방법으로 구분될 수 있다.

표 5-4 주요 OECD 국가의 노후 소득보장 체계

구 분	1층			2층	
	의무 가입			의무 저축	
	공공			공공	민간
	자산조사	기초	최소	유형	
호주	V				DC
오스트리아				DB	
벨지움	V		V	DB	
캐나다	V	V		DB	
체코		V	V	DB	
덴마크	V	V			DC
핀란드			V	DB	
프랑스			V	DB + Points	
독일				Points	
그리스			V	DB	
헝가리				DB	DC
아이슬란드	V	V			DB
아일랜드		V			
이탈리아				NDC	
일본		V		DB	
한국		V		DB	
룩셈부르크		V	V	DB	
멕시코		V	V		DC
네덜란드		V			DB
뉴질랜드		V			
노르웨이		V	V	Points	DC
폴란드			V	NDC	DC
포르투갈			V	DB	
슬로바키아			V	Points	DC
스페인			V	DB	
스웨덴			V	NDC	DC
스위스			V	DB	DB
터키			V	DB	
영국	V	V	V	DB	
미국				DB	

주: DB－확정급여, DC－확정기여, NDC－명목계좌확정기여, Points－점수활용.
출처: OECD(2009), Pension at a glance.

확정급여는 연금 기여금과 가입기간에 따라 일정액을 연금으로 지급하는 것이고, 확정기여는 개인계좌를 설치하여 연금 기여금과 기여금의 투자 이익금을 연금으로 환산하여 지급하는 것이다. 점수제 연금은 연금 기여금액을 점수로 환산하여 축적된 점수에 연금점수당 연금액을 곱하여 계산된 연금액을 지급하는 것인데 독일, 노르웨이, 슬로바키아와 같은 나라에서 이러한 제도를 적용하고 있다. 명목계좌(notional account)는 앞에서 설명한 바와 같이 연금 가입자가 기여금을 개인별 계좌에 명목적으로 넣고(기여금 입금된 것으로 기록만 하고) 정부에서 정한 이자율이나 아니면 임금상승률 또는 GDP 성장률에 따른 계산을 통해 얻어진 연금 자산을 개인의 기대여명과 연계하여 연금으로 지급하는 것이다.

3층은 자발적 저축의 부분으로 공공의 역할은 없고 대개 민간이 제공자로서 역할을 수행하게 되며, 여기에는 확정급여와 확정기여의 두 가지 유형이 있다.

OECD 주요 국가에서 자발적 저축을 제외한 노후 소득보장 체계를 살펴보면 <표 5-4>와 같다(OECD, 2009). 연금재정의 건전성을 확보하기 위한 개혁이 OECD 국가 전체에서 일반적으로 나타나고 있으면서도 국가별로 연금 체계는 다양한 방식으로 구성되어 있음을 볼 수 있다.

2) 주요 국가의 노후 소득보장을 위한 연금제도[2)]

앞서 서구 선진국을 전체적으로 살펴보았던 노후 소득보장 체계 경향과 관련하여 몇몇 주요 국가의 연금제도 특성과 변화양상을 살펴보면 다음과 같다.

독일의 경우 산업별, 사회계층별, 직종별로 다원적인 연금 체계를 형성하고 있으며, 이는 소위 길드라 부르는 직업상조조합의 전통과 관련된다. 공무원,

---

2) 이하 몇 개 국가의 제도 현황 내용은 국민연금연구원의 외국의 연금제도(2006), 외국의 공공부조방식 노후소득보장제도(2007), 한국보건사회연구원의 2007년도 한국의 사회복지지출추계와 OECD국가의 노후 소득보장 체계(2009), 한국노총중앙연구원의 주요국 노후 소득보장 체계와 퇴직연금의 역할정립 방안(2009) 및 국민연금홈페이지의 세계의 연금제도 (http://www.nps.or.kr/jsppage/info/worldwide/)를 요약 발췌한 것이다.

사무직 노동자, 생산직 노동자를 비롯한 각각의 직업그룹별로 독자적인 연금제도가 발전되었다. 독일에서의 직업전통의 강조는 퇴직 후에도 직업 간 소득격차를 유지하려는 차원에서 상대적으로 고부담·고급여의 소득비례연금제도를 발전시켜 왔다. 1972년에 모든 국민을 대상으로 가입대상자가 확대되었는데, 이 시기까지만 해도 고령층에 대해서는 조기퇴직을 촉진하기 위해 신축퇴직연금제가 시행되기도 하였다. 1980년대 이후부터 연금재정의 문제로 지출억제 정책의 방향으로 변화하고 있다. 1992년의 연금개혁 이후로 2000년대까지 수차례의 연금개혁을 실시하였다. 기존에는 급여수준의 유지를 목표로 보험료율을 높이고 재정기반을 확대하던 지출재정 중심의 기조였던 것이 점차 부담 가능한 수준으로의 보험료율 안정화를 목표로 급여수준을 조정하는 수입재정 중심의 방향으로 전환되었다. 또한 부과방식의 공적 연금제도를 통한 노후 소득보장이 축소되고 그 공백을 적립방식의 사적연금 활성화를 통해 보충해 가는 추세가 두드러지고 있다.

스웨덴은 세계 최초로 모든 국민에게 강제 적용되는 국민연금제도를 도입한 나라이다. 1914년 적립방식의 전 국민 연금제도 법안이 만들어졌고 1935년에는 부과방식으로 전환하여 소득수준에 따라 보험료를 차등 부과하였다. 1946년에는 자산조사가 뒤따르던 잔여적인 기초연금의 체계에서 자산조사를 폐지하고 그 적용을 보편화하여 보편주의적인 기초연금(AFP)으로 전환하였다. 1960년대에는 기초연금제도의 급여수준을 보완하여 가입자들의 종전 생활수준을 보장하기 위한 목적으로 별도의 부가연금(ATP)이 도입되었다. 이에 따라 스웨덴의 공적 연금제도는 전 국민을 대상으로 하는 단일제도로 최저생활을 보장하는 기초정액급여의 기초연금제도(AFP)와 경제활동기간의 소득에 상응하는 소득비례의 부가연금제도(ATP)의 2층 구조로 되어 있다. 스웨덴의 연금구조는 사회연대주의적인 이념에 충실한 복지국가 공적연금의 전형으로 인식되어 왔다. 이외에도 기업을 횡단하는 전국적인 협약연금이 발달하였다. 사무직근로자를 위한 직원퇴직연금(ITP), 생산직근로자를 위한 노동자퇴직연금(STP), 국가공무원과 지방정부, 의회직원을 위한 직역연금 등이다. 1998년 연금의 개혁을 통해 확정기여방식의 개인계정, 수익연금보험료 적립제도, 조세방식의 보장성 연금제도를 도입하였다.

영국의 공적 연금제도는 기초연금 부문과 소득비례연금 부문의 2층 구조로 되어 있다. 기초연금과 소득비례연금은 모두 사회보험 방식으로 운영된다. 영국에서는 1908년 선별적 제도로 무기여 자산조사 방식의 노령연금제도를 도입하였고, 1925년에는 기여방식의 노령연금제도를 도입하였다. 1946년에는 베버리지 보고서에 기초하여 국민보험법이 제정되었고 정액기여 정액급여의 공적연금이 탄생되었다. 이후 1961년 부가연금제도(GRP)의 도입, 1978년 법정 소득비례연금의 도입 등으로 공적 연금제도를 보완하였다. 그러나 1980년대 이후 재정압박과 보수적 정책이 두드러지면서 연금개혁이 여러 각도에서 여러 차례 이루어졌는데 주요 골자는 중산층 이상의 대상에게 사적연금을 활성화하는 것이었다. 즉, 저소득층에 대해서는 공적연금을 통해 노인빈곤의 방지와 보호를 실행하되, 중산층 이상에 대해서는 공적연금의 소득비례 부분을 저소득층보다 상대적으로 불리하게 개편하였다. 2층의 소득비례연금은 기업연금 혹은 개인연금으로 대체될 수 있도록 하고 있으며 국가가 이를 장려하고 있는 상황이다. 이에 따라 저소득층은 주로 공적연금에 노후 소득보장을 의존하고, 중산층 이상은 사적연금이 소득보장에서 중요한 역할을 하고 있다. 최근 들어서는 개인계좌의 도입, 수급개시 연령의 상향조정 등의 조치가 계속해서 취해지고 있다.

일본의 경우 민간 피용자를 위한 소득비례 후생연금, 공무원 등 특수직역 종사자를 위한 높은 수준의 소득비례 공제연금, 자영자 등을 위한 정액부담 정액급여형의 국민연금 등 직역별로 분립된 다양한 연금제도를 도입하여 운영하여 왔다. 그로 인해 공적 연금제도 간의 불평등 문제가 많이 제기되었다. 이는 우리나라와도 유사한 상황이라 할 수 있다. 또한 인구 고령화 및 취업구조 변화에 따른 재정문제도 심각하게 대두되었다. 1985년 일본은 기존의 국민연금을 전 국민 기초연금으로 전환하고 분립된 제도를 일부 통합하였다. 또한 기존의 일원적 연금구조를 기초연금과 소득비례연금으로 이원화하였다. 서구 국가의 경우 기초연금을 운영하다가 소득비례연금을 도입하는 방향이었다면 일본의 경우에는 이와 달리 대상별로 분립된 공적연금이 운영된 이후에 기초연금을 도입하고 제도를 이원화하였다. 1990년대와 2000년대에 걸쳐 일본은 다시 수차례의 연금개혁을 시도하고 있는데, 이는 인구 고령화와 경제위기에 대응하여 실질적인 연금급여 수준의 축소를 통해 장기적 재정안정화를 도모하는 방향이라 할 수 있다. 적정한 급여수준의 보장보다 부담 가능한 보험료 수준이 더 중요한 초점으로 천명되고 있다.

미국의 공적 연금제도(OASDHI : Old Age, Survivor, Disability & Health Insurance)는 1935년 사회보장법에서 비롯되었다. 시행 초기에는 퇴직자에게 노령연금을 지급하는 것에 한정되었으나 부양가족과 유족에게 급여를 제공하면서 노령가족에 대한 소득보장 프로그램으로 확대되었다. 1950년대 들어서서 급여수준이 상향되고 자영자를 포괄하는 것으로 확대되면서 보편적 공적연금으로 발전하였다. 이후 연금재정 문제가 증폭되면서 1983년 퇴직연령의 점진적 연장, 급여인하 조치 등을 포함한 연금개혁을 실시하였다. 1990년대와 2000년대에도 연금개혁의 논의가 꾸준히 나타났는데, 이는 기본적으로 인구 고령화와 관련된 것이라 할 수 있다. 약 7,400만 명 규모의 베이비붐 세대가 연금수급 시점에 도달함에 따라 재정위기론이 다시 증폭된 것이다. 이에 따라 2000년대 들어서면서 일부 민영화, 개인퇴직계정제도 등 연금개혁안을 추진하고 있다.

III. 노후 소득보장 정책의 평가와 과제

서구 선진국에서는 산업사회의 성립 이후 경제활동에서 은퇴하게 되는 노인의 빈곤문제에 대응하기 위해 연금제도를 중심으로 하는 노후 소득보장 체계를 적극적으로 편성하였다. 그러나 급속한 평균수명의 연장과 저출산 경향으로 인해 인구 고령화 진행 속도가 빨라지고, 경제성장과 고용상황이 나빠지면서 연금재정의 지속가능성에 대한 문제가 심각하게 제기되었다. 이에 따라 연금개혁을 중심으로 하여 노후 소득보장 체계의 변화가 두드러지고 있다. 대부분의 연금개혁 방안들은 혜택을 축소하고 노동시장에서 오래 일하도록 유도하는 방향으로 진행되고 있다. 이는 연금의 수입과 지출 측면에 안정적으로 기여할 수 있다는 전망에서 비롯된 것이다. 또한 공적연금 등 공공 노후 소득보장 체계와 사적연금과의 관계 재정립에 관한 부분도 연금개혁에서 중요한 부분을 차지하고 있다. 여러 서구 선진국에서 공적연금은 빈곤층을 표적으로 하는 프로그램으로 초점이 이동하고 있으며, 중위 소득 이상의 계층에게는 개인적인 노후 소득보장을 위한 확정기여 형태의 사적연금의 중요성이 커지고 있다.

하지만 서구 선진국의 연금개혁이 공적 연금제도를 통한 노후 소득보장의 한계로만 인식되거나 혹은 공공의 노후 소득보장 체계가 가지는 중요성을 폄하하는 근거로만 고려되어서는 곤란하다. 서구 선진국의 노후 소득보장 체계 성립과 현재의 동향은 몇 가지 측면에서 우리나라에 중요한 합의를 주고 있다.

1) 서구 선진국은 노후 소득보장 정책을 국가의 가장 중요한 정책으로 간주하여 적극적인 활동을 전개하고 있다. 연금개혁을 통해 공공과 민간의 역할을 조정하기도 하지만 노후 소득보장 정책은 국가의 가장 중요한 정책적 사안으로 고려되고 있다. 그리고 적극적인 정책의 입안과 개편 노력을 경주하고 있다. 서구 선진국의 노후 소득보장 체계는 지난 한 세기 동안 노인빈곤율을 낮추는 데 중요한 역할을 수행해 왔다. 이는 주요 국가 중 가장 높은 노인빈곤율을 나타내는 우리나라에서 깊이 생각해 보아야 할 점이다.

2) 노후 소득보장 체계는 사회 전체적이고 중장기적인 시각에서 검토되어야 한다. 서구 선진국의 경험에서 지나치게 관대한 연금제도는 재정의 지속성에 문제를 야기하였다는 판단에서 연금개혁이 나타나고 있다. 또한 조기은퇴의 상황과 저출산 문제도 이에 영향을 미치고 있다. 연금과 노후 소득보장 체계는 현재 세대와 미래 세대에 동시에 직접적인 영향을 미치게 되므로 중장기적으로 재정, 고용, 경제, 인구, 빈곤, 사회적 통합성 등 다방면에 대한 고려와 사회적 합의를 필요로 한다. OECD 국가에서는 대체로 단계적으로 개혁이 추진되었다. 연금개혁과 관련된 사회적 합의를 이루는 것은 점진적인 형태로 이루어져 왔고 위원회를 구성하며 정치적·사회적 합의를 위한 과정이 부각되고는 하였다.

3) 노후 소득보장 체계의 중요한 목적이 노인빈곤의 예방이라는 점이 강조되어야 한다. 연금제도는 기본적으로 고령 인구의 빈곤을 예방하고 은퇴 이후 사람들에게 안전을 제공하려는 차원에서의 목적을 가지고 있다. OECD에서도 연금개혁이 재정 건전성을 위해 시도되고 있지만 노인빈곤 문제에 대한 통합적 고려가 필요함을 강조하고 있다. 즉, 연금 위기에 대한 재조정정책이 균형을 가져야 한다는 것이다. 기대여명의 증가와 제도의 안정성 측면에만 치우친 연금개혁 논의는 고령 인구의 빈곤이라는 위기를 다시 한 번 가져올 수 있는 것이다(OECD, 2007). 공공의 역할을 축소하고 민간영역에 의존하는 경향이 많아지는 상황에서는 반드시 고령 인구의 '위기상황'을 고려하는 차원에서 노후 소득보장 체계 공공성에 대한 논의가 이루어져야 할 것이다. 지금도 공적 연금제도의 기능이 활발한 나라에서는 노인빈곤율이 낮은 경향이 있다.

4) 연금개혁과 노후 소득보장 체계의 방향은 각 국가별로 다르다. 단일한 최적의 연금개혁 방안은 없으며, 적절한 노후 소득보장 체계의 구체적 모습은 각 국가의 특수한 경제, 사회적 맥락 속에서 고려되어야만 한다. 현존하고 있는 OECD 국가의 연금 제도를 살펴보아도 다양한 형태가 존재하고 있으며 각각의 제도는 장, 단점을 모두 가지고 있다.

5) 노후 소득보장을 위해 고령 인구의 고용이 증가할 수 있도록 하는 차원의 정책이 중요하다. 연금과 같은 직접적 소득보장 정책에서 경험하는 변화는 노인의 고용증가라는 사회적 과제와 맥락을 같이하고 있다. 고령자에 대한 교육 강화의 필요성, 고령 인구 고용에 있어서의 낙인이나 장벽을 최소화하려는 노력이 동시에 경주될 필요가 있다.

인구 고령화가 많이 진행된 국가에서의 노후 소득보장과 그렇지 않은 국가에서의 노후 소득보장은 서로 다른 모습일 수밖에 없다. 인구 고령화가 보편적 특징이 된 서구 선진국가에서는 초기 복지국가 성립시기에 구성된 연금제도에 변화를 모색하는 한편 노인의 경제활동 은퇴시점을 늦추기 위해 노력하고 있다. 연금개혁이 연금수급 연령을 높이는 추세로 이루어지고 있지만, OCED 국가 평균 65세인 연금수급 연령은 실제 퇴직연령보다 높다(OECD, 2007). 이는 노인빈곤의 가능성을 높이는 위험요소가 된다. 따라서 경제활동의 기회가 확대되어야 할 필요가 있다.

연금개혁을 통해 노후 소득보장 체계는 더욱 다원화되고 복잡해지는 경향이 있다. 서구 선진국의 노후 소득보장 체계 동향과 경험은 (완전노령) 연금수급자가 이제 막 출현하고 있으면서, 연금재정과 관련된 개혁논의가 불거지고 있는 우리나라에도 많은 함의를 준다. 여기서 꼭 감안해야 할 점은 연금제도 혹은 연금재정의 측면에 국한된 논의가 중요한 것이 아니라는 점이다. 오히려 노후 소득보장 체계는 노인빈곤에 적절히 대응해야 한다는 본연의 목적이 강조되어야 한다. 그리고 고령화의 관점에서 노인을 수동적인 부양의 대상으로서만이 아니라 능동적인 생산력의 주체로 보고, 노인의 활발한 경제활동을 지원하는 체계가 노후 소득보장 체계와 함께 기능해야 한다.

제6장
선진국의 노후 의료보장 정책*

*유채영(충남대학교 사회복지학과 교수)

인구 고령화 추세에 의한 평균수명의 증가와 노년기의 건강문제는 일반 건강보호와 장기요양보호(long-term care)의 비용, 그리고 노인복지의 증진과 관련하여 사회적 이슈가 되고 있다. 인구사회학적 환경변화에 의해 노후 장기요양보호에 대한 기대가 증가하고 있고, 가족 구조의 변화로 노후 생활조건은 악화되고 있으며, 경제활동 인구의 규모와 비중이 이전에 비해 감소하고 고용상태의 불안정성이 심화됨에 따라 고령인구에 대한 가족 수발의 가능성은 축소되고 있다. 또한 인터넷과 디지털 시대의 풍부한 정보제공과 폭넓은 교육을 받은 사람들은 고비용의 집중치료와 보다 광범위한 양질의 서비스에 대한 기본적인 사회보장을 요구하고 있다.

노후 의료보장제도는 20세기 중반 이후 노인인구가 증가하고 퇴직 후 건강관리문제가 대두되면서 선진 산업국가에서부터 제도화되기 시작했는데, 이는 신체적·정신적으로 건강한 삶을 유지하는 데 필요한 최소한의 의료비용과 서비스를 개인이 큰 부담 없이 혹은 무료로 제공 받을 수 있도록 국가가 개입하여 보장해 주는 제도이다.

고령화가 진전되면서 개인적으로는 물론 사회적으로 가장 큰 부담이 되는 것 중의 하나는 노년기 만성질병에 대한 의료보호와 허약과 질병에 따른 장애로 인한 장기요양보호이다. 이러한 건강보호의 문제는 의료비용 문제뿐만 아니라 의료 서비스와 사회 서비스 면에서 어려움과 부담이 되고 있다. 의료보장은 복지국가의 소득보장과 더불어 가장 핵심적인 사회보장제도로 발전해 왔는데, 특히 고령화에 따라 노인을 위한 의료보장은 그 중요성이 더욱 커지고 있다. 이 장에서는 노인을 위한 의료보장의 필요성을 정리해 보고 영국, 일본, 독일 및 미국의 의료보장 제도를 살펴본 후 고령화사회의 관점에서 평가와 과제를 제시해 보기로 하겠다.

I. 노후 의료보장의 필요성과 체계

노인을 위한 의료보장은 노인의 건강을 잘 유지하고 증진할 수 있도록 국가가 개입하여 보장해 주는 제도인데, 그 필요성은 다음과 같이 세 가지로 생각해 볼 수 있다(최성재·장인협, 2010).

첫째, 건강보호를 위한 의료 서비스는 노인의 삶의 질과 수명에 가장 직접적으로 영향을 미치기 때문에 의료보장을 통한 건강보호가 필요하다. 한 국가사회가 국민의 건강보호를 책임지는 것은 국민의 생존권 보장과 직결되는 가장 중요한 국가의 의무이며, 의료보장은 노인을 포함한 국민의 권리로 인정되어야 한다.

둘째, 노인의 예측 불가능한 장래의 건강 위험에 대비하기 위해 의료보장이 필요하다. 노인은 상대적으로 유병률이 높을 뿐만 아니라 질병 자체가 만성적이고 합병적인 경우가 많아 장기적인 치료와 요양이 필요하고 의료비가 많이 드는 것이 일반적이다. 그러나 수입이 격감되었거나 전무한 상태에서 의료비를 개인적으로 해결하기란 어렵고, 사적 건강보험에만 의존하게 되면 일부 노인만 가입하게 되고 의료비 부담의 위험도 더욱 커질 가능성이 높다. 따라서 국가사회는 의료 비용부담 체계를 공적인 차원에서 개발할 필요가 있고, 노인의 건강 특성을 고려하여 의료 서비스 제공 체계를 마련할 필요가 있다.

셋째, 노인의 건강 유지를 통해 노인의 사회 통합을 증진시키기 위해 의료보장이 필요하다. 건강 유지는 노인 개개인의 생활만족감을 향상시키고, 자기가 속해 있는 사회적 조직망(social network)으로의 통합, 즉 가족집단과 친족, 이웃, 지역사회, 나아가서는 국가사회 전체의 통합을 촉진시킨다. 그러므로 의료보장은 노인을 가족과 사회에 심리사회적으로 통합시키는 주요 요인이 되며, 사회통합적 의미에서 의료보장의 필요성은 충분히 강조될 수 있다.

노후 의료보장 프로그램은 급성 및 만성 의료보호 서비스, 노화와 장애로 인한 요양보호 서비스, 그리고 예방 서비스 등을 포함하는 광범위한 프로그램으로서 노년기 건강 유지에 기여하고, 잠재 노동력을 증가시키며, 장기요양보호 욕구를 상대적으로 지연시킴으로써 노인복지 증진에 중대한 기여를 한다. 한편, 21세기에는 인구의 고령화로 인해 장기요양보호에 대한 수요가 급격하게 증가하면서 대부분의 복지 선진국가에서는 노인에 대한 사회적 보호 서비스인 장기요양보호 체계를 구축하고 있다. 장기요양보호는 신체적·정신적 기능 면에서 일상생활상 활동장애를 가진 노인에게 상당한 기간에 걸쳐 건강보호와 사회보호를 제공하는 서비스로서(최성재·장인협, 2010), 대인보호 서비스(personal care service), 건강보호 서비스(health care service), 그리고 사회보호 서비스(social care service)가 이에 포함된다. 대인보호 서비스는 건강보호와 사회보호의 기본이 되는 서비스로서, 주로 일상생활상의 기본 활동인 식사, 배설, 목욕, 일상동작 등에 대한 서비스를 가리킨다. 건강보호서비스는 영양, 건강관리, 간호, 투약관리, 기능회복 훈련, 재활훈련 등의 서비스를 포함하며, 사회보호 서비스는 주로 일상생활 활동과 관련되는 세탁, 청소, 요리, 집안일, 사회관계, 심리·사회적 문제해결 등의 서비스를 포괄한다.

이와 같은 다양한 종류의 서비스는 가족이나 공식적 서비스 공급 체계에 의해 제공될 수 있다. 공식적 서비스는 서비스의 전달 장소에 따라 크게 재가보호(in-home service)와 시설보호(institutional care)로 구분되어 왔는데, 최근에는 미국의 지원생활시설(assisted living facility)과 같은 대안적 형태의 보호가 다양하게 선보이고 있다(최은영·권순만·김찬우·강주희, 2005).

II. 선진국의 노후 의료보장 프로그램

인구 고령화와 저출산으로 인구구조가 새로운 국면을 맞이하고 노인을 위한 의료비 지출이 급상승하면서 선진 복지국가의 노후 의료보장 프로그램에서 장기요양보호가 중요한 부분을 차지하고 있다. 그러나 나라에 따라 일반 건강보호 제도와 장기요양보호 제도가 통합되어 운영되기도 하고 분리 운영되기도 하는 등 상이한 양상을 보이고 있다. 따라서 이 장에서는 주요 선진국의 노후 의료보장 프로그램을 먼저 개괄적으로 살펴보고, 이어서 장기요양보호 프로그램의 형성 과정과 서비스 내용을 살펴보고자 한다.

1. 영 국

1) 일반 건강보호 제도

영국의 65세 이상 노인인구는 2000년 전체인구의 15.9%를 차지했으며, 2040년에는 25.4%에 이를 것으로 전망되고 있다. 또한 80세 이상 고령인구도 2000년 4.0%에서 2040년에는 7.3%로 증가할 것으로 예상된다(OECD, 2005).

영국은 1946년 '국민건강서비스법(National Health Services: NHS)'을 제정하면서 전 국민을 대상으로 보편적이고 포괄적인 보건의료 서비스를 조세에 의해서 거의 무상으로 제공하는 국영의료체제를 구축하게 되었다.[1] 따라서 고령자를 위한 의료보장 프로그램도 국민건강서비스(NHS)에서 제공되는데, 일반의(general practitioner)의 진료 및 일반치과의 진료·약제 서비스, 그리고 지역간호사와 보건국에 의한 지역보건 서비스 등 1차 보건의료와 병원 전문의에 의

1) 일반의 및 방문간호사의 서비스, 병원 입원, 처방약 등은 무료이지만 치과의사에 의한 검사료나 치료비는 비용의 80%를 환자가 부담하고 있다. 그리고 1999년부터는 안과검사가 무료로 제공되고 집에서도 검사를 받을 수 있도록 하고 있다(선우덕 외, 2005).

한 포괄적인 병원 서비스와 외래 및 응급 진료에 의한 2차 보건의료가 있다(선우덕 외, 2005).

이어서 1990년의 '국민건강 서비스 및 지역사회보건법' 제정 이후에 영국의 보건복지 서비스 공급과 재정에 있어서 광범위한 개혁이 이루어졌다고 할 수 있는데, 될 수 있는 대로 많은 사람들이 재가보호, 일시보호, 그리고 주간보호 등 다양한 서비스를 제공받으면서 지역사회 내의 가정에서 생활할 수 있게 되었다.

2) 장기요양보호 제도

영국의 장기요양보호 서비스는 국민건강 서비스(NHS)와 지방자치단체의 사회서비스국에 의해 제공된다. 국민건강 서비스는 노인병원의 의료 서비스 및 지역사회 내의 보건 서비스를 주로 맡고 있으며, 지역사회간호(community nursing), 치료 서비스(therapy services), 그리고 연속보호(continuing care) 등의 여러 방법으로 장기요양보호에 기여한다.

2002년 이후 국민건강 서비스는 민간 요양시설(nursing home)에서 제공되는 요양보호 비용을 책임지고 있다. 또한 지역간호도 일반개업의나 병원에 의한 욕구 사정에 따라서 국민건강 서비스를 통해 무료로 제공되고 있다(OECD, 2005). 한편 지방자치단체의 사회서비스국은 자산조사를 거쳐 사회보호(social care) 혹은 대인사회 서비스(personal social service)라고 불리는 사회 서비스를 제공한다(박창제·이상일·남현주·김혜경·최희경, 2008). 영국은 1993년 '지역사회보호 개혁'으로 종합적인 요양보호 관리 체계를 확립했는데, 지방자치단체가 사정과 케어 매니지먼트(care management), 그리고 서비스 조정을 맡고 있다. 지방자치단체는 서비스를 직접 제공하거나 민간공급자에 위탁하여 제공하고 있는데, 서비스의 재정은 주로 일반조세로 조성된 중앙정부 기금의 형태로 지원되고 있으나 부분적으로는 지방세와 사용자의 서비스 이용료로 충당되고 있다.

구체적인 장기요양보호 서비스의 내용을 살펴보면 다음과 같다(OECD, 2005;

박창제 외, 2008).

(1) 시설보호

시설보호에는 요양시설, 단순입주보호시설(residential care home), 노인전문병원, 노인정신병원, 호스피스시설 등의 프로그램이 있다. 또한 중간시설로서 단기보호 서비스, 노인의 독립을 증진시키기 위한 여러 작업치료 서비스 등이 다양한 시설에서 제공되고 있다. 시설보호 서비스는 지방자치단체, 자선단체, 영리기관에 의해 제공되고 있다.

모든 요양시설과 대부분의 단순입주보호시설은 영리 혹은 비영리 민간시설이다. 요양시설과 단순입주보호시설의 법적 구분은 2002년 폐지되었으나, 요양시설은 단순입주보호시설에서 제공하는 대인보호(personal care) 외에 간호 서비스를 제공한다. 모든 시설보호 서비스는 이용자의 소득 및 자산에 따라 이용료가 부과되는데, 국가적 기준(national scale)에 따라 의무적으로 비용을 지불한다.

(2) 재가보호

재가보호에는 국민건강 서비스(NHS)에 의해 무료로 제공되는 건강 서비스와 소득 및 자산조사에 의해 비용이 부과되는 사회보호 서비스가 있으며, 가정봉사원(home help), 식사배달, 주간보호, 지역사회 정신요양, 의료방문, 소셜워크(social work) 서비스, 주택개선 서비스, 가정간호, 지역사회간호, 개별간호, 일시보호(respite care) 등의 서비스가 제공되고 있다.

사회보호 서비스는 지방자치단체를 통해 제공되거나 사적으로 구매되고 있다. 중앙정부는 반드시 지켜야 하는 일반 원칙만을 명시한 지침을 제공하고 있으며, 지방자치단체는 자유롭게 비용수준과 자산조사를 정한다. 최근에는 지방자치단체가 서비스의 대안으로 현금지급을 제공하고 있는데, 이는 노인들이 자신의 보호를 원하는 대로 선택할 수 있게 하기 위해서이다.

(3) 요양보호자 수당

영국은 요양보호자들을 지원하기 위해 요양보호자 수당(carer's allowance)인 현금급여를 제공한다. 지원을 받을 자격을 갖추려면 보호자는 고용소득이 제한적이어야 하고, 다른 현금급여(간호 수당 또는 장애인 생활수당)를 받고 있는 이들에게 주당 최소 35시간 이상의 요양보호를 제공해야 한다. 2002년까지 이 수당은 65세 미만의 보호자에게만 유효했지만 이후 65세 이상으로 확대되었고, 주로 국가연금 수령액이 제한적인 보호자들에게 상당히 도움이 되고 있다.

2. 일 본

1) 일반 건강보호 제도

세계 최고의 장수국 일본은 인구 고령화로 인해 다양한 사회변화를 경험하고 있다. 특히 2006년부터 베이비붐 세대가 노인인구에 유입되기 시작하면서 인구구조의 새로운 국면을 맞이하고 있다(박창제 외, 2008).

일본의 노후 의료보장은 의료보험제도가 중심이었으나 고령자의 부담능력이 충분하지 못했기 때문에 적질한 의료 서비스가 보장되지 못했었다. 이 때문에 1973년 '노인복지법'에 의한 노인의료비지급제도가 창설되어 일정 소득수준 이하의 70세 이상 고령자를 대상으로 의료비가 무료화되었다. 그러나 1970년대의 국가재정 적자로 인해 의료비 무료화가 폐지되고, 1982년 '노인보건법'이 제정되었다. 이 법은 각 의료보험제도에 가입해 있는 70세(와상의 경우 65세) 이상의 노인에게 예방, 치료, 재활 등 포괄적인 보건·의료 서비스를 제공하는 것을 목적으로 하며, 노인 진료 시의 본인 정액 일부부담을 새로이 도입하였다(김승희·김은숙 역, 2006).

2) 장기요양보호(개호보험) 제도

일본은 1997년 '개호보험법'을 제정하여 2000년 4월부터 노령, 장애와 보건을 포괄하는 장기요양보장제도인 개호보험을 도입하였다. 개호보험은 중앙정부의 법령 하에 지방자치단체에 의해 운영되는 의무적인 사회보험으로서, 노인복지제도와 노인보건제도 하에 제공되어 온 고령자 개호에 대한 보건과 복지 서비스를 개호보험제도로 재편성함으로써 이용절차 및 이용자 부담의 측면에서 불균형을 해소하고 이용자 자신이 선택하는 종합 서비스 이용 시스템으로 변화를 가져왔다.

2006년 개정 개호보험법에서는 재가와 시설 이용자 부담의 공평성 확립을 위해서 시설 이용자로부터는 주거비와 식비를 추가로 징수하고, 단기보호 서비스 이용자에게는 체제비와 식비를, 주간보호 서비스 이용자에게는 식비를 추가로 징수하도록 하고 있다(이서영, 2009).

(1) 개호등급

40세 이상의 일본 시·정·촌 거주자는 개호보험 가입대상이 되며, 65세 이상의 제1호 피보험자와 40세 이상 65세 미만의 제2호 피보험자로 구분된다. 65세 이상의 고령자는 개호보험의 피보험자가 되기 때문에 의료보험제도에 의한 피부양자라는 개념은 없고 개개인이 피보험자가 된다. 제1호 피보험자와 제2호 피보험자는 보험료의 부과·징수 방법이 다르며, 보험급여의 범위에도 차이가 있다. 제1호 피보험자는 요개호상태[2]이거나 일상생활에 지원이 필요한 요지원상태가 된 경우 서비스를 받을 수 있다. 그러나 제2호 피보험자는 초로기의 인지증[3] 또는 뇌혈관 질환 등 노화가 원인인 질병에 의한 요개호상태나 요지원상태가 된 경우에 한하여 서비스를 수급할 수 있으며, 그 밖에 욕

2) '개호보험법'에서는 요개호상태를 "신체상 또는 정신상의 장애로 인해 입욕, 배설, 식사 등의 일상생활에서의 기본적인 동작의 전부 또는 일부에 대해서 6개월 계속해서 상시 개호가 필요하다고 여겨지는 상태(제7조 1항)"로 정의하고 있다(김미숙, 2004).

3) 2005년부터 치매를 인지증으로 칭한다(이서영, 2009).

구가 있는 경우에는 사회서비스 프로그램이나 건강보험에 의해 혜택을 받게 된다(이광재, 2007).

요양보호의 욕구가 있는 보험 가입자는 자격 심사를 받아 7개의 요양 등급 가운데 하나로 지정된다. 2006년 개정된 개호급여는 예방급여가 '요지원 1'과 '요지원 2'로, 개호급여는 최경증의 요개호 1등급에서 최중증의 요개호 5등급으로 구분되어 총 7단계이다. 요지원자는 거택(재가)개호 서비스만을 받을 수 있으며, 시설 서비스를 받으려면 요개호 1~5등급의 요개호 인정을 받아야만 한다. 시·정·촌으로부터 요개호 혹은 요지원 인정을 받으면 개호보험의 각 서비스를 받을 수 있으나, 요개호도의 종류에 따라 개호보험으로부터 지불되는 서비스비용의 1개월당 한도액이 정해져 있다. 한도액을 초과한 서비스 이용은 전액 자기부담으로 된다.

이와 같은 요개호 등급에 따라 요개호상태가 이미지화되어 있었지만, 2009년 법 개정에서 폐지되었고 개호를 필요로 하는 대상자의 개호에 얼마나 많은 노력이 필요한지를 평가하도록 하였다. 단, 새로운 제도 변경으로 인한 혼란을 피하기 위해 새로운 기준을 적용하여 경증으로 등급이 변경되는 이용자에 대해서는 희망하면 종전과 같이 서비스를 받도록 하는 경과조치를 두고 있다(이서영, 2009).

한편 개호지원전문원(care manager)의 역할이 개호보험제도 실행으로 새로이 도입되었는데, 이들은 개호등급이 정해지고 나면 서비스를 이용하기 전에 수급자의 욕구를 반영하여 요양보호계획을 세우는 것을 돕는다. 요양보호 계획은 1개월 단위로 수립되고 주거지의 변화 혹은 신체적·정신적 변화가 있을 때 조정이 이루어진다(OECD, 2005).

(2) 개호급여

개호급여는 시설개호 서비스와 거택개호 서비스, 그리고 지역밀착형 서비스로 나뉜다(김승희·김은숙 역, 2006; 이서영, 2009).

① 시설개호

개호노인복지시설, 개호노인보건시설, 개호요양형의료시설 등 세 종류의 개호보험시설에서 제공하는 서비스가 있다.

개호노인복지시설은 신체상 또는 정신상 현저한 장애가 있어서 거택개호를 받는 것이 곤란하고 상시개호가 필요한 요개호자를 대상으로 일상생활에서의 자립생활 지원 서비스를 제공한다. 개호노인보건시설은 병상 안정기로서 입원치료의 필요성은 없으나 간호, 개호, 재활 등 상시개호가 필요하고 가정에서의 생활이 곤란한 요개호자를 대상으로 조기 가정복귀를 지향하는 서비스를 제공하며, 개호요양형 의료시설은 의학적인 관리에 따라 장기요양이 필요한 요개호자(건강보험 적용의 요양병상 해당자는 제외)를 대상으로 전문 서비스를 제공한다.

② 거택개호

거택개호에는 방문개호, 방문목욕개호, 방문간호, 방문재활, 재가요양관리지도, 통소개호, 통소재활, 단기입소생활개호, 단기입소요양개호, 특정시설입소자 생활개호, 복지용구대여, 특정복지용구판매, 주택개량비용 등 13종류의 서비스가 제공되고 있다.

방문개호는 일상생활에 지장이 있는 고령자가 있는 가정을 방문하여 개호 및 가사 서비스를 제공하며, 방문간호는 자택에 거주하는 와상 노인 등을 대상으로 담당 의사의 지시에 따라 간호 서비스를 제공한다. 통소개호와 통소재활은 운송용 버스 등으로 통원개호시설에 통원하는 고령자에게 입욕, 식사, 건강검진, 일상동작훈련 등의 서비스를 제공하고, 단기입소생활개호는 와상 노인 등의 개호자 대신 특별양호 노인홈 등에서 단기간 고령자를 보호하는 서비스이다. 특정시설입소자생활개호는 휠체어 및 방문개호원(가사보조원) 등을 활용하여 자립된 생활을 유지할 수 있도록 고안된 새로운 유형의 노인홈이다.

③ 지역밀착형 개호급여

독거노인과 치매노인의 증가, 재가지원의 강화, 고령자학대에 대한 대응, 의료와 개호의 연계 등이 과제로 대두됨에 따라 고령자가 오랫동안 생활해 오던 지역에서 안심하고 생활을 지속할 수 있도록 2006년 개정에서 지역밀착형 서비스를 창설하였다. 야간대응형 방문개호, 인지증대응형 통소개호, 소규모다기능형 거택개호, 인지증대응형 공동생활개호, 지역밀착형 특정시설입소자생활개호, 지역밀착형 개호, 노인복지시설 입소자 생활개호 등의 서비스가 제공되고 있다.

(3) 예방급여

고령자가 요개호상태가 되는 것을 가능한 방지하고, 요개호상태가 되더라도 더 이상 악화되지 않도록 하기 위해서 2006년 예방급여가 신설되었고, 개호예방 서비스와 지역밀착형 개호예방 서비스가 제공되고 있다. 65세 이상의 모든 고령자를 대상으로 건강검진이 시행되며, 요개호 및 요지원 가능성이 있는 특정 고령자를 대상으로 제공되는 근력향상 트레이닝, 골절예방, 영양개선, 구강관리를 주요 내용으로 하고 있다.

(4) 개호 위로금

개호자인 가족에 대해 현금을 지급하는 개호수당은 시행되지 않으므로(선현규 외, 2006), 1999년 개호보험 외의 제도로서 개호위로금제도가 창설되었다.

중앙정부의 보조금과 함께 지방자치단체에 의해 현금이 지원되는데, 위로금 액수와 지원 기준은 각 지방자치단체에 의해 결정되며, 모든 지방자치단체가 이 제도를 도입하고 있지는 않다. 지원 자격은 1년 동안 4~5등급의 가장 심각한 의존도를 가진 노인을 돌본 가족으로, 개호보험에 의해 지원되는 다른 공공 서비스를 이용하지 않고 있는 경우이다(OECD, 2005).

3. 독 일

1) 일반 건강보호 제도

독일은 1972년에 65세 이상 노인인구가 전체인구의 14%를 차지하는 고령사회에 진입하면서 노인을 위한 보건의료지출비용이 급격하게 상승하였고, 이에 1995년 사회적 장기요양보험(Pflegeversicherung)을 도입하여 보건의료와 장기요양보호를 분리하였다(박창제 외, 2008). 따라서 노후 의료보장과 관련하여, 독일은 노령과 장애연금, 급성 건강보호, 그리고 장기요양보호에 대한 사회보험제도를 가지고 있으며, 90% 정도의 인구가 사회적 의료보험과 장기요양보험에 의해 의료보장을 받고 있다(OECD, 2005).

독일의 보건의료 서비스는 법률에 근거한 질병보험제도(Krankenversicherung)와 사회부조제도(Sozialhilfe)를 중심으로 제공된다(박창제 외, 2008).[4] 질병보험제도는 1883년 세계에서 가장 먼저 시행된 사회보험제도로서 노인을 포함한 전 국민의 "기대수명 연장, 질병과 장애부담의 감소, 건강유지를 통한 삶의 질 향상, 건강의 사회적 불평등 해소" 등 독일의 보건의료정책의 목적을 달성하기 위해 도입되었다. 모든 보건의료 서비스는 질병보험을 통해 제공되는데, 질병보험은 크게 '법적 질병보험(Gesetzliche Krankenversicherung)'과 '민간 질병보험(Private Krankenversicherung)'으로 구분된다. '법적 질병보험'은 사회적 의료보험제도로 소득이 일정 수준 이상이면서 연 근로소득 상한선 이하인 사람을 당연적용 가입대상으로 하는 공적 의료보험이며, '민간 질병보험'은 '법적 질병보험'의 대상자가 아닌 사람과 임의가입자를 대상으로 하는 민간 의료보험이다.

질병보험의 급여는 현물급여와 현금급여로 나눌 수 있는데, 독일의 경우 현물급여를 원칙으로 한다. 현물급여는 질병보험이 제공하는 건강공급 서비

---

4) 그 밖에도 산재보험(1884), 폐질 및 노령보험(1889), 실업보험(1927), 질병보험개혁법(1988), 요양보험(1995) 등이 노후 의료보장과 관련된 사회보험제도들이다.

스로서 예방, 의사진료, 요양 서비스 및 치료요법, 입원숙박비와 식비, 재활치료 서비스, 물품제공[5] 및 이송 서비스 등이 포함된다. 반면 현금급여에는 의료수당이 있다.

사회부조제도는 일반조세에 의해 재정이 마련되며, 질병보험제도가 보호하지 못하는 최저 생계비 이하의 취약계층 노인의 정책적 의료보호에 중요한 역할을 담당하고 있다. 이 중 취약계층에 속하는 노인의 보건의료와 관련된 대표적인 급여는 '건강부조'와 '요양부조'이다. 건강부조 급여에는 예방 차원의 건강검진 및 질병조기진단, 질병치료를 위한 의료 서비스, 치과진료, 약제와 의치 등이 있으며, 질병보험법에 근거하여 급여가 제공된다. 요양부조에는 보장구 제공, 간호사 배치, 가사 보조 등이 포함되며, 장기요양보험에서 제공되는 급여인 시설급여와 재가급여도 포함되어 있다.[6]

2) 장기요양보호 제도

독일은 고령화 추세에 따른 사회적 입원의 증가, 높은 요양보호 비용에 따른 가족부담의 증가, 사회부조비 급증에 따른 지방재정 위기초래 등으로 질병보험이 재정위기를 맞게 되었으며, 또 한편으로는 독일 통일로 인한 충격을 사회보험으로 완화하려는 목적에 의해 요양보험제도를 시행하게 되었다(이광재, 2007). 요양보험제도에 관한 법률에 의해 독일의 요양보호정책은 기존 공공부조방식에서 사회보험방식으로 전환하게 되었는데, 입법화 이후 1995년 1월부터 요양보험료를 징수하였고, 4월부터 재가급여를 실시했으며, 1996년 7월부터 시설급여로 확대 실시하고 있다(김덕환 외, 2005).

사회적 장기요양보험의 기금은 건강보험 보험료에 덧붙여서 지불하는 보

5) 의약품, 구급약품, 보청기나 휠체어, 혈액투석기 등 보장구, 의치 등 환자의 의학적 치료에 필요한 물품을 제공한다.

6) 사회보험의 조건(terms)은 연방정부에 의해 규제를 받고, 지방자치단체로부터의 사회부조는 욕구가 사회보험 급여를 초과하거나 기타 이유로 인해 포괄되지 않는 사람들에게 자산조사를 통해 안전망을 제공한다(OECD, 2005).

험 기여로 이루어진다.[7] 장기요양보험 기금은 국고보조 없이 100% 사회보험료로 충당하고 있으며, 보험료는 근로자의 총임금을 기준으로 고용주와 근로자가 공동분담하고 있다. 요양보험료는 2008년 현재 총임금의 1.95%이고, 연금생활자는 2004년부터 보험료 전액을 본인이 부담하고 있다.

사회적 장기요양보험은 사회보험에서 파생된 것으로서, 질병보험과는 독립 재정으로 이루어지고 있지만 기존 질병기금에 의해 운영된다. 사회적 장기요양보험과 민간 장기요양보험은 유사한 정부규정에 의해 통제된다. 각 가구들은 시설보호의 거주비용을 부담하도록 되어있지만, 소득이 불충분한 사람들이 시설 및 재가 장기요양보호로 추가 지출이 필요하면 사회부조를 통해 지원을 받게 된다.

(1) 요양등급

요양급여를 받을 수 있는 사람은 최소한 6개월 이상의 장기요양이 필요한 경우에 한하며, 의료 사정을 거쳐서 요양보험의 혜택이 주어진다. 수급자들은 요양보호 욕구에 따라서 3등급으로 나뉘고, 각 요양등급에 할당되는 급여를 받게 된다. 수급자는 욕구에 따라 현물급여와 현금급여를 선택할 수 있으며, 두 가지 급여를 조정하여 동시에 받을 수도 있다. 요양급여 비용의 통제를 위하여 급여에 상한선을 설정하고 있으므로 욕구에 상응하는 충분한 보호는 기대하기 어려운 구조이다(이광재, 2004). 현물급여의 총량은 현금급여나 혼합급여의 경우보다 상당히 높다(OECD, 2005).

(2) 요양급여

요양급여는 크게 시설보호와 재가보호로 나뉘며, 비공식적 보호자를 위한 요양보호수당이 있다(최은영 외, 2005).

---

7) 질병보험에 가입되어 있지 않은 적은 비율의 대상자들도 2001년부터 장기요양보험에 가입할 권리가 있으며, 공적보험과 민간보험 중에서 선택할 수 있다.

① 시설보호

요양보험제도 시행 이후로 요양시설이 증가하고 있으며, 가정과 요양시설 사이에 주거와 요양의 통합시설인 보호주택(sheltered housing)이 있다. 보호주택의 입소 대상은 신체 및 인지장애가 있는 노인으로서 저소득층이 우선순위 대상자이다. 시정부와 비영리 기관에 의해 운영되고 있는 이 시설의 세입자들은 소득, 주택 크기 및 가격 등의 기준에 의해 중앙정부의 주거보장제도 혜택과 주정부의 사회보장혜택을 지원 받는다. 거주노인들에 대한 요양 서비스는 주로 지역의 사회센터(Sozialstation), 복지시설 및 요양시설 등 외부로부터 지원된다.

중산층을 위한 서비스 주택(service houses)도 일부에서 운영되고 있는데, 경증 노인들에게 제한된 요양 서비스를 제공하며 자신의 거주 지역사회에서 가능한 한 오래 여생을 보낼 수 있도록 지원한다. 또한 고소득층을 위한 주거와 요양의 통합시설은 질 높은 주거환경, 호텔급의 식사와 레저 활동을 포함해서 요양과 의료 서비스를 한 곳에서 가능하게 한다. 월별 이용료와 보증금, 사회보장 지원 등의 혼합 재정운영 방식을 통해 재원을 조달한다.

② 재가보호

재가요양보호에는 단기보호, 주·야간 보호, 그리고 재가보호 등의 프로그램이 있다. 1970년대 이후 재가요양 및 복지 서비스 전달에서 중추적 역할을 담당해 온 기관은 사회센터로서, 주로 간호사와 사회복지사들이 요양보호 업무를 맡고 있다. 사회수발센터는 가사보조, 간병, 상담, 일상생활지원, 교통, 보조 장비 대여, 식사배달, 주간보호, 정보제공 및 의뢰 등의 광범위한 재가보호 서비스들을 조정하는 역할을 한다.

비영리기관들은 재가요양보호 서비스의 주요한 공급자이다. 장기요양보험제도 도입으로 재가요양보호 서비스 공급자가 크게 늘어나게 되었는데, 비영리기관과 영리기관을 포함하여 주로 법적으로 인정된 민간 공급자이다. 이는 민간 공급자 체계는 공공 공급자 체계보다 요양보호의 질과 비용 측면에서 보다 나은 성과를 이끌어 낼 수 있고, 경쟁적인 환경을 조성할 것이라는 관점에 기초하고 있다.

③ 요양보호 수당

비공식적 요양보호는 독일에서 전통적으로 중요한 역할을 해 왔다. 따라서 요양보험의 급여 체계에 비공식적 요양보호자에 대한 보상이 반영되어 수급자가 비공식 요양보호자의 요양보호 수당을 받을 수 있다.

4. 미 국

1) 일반 건강보호 프로그램

미국의 65세 이상 노인인구가 차지하는 비율은 2000년 12.4%에서 2040년 20.4%로 증가할 것으로 전망되고 있다. 또한 장기요양보호의 주된 대상자라고 할 수 있는 80세 이상 고령 인구도 2000년 3.3%에서 2040년 6.9%로 두 배 이상이 될 것으로 예상된다(OECD, 2005).

미국은 일반국민을 위한 공적 의료보험제도는 없지만 1965년 사회보장법에 65세 이상의 노인을 대상으로 하는 의료보험이 추가, 실시됨으로써 오늘날의 사회보장제도라고 할 수 있는 노령·유족·장애·의료보험(OASDHI : Old-Age, Survivors, Diability & Health Insurance)을 확립하였다. 미국의 의료보장제도는 노령연금의 수급권을 갖는 퇴직자나 장애인을 대상으로 하는 사회보험제도로서의 메디케어(Medicare)와 자산조사를 통해 저소득층에게만 제공하는 공공부조제도인 메디케이드(Medicaid) 프로그램을 통해 제공된다(문성웅 외, 2008 ; 박창제 외, 2008).

(1) 메디케어 프로그램

메디케어는 연방정부가 65세 이상의 노인, 장애인, 만성신부전증 환자, 그리고 루게릭병 환자 등에게 의료보장을 제공하는 전국 차원의 공공 프로그램으로서 급성의 상황에서 간호를 필요로 하는 노인들이 혜택을 받게 된다. 이 프로그램은 파트 A, B, C, D로 구성되어 있다.

① 파트 A

파트 A는 병원보험(Hospital Insurance) 프로그램으로서 이 부분에 대한 보험료는 이미 퇴직 전 사회보장 보험료 납부에 포함되어 지불된 것이다. 단기의 병원 입원과 전문요양시설(skilled nursing facility) 입소, 급성기 후의 재가의료 서비스(home health care), 그리고 호스피스 등에 대하여 급여를 제공한다. 그러나 61일 이상의 병원 입원과 21일 이상의 요양원 입소에는 기간에 따라 차등적인 본인 부담금이 부과되며, 65세 이상의 노인은 자동으로 가입이 된 것이라 할 수 있다.

② 파트 B

파트 B는 보충적 의료보험(Supplementary Medical Insurance)으로서, 의원급 의료기관의 의사진료비, 병원 외래 서비스, 예방 서비스, 임상검사 및 엑스레이, 파트 A에 포함되어 있지 않은 재가의료 서비스, 물리치료 및 작업치료, 구급차, 의료보장구 등의 급여가 제공된다. 파트 B의 가입을 희망하는 사람은 매월 보험료를 지불해야 하며, 대부분의 서비스에 대해 15~50%의 본인 부담금을 지불해야 한다.

③ 파트 C

파트 C는 메디케어 편의(Medicare Advantage)로서 급여범위가 아니라 메디케어 가입자가 관리의료(managed care) 형태의 민간의료보험에 등록하여 파트 A와 B에 해당하는 서비스와 전통적 메디케어 프로그램의 급여 항목에서 빠져있는 외래 처방약에 대해 급여를 제공받는 방식이다.

④ 파트 D

2006년부터 실시된 파트 D는 메디케어 처방의약품급여(Medicare Prescription

Drug Coverage)로서 외래 처방약제에 대한 급여를 제공하는 것이며, 피보험자의 본인부담(비용의 25%)과 일반예산(비용의 75%)의 결합으로 이루어져 있다.

(2) 메디케이드 프로그램

메디케이드는 저소득층을 위한 공적 의료보장 프로그램으로서 장기요양보호 비용을 지불할 여력이 없는 노인들 중에서 소득과 자산 기준을 만족시키는 경우에 메디케이드의 수급 자격을 얻을 수 있다. 메디케이드는 공공부조 프로그램으로 일반조세를 통해서 연방정부와 주정부가 공동 재정을 조달하지만 관리는 주정부가 하기 때문에 주에 따라 수급 자격 조건과 급여 범위에 다소 차이가 있다. 메디케이드는 수급자에게 현금급여는 제공하지 않으며 의료기관에 진료비를 지급한다.

연방정부가 정한 기본 서비스에는 입원 및 외래 서비스, 의사와 간호사 서비스, 임상검사와 방사선 검사, 요양시설과 재가의료 서비스, 농촌 진료소 및 연방정부 지정 보건소 진료 등이 포함되며, 이와 함께 대부분의 주에서는 외래 처방약품, 의원진료, 보장구, 보청기, 그리고 치과진료 등의 급여를 제공하고 있다.

메디케어는 기본적으로 노인의 급성 질병 의료 서비스에 대한 급여만을 제공하며 장기요양 서비스에 대한 급여는 제공하지 않는다. 재산과 소득 기준이 일정 수준(의료빈곤선) 이상인 경우는 장기요양 서비스 비용은 전액 본인이 부담해야 한다. 그러나 노인의 재산과 소득수준이 의료적 빈곤선 이하가 되면 메디케이드로부터 장기요양보호 서비스에 대한 급여를 받을 수 있다. 사실 많은 노인들은 자신의 비용으로 장기요양보호 서비스(시설 및 재가 서비스)를 받다가 그 비용을 더 부담할 수 없을 정도의 저소득층이 되고 있는데 저소득층이 되면 메디케이드를 이용하게 된다. 이리하여 메디케이드 이용을 가장 많이 하는 인구집단은 노인인구가 되고 있으며 메디케이드 비용의 30~40%를 노인이 이용하고 있는 상황이다.

2) 장기요양보호 프로그램

미국의 메디케이드는 사실상 급성질병 위주의 공적 의료보험 제도이므로 미국에는 공적인 장기요양보험제도는 없다. 따라서 경제력이 있는 노인들은 민간 장기요양보험에 가입해서 메디케어에서 보장받지 못하는 서비스에 대한 혜택을 받는다. 2001년에 330만 명이 이 프로그램에 의해 서비스 비용을 지불했었는데, 2002년부터 연방정부 선정 장기요양보험 프로그램(Federal Long-term Care Insurance Program)이 실행됨으로써, 총 2,000만 명이 정부에 의해 선택되고 승인된 보험사로부터 단체할인율이 적용된 장기요양보험을 구매할 수 있게 되었다. 이 같은 장기요양보험 프로그램도 사회보험 체계는 아니고 정부가 민간시장에서 제공되는 장기요양보험 프로그램을 선정하여 민간장기요양보험에 가입하지 못하고 있는 국민들이 보다 저렴하고 서비스가 상당히 잘 보장된 민간장기요양보험에 가입하도록 한 것이다. 점차 많은 회사들이 민간의료보험에 대한 추가선택으로 장기요양보험을 제공하고 있으며, 약 3,500개의 회사가 민간의료보험의 일부로 장기요양보호를 제공하고 있다. 그러나 민간 장기요양보험은 전체 장기요양보호 지출의 10% 이하에 그치고 있다(OECD, 2005).

미국의 장기요양보호 서비스는 시설보호 서비스, 의료적·사회적 지역사회 기반의 재가보호 서비스, 그리고 기타 서비스 등의 범주를 포괄하고 있다(박창제 외, 2008; OECD, 2005).

(1) 시설보호

시설보호로는 전문요양시설(skilled nursing facility), 일반요양시설(intermediate nursing facility), 주립병원, 단순입주보호시설, 발달장애센터 등의 서비스가 제공되고 있다.

요양시설 수준의 보호가 요구되는 것으로 판정받은 메디케이드 수급자는 모두 연방법에 의해 요양시설 급여를 받는다. 그러나 메디케이드 수급 자격이 없는 경우에 시설요양보호를 받기 위해서는 개인적으로 요양보호 비용을 지불해야 한다.

최근에는 주거를 제공하는 대안적 요양보호 서비스들이 증가하고 있다. 생활지원시설(assisted living)은 거주시설에서 독립해서 살 수 있는 노인에게 식사, 청소, 일상생활 활동 지원 등의 대인보호 서비스를 제공한다. 대부분의 생활지원시설 거주자는 기본 월세와 서비스 비용을 지불하며, 보다 심각한 보호욕구가 발생하면 퇴소해야 한다. 한편, 연속보호 은퇴자 마을(continuing care retirement communities)은 시간이 지나면서 거주자의 필요에 따라 상이한 수준의 요양보호를 제공한다. 거주자는 요양보호 욕구가 커지면 살고 있던 주거시설에서 같은 마을 안의 다른 주거시설로 이사를 할 수 있다. 연속보호 은퇴자 마을은 노후에 한 곳에서 생활할 수 있는 반면에 입주 전에 월세를 포함한 상당한 비용을 지불해야 한다.

(2) 재가보호

시설보호를 감소시키고자 하는 정책과 맞물려 1981년 이후 메디케이드를 통한 재가보호의 지원이 확장되어 왔으며, 1999년의 대법원 판결에 의해 시설이 아닌 지역사회에서 요양보호를 받을 개인의 권리가 보다 강화되었다.

의료보호 서비스는 메디케어와 메디케이드에서 지급하고, 사회보호 서비스는 연방정부의 사회 서비스 보조금(Social Services Block Grant)에서 지급하고 있다.

① 의료보호

성인주간건강보호(adult day health care),[8] 건강보호보조원 방문 서비스(home health care aides), 호스피스, 재활 서비스, 전문 간호 서비스, 신체·언어·작업치료, 진단센터, 예방의료 서비스 등이 포함된다.

---

8) 의료서비스를 보다 강화하고 메디케이드에서 재정지원을 받는다는 측면에서 사회적 요양보호 특성의 고령자 주간보호(senior day care)와는 다른 서비스이다.

② 사회보호

사례관리, 재정관리, 정보제공 및 의뢰, 가사도우미 서비스(homemaker service), 대인 지원(personal assistance), 집단급식 서비스(congregate meals), 일시보호 서비스(respite services), 고령자 동반자(senior companion), 사회적 주간보호(social day care), 지원 고용(supported employment), 교통편의 서비스 등이 포함된다.

(3) 기타 서비스

청력검사와 보청기, 치과 진료, 시력검사, 안경, 처방약, 의치, 비응급 수송, 침 혹은 한약 등에 대한 의료복지 서비스를 제공한다.

III. 노후 의료보장 프로그램의 평가와 과제

영국, 일본, 독일, 미국 등 복지 선진국가의 노후 의료보장 프로그램은 각국의 역사적 조건, 사회체제, 의료체계 및 사회보장제도에 따라 각각 독특한 형태로 발전되어 왔으며, 국가의 공적 책임과 정부 개입 형태, 재원조달과 관리 운영 형태 등이 서로 다르다. 그럼에도 불구하고 이들 국가들의 노후 의료보장 프로그램이 공통적으로 보여주고 있는 특징들을 살펴보면 다음과 같다.

1) 서비스 대상이 증가하고 있으며, 서비스 제공에 있어서도 가족 사회망과 자원봉사를 포함하는 비공식적 영역과 영리·비영리 민간기관의 의료 및 사회 서비스 개발에 주력하는 다양화가 이루어지고 있다.

2) 장기요양보호 욕구가 급속히 증가하면서 국가의 재정 부담이 크게 증가하고 있기 때문에,[9] 사회적 비용 증가를 억제하기 위해 본인 부담의 증대와 민간 보험에 의한 비용 보완을 지향하고 있다.

3) 중앙정부와 지방자치단체의 재정분담이 이루어지고, 서비스 전달체계

---

9) 노령인구비중의 높은 증가율을 고려할 때, 장기요양보험에 대한 GDP 대비 공공지출 비중은 2050년까지 최소 평균 2배 이상이 될 것으로 OECD는 추계하고 있다(최은영 외, 2005).

및 관리 책임이 지방으로 이전되면서 지역 간 서비스 이용의 불평등 및 재정 확보 이슈가 제기되고 있다.

4) 장기요양보호의 시설보호와 재가보호가 발달하였지만, 가족의 일차적 보호책임을 강조하고 비공식적 보호가 공식적 보호 서비스를 보완하고 있다.

5) 재가보호의 비중이 커지면서 살고 있는 지역사회에서 여생을 보낼 수 있도록 지원하는 것을 지향하고, 가족 등 비공식적 요양보호자를 지원하기 위한 요양보호수당이나 위로금과 같은 요양보호자 지지 서비스를 강조하고 있다.

6) 의료보장 프로그램과 소득보장이나 주거보장 등 사회보장 프로그램 간의 통합·조정이 이루어지고 있다. 특히 장기요양보호 서비스와 주거 서비스의 통합이 강화되고 있다.

고령화사회에서의 노후 의료보장 프로그램이 지향하는 기본이념은 '활동적 노화(active aging)'[10]라고 할 수 있다. 활동적 노화란 노년기의 삶의 질을 향상시키기 위하여 건강과 참여, 그리고 안전에 대한 기회를 최적화하는 과정이다(WHO, 2002). 활동적 노화의 목표는 연령에 맞는 가능한 한 최고 수준의 기능을 할 수 있도록 하는 것으로서, 노인에게는 가능한 한 오래도록 독립을 유지하고 장애를 예방하는 것을 의미한다(OECD, 2009). 따라서 활동적 노화를 실현하기 위해서는 건강증진, 질병예방, 1차 보건의료, 그리고 장기요양보호 등의 균형 있는 서비스 제공이 생애전반적인 측면에서 이루어져야 할 것이다.

이와 같은 맥락에서 노후 의료보장 프로그램의 향후 과제로서 고령자의 기능제한 및 장애의 조기발견과 같은 예방 서비스의 확대가 필요하다. 이와 함께 장기요양보호 욕구는 있지만 급여대상에서 제외되는 경증 대상자에게도 서비스를 제공할 수 있는 전달체계를 구비할 필요가 있다.

또한 노후 의료보장 프로그램의 서비스 연계·조정·통합이 적절히 이루어지지 못해 발생하는 서비스 체계의 분절성이나 단편성 문제를 극복하기 위해 보호 연속성(continuum of care)의 강화가 이루어져야 할 것이다. 특히 장기요양

---

10) 이 개념은 '건강한 고령화(healthy ageing)'보다 광의의 개념으로서, WHO, OECD, ILO, EU 등에서 지난 90년대 후반부터 통용되고 있다(선우덕 외, 2005).

보호 프로그램은 다양한 영역의 복합적인 서비스 제공을 필요로 하므로 다학제 요양보호 사정팀(multidisciplinary care assessment team) 구성과 요양보호(사례)관리의 효율성 증진이 요구된다. 이와 함께 장기요양보호의 서비스 질을 향상시키기 위해 공식적 서비스 인력의 관리·조정·재훈련과 비공식적 보호자의 지원을 위한 시스템을 구축하고, 국가 차원에서의 서비스 질 평가와 감독을 제도화할 필요가 있다.

그 밖에도 인구 고령화와 함께 향후 20~30년에 걸쳐 의료비 지출의 증가가 가속화되고 장기요양보호 서비스의 양적 성장에 따른 국가의 재정 부담 증가가 예상된다. 또한 개인 의료 이용의 증가와 신의료기술의 발달로 인한 의료비 증가도 향후 국가의 재정 부담에 큰 영향을 줄 것으로 예측되고 있다. 이에 대한 장기적인 국가 대책을 수립함으로써 노후 의료보장 프로그램의 안정성과 지속성을 확보해야 할 것이다.

제 7 장
선진국의 노후 주거보장 정책*

*김용득(성공회대학교 사회복지학과 교수)

안전하고 안락한 주택을 갖고자 하는 욕구는 적절한 소득을 유지하고 적절한 의료적 보호를 받고자 하는 욕구와 더불어 노인에게 있어서 가장 기본적인 욕구이다(Kahn & Kammerman, 1976). 주택은 인간생활을 담는 하나의 그릇이다. 특히 노년기에 있어서는 사회적 관계가 가족을 중심으로 축소되고 생활의 주공간이 집이 되기 때문에 노인의 주택에 대한 욕구는 생활주기의 어느 시기보다 강하다고 하겠다.

주택의 형태와 질과 위치는 노인의 신체적 독립성, 안전성, 프라이버시, 사회적 관계 및 활동의 참여, 노인복지 서비스의 접근 등에 영향을 미치며, 나아가서는 노후생활의 전반적인 만족도를 향상시킬 수 있는 주요한 요인으로 작용하고 있다(Larson, 1978).

인간의 존엄성과 적절한 주택조건과 주거환경을 향유할 권리, 즉 주거권(housing rights)은 서구에서는 1970년대 후반부터 입법을 통하여 구체적으로 인정되고 보장되고 있는 추세이다(하성규, 1998). 그러므로 노인에 대한 주거권의 인정과 보장은 바로 사회보장의 기본적 수단이 되는 것이다. 노인에게 주거권을 인정하는 것은 노인 자신의 독립성을 유지하면서 안전하고 안락한 일상생활을 유지할 수 있는 생활공간을 확보하고 유지할 수 있도록 사회적인 차원의 제반 정책과 지원 서비스가 있어야 함을 의미한다.

노인에 대해 주거권을 보장해 주는 주거보장은 단순히 노인이 편리하게 생활할 수 있는 주택의 확보는 물론 나아가서는 노인의 주거환경까지 노인의 특수성을 고려하고 노인뿐만 아니라 모든 연령의 사람들이 생활하고 필요한 서비스를 받기에 편리한 주택구조와 환경을 확보해 주고 이에 대한 접근성을 확보해 주는 것까지 포함해야 할 것이다.

특히 노인주거는 단순히 노년기에 안락한 주택을 갖고자 하는 욕구를 만족시키는 것 외에도 전 지구적 현상으로 진전되는 인구 고령화에 대응하는 중요한 사회정책으로서의 의미가 대단히 크기 때문에 이 장에서는 고령화 관점에 입각하여 선진국에서는 주거정책이 어떻게 변화되어 오고 있는지와 선진국인 영국, 일본, 독일, 미국의 노인 주거정책과 프로그램을 살펴보고 선진국 주거정책을 평가해 보고자 한다.

I. 고령화 관점에 입각한 주거보장 프로그램의 변천

인구 고령화는 나라와 문화에 따라 다소간의 차이는 있지만, 동서양을 막론하고 선진 국가들을 중심으로 나타나고 있는 세계적인 현상이다(McLaughlin & Mills, 2008). 인구 고령화는 그 사회 구성원 전체의 소득, 건강, 소비 등의 사회전반에 중요한 영향을 미친다. 이 가운데 노인에게 주택은 일상생활의 다른 어떤 영역보다 중요하다. 노인주택문제는 주거공간의 문제일 뿐만 아니라 다른 문제의 해결과도 관련되어 있어 노인문제 해결의 중심으로 여겨진다 해도 과언이 아니다(손정원·차지은, 2008). 그 이유는 다양한 경제활동, 사교활동에 참여하는 청·장년층과 달리 노인들은 집에서 지내는 시간이 길고, 집 밖으로 나간다 하더라도 집에서 멀리 떨어진 곳으로 다니기보다는 인근지역에서 시간을 보내는 경우가 많다는 점과 관련이 있다. 따라서 노인들에게 적절한 주택을 공급하는 것은 그들이 사회에서 배제되지 않고 사회 구성원으로 살아가게 하는 데 있어 매우 중요하다. 그리고 정부재정 측면에서도 질 높은 주거를 제공하고, 이웃과 잘 융화될 수 있도록 도와주게 되면 노인의 정신적·신체적 건강상태가 개선되어 정부가 부담해야 할 의료 및 사회보장 비용을 줄일 수 있다(DCLG, 2008).

최근 들어서 노인에 대한 주택 서비스는 그 중요성이 더 강조되는 방향으로 발전하고 있다. 이러한 배경에는 다음과 같이 크게 네 가지 요인이 작용하고 있는 것으로 보인다.

1) 신체적 노화이다. 일반적으로 노화는 신체기능의 약화를 초래하고, 외부 활동이나 이동시간을 축소시키는 경향이 있기 때문에 고령화될수록 집에 거주하는 시간이 많아진다. 따라서 노화 자체가 주택의 중요성을 증가시킨다고 할 수 있다.

2) 급속한 인구 고령화이다. 한 사회에서 노인인구의 비율이 높아지면, 그 인구가 집단적으로 또는 사회적으로 필요로 하는 특정 측면에 대한 욕구수준이 높아진다. 이런 수요에 대하여 국가는 구체적이고 종합적인 대처방법을 고안하는 노력을 하게 된다. 따라서 인구 고령화라는 세계적인 추세는 노인 주택에 대한 사회적 중요성을 높이는 요인이 되고 있다.

3) 핵가족화이다. 과거의 노인은 자녀들의 수발을 받으면서 대가족의 구성원으로 사는 것이 일반적이었다. 그러나 최근에는 세대 간 동거가 급격히 감소하고, 노인부부 또는 단독세대가 크게 증가하는 현상이 나타나고 있다. 이런 경향은 노인 부부세대 또는 노인 단독세대에 맞는 주택이 필요하게 되었고, 필요한 주택도 노인의 건강과 신체적 능력에 적합한 다양한 특징들이 가미되어야 하는 상황이 되었다.

4) 노인인구의 빈곤화이다. 노인인구의 비율은 높아지고 노인만으로 구성되는 세대들이 많아지지만, 노인가구의 소득은 은퇴 이후에 현저히 낮아지게 되어 노인 빈곤가구가 많아질 위험에 있게 된다. 이러한 노인빈곤 세대는 주택을 구매할 경제력이 낮아 국가에 의한 주택지원프로그램이 필요하게 된다.

이상의 요인들은 노인주거에 대한 사회적 관심과 자원 투입의 증가를 강화시킨다. 그 결과 노인주거보장 프로그램의 사회적 중요성에 대한 인식은 점차 증가하고 있으며, 이와 함께 주거 프로그램도 다양해지는 추세에 있다. 이러한 추세를 몇 가지로 나누어 보면 다음과 같다.

1) 노인복지 분야에서 주거지원 프로그램의 상대적 중요성이 점차 증가하

고 있다는 점이다.

2) 주거지원 프로그램이 수요자의 특성에 따라 다양한 유형으로 세분화되는 추세에 있다는 점이다.

3) 노인 수발에 대한 사회적 대처 이념의 변화로 노인주거를 지원하는 방법이 시설보호 중심에서 지역사회 활동 중심으로 변화하고 있다는 점이다. 과거에 혼자서 거동하기 어렵고, 자녀의 수발을 받기가 어려운 노인은 수용시설 또는 생활시설에서 사는 대안이 주류를 이루었다. 그러나 이런 방식이 노인의 인권을 침해하고, 자기결정을 제약할 가능성이 높다는 비판이 제기되면서 노인들도 지역사회의 일반주택에서 살면서 필요한 수발 서비스를 받을 수 있는 선택이 보장되어야 한다는 신념이 강조되기 시작하였다. 이처럼 재택거주와 재택 서비스에 대한 선호가 시설보호보다는 지역사회 거주가 더 선호되는 방향으로 변화하고 있다.

이상과 같이 노인주택 서비스의 중요성이 강조되는 네 가지 요인과 주거 프로그램이 다양해지는 세 가지 추세는 대부분의 국가에서 공통적으로 발견되는 현상이며, 각 나라의 구체적인 상황에 부합하는 다양한 노인주택 프로그램들이 개발되어 왔다. 이 장에서는 다양한 노인주택 프로그램 가운데 대표적인 것을 중심으로 소개할 것이다.

II. 노후 주거보장 프로그램

노인주거보장 프로그램은 너무 광범위한 주제라서 관련된 모든 요소들을 검토하는 것은 어렵다. 특히, 노인 가구는 빈곤 등과 관계되는 사회적 약자 전반을 위한 주거보장 프로그램의 적용대상이면서 동시에 각 나라마다 특징적인 노인만을 위한 주거보장 프로그램을 가지고 있는 경우가 대부분이다. 그러므로 노인의 주거보장 프로그램을 정확하게 이해하려면 각 나라의 주택정책 전반에 대한 검토를 기초해서 노인인구에 대한 특별한 주거보장 프로그램을 논의해야 하나 이 모든 내용을 포괄하기는 어렵다.

외국에서는 오래전부터 노인을 위한 주택문제를 노인복지의 주요 급여(benefit)로 인식하고 재가노인과 시설노인을 위한 다양한 프로그램을 개발하여 시행하고 있다. 주거정책을 재가목적 정책과 입주보호 목적 정책으로 나누고 아울러 건설자/공급자를 위한 정책과 수요자/소비자를 위한 정책으로 구분할 수 있다.

여기에서는 선진국에서 보편적으로 시행하고 있는 주거보장 프로그램을 간략히 정리하여 <표 7-1>로 제시한 후 수요자/소비자에 초점을 두고 주요 선진국의 주거보장 프로그램을 살펴보고자 한다.

표 7-1 선진국의 주거보장 프로그램

<table>
<tr><th>재가/입주보호 구분</th><th>공급자/수요자</th><th>급여 구분</th><th>구체적 급여</th></tr>
<tr><td rowspan="6">재가지원 목적
프로그램</td><td>공급자 지원
프로그램</td><td>금융</td><td>정부보증 은행융자
정부 직접 융자
융자상환금 이자 감면</td></tr>
<tr><td rowspan="5">수요자 지원
프로그램</td><td>주택보급</td><td>일반주택
노인전용 주택
하숙보호 주택
집합주택/은퇴자 마을
생활지원 주택
요양시설
보호주택
계속보호 은퇴자 마을</td></tr>
<tr><td>보조금</td><td>주택수당
주택부조
임대료 보조금</td></tr>
<tr><td>금융</td><td>주택구입 자금 융자
주택수리/개조자금 보조/융자</td></tr>
<tr><td>세제감면</td><td>재산세 감면</td></tr>
<tr><td>자산활용</td><td>역모기지제도(주택연금)</td></tr>
<tr><td rowspan="3">입주보호 목적
프로그램</td><td>공급자 지원
프로그램</td><td>금융</td><td>시설건축 자금 융자</td></tr>
<tr><td rowspan="2">수요자 지원
프로그램</td><td>주택보급</td><td>일반요양시설
특별요양시설
단순보호시설</td></tr>
<tr><td>주거비용 지급</td><td>이용료 지급</td></tr>
</table>

1. 영국의 노인주거보장 프로그램

영국은 1976년에 이미 노인인구의 비율이 14%를 초과하여 고령사회에 진입하였으며, 오래전부터 노인주거보장 프로그램을 발전시켜 왔다. 영국의 노인주거정책의 방향은 영국정부의 지역사회 및 지방정부 담당부처(Department of Communities and Local Government)'에서 제시한 '노인주택의 질과 선택(Quality and Choice for Older People's Housing)'이라는 정책지침을 통해 확인할 수 있는데, 여기에는 5개 영역이 제시되어 있다(DCLG, 2006).

- 다양성과 선택: 적절한 거주 장소와 돌봄을 선택할 수 있어야 한다.
- 정보와 상담: 다양한 주거와 지원서비스에 대해서 충분한 정보와 상담서비스를 이용할 수 있게 한다.
- 유연한 서비스 제공: 서비스가 노인들의 관점을 고려하여 필요한 변화에 대응할 수 있는 유연성을 가지도록 지방정부와 서비스 제공자를 지원한다.
- 질: 서비스에 대한 모니터링을 통하여 주거와 지원 서비스의 질이 일정수준 이상으로 유지될 수 있도록 관리한다.
- 협력: 주택, 사회복지 서비스, 보건 등의 관련 기관들이 제공하는 서비스들이 상호 통합성을 유지하도록 한다.

영국 노인의 거주 유형을 살펴보면 일반주택에 거주하는 경우가 90%, 시설보호를 받고 있는 경우가 5%, 보호주택에 거주하는 경우가 5%인 것으로 파악된다(김혜승·강미나, 2008).

1) 재가노인 주거보장 프로그램

노인들의 자녀와의 별거지향 현상, 이와 관련한 독거노인의 증가, 주택 소유의 증가, 노인들의 주거 성향들을 반영하면서 고령화에 대응하는 영국의 주거정책의 기본 방향은 노인들에게 소규모의 주거공간을 제공하고 자기 집에서 독립적으로 생활하게 하며 큰 집에서 작은 집으로의 이동을 쉽게 하는 것이다(Tinker, 2006). 영국에서는 노인들이 계속 자기 집에서 생활할 수 있는 능력을 갖게 하면서 생활의 질을 높일 수 있는 방법으로 주택개조 서비스를 제공하고 있다. 주택개조를 촉진하기 위하여 지역단위에 주택개선기관(Home Improvement Agency: HIA)을 두고 있다(김혜승·강미나, 2008). 이 기관은 지방정부가 직접 운영하는 경우도 있고, 주택조합 또는 비영리 기관에서 정부의 지원을 받아 운영하는 경우도 있다. 이 기관의 역할은 노인이나 장애인 혹은 사회적인 배려가 필요한 사람들의 주택의 보수, 유지 및 관리에 대한 상담, 자금의 조달 및 기술적인 부분에 대한 정보의 제공 및 다양한 지원을 하는 것이다(손정원·차지은, 2008).

그리고 자가 소유자가 수선, 개조, 단열 등이 필요한 경우에 소득과 연령 기준을 충족하면 주택개조를 위한 보조금을 신청할 수 있다(김혜승·강미나, 2008). 주택개조 보조금에는 두 가지 종류가 있다. 하나는 기본적인 수준의 시설을 갖추기 위해 제공되는 의무적인 보조금으로, 지방정부가 이 조건에 해당하는 것으로 인정한 경우에는 반드시 제공해야 한다. 다른 하나는 주택개조나 수선에 필요한 비용을 지방정부 재량으로 지원할 수 있는 보조금으로, 이 보조금의 지급여부는 지방정부의 재정 상황에 따라 결정된다.

2) 대안적 주거보장 프로그램

영국에서 노인이 자신의 집이나 임대한 주택에서 살기 어려운 경우에 제공되는 대안적인 주거형태는 크게 보호주택(sheltered housing), 특별보호주택(very sheltered housing, extra sheltered housing), 지원주택(supported housing), 은퇴자 주거단지(retirement housing), 케어시설(care home), 요양시설(nursing home), 일시보호시설(respite care home) 등이다.[1] 이들 각각에 대해 간략히 살펴보면 다음과 같

1) 이들을 크게 세 가지 형태로 분류할 수 있다(이광석, 2007): (1) 자기 집 혹은 임대주택에 살면서 쇼핑, 요리, 집안일 등에서 커뮤니티케어의 도움을 받는 유형. (2) 은퇴 전에 살던 자기 집이 아닌 보호주택에서 독립적인 생활을 유지하면서 24시간 비상체제가 있고 커뮤니

다(김혜승·강미나, 2008).

(1) 보호주택

보호주택은 도움이 필요한 노인들을 위한 영국의 대표적인 노인전용 주거시설로 일반적으로 침실 1~2개와 부엌이 있는 크지 않은 규모의 한 층을 사용하는 주택이다. 공동거실과 세탁실 등의 공용공간을 가지고 있으며, 노인을 위한 손잡이 레일, 미끄럼 방지 바닥, 욕실 손잡이 등의 필요한 설비가 갖추어져 있다. 평균 30호 정도가 하나의 집단 주거단위를 형성하고 있으며, 각 단위에서는 아침 모임, 버스 여행, 영화 감상, 점심 클럽, 이동 도서대출 등의 다양한 사회활동의 기회가 제공된다.

각 운영 단위마다 관리인(manager 또는 warden)이 함께 거주하면서 돕는 역할을 한다. 관리인은 모든 거주자를 적어도 주 1회 이상 접촉하며, 이용할 수 있는 서비스와 보조금 등에 대한 정보를 제공하고, 거주인이 동의한 경우에는 대리인 역할을 하기도 한다. 관리인은 주택의 관리, 안전유지, 위급 상황에 대한 대처 등의 구체적인 역할을 수행하면서 지역사회와 보호주택을 연결하는 중개자로서 활동한다. 관리인의 역할 이외에 정부에서 제공하는 다른 돌봄이나 보건 서비스가 필요하면 일반주택에 거주하는 경우와 마찬가지로 지방정부에 신청하여 자격이 인정되면 재가보호 서비스(home care service)와 지역간호사에 의한 방문간호 서비스를 받을 수 있다.

(2) 특별보호주택

특별보호주택은 보호주택의 서비스 수준이 빈약하다는 비판에 대응하여 만들어진 것이다. 따라서 특별보호주택은 보호주택에 추가지원이 들어가는 것으로 볼 수 있다. 특히 목욕시설, 조리된 식사의 제공, 대인 서비스의 강화 등과 함께 주거 단지에 같이 거주하는 관리인의 수가 늘어났으며, 보호주택

티케어의 도움을 받는 유형. (3) 케어홈이나 너싱홈과 같이 완전 돌봄을 받는 경우로 보통 간호사나 케어매니저가 상주하는 유형.

인 경우에 비해 도움의 수준이 구체적이다.

특별보호주택의 입주 대상은 60세 이상을 원칙으로 하지만 장애인으로 등록된 경우에는 55세 이상이면 입주할 수 있다. 특별보호주택은 건강상태나 장애로 인한 이동능력에 문제가 있어서 현재의 집에서 거주하기 어려운 경우에 제공되는 거주공간이다. 최근에는 보호주택은 줄어들고 있는 데 반해 특별보호주택은 증가 추세를 보이고 있다.

(3) 지원주택

지원주택은 보호주택에서 제공되는 지원 서비스를 줄인 것이다. 보호주택과 마찬가지로 노인들이 거주하기 편리한 주택에서 독립성을 유지하면서 생활하며, 공용시설을 갖추고 있다. 긴급한 상황에 대처할 수 있는 응급 벨과 같은 시스템은 갖추어져 있지만, 관리인이 배치되지는 않는다.

지원주택의 개념은 폭넓게 사용되기도 한다. 장애 등에도 불구하고 독립성을 유지하기 위하여 특별한 시설이 구비된 주택을 총칭해서 지원주택이라고 부르기도 한다. 따라서 넓은 의미에서 지원주택에는 보호주택, 특별보호주택, 이보다 지원수준이 낮은 주택 등이 모두 포함된다.

(4) 은퇴자 주거단지

특별보호주택과 함께 새로운 거주형태로 주목받고 있는 것이 은퇴자 주거단지이다. 노년의 적극적인 활동을 유지할 수 있도록 하는 여가나 체육 시설이 포함된 주거단지를 조성하고 있다. 이 분야는 민간참여가 커질 수 있는 토대를 제공하고 있다.

(5) 케어시설

케어시설은 높은 수준의 케어가 필요한 사람에게 제공되는 주거형태로, 지방정부 사회서비스국을 통해 입주하는 경우가 많다. 그리고 여기에 거주하는 사람의 소득과 재산에 따라 지방정부는 비용의 전부 또는 일부를 지원할 수 있다. 이는 우리나라의 거주시설에 해당하는 것으로 영리단체, 비영리단체, 지방정부 등에서 운영할 수 있으며, 모든 시설은 돌봄표준위원회(Care Quality Commission)에 등록해야 한다. 케어시설에는 사회복지사(social worker), 케어워커(care worker) 등 상주하는 직원에 의해 서비스가 제공된다.

(6) 요양시설

기본적인 운영형태는 케어홈과 유사하나 더 높은 수준의 돌봄과 지원이 요구되는 사람들에게 거주지를 제공하는 곳이다. 24시간 근무하는 직원이 있고, 자격 있는 간호사와 케어워커가 조를 이루어서 항상 근무한다.

(7) 일시보호시설

일시적으로 자신의 집에서 거주하기 어려운 사정이 발생한 경우나 보호자의 단기 휴가를 위하여 거주지를 제공하는 서비스이다. 운영형태는 케어시설과 비슷하다. 일시보호만을 위해 일시보호를 전담하는 시설을 설치하는 경우도 있고, 케어시설에 일부의 자리를 일시보호용 자리로 배정해서 운영하는 경우도 있다.

2. 일본의 노인주거보장 프로그램

일본은 1970년에 고령화사회(노인인구 비율 7.1%), 1994년에 고령사회(노인인구 비율 14.0%), 2006년에 초고령사회(노인인구 비율 20.8%)로 진입하였다. 이러한 사회변화와 함께 노인 주거정책의 내용도 달라졌다.

1970년대의 노인주거정책은 고령자가 자녀와 동거하거나 근거리에 거주할 수 있도록 고령자 동거세대에 대한 입주 우대 조치, 할증 대출제, 주택 분양 시 상환이율 우대조치 등이 시행되었다. 인구 고령화를 의식한 본격적인 주거정책은 의료와 연금 등의 사회보장제도에 의한 노후 자립생활이 가능해진 1980년대부터 시작되었다. 1980년부터 공영주택에 중고령자의 단신 입주가 인정되었고, 1987년에는 독신 및 부부 고령자 세대를 위한 간호형 임대주택을 공급하는 '실버하우징 프로젝트'와 같은 보다 적극적인 시책이 시행되었으며, 지방자치단체가 중심이 되어 고령자가 살기 좋도록 지역의 종합적 거주환경 정비를 목표로 하는 '지역고령자 주택계획수립 사업'도 실시되었다. 1990년대에는 1994년 신골드플랜과 엔젤플랜, 1995년 골드플랜 개정 및 장애자 플랜, 1995년 장수사회 대응 주택설계지침 제정과 고령사회대책기본법 제정, 1997년 고령사회대책대강, 1998년 고령자에 대한 우량임대주택제도 규정 등 고령자 주거 공급 관련 법령 및 지침, 이에 따른 제도 도입으로 고령화 문제가 일본 주택 정책의 핵심 의제가 되었다(김용택, 2001).

일본 노인주거보장정책과 관련하여 중요한 사실은 2000년 개호보험 실시와 2001년 고령자 거주안정 확보에 관한 법률 제정과 더불어 노동후생성과 국토교통성이 연계하여 '종합적인 고령자 주거정책의 기본 방향'을 공표하여 대응방안을 마련했다는 점이다. 여기서 다음과 같은 방향이 설정되었다(Izumi, 2006 ; 김혜승·강미나, 2008). 즉 ① 고령자가 안심하면서 쾌적하고 자립된 생활을 할 수 있도록 지원하는 주택의 제공과 거주환경에 대한 정비의 촉진, ② 고령자의 다양한 수요에 대응한 주거선택에 대한 지원, ③ 지역사회에서 고령자를 돌보기 위한 복지와 연계된 생활환경의 정비이다.

이어서 2001년에는 '고령자 거주안정확보에 관한 법률'을 제정하여 고령자의 주거생활의 안정을 위해 다음과 같은 조치들을 가능하게 하였다(김혜승·강미나, 2008). ① 고령자의 입주를 거부하지 않는 임대주택에 대한 정보를 제공하기 위하여 '임대주택 등록제도'를 마련하였다. ② 집주인이 고령자의 임대료 체납을 걱정하지 않도록 '임대료 채무 보증제도'를 실시하였다. 등록된 임대주택에 입주하는 고령자는 입주 신청 시 고령자거주지원센터에 임대료 채무보증을 신청할 수 있다. ③ '고령자용 우량임대주택'이라는 명칭으로 고령자를 위한 저렴한 주택공급을 위해 정부의 보조가 이루어졌다. 이 외에도 고령자를 위한 임대차 제도 개선, 자가 소유자를 위한 주택개조에 대한 지원이 가능하도록 하였다.

1) 재가노인 주거보장 프로그램

일본의 재가노인을 위한 주거보장 프로그램에는 공급과 수리 및 개조 외에 다음과 같은 주택 임대 관련 지원 정책이 있다.

- 주택 임대료 관련 보조금 제도(공영주택을 고령자가 임차하는 경우 인근 동종 주택의 임대료와 임차인 부담액과의 차액 1/2을 국가가 지원함)
- 도시 재생가구에 대한 고령자 단신 입주 허용 또는 입주 우선 조치
- 고령자를 위한 임대주택 등록 및 정보 제공(고령자가 쉽게 입주할 수 있는 임대주택을 등록하여 열람하도록 함)
- 주택임대료 채무보증(보증인이 없는 고령자에 대한 임대료 채무보증 제공)
- 건물 종신 임대차제도(임차인이 사망 시까지 계약 갱신 없이 계속 임대 가능하도록 계약 조건 제공)

일본에서 주택개조는 고령자를 위한 재택 돌봄 서비스의 일환으로 1990년대 고령자케어시책의 하나로 시작되었다. 이 사업에 의하여 1990년대에 주택개조 매뉴얼이 만들어지고, 지방자치단체의 복지과나 주택과, 병원 혹은 재활센터, 보건소, 고령자종합상담센터, 재택개호지원센터 등이 창구가 되어 일본 전역에서 주택개조와 자금지원, 상담 등의 고령자 주거복지 사업이 본격화되었다. 또한 2000년 4월부터 실시된 개호보험에 소규모 주택개조 비용 지급이 포함되어, 손잡이 난간이 없거나 주택구조의 장애로 인해 부득이하게 장기입원을 해야 하는 사람, 지역사회에 계속 살기를 원하는 고령자를 대상으로 보건·복지·건축 등의 전문가들이 연계하여 주택개조를 지원하는 시스템을 구축하고 있다(김혜승·강미나, 2008).

2) 대안적 주거보장 프로그램

일본의 경우 1980년대 후반부터 국토교통성에 의해 돌봄 서비스가 공급되는 고령자전용주택이 공급되어 왔다. 한편 노동후생성에서도 고령자의 거주대책을 강구해 왔다. 따라서 양자를 합하면 상당히 많은 종류의 고령자 주택

이 존재한다(김혜승·강미나, 2008). 우선 국토교통성에서 공급하는 노인전용 주거시설에는 실버하우징, 고령자용우량임대주택, 고령자원활입거임대주택, 안심하우스 등이 있다. 그리고 노동후생성에서 공급하는 노인전용주거시설에는 특별양호 노인홈, 양호노인홈, 경비노인홈, 유료노인홈, 생활지원하우스(고령자생활복지센터) 등이 있다. 이들 시설을 유형별로 살펴보면 다음과 같다(권순정, 2010 ; 김혜승·강미나, 2008).

(1) 고령자 주택

① 실버하우징

이동에 불편을 끼치는 장애요소가 없어야 하고 긴급 시 대응을 필요로 하는 고령자의 생활특성을 고려한 공영 임대 집합주택이다. 60세 이상으로 일정 소득 이하의 고령자 단신세대 또는 고령자 부부세대에 대해 지방공공단체 등이 공급하는 임대주택이다.

② 고령자용 우량 임대주택

2001년에 시행된 고령자 거주안정 확보에 관한 법률에 의해 건설된 주택으로 바닥의 단 차이가 없고, 마루, 현관, 화장실 등에 보조난간이 설치되어 고령자의 생활을 배려하도록 되어 있다. 공급주체는 민간, 지자체, 도시재생기구 등 다양하며, 민간에서 공급하는 경우에는 국가와 지자체가 분담하여 지원한다. 고령자의 생활지원을 위해 임대거주자가 돌봄 서비스 사업자와 계약을 맺음으로써 필요한 지원을 받을 수 있는 유연한 체계를 지니고 있다. 60세 이상의 단신 또는 부부세대가 입주대상이며, 비교적 거주의 자유도가 높은 주택이다.

③ 고령자 전용 임대주택

2005년 10월 고령자 거주안정 확보에 관한 법률 시행규칙의 일부개정에 따라 고령자세대에게만 임대하는 '고령자전용 임대주택'이 도입되었다. 고령자원활입주 임대주택 가운데 고령자 단신, 고령자 부부 등 고령자만을 임차인으로 하는 경우 고령자전용 임대주택으로 등록된다. 고령자 거주안정확보에 관한 법률에 기초하여 무장애 등의 일정기준을 만족하고, 도·도·부·현 지사 등의 인정을 받은 고령자용 우량 임대주택도 고령자전용 임대주택으로 등록된다.

④ 고령자 주거이동 지원

이것은 고령자 주택의 한 형태는 아니지만 고령자가 소유한 단독주택을 넓은 주택이 필요한 자녀가 있는 세대에 임대하고 고령자는 고령자 생활에 적합한 주택으로 이동하도록 함으로 주택재산을 활용하도록 지원하는 것이다.

(2) 공동주거

공동주거에는 치매 고령자 그룹홈(치매 대응형 공동생활주거)이 있으며, 여기서는 요개호자로 치매가 있는 고령자에 대해 가정적인 환경에서 공동생활을 제공한다. 입소노인에 대한 입욕, 배변, 식사 등 생활상의 개호와, 이용자의 잔존능력에 대응한 생활을 영위하도록 원조 서비스를 제공하는 시설이다.

(3) 노인복지시설

① 개호노인 복지시설(특별양호노인홈)

개호보험시설이며, 65세 이상의 고령자로 신체적 또는 정신적으로 현저한 장애가 있어 상시 개호를 필요로 하여, 거택에서 개호를 받는 것이 곤란한 고령자를 입소시켜 양호하는 것을 목적으로 하는 시설이다. 우리나라의 노인요양시설과 유사하다.

② 개호노인 보건시설

개호보험시설이며, 입원치료의 필요는 없지만 재활이나 간호, 개호 등을 중심으로 의료케어가 필요한 요개호 고령자에 대하여 의료케어와 생활 서비스를 함께 제공하는 시설이다. 중간시설이라고도 하며, 우리나라에는 이와 유사한 시설은 없다.

③ 개호요양형 의료시설

개호보험시설이며, 장기간의 요양이 필요한 환자를 입원시키기 위한 시설이다. 의료법에 그 내용이 규정되어 있으며, 우리나라의 요양병원과 유사한 특성을 갖는다.

④ 양호 노인홈

65세 이상으로 신체적, 정신적, 환경적, 경제적 등의 이유로 살고 있는 집에서 요양을 받는 것이 곤란한 자를 입소시켜 양호하는 시설이다. 한국의 양로시설과 유사한 특성을 갖는다.

⑤ 경비 노인홈

경비 노인홈에는 A형, B형, 케어하우스 등이 있다. 이 중 케어하우스는 60세 이상의 고령자 중에서 자취가 불가능할 정도의 신체기능 저하가 있거나, 고령 등의 이유로 독립적으로 생활하는 것이 어렵다고 인정되는 자로서 가족에 의한 원조를 받는 것이 어려운 노인을 입소시켜 식사제공을 비롯한 일상생활상 필요한 편의를 제공하는 시설이다.

⑥ 생활지원 하우스(고령자생활복지센터)

60세 이상의 독거노인, 부부만의 세대 또는 가족에 의한 원조를 받는 것이 곤란한 사람들 가운데 고령 등의 이유로 자립생활에 어려움이 있는 사람에 대해 상담, 조언, 통소개호, 방문개호 등의 서비스를 제공하는 시설이다.

(4) 유료 노인홈

노인을 입소시켜 입욕, 배변, 식사의 제공, 기타 일상생활상 필요한 편의제공 등의 사업을 수행하는 시설로 노인복지시설, 그룹홈 등이 아닌 시설이다.

개호형(포괄형, 외부 서비스 이용형, 지역 밀착형), 주택형, 건강형 등 세 가지 종류가 있다.

3. 독일의 노인주거보장 프로그램

독일은 1932년에 노인인구가 7%로 고령화사회가 되었으며, 1972년에 고령사회가 되었다. 2014년경에는 노인인구 비율이 21%에 이르는 초고령사회로 진입할 것으로 예상된다. 독일의 주택정책은 거의 일관되게 세입자 및 무주택자를 우선적으로 배려하는 정책을 유지해 왔다. 독일의 경우 연방정부는 주택정책의 틀만 제시하고 나머지 구체적인 법안이나 정책은 각 주정부에서 시행하고 있다.

노인주택과 관련하여 연방정부 차원에서 제시하고 있는 정책 모델은 '노년기의 주거를 내 마음대로'이며, 혼자서도 편리하게 생활할 수 있고, 장애가 오더라도 큰 불편 없이 지낼 수 있는 주택 형식을 지속적으로 개발하는 데 역점을 두고 있다. 노인은 물론 장차 노인이 될 모든 사람들에게 그러한 형식의 주택을 염두에 두고 나름대로 노후를 편리하고 안전하게 생활할 수 있는 주택공간을 미리 꾸리도록 유도하고 있다(장영희, 2007).

현재 독일 노인들은 93% 이상이 기존의 자기 집에서 거주하며, 나머지 7%는 집단시설이나 노인용 집단주거시설 및 다양한 종류의 서비스가 가능한 곳에서 거주하고 있다(장영희, 2007).

1) 재가노인 주거보장 프로그램

독일도 서구사회의 다른 국가와 마찬가지로 노인들이 자신이 살던 집에서 계속 거주하도록 유도함으로써 시설입소를 최소화시키려는 탈시설화 정책을 펴고 있다(김혜승·강미나, 2008). 임대주택법에서는 임대료 인상을 3년 내 20% 이내로 제한하고, 연간 임대료 수입의 11%를 주택 및 건물 유지보수 비용으로 사용하도록 규정함으로써 거주자들의 삶의 질 향상을 유도하고 있다(장영희, 2007). 또한 에너지 절감형으로 에너지 기기 교체를 유도한다든가 노인 및 장애인이 주택을 개조할 수 있게 하고, 임대인에게는 개조된 시설을 본래대로 보수하는 데 필요한 비용을 청구할 수 있게 하였다(장영희, 2007).

독일정부는 노인친화형 주택을 위한 모델 프로젝트를 추진하고 있는데, 노인친화형 주택은 노인이 불편을 겪지 않으면서 모든 연령층이 편리하게 살 수 있는 주택을 말하는 것으로 불편이 있는 사람들도 혼자서 또는 약간의 도움으로 독립적인 생활이 가능할 수 있는 주택과 주변 환경을 의미한다(장영희, 2007). 이는 고령자들만을 위한 주택 및 그러한 주택이 많은 지역은 고령자들만의 세상 혹은 고령자들을 가두어 두는 게토(ghetto)가 될 수 있기 때문이다. 또한 이 사업의 특징은 지역 특성을 고려하여 중앙정부와 각 주정부가 공동으로 진행한다는 것이고, 관련 부서간의 연계와 협조 가능성을 최적화하고, 관련 기관과 시설 및 관련 정보들을 네트워킹을 통해 공유하도록 한다는 것이다. 독일정부가 정의하고 있는 노인친화형 주거요건은 다음과 같다(김혜승·강미나, 2008).

- 대중교통의 연결이 편리한 지역의 중심 쪽에 위치한다.
- 가까운 주변에 장을 볼 수 있는 곳, 의료시설, 은행 및 기타 자주 이용하는 공공기관과 시설이 있어 접근가능성이 좋아야 한다.
- 바깥 세계와의 접촉을 쉽게 하기 위해 주거지가 건물의 1층인 것이 가장 이상적이며, 아니면 승강기가 설치되어야 한다.
- 장애 없는 주택이라는 설계 규정에 의거하여 장애가 없게 한다.
- 지나치게 커도 안 되며, 적절한 주거공간이 충분히 제공되어야 한다.
- 중앙난방, 욕실 혹은 샤워실, 실내화장실 등 기본적인 설비가 완비되어 있어야 한다.
- 사고에 대한 안전시책이 마련되어 있어야 하고, 여기에는 충분한 밝기의 조명(밤을 포함하여), 모든 공간에 미끄럼 방지 바닥재, 욕실과 화장실의 지지대 등이 포함된다.
- 수발행위가 이루어지기 쉬워야 하며, 몸을 씻겨 주기도 편해야 한다.

이러한 프로그램의 도입으로 고령자에게 적합한 필요 시설들을 구비하는 문제와 생활의 편의를 위해 주거시설을 개조하는 문제를 해결하기 위해 일시적으로는 수발보험법에서 '개개인의 주거영역 개선조치'를 명하고 있고, 사회법에서는 환자나 고령자들의 독립적인 생활에 필요한 수발시설과 수발장비 마련에 대한 보조를 명시하고 있다(김혜승·강미나, 2008).

2) 대안적 주거보장 프로그램

노인전용시설로는 노인집합 주택, 노인홈 및 노인간병홈, 노인전용종합시설 등을 들 수 있다(김혜승·강미나, 2008).

(1) 노인집합 주택

노인집합 주택은 임대방식에 의해 운영되는 노인전용 아파트로 자취생활을 원칙으로 하며 일반 아파트와 유사하다. 차이점이 있다면 사회적으로 제공되는 가사지원 서비스 또는 방문간호 서비스를 집중적으로 받을 수 있다는 것이다.

(2) 노인홈 및 노인간병홈

우리나라의 양로원, 요양원에 해당하는 기능을 수행한다. 1960년대까지는 방 하나에 2~4인이 공동 생활하는 경우가 많았으나 최근에는 어느 시설이든 1인 1실 제공을 원칙으로 운영되고 있다. 시설규모도 과거에는 시설당 수용인원이 50~100명 정도가 주류를 이루었으나 1970년대 이후 민간 기업이 사업에 참여하면서부터 노인입소시설이 대형화, 종합화하는 경향을 보이고 있다.

(3) 노인전용 종합시설

노인전용 종합시설은 노인전용 아파트, 노인홈, 노인간병홈 등을 동일한 부지에 설치하여 운영하는 경우로, 이러한 시설 중 상당 부분은 재가노인을 위한 복지 서비스 프로그램도 겸해 운영되고 있다. 이러한 시설들의 60% 정도는 독일의 노인복지사업을 주도하는 6개의 민간사회복지단체가 운영하고 있고, 15%는 지방자치단체가 직영하며, 25%는 민간영리단체에 의해 운영되고 있다.

4. 미국의 노인주거보장 프로그램

미국은 유럽의 선진국과 같이 노인인구 성장이 급속한 편은 아니지만 역시 빠른 증가세를 보이고 있다. 미국은 1942년대에 고령화사회에 접어들었고 2040년을 전후하여 초고령사회로 진입할 것으로 보인다.

미국의 노인주택정책은 1956년 노인주택자문위원회가 설치되어 노인의 특성을 배려한 주택정책이 시행되기 시작하였다. 1959년에는 주택법에 노인주택에 관한 규정이 마련되었으며, 주택법에 규정된 제반 내용은 주택 및 도시개발부(Department of Housing and Urban Development)에서 주관하여 시행하고 있다. 주택법 중 노인주택 관련 규정(supportive housing for the elderly)은 1959년 새로 도입된 것으로 노인에게 적합한 주택과 서비스 제공을 목적으로 하고 있다. 주택법에서는 정책 대상 노인을 62세 이상으로 규정하고 있으며, 노인주택공급자에 대한 무이자융자, 기존주택을 임대하여 노인주택으로 활용하는 경우 월 임대료 지원, 세입자에 대한 임대료 지원 등을 규정하고 있다(장영희, 2007).

1) 재가노인 주거보장 프로그램

미국의 경우 노인인구의 90% 이상이 오랫동안 자택에 머물며, 소속지역 공동체에 남기를 희망하기 때문에 '재택에서의 고령화(aging in place)'를 노인주거정책의 기본원칙으로 정하고 있다. 인구 고령화에 따른 주거정책의 원칙으로 재택에서의 고령화 정책을 적극 추진하기 전부터 고령자를 위한 재가노인 주거정책으로 주거비용 지원 정책이 있어 왔다. 지방별로 다른 정책도 있지만 연방 차원의 주거비 지원 정책으로 국가주택법(National Housing Act)의 한 부분으로 제정된 Section 202 프로그램과 Section 8의 프로그램이 있다. Section 202는 저소득 노인세대가 특정주택(아파트 포함)을 임대하는 경우 소득의 30% 이상을 임대료로 내지 않도록 지원하는 제도이다. Section 202가 특정 주택에 한정되어 있는 데 반해(선택권 제한), Section 8은 저소득 노인이 주택을 자유롭게 선택하여 임차하는 경우 사용할 수 있는 임차인 중심 주택선택 바우처(tenant-based housing choice voucher)를 지급하는 것이다.

또한 미국의 고령화에 대응한 주거정책은 자택에 거주하는 데 필요한 지역공동체 기반을 구축하여 고령자 친화적(elderly friendly) 또는 고령자가 살기 좋은(elderly livable) 지역공동체를 통해 '적극적 고령화'를 지원하기 위한 사회적 기반을 구축하는 데 초점을 맞추고 있다(장영희, 2007). 미국에서 추진하고 있는 적극적 고령화의 개념은 재택고령화를 위해 고령자의 필요에 따라 다음과 같은 지원을 하고 있다.

- 재택에서의 고령화를 지원하기 위해 주택개조 및 보편적 설계(universal design)를 지원한다.
- 고령자가 자택에 남아 있을 수 없게 된 경우 보조 주거시설을 제공한다. 보조 주거시설은 대인개호 및 일상생활활동에 대한 보호가 필요하지만 24시간 숙련된 의료서비스가 필요하지 않은 고령자를 위한 주거지이다.
- 고령자의 기능적 수준 감퇴로 높은 수준의 개호가 필요한 경우 성인 주간 의료보호(adult day health care) 및 재가보호를 지원한다.
- 요양원 입소가 필요한 경우에도 가정과 같은 환경을 조성하고 입주자 자신이 일상생활에 결정을 내리는 입주자 중심개호(resident-centered care)를 지향한다.

미국의 주택정책 프로그램이라 할 수도 있고 소득보장 프로그램이라고도 할 수 있는 것으로 세계적으로 처음 개발되어 미국에서 널리 시행되고 있는 역모기지제도(reverse-mortgage)는 관심을 가질 만한 제도이다. 우리나라에서도 이를 모방하여 주택연금이라는 이름으로 시행되고 있다.

모기지(mortgage)제도는 개인이 주택을 구입하는 경우 금융기관이 주택을 담보로 주택구입 자금을 구입자에게 융자해주고 장기간에 걸쳐 그 융자금을 갚도록 하는 것인데 반해 역모기지제도는 개인이 소유한 주택을 금융기관에 담보로 맡기고 일정한 금액을 은행이 장기간 정기적으로 대출해(연금으로) 주는 방식이다. 우리나라에서도 이와 유사한 방식으로 주택을 소유한 노인이 주택을 금융기관에 저당 잡히고 매월 일정액의 금액을 대출형식으로 지급받는 방식을 주택연금 또는 주택담보 노후연금이라 한다.

2) 대안적 주거보장 프로그램

미국의 공동생활주택은 노인들이 종전의 거주지에서 가까운 곳을 선호하기 때문에 도시근교나 도심에 위치하는 경우가 많다. 미국의 공동생활주택은 적게는 20~30명 정도에서 많게는 2,000~3,000명 이상에 이를 정도로 다양한 규모이다.

미국의 노인공동생활주택에는 공동거실, 공동식당, 세탁실, 관리인실 등의 일상적인 생활을 지원하는 공용공간이 갖추어져 있으며, 카드나 빙고게임을 할 수 있는 카드룸, 도서실 등의 각종 활동실이 마련되어 있으며, 대규모 단지의 경우 단지 내에 공용공간과 공용시설이 많이 딸려 설치되는 것이 특징이다. 하숙보호 주택(board and-care house), 노인집합 주택/은퇴자 마을(congregate housing/retirement community), 생활지원(assisted living) 주택, 요양시설(nursing home), 연속보호 은퇴자 마을(continuing care retirement community) 등이 대표적이다(유병선, 2006).

(1) 하숙보호 주택

여러 개의 방이 있는 집합주택에 건강에 큰 문제가 없는 노인들을 입주시켜 비용을 받고 식사와 일상생활 유지 등에 도움을 제공하는 공동주택으로 허가를 받지 않아도 되는 경우나 정부의 검사를 받지 않아도 되는 경우도 있다. 생활지원시설보다는 소규모이고 설비의 질도 낮은 경우가 대부분이다.

(2) 노인집합 주택/은퇴자 마을

노인집합 주택은 혼자서 생활이 가능한 노인들을 위한 아파트나 원룸 유형이 많으며, 부엌이 있는 경우와 없는 경우도 있다. 관리인이 거주하며, 그 밖에 공동식당 서비스, 교통 서비스, 청소 등의 가사보조 서비스가 제공되는 체계로 되어 있다. 40~50명에서 2천~3천 명까지 이르는 다양한 규모의 도심형과 도시 근교형이 있으며, 소규모 아파트 단지나 대규모의 단지도 있다. 우리나라의 실버타운과 비슷하다.

(3) 생활지원 주택

생활지원 주택은 원룸이나 1인실 유형이며, 독립의 상징으로 부엌이 있지만 실제로는 거의 사용되지 않고, 욕실은 샤워만 할 수 있는 정도인 경우가 많다. 프라이버시가 보장된 주택에서 1일 3식의 식사, 옷 입기, 목욕보조 등 개인적인 서비스가 제공되며, 24시간 대응 간호 서비스가 갖추어져 있다. 독립생활주택과 생활지원주택을 동일한 부지에서 운영하여 독립생활주택의 거주자들도 생활지원 서비스를 선택적으로 이용할 수 있도록 하는 경우도 있다.

(4) 요양시설

건강상태가 악화되어 혼자서 일상생활이 어려운 노인이 입주하여 생활하는 시설로서 일상생활수행 정도는 한두 가지를 못하는 경우에서부터 전혀 못하는 정도까지 다양하다.

(5) 연속보호 은퇴자 마을

연속보호 은퇴자 마을은 노인집합 주택/은퇴자 마을의 일종이라 할 수 있지만 혼자서 생활할 수 있는 노인들을 위한 독립주거시설뿐만 아니라 생활지원시설, 요양시설이 같은 부지 내에 있어 일단 독립주거시설에 입주하면 건강상태에 따라 생활지원 주택과 요양시설로 계속 이동하여 생활할 수 있도록 구성되어 있다.

III. 노후 주거보장 프로그램의 평가와 과제

우리나라도 전통적인 3세대 가족이 해체되어 감에 따라, 독립적인 노후생활을 즐길 수 있는 실버타운 등이 건설되고 있다. 그러나 높은 가격부담 등으로 경제 능력이 있는 노인들에게만 혜택이 돌아가고 있는 것이 현실이다(손정원·차지은, 2008). 그리고 노인요양시설 등은 신체적으로나 기능적으로 매우 불편한 수준에 있는 일부의 노인에게만 해당되는 프로그램이다. 이러한 상황에서 인구 고령화가 급속도로 진행되고 있어 노인 주택문제 전반에 대해 정부가 시급히 개입해야 할 필요성이 제기되고 있다.

이와 관련하여 우리나라 노인주거보장 정책의 함의 도출을 위하여 영국, 일본, 독일, 미국 등의 선진 국가들에서 보여주고 있는 노인주거보장 프로그램의 특징들을 살펴보면 다음과 같다.

1) 시설중심에서 지역사회중심으로 이동하고 있다는 점이다. 이와 관련하여 오랫동안 살아서 익숙하고 정이 든 거주지에서 계속 살아가는 것을 의미하는 'aging in place'를 실현할 수 있는 지역밀착형 소규모 서비스 개발에 대한 노력이 집중적으로 이루어지고 있다(권순정, 2010).

2) 거주 서비스에 대한 욕구에 따라 서비스 내용이 세분화하고 다양해지고 있으며, 선택이 가능한 다양한 옵션을 제시하고 있다. 전통적으로 거주 서비스는 자신의 집에서 계속해서 거주하도록 지원하는 거택보호 방법과 자신의 집을 떠날 수밖에 없는 사람에 대해 국가가 시설을 마련하여 이주하도록 하는 시설보호 방법으로 구분된다. 그러나 최근 선진국들에서는 이러한 전통적인 구분에서 벗어나 거택보호와 시설보호의 중간지대에 노인이 생활하기 적합한 구조를 갖춘 주택을 개발하여 판매, 임대하거나 또는 무료로 입주하게 하는 등의 프로그램을 개발하고 있다.

3) 돌봄 서비스와 주택 서비스의 연계성이 강화되고 있다는 점이다. 일본은

노동후생성과 국토교통성이 연계하여 주거 욕구와 돌봄 욕구에 유연하게 대처하기 위한 방안을 마련하고 있다. 이는 가능하면 노인이 자신이 집에서 계속 거주하면서 시설에 입소하지 않도록 하는 탈시설 정책과 관련이 있다.

4) 고령자 주거 문제를 중대한 사회적 관심의 영역으로 설정하고 독립적인 법 제정을 통해 주거보장 정책의 일관성과 책임성을 확보하고 있다는 점이다.

5) 고령자의 주택개조와 새로운 주거지의 탐색을 지원하기 위하여 지원 조직을 설립하는 추세에 있다는 점이다. 영국의 주택개조기관(HIA), 일본의 고령자거주지원센터 등이 대표적인 예에 해당한다.

전체적으로 선진국의 노인을 위한 주거보장 프로그램을 살펴보면 인구 고령화에 따라 주택정책이 취약한 고령인구의 주거 욕구에 얼마나 입체적으로 대응할 필요가 있는가를 잘 보여준다. 특히, 우리나라와 같이 고령화의 속도가 예외적으로 빠른 경우에는 이러한 선진국의 대응의 역사와 특징을 충분히 참고할 필요가 있다. 향후 주택정책은 고령인구의 증가 속도를 고려하여 기존에 제공되어 있는 주택 가운데 얼마 정도가 고령인구에 적합한 공간구조와 설비를 갖추고 있는지에 대한 전면적인 조사가 필요하다. 이러한 조사에 기초해서 새로운 건축물에 대해 어떤 제한을 부과해야 하는지, 노인을 위한 전용 주거단지를 얼마나 건축해야 하는지, 돌봄과 주거가 결합된 주거 공간은 얼마나 추가로 공급해야 하는지 등에 대한 장기적이고 근본적인 대책이 마련되어야 할 것이다. 이러한 주거정책을 통해 '노후를 어디서 보낼 것인가? (McLaughlin & Mills, 2008)'에 대한 전 국민의 의문과 불안을 해소할 수 있을 것이다.

제8장
선진국의 고령자 고용 정책*

*이인재(한신대학교 재활학과 교수)

인구 고령화는 선진국의 가장 중요한 사회적 현상 중의 하나이다. 그러나 점점 늘어나는 평균수명에도 불구하고 사람들은 과거보다 더 일찍 은퇴를 하고 있다. 2007년 현재 선진국의 정년은 거의 모두 65세가 일반적이지만 실제 은퇴연령은 58~63세가 되고 있고 OECD 국가의 경우는 평균 62.3세이다 (OECD, 2009). 생산활동 세대와 비교한 노인 비율의 증가는 은퇴 후 생활보장을 위한 연금과 건강보험 분야에서 막대한 지출 증가를 수반할 수밖에 없다. 이러한 경향이 계속되면서 사회의 지속적 발전에 적신호가 켜지고 있다.

선진국의 고령자 고용정책은 크게 두 가지 차원에서 추진되고 있다. 하나는 인구 고령화로 인한 부정적 영향인 사회적 부담, 특히 연금 비용을 줄이려는 차원이고 다른 하나는 노후 삶의 질 향상을 위한 사회참여 차원이다. OECD 선진국의 경우 정년이 65세임에도 불구하고 50대 말이나 60대 초반에 은퇴하여 장애수당이나 실업급여 등을 받아 생활하다가 공식 퇴직연령인 65세가 되어 연금을 받는 사람들이 많은 것은 1990년대까지 흔히 볼 수 있는 현상이었다. 이 같이 공식 퇴직연령 전에 퇴직하거나 공식 퇴직연령을 넘어 더 이상 일을 하지 않는 현상은 부과방식의 연금재정 방식을 택하고 있는 국가에서 특히 두드러지게 나타났다. 2000년대에 들어와서 인구 고령화와 관련된 연금제도의 개혁, 조기퇴직 후 연금수급까지 사회보장 프로그램 이용 조건의 엄격화 및 고령자 고용증진 정책 시행 등으로 실제 은퇴연령이 다소 연장되는 현상을 보이고는 있으나 큰 변화는 아직 나타나지 않고 있다. 사회적으로 널리 퍼져 있는 노인과 노화에 대한 부정적 편견도 고령자의 취업이나 은퇴고령자의 재취업에 큰 장애 요인이 되어 왔다. 이러한 맥락에서 고령자 고용증진은 인구 고령화에 따른 중요한 정책적 과제가 되고 있다.

또한 고령자 고용증진은 연장된 노후 삶의 질을 높이는 사회참여의 한 방법, 특히 활동적 노화(active ageing)의 방법으로서도 중요한 의미를 갖는다. 활동적 노화는 일, 여가 및 교육/훈련 중에 개인적인 삶의 목표와 의미를 일에 두게 되는 경우 하던 일을 계속할 수도 있고 다른 일을 택할 수도 있기 때문에 일할 수 있는 기회와 여건을 마련해 주는 것이 바람직하다는 의미에서 고령자 고용증진은 인구 고령화에 대응하는 중요한 정책적 과제가 되고 있다.[1] 따라서 이 장에서는 선진국의 다양한 고령자 고용정책의 현황을 살펴보고, 선진국 고령자 고용정책의 과제를 정리하여 제시해 보고자 한다.

I. OECD 국가의 공식 퇴직연령과 실제 퇴직연령

먼저 선진국에서 공식 퇴직연령보다 실제 퇴직연령이 어느 정도 낮은가를 알아본 후 선진국의 고령자 고용정책을 생각해 보는 것이 바람직하다고 생각한다. OECD 국가는 선진국을 모두 포함하고 있고 우리나라도 회원국으로 포

1) 유럽의 적극적 노동시장정책 연구 결과를 살펴보면 고령자를 포함하여 고용 취약계층 일자리정책에 대해서는 전반적으로 긍정적 정책성과를 보여주고 있다. 다만 개별 정책 프로그램별로는 상이한 결과를 보인다. 유럽 국가들의 적극적 노동시장정책 결과를 보면, 정규직 일자리 창출정책의 성과는 대체로 낮은 것으로 분석되었다. 이에 비해 복지급여를 대체하는 취약계층 (보조적) 일자리정책은 성과가 있는 것으로 나타났다(Koning, 2007). 벨지움의 사회적 취약계층 대상 사회적 고용(social employment)은 노동경력의 지속성, 고용 질 보장, 외부효과 측면에서 긍정적인 것으로 나타났다(Nicaise, 2007). 이에 비해 노동시장에서 배제된 장애인, 한 부모 가정, 준고령자(50세 이상) 대상 '공급사이드' 노동시장정책, 즉 사회적 약자 노동능력 제고와 단일창구(Jobcentreplus) 및 사례관리자(personal adviser) 활용 등의 결과는 전체적으로 성과가 높지 않은 것으로 분석되었다(Meager, 2007).

함되어 있어 다른 국가 간 비교도 할 수 있기 때문에 OECD 각국의 남녀별 평균수명, 공식적 퇴직연령 및 실제 퇴직연령을 표로 제시해 보기로 하겠다.

표 8-1 OECD 국가의 평균수명, 공식 퇴직연령 및 실제 퇴직연령 (단위: 세)

국 가	평균수명		공식 퇴직연령		실제 퇴직연령	
	남	여	남	여	남	여
멕시코	72.2	77.0	65.0	65.0	75.0	73.0
한국	75.1	81.9	60.0	60.0	67.9	71.2
일본	78.0	85.5	64.0	62.6	66.5	69.5
포르투갈	74.9	81.3	65.0	65.0	65.5	66.6
아이슬란드	77.3	81.7	65.0	65.0	65.3	68.9
아일랜드	78.2	82.2	67.0	67.0	64.9	65.6
터키	70.9	75.0	44.9	41.0	64.3	63.5
스위스	78.7	84.0	65.0	63.6	64.1	65.2
미국	74.9	79.9	66.0	66.0	63.9	64.6
뉴질랜드	77.7	82.0	65.0	65.0	63.9	66.5
노르웨이	77.7	82.5	67.0	67.0	63.2	64.2
스페인	77.0	83.7	65.0	65.0	63.1	61.4
스웨덴	78.4	82.8	65.0	65.0	62.9	65.7
OECD 평균			62.9	61.8	62.3	63.5
호주	78.5	83.2	65.0	62.0	62.2	64.4
영국	77.1	81.2	65.0	60.0	61.9	63.2
캐나다	77.7	82.5	65.0	65.0	61.9	63.3
네덜란드	77.2	81.6	65.0	65.0	61.3	61.6
덴마크	76.0	80.5	65.0	65.0	61.3	63.5
핀란드	75.6	82.5	65.0	65.0	61.0	60.2
독일	76.7	82.0	65.0	65.0	61.0	62.1
그리스	76.8	81.7	57.0	57.0	60.9	62.4
이탈리아	78.0	83.6	59.0	59.0	60.8	60.8
룩셈부르크	76.7	82.3	60.0	60.0	60.3	59.2
프랑스	76.7	83.8	60.5	60.5	59.5	58.7
체코	72.9	79.3	61.0	58.7	58.5	62.2
벨기움	76.2	81.9	65.0	60.0	58.3	59.6
헝가리	68.6	76.9	60.0	59.0	58.2	59.7
오스트리아	76.7	82.2	65.0	60.0	57.9	58.9
폴란드	70.8	79.4	65.0	60.0	57.7	61.4
슬로바키아	70.1	77.9	62.0	57.0	54.5	59.3

출처: OECD(2009), Society at a glance; OECD(2010), Health data 2010; OECD(2011), Pension at a glance.

<표 8-1>에서 보면 OECD 국가의 실제 퇴직연령은 공식 퇴직연령보다 낮은 경우가 훨씬 많다. 멕시코, 한국, 일본, 포르투갈, 아이슬란드, 터키, 그리스, 이탈리아를 제외한 나머지 모든 OECD 국가들의 실제 퇴직연령 평균이 공식

퇴직연령보다 낮은 것을 알 수 있다. 거의 대부분의 OECD 선진국에서는 공식 퇴직연령 이전 조기퇴직하거나 공식 퇴직연령 이상 일하지 않는 것이 일반적이었는데 실제 퇴직 후 다시 일을 계속한 사람들은 55~64세 비취업자의 5%에도 미치지 못하였다(OECD, 2006). 그러나 실제 퇴직연령 평균은 2000년대에 들어와서 다소 높아지고 있는 경향을 보이고 있다. 이같이 실제 퇴직연령이 증가하고 있는 이유는 평균수명의 연장과 인구 고령화에 대응한 여러 가지 정책 시행의 영향이 큰 것으로 볼 수 있다.

II. 선진국 고령자 고용정책

1. 고령자 취업지원 및 고용보호

고령자 고용정책은 청장년층 대상인 적극적 노동시장정책과 마찬가지로 취업지원정책을 중심으로 고령자들의 노동생활을 연장시키는 것을 주요 정책 목표로 삼고 있다.

1) 고령자 취업지원

주요 선진국은 고령인구의 취업률 제고를 통한 생산적 고령화를 고령사회 대비 주요 정책 목표로 제시하고 있다. 2010년 기준으로 55~64세의 고령자 취업률은 OECD 평균 54.0%에 달하고 있으나, 이에 비해 한국은 60.9%로 다소 높은 수준이다(OECD, 2010). 이는 노후 소득보장 체계의 미흡과 높은 농업인구 비중 등 취업구조의 특성이 반영된 것이다. 일본은 기존의 기업대상 지원정책 중심에서 최근 고령 노동자 개인을 지원하는 시스템으로 전환 중이며, 개호 및 육아와 관련한 사회 서비스 일자리를 창출하는 등 고령인구에 적합한 일자리 개발을 위해 노력하고 있다. 고령자 고용안정법에 의한 '고령자 고용확보조치'를 취한 기업이 501인 이상 기업 중 99.9%에 달하며, 65세 이상 상용 근로자 수가 2005년 27만 명에서 2008년 49만 명으로 84% 증가하였다. 독일은 2008년 55~64세 노인 취업률이 53.8%에 달하는데, 이는 67세로 상향된 연금 수급연령, 조기연금의 제한조치 등에 기인하는 것으로 분석되고 있다(EU 목표치는 50%임). 미국은 2016년까지 16~24세 노동인력이 6.9% 감소할 것으로 예상되는 반면 65~73세 노동인력은 83.4% 증가할 것으로 예측되어 생산적 고령사회를 위하여 고령인구의 취업률 제고를 중요한 수단으로 고려하고 있다(김민재, 2009).

고령자들의 재고용 기회는 상대적으로 낮기 때문에 고령자만을 대상으로 그들의 욕구와 기술 수준에 맞춘 고용 프로그램을 운영하기도 하는데, 예를 들면 영국은 '뉴딜 50 플러스(New Deal 50+)'라는 프로그램을 별도로 운용하는 경우도 있다. 미국의 경우는 우리나라의 노인 일자리사업과 유사한 프로그램을 운용하고 있다. 미국 노인 일자리사업은 연방 노동부가 총괄하고 있는 '고령자 지역사회 서비스 고용프로그램(SCSEP)'을 통해 실시되고 있다. 이 프로그램은 55세 이상의 저소득층 고령자와 고용 전망이 낮은 실업노인을 대상으로 직업교육훈련과 주당 최대 20시간인 파트타임 시간제 지역사회 서비스를 제공하여 경제적 자립심을 높이고, 공공 또는 민간영역의 보조금이 지급되지 않는 일자리 고용을 지원하기 위한 것이다(윤자영, 2010).

2) 고용보호정책

고용보호정책을 통해 고령자 신규 고용과 계속 고용의 비용은 높아질 수 있다. 고령자에 대한 고용 보호가 추가 비용으로 인해 고용가능성을 낮추는 데도 불구하고, 고령자에 대한 특별고용 보호가 존재하는 이유는 고령자들은 우선 해고 대상자이면서 새 일자리를 찾는 것도 어렵기 때문이다. 고용 보호 규정을 강화할 경우 고용주는 고령 근로자를 고용하거나 고용을 유지하는 데 많은 비용이 들 수 있다. 예를 들어 해고 통지 기간이 길어지거나 퇴직 수당이 높아지기 때문에 회사는 고령 근로자를 해고할 때 더 많은 비용이 들게 된다. 엄격한 고용 보호법은 노동시장에서 두 가지 상반된 효과를 나타낼 수 있다. 한 편으로는 해고 비용이 상승하기 때문에 근로자의 직장 유지 효과가 있으며, 다른 한 편으로는 근로자 고용 비용이 상승하기 때문에 고용 숫자가 줄어든다는 것이다. 따라서 이론적으로 고용 비율의 총 영향은 불명확하다.

프랑스는 우선 민간부문 고용주를 대상으로 고용촉진계약제도를 운영하여 고령자 고용을 촉진하고 있다. 1995년에 만들어져 시행된 이 제도는 민간 기업이 수혜 자격이 있는 50세 이상의 실직 고령자 등을 고용할 때 기업이 국가와 협정을 체결하여 일정액인 사회보장비의 일부를 지원받게 된다. 그 밖의 부문에서 고령자 고용을 촉진하기 위해 1989년 고용연대계약, 1992년 고용강화계약제도를 운영하고 있다. 그럼에도 이러한 조치들이 고령 근로자들의 일자리를 보호하는 데 어느 정도 실효성이 있는지는 아직 정확하게 평가되지 않고 있다.

고용주의 비용 부담이 고령자 고용의 결정적인 장애 요인으로 판단되는 경우에는 임금결정방식을 개혁하거나 임금 보조금을 지급함으로써 고령자 고용의 장벽을 제거할 수 있다. 많은 국가들은 임금 결정 방식을 바꾸는 대신 임금보조금 제도를 도입하였다. 고령자만을 대상으로 하는 특별임금제도를 도입하거나 여러 집단 가운데 고령자에게 더 관대한 자격 조건을 부여하는 특별임금제를 도입한 국가들도 있고, 사회보험료율과 같은 비임금 비용이 높은 국가에서는 고용주의 사회보장세 기여분을 감면해 주는 정책을 취하였다. 그러나 OECD 국가들이 시도한 임금보조제도가 성공적이었다고 명시적으로 보고한 사례는 찾아보기 힘들다. 오히려 고령자 대상 임금보조제도의 부정적 효과로 사중손실,[2] 대체 효과, 부정적 낙인과 태도 등을 여러 측면에서 예상할 수 있다(윤자영, 2010).

2) 사중손실(deadweight loss, excess burden)은 재화나 서비스의 균형이 최적이 아닐 때 발생하는 경제적 효율의 순손실을 의미한다. 원인으로는 독점가격, 외부효과, 세금이나 보조금, 가격상한제, 가격하한제 등이 있다.

2. 직업훈련

현대사회의 계속되는 산업현장의 기술적이고 구조적인 변화와 제조업에서 서비스 산업으로의 중심 이전 결과로 인해 직업 현장도 지속적인 변화를 요구받고 있다. 이에 근로자 역시 새로운 기술 습득과 업그레이드 필요성이 가중되고 있다. 그러므로 모든 세대의 근로자들은 직업 훈련과 평생교육 참여가 필요하다. 특별히 성인교육은 고령 근로자의 고용 가능성을 높여 줄 수 있다. 교육 기회를 갖는 것은 고령 근로자의 고용 가능성을 높이는 핵심 전제가 된다. 그럼에도 거의 대부분의 나라에서 연령이 증가함에 따라 교육훈련 사례가 감소하여 젊은 근로자와 비교하면 매우 낮은 것으로 나타났다. 훈련 분야에서 조화의 부족은 젊은 근로자나 고령 근로자 모두 훈련 참가에 근본적인 장벽으로 나타났다. 훈련과정의 기간과 내용 역시 고령 노동자들에게는 단점으로 작용한다. 고령 노동자들을 위한 훈련은 여유 있게 진행되어야 하며, 작업 환경과 관련성이 깊어야 하고, 형식적인 강의실 훈련보다는 자기주도적 학습(self-directed learning)이 포함되어야 한다(OECD, 2005).

고령자들은 일반적으로 교육수준이 낮고 훈련 기회가 적기 때문에 고령자 고용을 촉진하기 위해 평생교육을 통해 숙련수준을 높이는 정책이 추진되었다. 프랑스의 경우 2003년 고용주 대표와 피고용자 대표(사회적 파트너라고 함)는 '근로자 평생 훈련 기회'에 관한 국가 차원의 부문 간 합의를 이끌어 냈다. 훈련이 고령자 고용 가능성을 높일 수 있다는 원칙에 동의하더라도 훈련의 실질적인 고용 효과를 평가하는 것은 힘들다. 실제로 노동시장 프로그램에 참여하는 고령 실직자들 가운데 많은 사람들이 훈련에는 별로 관심을 보이지 않는다. 영국의 경우 '뉴딜 50 플러스' 프로그램은 훈련 참여자에게 훈련비를 제공했지만 실제 프로그램에 참여하는 경우는 별로 없었다(윤자영, 2010).

3. 연령차별금지법과 홍보활동

고용주들은 고령 근로자의 퇴직과 이직 결정에 핵심 역할을 한다. 다수 국가 사례들을 보면 고용주들이 고령 근로자들을 고용하거나 고용을 유지하는 데 장애가 되는 세 가지 경우가 있다. ① 고령 근로자를 고용하거나 고용을 유지하려는 고용주의 태도가 문제가 된다. 고용주들은 고령 근로자에 대해 부정적인 고정관념을 가지고 있다. 이러한 현상은 고령 근로자들의 고용 정도와 상관없이 대다수 국가에서 나타났다. ② 고령 근로자들은 청장년 근로자보다 고용비용이 더 많이 든다. 그 결과 고용주는 고령 근로자를 고용하기를 꺼려한다. ③ 엄격한 근로자보호 조치 역시 고용주들이 고령근로자를 선호하지 않는 이유가 된다. 여기에 대한 대처로 OECD 국가들은 연령차별금지제도와 홍보활동을 확대하고 있다.

1) 연령차별금지법

대다수 선진국의 경우 고용 시 인종, 종교 등의 차별 금지법이 실행되어 왔다. 그러나 연령차별금지법은 일부 국가에서만 시행되고 있다. 그 가운데 미국이 가장 앞서서 법제화했으며, 연령차별금지법은 대부분의 주에서 시행되고 있다. 이 법의 가장 중요한 효과는 의무은퇴연령을 비합법적인 것으로 만드는 것이었다. 그러나 현재 대부분의 국가에서는 연령차별에 대한 법적인 보호를 제공하지 않고 있다. 한 예로 구인광고에서 연령을 명시하는 것은 미국에서는 불법이지만, 대부분의 국가에서는 구직신청 양식에 출생연도를 기입하도록 하고 있다. 연령제한은 특별히 고난도의 체력을 요구하는 특정 직업과 관련된 것으로 간주하기도 한다. 미국을 비롯하여 여러 국가에 있는 연령차별금지는 소방관이나 조종사와 같이 연령과 관련된 직업 요건이나 자격에 대해 예외 사항을 두고 있는 것으로 나타난다. 강제적 은퇴(mandatory retirement)는 노동시장에 새로이 진출하는 세대를 위한 고용기회를 창출하는 데 필요한 도구로 널리 받아들여지고 있다. 특별히 연공임금 체계를 가지고 있는 국가에서는 고령노동자에 대한 고비용이 강제은퇴를 유지해야 하는 이유가 된다(Taqi, 2002).

미국은 1967년 '고용에서 연령차별 금지법(The Age Discrimination in Employment Act)'을 도입하였으며, 1986년 개정으로 연령 상한선을 완전 폐지하여 정년 적용을 금지하고 있다. 그럼에도 실증 연구 결과를 보면, 정년 금지로 고령 근로자의 은퇴 지연 효과는 가져왔으나 고령 근로자 신규 고용 효과는 미흡한 것으로 나타났다. 뿐만 아니라 고용주들은 고령자의 조기퇴직을 유도하기 위해서 금전 보상을 통해 조기퇴직 유도 등 다양한 방법을 사용하고 있는 것으로 알려졌다. EU 국가들은 2000년 EU 지침에 따라 2006년까지 연령차별 금지 입법을 추진하였다. 독일은 해고제한법에 따라 해고대상자를 상정할 때 고령자는 최우선적으로 보호해야 할 대상이 되었다. 결국 연령차별금지법은 고령자 해고 비용을 높여 고령 근로자의 해고율을 낮출 수는 있었지만, 동시에 고령자 신규 채용을 어렵게 하는 결과를 초래하였다.

연령차별금지법과 관련해서 중요한 쟁점은 정년 허용에 있다. 연령차별금지법이 존재하는 나라에서도 집단적 동의나 객관적 정당화 요건이 있는 경우에는 공식 연금수급 연령이나 그보다 일찍 정년이 허용되기도 한다. 정년을 허용하는 국가들은 정년을 폐지하면 연금수급 시기가 늦춰질까 우려해 고용주와 노동조합이 모두 정년을 지지하는 상황이다. 연령차별금지법의 효과 여부는 일차적으로 고용주의 태도에 달려 있다. 따라서 입법만으로는 고용주의 태도와 실천을 변화시키기에는 부족하다(윤자영, 2010).

2) 연령차별 개선 정보 확산 캠페인과 지침

연령차별금지법을 통한 대처 못지않게 고용주들이 고령 노동자의 특성을 이해하고, 고령 노동자 고용을 유지하기 위한 정보 캠페인도 중요하다. 캠페인과 홍보활동의 전개에는 다양한 NGO 단체들의 참여가 중요하다. 이를 통해 노동시장에서 고령 근로자들의 위상 강화, 고령 근로자에 대한 선입견, 편견, 차별에 대응하기 위한 교육, 자문, 정보 프로그램 제공, 연령차별 금지, 고령자 평생교육훈련 기회 제공뿐만 아니라 노동시장 접근을 개선하기 위한 고령 친화적 근로 환경을 만들어야 한다.

많은 국가들이 노인에 대한 연령차별에 제동을 걸기 위해 대규모로 정부가 지원하는 정보 캠페인을 실시하고 있다. 고령자의 작업장 적응력과 생산성에 대한 고용주의 고정관념은 고령자 신규고용과 고용유지를 저해하는 요인 중 하나이다. 이러한 부정적 인식 개선을 위해 핀란드, 영국과 같은 나라들은 작업장에서 연령차별을 철폐하는 캠페인을 정부가 대규모로 추진하였다. 영국은 연령차별을 없애기 위해 1999년부터 연령차별 철폐와 작업장에서 다양한 연령대가 함께 작업함으로써 생기는 장점을 홍보하는 캠페인을 벌였다. 또한 이와 관련해서 2006년 '고용에서 연령차별 금지법(The Employment Equality (Age) Regulations)'을 제정하였다. 핀란드 역시 1999~2002년에 '고령 근로자를 위한 국가계획'을 실행하고 '경험은 국가의 자산'이라는 슬로건을 채택하였다(윤자영, 2010).

4. 연금제도 개혁과 고령자 고용

고령자 연금과 기타 복지 제도는 고령자들이 노동을 중지하도록 유도하는 한편, 노동을 유지하거나 복귀하는 데는 불이익을 준다. 이러한 제도는 한 편에서는 '소득효과'(연금이 높을수록 은퇴의 매력은 높아간다)를, 다른 편에서는 '대체효과'(얼마나 더 일을 해야 수입과 노령 연금이나 기타 혜택에 영향을 주는가)를 기대할 수 있다.

일반적으로 더 오랫동안 일할 수 있도록 인센티브를 주는 방안에는 세 가지가 있다. ① 연금수급 자격을 강화하는 방안이다. 연령별로 주어지는 연금을 더 엄격하게 규정함으로써 연금 받는 자격을 규제하고, 관련 비용을 줄일 수 있다. ② 은퇴연령을 조정하는 방안이다. 은퇴시기에 따라서 보상과 이익을 더 엄격하게 적용하는 것이다. 이것은 조기은퇴와 늦은 은퇴에 따른 과도

한 보너스를 축소하는 것이다. ③ 연금 혜택이 주어지는 최소연령을 올리는 방안이다. 연금 혜택의 최소연령을 높이는 것은 노동 공급을 유지하는 데 도움을 줄 수 있다. 최소 은퇴 연령을 올림으로써 연금 부담을 줄일 수 있을 뿐 아니라 조기은퇴를 유도하는 인센티브를 제거할 수 있다. 지난 몇 해 동안 여러 국가에서 기본적인 공적 연금수급 연령을 높이기로 결정해 왔다. 온전한 연금 관련 수급을 받을 수 있는 자격 연한을 늘리는 것과 같은 연금 체계에 관한 다양한 변화들이 수행되었거나 논의되고 있다. 여러 국가에서 은퇴를 늦추기 위한 여러 방안들은 결국 조기은퇴를 더욱 어렵게 만들기 위한 것이었다(OECD, 2005).

1) 은퇴 연령 조정과 노인 고용

지속적 고령화로 연금지출이 늘어날 경우 재정에 부담이 되므로 일부 국가에서는 연금 관련 지출을 줄이기 위한 노력을 추진 중이다(김민재, 2009). 대부분의 OECD 국가에서는 지난 20여 년 동안 근본적으로 연금 제도를 개혁해 왔다. 이러한 개혁의 주요 동기는 공적연금 제도의 재정을 개선하는 것이며, 동시에 노동 인센티브를 개선하는 것이 목적이 되었다. 노동 인센티브가 영향을 주는 가장 일반적인 변화는 조기은퇴 경로를 직접적으로 차단하는 것이다. '소득효과'를 통한 연금 기대를 감소시키는 일반 제도들 또한 조기은퇴에 대한 인센티브에 영향을 줄 것이다. 연금수급 자격과 은퇴연령의 변화는 많은 OECD 국가에서 시행되어 왔다.

미국의 경우 고령근로자가 연금을 받으면서 주로 비상근 형태로 고용상태를 유지할 수 있도록 허용하는 점진적 은퇴(phased retirement) 프로그램을 운영하고 있다. 2008년 55~64세 연금수령자 중 남성 37%, 여성 32%가 2009년에 고용되어 일을 하고 있다(Purcell, 2009). EU에서는 퇴직연령 전후에 근로시간을 부분적으로 줄이는 대신 줄어든 임금은 공공부문에서 보완해 주는 성격의 '점진적 퇴직' 제도를 활성화시키고 있다. 2006년부터 법정 퇴직연령제가 시행되고 있는 영국에서는 정년법 폐지 소송이 진행 중이다. 독일은 지역의 대학,

기업, 노동중개소, 노동조합 등이 네트워크를 구축하여 고령자 취업을 높이도록 유도한 정책이 효과를 나타내고 있다(김민재, 2009). 일본의 경우도 2006년부터 2013년까지 연금수급 시기를 점진적으로 65세로 늦추면서 퇴직연령을 65세로 조정하였다. OECD 국가들과 비교했을 때 65세 이상 일본 고령자 노동시장 참가율은 남성 29.4%, 여성 12.7%로 높은 것으로 나타났으며, 근로동기도 강한 것으로 조사되었다(MHLW, 2008).

전일제 경력직에서 완전 은퇴로 이동하는 사이에 시간제 근로를 용인하는 정도가 어떤가는 고령자의 근로 결정에 영향을 미칠 것이다. 영국의 경우 재직 중 연금 급여를 받지 못하도록 한 제약을 철폐하는 과정을 밟고 있다. 독일은 유연하고 점차적인 은퇴로의 이행을 쉽게 하기 위하여 1996년 고령자 파트타임제도를 도입하였다. 핀란드는 보조금을 지급하여 고령자들이 시간제로 일하는 것을 적극적으로 장려하고 있다. 핀란드는 부분 연금제를 허용하고 있고, 시간제 근로 기간에 대해 연금권을 인정한다. 그러나 이러한 정책이 실제로 노동공급을 증가시켰는지에 대해서는 명확한 결론이 없다. 연금 급여를 은퇴로 인한 소득 상실을 보전하는 여러 가지 형태의 소득 가운데 하나라고 보는 인식 전환이 필요하다. 최근 많은 국가들은 조기은퇴에 대한 벌칙과 은퇴 연장에 대한 보상수준을 높이고 있다. 예를 들어 영국은 65~70세 근로에 대해 보상수준을 높이는 동시에 높은 연금 급여보다 일시불로 지급받을 수 있는 선택권을 제공하였다. 핀란드는 고령자의 근로에 대해 높은 연금 수익률을 제공하였다. 프랑스는 은퇴연령에 도달한 근로자가 근로시간을 줄이면서 이에 비례하여 은퇴연금을 수령하는 형태의 '점진적 은퇴' 제도의 활성화를 선언하였다(윤자영, 2010).

2) 연금제도 개혁과 은퇴 조정

연금개혁은 근로 동기를 부여하고 은퇴시기를 연장하는 데 기여하는 방향으로 전개되고 있다. 연금 소득 대체율 축소, 정년 연장, 은퇴시기에 따른 연금 급여 증감, 조기은퇴 인센티브를 제공하는 공적보장 프로그램의 적용 제한, 근로와 연금수급을 동시 결합할 수 있는 유연성 제공 등이 고령자의 조기 은퇴를 예방하고 노동시장 참여를 높이는 데 도움이 될 수 있다. 프랑스의 경우는 완전노령연금 수급 연령을 65세에서 67세로 상향조정하였고, 실업급여 수급조건도 강화하였다. 영국의 경우는 공적 연금수급 연령을 60세에서 65세로 올리면서 연금액 추가혜택(credit)을 부여하였고, 직업연금의 경우도 퇴직을 연기하면 연금액을 인상하도록 하였다. 일본의 경우에도 기초연금과 소득비례연금의 수급연령을 60세에서 65세로 연장하였다. 미국도 연금수급 연령을 65세에서 67세로 연장하고 조기에 연금을 수급하는 경우 수급액을 완전노령연금의 70%에서 60%로 낮추었다. 그리고 65~69세로 퇴직을 연기하는 경우 연기하는 만큼에 해당하는 인센티브를 제공하도록 하였다. 독일은 2007년 연금수급개시연령조정법의 제정을 통해 종전의 다양한 조기은퇴 정책을 폐기하고 62세였던 연금수급 개시 연령을 2002년부터 65세로 연장, 2012년부터는 67세로 연장하는 동시에 조기노령연금의 수급 개시 연령도 기존의 60세에서 63세로 상향조정하였다. 스웨덴의 경우는 1999년부터 연금액 산정의 기본이 되는 기준 평균급여(봉급) 계산 기간을 연장하고, 명목확정기여제도를 도입하여 연금액과 평균수명을 연동하도록 하였다.

연금제도의 개혁은 조기은퇴에 대한 세제와 복지 혜택이 있다면 성공할 수 없다. 장기 요양/장애 급여나 실업급여는 실질적인 조기은퇴를 유도할 수 있고, 세금 구조는 근로와 은퇴의 상대적 보상 체계에 영향을 미치기 때문이다. 여러 가지 형태의 복지혜택과 연금 간의 상호작용을 고려해야 조기은퇴의 인센티브를 효과적으로 낮출 수 있을 것이다. 이에 관해 OECD 국가들이 시도하고 있는 정책들은 아직까지 임시적이고 제한적이다.

5. OECD 국가의 고령자 고용 정책

EU는 2000년 3월 리스본에서 개최된 EU정상회의에서 2010년까지 향후 10년간 EU가 추진할 전략으로서 '성장과 고용을 위한 리스본 전략'을 채택하였다.

리스본 전략에서는 2010년까지 달성해야 할 목표로서 평균고용률을 2000년의 61%에서 2010년까지 약 70%로 증가시킨다는 목표를 설정하였다. 이후 이 목표는 2001년에 스톡홀름 유럽이사회에서 2005년까지 67%로 증가시킨다는 중간목표가 설정되었고, 고령자 고용과 관련하여 2010년까지 55~64세 고용률을 50% 수준으로 높이는 것을 목표로 설정하였다. 2002년 바르셀로나 이사회에서는 2010년까지 노동시장에서의 퇴직연령을 2001년의 59.9세에서 5세 증가시키는 것을 목표로 설정하였다. 두 가지 목표 모두 고령자 노동참가율 증가와 고령자 경제활동 참가율을 높이는 것이 관건이다. 고령화 정책 기조는 적극적 고령화인데 이는 궁극적으로 평생교육을 받으면서 더 오래까지 일하고 더 늦게 은퇴할 수 있도록 하고, 나아가 은퇴 후에도 경제활동에 참여하고 개인의 능력을 제고하며 건강 유지 활동을 지속하도록 하려는 것이다. 주요 정책 방향 중 하나는 고령화와 노동력 감소에 대한 적절한 대응에 있다. 즉 고령자의 노동 능력과 고용 가능성 유지, 적극적 고용정책을 고령자에게 확대하는 정책 등이 중요하게 고려되고 있다(전병유 외, 2005).

1) 프랑스 고령자 고용정책

프랑스의 경우 현재와 같은 노동시장 상태가 지속된다면 2010년부터 노동인구가 줄어들기 시작하는 데 비해 인구 고령화 관련 비용은 증가할 것이므로 고령화 관련 비용을 줄이기 위해 연금수급 연령을 65세에서 67세까지(완전연금 가입 기간 연장) 높이는 방향으로 개혁을 추진하였다. 또한 실업급여 수급조건을 강화하여 25년간 고용된 사람일 경우 57세부터(종전 55세) 수급이 가능하도록 제한했으며 2001년에 연령차별금지법을 제정하여 시행하고 있다.

프랑스는 기본적으로 고령자를 청년층, 여성, 장애인 등과 더불어 취업 곤란계층의 하나로 분류한다. 고령자 관련 정책으로는 채용, 재직, 퇴직 등 고용과정상의 제도와 조기은퇴제도, 실업보험제도, 은퇴제도 등이 있다. 채용 시에는 연령상 차별금지조항을 적용하며, 민간부문 고용주 대상으로 고용촉진계약제도를 운영하고 있다. 계약에 의해 노동자를 고용한 기업은 정책보조비가 지급되고, 사회보험 기여금 납부가 면제되며, 직업훈련비용과 근로자후견 제도를 지원받고 있다.

공공부문 근로자 지원촉진을 위해서는 1989년 고용연대계약과 1992년 고용강화계약을 만들어 운영하고 있다. 이 제도들은 국가기관을 제외한 지자체, 비영리 법인, 노사협의회, 노조 등 공공 성격을 띤 기관들이 취업이 어려운 사람들을 고용하여 그들의 직업으로의 복귀를 지원하려는 목적을 위해 마련되었으며 수혜 대상자들을 고용한 기관은 보수 지급의 일부와 사회보장비, 직업훈련비 등을 지원받게 된다. 이외에 고령자 고용촉진을 위해 50세 이상인 장애인을 고용할 경우 1인당 1.5인을 고용한 것으로 간주하며, 50세 이상 고령자를 고용한 기업에게는 35시간 노동제 도입 시 혜택 등 다양한 지원을 제공하고 있다. 고령자 해고에서도 기업의 고령자 해고를 최대한 억제하기 위하여 법적 규제와 제도적 유인책을 동시에 병행하고 있다. 기업이 경영악화 등 경제적 이유로 노동자를 해고하는 경우에도 50세 이상 고령자에 대한 보다 엄격한 규제가 적용된다.

이외에도 중년기 근로자에 대한 장래 유망 직종과 기술훈련을 장려하고 특히 중소기업 근로자의 경우 교육훈련 비용을 지원해 주고, 20년 이상 고용된 45세 이상 근로자들에게 우선적으로 민간 기업이나 단체들이 평생학습 훈련을 제공할 수 있노록 하고 있다(OECD, 2006).

2) 영국 고령자 고용정책

영국에서도 고령근로자들이 노동시장을 일찍 떠나는 경향이 호전되지 못하고 있는데 특히 50세부터 국가연금 공식 수급연령(남 65세, 여 60세) 사이 고령근로자들의 노동시장 참여율이 크게 떨어지고 있다. 이러한 경향과 관련하여 인구 고령화로 인한 비용증가가 예상되는 상황에서 대응책의 하나는 연금제도 개혁이다. 2010년부터 국가연금(state pension)의 경우 2020년까지 여성의 연금수급 연령을 60세에서 65세로 올리고 남성의 경우 조기연금수급 연령을 60세에서 65세로 올리면서 수급 연령 연장에 따른 연금액 추가혜택(credit)

을 주도록 하였다. 그리고 직업연금의 경우 퇴직을 연기하면 연금액을 인상하도록 하였다. 또한 장애수당의 경우 의사의 개인능력 평가제를 도입하여 수급조건을 강화하고 장애수당 수급자가 가능한 한 다시 직장으로 돌아가 일하도록 하는 것을 권장하고 있다.

영국은 시장원리를 중요시하여 시장 참여자들의 자발적 변화, 즉 고령자 고용을 기피하는 고용주들의 인식과 태도 변화를 우선시하며, 이를 위한 홍보 캠페인을 중요하게 생각한다. 따라서 고령 근로자 고용문제를 고용주의 연령차별과 인식 문제 차원에서 다루고자 하는 성향이 강하였다. 적극적 노동시장정책의 일환으로 50세 이상 고령자를 위한 뉴딜정책(New Deal 50+)을 통해 고령자 고용촉진을 위한 성인학습과 계속 교육 등의 직업교육훈련 및 취업알선 서비스를 강화하는 등 보다 적극적 방안을 실시하였다. 뉴딜 정책의 핵심은 고령자 개인이 적극적으로 일을 찾아서 취업할 수 있도록 지원하는 것이다. 사례관리자(personal advisor)가 정해져서 지속적으로 취업계획, 구직정보 검색, 훈련과정 선택, 이력서 및 지원서 작성, 자신감 향상 등 취업과 관련된 다양한 지원을 제공함으로써 고령자의 취업가능성을 높이는 것이 특징적이다. 즉 고령자를 위한 취업지원 인프라(시설 및 프로그램, 담당 인력 확충)를 갖추는 노력이 필요하다고 보았다. 1999년 연령차별 금지 지침이 만들어졌으나 실제 노동시장에서 연령차별을 줄이는 데는 별 다른 영향을 미치지 못한 것으로 나타났다.

뉴딜정책에 참여하는 중고령자가 유급으로 고용되면 세금면제 형식으로 일주일에 60파운드의 고용 크레딧을 받을 수 있으며, 파트타임으로 고용되었을 경우는 일주일에 40파운드의 고용 크레딧을 받을 수 있다. 2003년 4월에 고용 크레딧 제도가 근로세 크레딧으로 바뀌었는데, 지원액은 가족의 수입에 따라 달라지도록 하였다. 또한 프로그램에 참가하는 중고령자는 취업이 될 때까지 1,500파운드의 훈련비를 사용할 수 있다. 한편 뉴딜 프로그램에 참여한 50세 이상의 중고령자를 상용직 근로자로 채용한 기업에게는 1인당 주 75파운드를, 일용직 근로자로 채용한 기업에게는 1인당 주 50파운드를 보조금으로 지원한다(전병유 외, 2005).

3) 일본 고령자 고용정책

일본은 세계 최장수국으로 평균수명이 크게 연장되는 가운데 20~64세 노동연령 인구는 줄어들기 시작하였고 또한 전체 노동인력도 향후 50년간 크게 감소할 것으로 예상된다. 이 같은 노동인력의 감소에 따라 경제성장의 둔화와 인구 고령화 관련비용의 증가는 커질 것으로 예상되고 있다.

일본의 경우는 다른 OECD 선진국과는 달리 실제 퇴직연령이 공식 퇴직연령보다 높다. 이는 OECD 선진국에서처럼 장애 및 실직 수당을 통한 조기퇴직 인센티브가 없고, 정년을 60세에서 65세까지 연장하는 과정에 있기 때문에 60~64세 고령자는 거의 대부분 계속 고용을 원하고 있고 또한 문화적 특성으로 65세를 넘어서까지 일하고자 하는 경우도 OECD 선진국보다 훨씬 많기 때문이다.

인구 고령화와 관련하여 일본에서도 연금정책의 개혁이 이루어졌다. 기초연금수급 가능 연령(연금수급 최소연령)을 60세에서 65세로 올리게 되었는데 남성의 경우 2001~2013년에 걸쳐 여성의 경우는 2006~2018년에 걸쳐 올리며, 또한 소득비례연금의 수급가능 연령도 60세에서 65세로 올리게 되었으며 남성의 경우는 2013~2025년에 걸쳐 여성의 경우는 2018~2030년에 걸쳐 올리기로 하였다. 이 같은 수급 가능연령 개혁은 정년연장에 따른 것이기도 하지만 인구 고령화에 따른 고령자의 고용촉신 정책의 일환이기도 하다.

일본의 고령자고용정책은 ① 정년연장, 계속고용제도 도입을 통해 65세까지 고용확보, ② 중고령자 재취업원조·촉진, ③ 취업의욕과 체력의 다양화에 맞춘 취업기회의 확보 등 크게 세 가지로 나눌 수 있다(이인재 외, 2005).

정년연장 및 계속고용제도 도입을 통해 65세까지 고용확보를 보장한 고령자고용취업정책을 살펴보면 다음과 같다. 먼저, 공공직업안정소의 사업소에 대한 지도 및 자세한 상담과 원조를 실시하고 있으며, 65세 계속고용달성사업의 일환으로 지역 경제 단체와 연계하여 65세까지 계속고용제도 도입 비율 상승을 위한 지도와 원조를 강화하고 있다. 또한 일명 '점프65'라는 총합적 고용환경정비추진사업을 통해 고령자 고용 어드바이저를 활용한 상담 및 원조 등을 추진하고 있다. 이와 더불어 '계속고용정착추진조성금'을 마련하여 정년 연장 및 계속고용제도를 도입한 사업주에 대한 비용지원을 실시함과 동시에 '고연령자고용환경정비장려금'을 통해 고령자를 대상으로 한 직장개선을 지원하고 있다.

중고령자 재취업 원조 및 촉진을 위한 정책으로는 퇴직당한 중고령자의 재취업 원조를 실시한 사업주에 대한 지도 및 원조가 있다. 이를 위해 사업주로 하여금 퇴직예정인 중고령자에 대해 재직기간 중에 지원을 할 수 있는 재취업 원조 계획제도를 보급, 적극적으로 활용토록 권고하고 있다. 또한 앞서 말한 '점프65'사업을 통해 재취업 지원 컨설턴트를 활용한 중고령자의 재취업 상담 및 지원활동을 실시하고 있으며, '노동이동지원조성금'을 마련하여 퇴직 예정자의 재취업원조를 실시한 사업주 또는 기업그룹 내에서 중고령자를 채용하는 사업주 등에 대해 일정액의 비용을 지원하고 있다. 뿐만 아니라 직원 모집 및 채용 시 연령제한 완화를 위한 지속적인 지도와 계몽을 실시하고 있으며, 연령에 상관없이 일할 수 있는 사회를 실현하기 위한 기반조성사업을 추진하고 있다. 이 외에도 중고령자 시범고용사업과 함께 공공직업안정소 등에서 치밀한 직업상담과 직업소개를 실시하고 있으며, '고령자고용취업지원코너'를 마련하여 고령기의 직업생활설계 상담과 원조를 하고 있다.

고령자의 다양한 취업 및 사회참여를 촉진하기 위해 '실버인재센터사업'을 마련, 지속적으로 확충하고 있다. 이 사업에서는 파견, 자원봉사 등 다양한 취로사업과 함께 고령자의 사회참가욕구에 대응한 One-Stop 서비스를 제공하고 있다. 또한 자녀양육지원사업 등 지역사회와 밀착된 사업을 병행함과 동시에 사업주 단체가 참여하는 기능강습 및 합동면접 등 시니어워크 프로그램을 확충, 지속적으로 추진하고 있다. 이와 더불어 '고령자 등 공동취업 기회창출조성금'을 마련하여 3인 이상의 중고령자가 창업할 경우 일정액의 창업비용을 지원하고 있다. 일본의 노인일자리 사업관련 수행 체계로는 정부보조민간사업, 민간기업, 협동조합, NGO 등이 있는데 실버인재센터, 고령자사업단, 고령자협동조합이 전국적인 조직을 가지고 활발히 활동하고 있다.

4) 미국 고령자 고용정책

미국의 인구 고령화 속도는 다른 OECD 선진국보다는 느리지만 역시 점진적으로 증가할 것으로 예상되고, 이에 따라 인구 고령화 관련 비용은 특히 베이비부머(1945~1964년생) 세대들의 퇴직으로 더 빠른 속도로 증가할 것으로 예상되고 있다. 근로자에 대한 퇴직자의 비율은 2000년 3 : 1에서 2030년에는 2 : 1로 크게 증가할 것으로 예상되고 있다. 50~64세 고령근로자의 경우는 2/3 이상이 일하고 있고, 65~74세의 경우는 1/5 가까이가 일하고 있는데 이 같은 수치는 OECD 다른 선진국에 비하면 상당히 높은 편이다.

인구 고령화의 속도가 느리고 고령근로자의 고용률도 OECD 다른 선진국에 비해 높은 편이지만 전반적 추세인 인구 고령화는 장기적 관점에서 미국사회의 사회보장제도의 지속가능성을 위협하는 요인으로 인정되어 연금액을 줄일 것인지 혹은 연금 기여금 또는 국고 보조금을 높일 것인지가 미국사회의 중요한 논의사항이 되어 왔다(OECD, 2006).

미국은 인구 고령화에 대응한 연금개혁으로 1983년에 사회보장법을 개정하여 완전노령연금 수급 연령을 65세에서 67세로 상향조정하고, 연금수급 가능 연령을 62세로 유지하는 대신 수급액은 종전의 완전연금 70%에서 60%로 하향조정하였다. 그리고 특히 65~69세는 퇴직을 연기하는 만큼 월 단위로 계산하여 연금액을 상향조정하도록 하였으며, 2000년에는 종전에 이 사람들의 소득조사를 통해 연금을 조정하던 규정을 폐지했는데 이는 65~69세 사람들이 계속 일하는 데 인센티브를 제공한 셈이 된다.

OECD 다른 선진국처럼 심하지는 않지만 미국사회에도 조기퇴직에 대한 인센티브가 있다. 완전연금수급 연령이 65세에서 67세로 상향조정되었지만 연금수급 가능 연령은 종전대로 62세로 유지되어 상당 비율의 사람들이 여전히 62세에 퇴직하는 현상을 보이고 있다. 그리고 공공분야 연금의 방식이 확정급여방식에서 확정기여 방식으로 바뀌고는 있지만 아직도 확정급여방식을 유지하고 있는 경우는 확정급여를 받고 조기퇴직하는 것이 유리하기 때문에 조기퇴직하는 경우가 상당히 있고, 장애급여를 받을 수 있는 경우는 저숙련

고령노동자에게 조기퇴직이 유리하기 때문에 조기퇴직하는 경우도 있다.

미국사회에서 고령근로자의 고용증진에 큰 역할을 해 온 것으로 주목할 만한 것은 1967년에 제정된 연령차별금지법이다(제정 당시 40세까지 차별 금지). 이 법은 1978년에 개정된 후(70세까지 차별금지) 1986년에는 모든 연령에 대해 차별을 금하는 것으로 개정되었고, 따라서 정년제도가 없어지게 되었다. 이에 더하여 1990년 제정된 장애미국인법(Americans with Disability)은 일정한 장애사항을 보고한 고령자에게는 고용보호를 받을 수 있게 함으로써 고령근로자의 고용증진에 기여하고 있다.

1965년에 제정된 미국노인법(The Older American Act)에서는 고령자의 경제적 독립 강화, 고령자 지역사회 고용 프로그램 집행의 책임체제를 강화하고 있다. 또한 1998년의 인력투자법(Workforce Investment Act)을 통해 고령자를 위한 원스톱 커리어센터를 설치·운영하며, 개인의 고용훈련 프로그램 선택권 보장, 지역단위 파트너십 구축, 고용주에게 고령자의 능력유지에 대한 정보 및 교육을 제공하고 있다(김기홍 외, 2010).

미국 공공부문의 고령인력 고용지원 서비스 사례를 보면 주로 법과 제도의 개선과 더불어 실행에 중심을 두고 있다. 전국노인협회에서는 고령자 지역사회 고용 프로그램(SCSEP : Senior Community Service Employment Program)을 실시하고 있다. 55세 이상 저소득 고령자들은 이 프로그램을 통해 주당 20시간 활동하고 임금을 받는다. 이 밖에도 경력자 사업으로 저소득 농민에게 일자리를 제공하고 있다. 특히 원스톱커리어센터(One-Stop Career Center)는 2007년 시점 전국 3,400개를 운영하고 있으며, 센터의 활동은 모든 사람을 대상으로 하는 행사, 구직자를 대상으로 하는 행사, 기업가를 대상으로 하는 행사로 구분하고 있다. 고령 인력 고용지원 서비스와 관련한 공공 및 민간 부문의 연계사례를 보면, 50세 이상을 회원으로 하는 미국은퇴자협회(AARP)는 회원들에게 직업에 대한 정보를 제공하고 있으며, 전국고령자경력센터는 고령자 취업지원(고령인력 모집, 급여 처리, 인사관리 등)을 대신 처리해 주며, 다양한 경력자 풀을 가지고 관련기관으로부터 구인을 연계하여 성과를 나타내고 있다.

III. 고령자 고용정책의 평가와 과제

이상에서 살펴본 바와 같이, 선진국 고령자 고용정책의 주요 특성과 관련된 과제는 다음과 같이 세 가지로 정리할 수 있다.

1) 유럽의 적극적 노동시장정책 연구 결과를 살펴보면 고령자를 포함하여 고용 취약계층 일자리정책에 대해서는 전반적으로 긍정적 정책성과를 보여주고 있다. 다만 개별 정책 프로그램별로는 상이한 결과를 보인다. 유럽의 경우 전체적으로 적극적 노동시장정책의 결과 사회적 취약계층 고용에 대해서는 긍정적 효과를 확인할 수 있다. 특히 이미 고용된 인력의 지속적 고용에는 상당한 효과가 있는 것으로 분석되었다. 그러나 신규 고용의 경우와 고령 근로자 임금보조정책, 그리고 직업훈련의 경우는 긍정적 효과를 기대하기 어려운 것이 사실이었다. 즉, OECD 국가들이 시도한 임금보조제도가 성공적이었다고 명시적으로 보고한 사례는 찾아보기 힘들었으며, 오히려 고령자 대상 임금보조제도의 부정적 효과가 여러 측면에서 강조되었다. 그리고 실제로 노동시장 프로그램에 참여하는 고령 실직자들 가운데 많은 사람들이 훈련에는 별로 관심을 보이지 않는 것으로 나타났다. 영국의 경우 '뉴딜 50 플러스'라는 프로그램은 훈련 참여자에게 훈련비를 제공했지만 실제 프로그램에 참여하는 경우는 별로 없었다. 따라서 고령자 고용을 확대하기 위해서는 고령자 특성에 맞는 적극적 노동시장정책 프로그램이 필요하다는 것을 알 수 있다.

2) 고령자 고용을 유지하기 위한 연령차별금지법은 고령자 해고 비용을 높여 고령 근로자의 해고율을 낮출 수는 있었지만, 한편으로는 고령자 신규 채용을 어렵게 하는 결과를 초래하였다. 연령차별금지법의 효과 여부는 일차적으로 고용주의 태도에 달려 있다. 따라서 입법만으로 고용주의 태도와 실천을 변화시키기에는 부족하다. 이에 많은 국가들이 노인에 대한 연령차별에 제동을 걸기 위해 대규모로 정부가 지원하는 정보 캠페인을 실시하고 있다. 고령자의 작업장 적응력과 생산성에 대한 고용주의 고정관념은 고령자 신규

고용과 고용유지를 저해하는 요인 중 하나이다. 이러한 부정적 인식 개선을 위해 핀란드, 영국과 같은 나라들은 작업장에서 연령차별을 철폐하는 캠페인을 정부 차원에서 대규모로 추진하였다. 따라서 고령자 고용을 유지하기 위해서는 연령차별금지법 등 법적, 제도적 조치도 필요하지만, 고령자 고용에 대한 고용주와 일반인의 부정적 인식을 개선하기 위한 국가 차원의 적극적 홍보활동이 필요하다.

3) 지난 몇 해 동안 다수의 국가에서 기본적인 공적연금 수급 연령을 높이기로 결정해 왔다. 온전한 연금을 받을 수 있는 자격 연한을 늘리는 것과 같은 연금 체계에 관한 다양한 변화들이 수행되었거나 논의되고 있다. 연금제도의 개혁은 조기은퇴에 대한 세제와 복지 혜택이 있는 한 성공할 수 없다. 은퇴를 늦추기 위한 여러 방안들은 조기은퇴를 더욱 어렵게 만들기 위한 것이었다. 연금수급 자격과 은퇴연령의 변화는 많은 OECD 국가에서 시행해 온 정책이다. 그러나 현직 아니면 은퇴(동시에 연금수급)라는 양자 구도로는 문제를 해결할 수 없다. 많은 나라들이 채택하고 있는 파트타임 근로 혹은 점진적 은퇴제도 도입이 바람직하다.

제9장
선진국의 고령자 교육 정책*

*성정현(협성대학교 사회복지학과 교수)

배움에는 끝이 없다는 말은 배움의 내용과 범위에는 한계가 없다는 의미와 배우는 데는 연령의 한계가 없다는 의미를 모두 포함한다. 고령화사회의 진전으로 노년기는 20~30년 또는 그 이상으로 연장되고 있다. 그 연장된 노년기를 가장 효과적으로 보내는 중요한 방법 중의 하나는 배우는 것 또는 교육을 받는 것이다.

노년기가 20~30년 이상 연장됨에 따라 선진국에서는 노인교육을 생애주기의 관점에서 바라보고 있다. 라스렛(Laslett, 1989)은 노년기에 새로운 의미를 부여하여 제3기 인생(the third age)이라고 하였으며, 자기성취(personal achievement)을 중요한 발달과업으로 주장하였다. 또 새들러(Sadler, 2000)는 중년기와 노년기까지를 포함한 시기를 제3기 인생이라 부르면서 잠재적 창의력을 개발하여 제2의 성장을 이루는 것을 발달과업으로 주장하고 있다. 이와 맥을 같이하여 퇴직에 대한 개념도 '일에서 물러나 조용히 지내는 것'이 아니라 '미리 계획한 활동을 위해 종전에 하던 일을 그만 두는 것'으로 바뀌고 있다.

고령화사회가 진전됨에 따라 노년기를 바람직하고 만족스럽게 살아가기 위한 수단으로서 성공적 노화와 생산적 노화가 강조되고 있다. 성공적 노화와 생산적 노화의 의미를 수용하여 10여 년 전부터는 노년학 실천과 사회정책 차원에서 활동적 노화(active aging)도 강조되고 있다. WHO나 UN에서는 활동적 노화를 고령화사회의 가장 효과적인 개인적·사회적 대책으로 제시하고 있으며, 활동적 노화를 위한 중요한 수단으로서 교육에 대해 새로운 의미를 부여하고 있다. 즉, 교육은 급속도로 변화되는 사회환경적 변화에 적절히 적응하면서 노년기를 의미 있고 보람되게 살기 위한 수단으로 새로운 각광을 받고 있다.

이 장에서는 노년기에 있어서의 교육의 의미를 생각해 보고 선진국에서 고령화사회를 의식하여 시행하고 있는 교육 프로그램을 간략히 살펴봄으로써 선진국의 노인교육 프로그램의 평가와 과제를 제시해 보고자 한다. 노인교육이라 하면 노인만을 대상으로 하는 것으로 생각할 수 있으나 경우에 따라 중년층까지도 포함할 수 있다는 의미에서 여기서는 고령자 교육이라 하기로 하겠다.

I. 고령자 교육의 개념과 필요성

평균수명이 길어지고 인구 중 차지하는 노인인구의 비율이 증가하는 고령화 현상은 대부분의 선진국에서 나타나고 있다. 최근 고령자 교육수준 및 생활수준이 향상되면서 고령자의 학습욕구도 높아지고 있으며, 여가시간 활용과 자기 개발을 통해 사회적 변화에 적응하려는 욕구도 강하게 나타나고 있다. 이를 반영하여 고령자를 대상으로 한 교육도 여가와 취미 위주에서 벗어나 직업교육, 평생교육, 그리고 계속교육 등 그 성격이 다양해지고 있으며, 그 내용과 대상도 세분화되는 경향을 보이고 있다.

1. 고령자 교육의 개념

고령자 교육은 고령자들이 자신의 삶과 사회에 잘 적응할 수 있도록 도와주고, 또 이미 습득한 지식과 기술을 유지, 발전시켜 새로운 기술변화에 적응할 수 있도록 해 주는 것을 의미한다(우채영, 2004). 고령자 교육은 고령자를 위해 고안된 교육적 프로그램뿐만 아니라 일반대중이 가지고 있는 고령자에 대한 편견을 바로잡아 주고 전문적 위치에서 고령자와 함께 일하는 사람들을 위해 교육 프로그램을 제공하는 것을 모두 포함한다.

고령화사회에서 고령자 교육은 노인복지 차원에서 노인문제를 해결하는 것보다는 노년기 삶을 적극적으로 살아가기 위한 성공적 노화(successful ageing) 혹은 활동적 노화(active aging)의 의미가 더 크다. 여기서 성공적 노화란, 개인의 선택과 노력으로 노화의 진행을 지연, 향상 또는 예방할 수 있다는 관점을 바탕으로 질병을 피해 가고, 높은 인지적 및 신체적 기능을 유지하고, 생활에 참여하는 것으로 정의할 수 있다(Rowe & Kahn, 1998). 즉, 성공적 노화는 신체적, 심리적, 사회적인 면에서 적극적인 노력으로 목표를 이루어 내는 것을 말한다. 그리고 활동적 노화는 나이가 들어감에 따라 삶의 질을 높이기 위해 건강을 유지하고 사회에 계속 참여하며 경제적 안정을 도모하는 기회를 가장 적합하게 활용하는 것을 의미한다(WHO, 2002). 특히 활동적 노화에서는 신체적 면에서 활동에 참여하는 것과 일뿐만 아니라 사회적·문화적·경제적·영적 및 시민적 활동에 적극 참여하는 것을 강조하고 있다.

2. 고령자 교육의 필요성

고령화사회의 고령자 교육은 단순히 노인복지 차원을 넘어 노년기의 긍정적 삶을 모색하고 나아가 사회구성원의 응집과 사회통합을 지향하는 차원에서 그 필요성을 정리할 수 있다(Chioncel & Dekkers, 2006 ; 고지희·김경태, 2005 ; OECD, 2003). 구체적으로 살펴보면 다음과 같다.

1) 평생교육 차원에서의 필요성

고령화사회에서 고령자 교육은 다음과 같은 의미에서 평생교육으로의 필요성을 갖는다.

(1) 직업능력 향상의 필요성: 직업훈련, 저임금 노동자의 특별 욕구, 중소기업 노동자의 훈련기회 부족을 보완하기 위해 평생교육이 필요하다.

(2) 인적 자본 향상과 생산력 증대: 개인과 사회의 발전을 위해서 인적자본을 향상시키고 생산력을 증대시킬 필요가 있다. 인적자본과 생산력 향상을 위해서는 보통 성인교육 내지는 평생교육이 가장 효과적인 수단이 된다.

(3) 적절한 자격의 잠재적 노동력 풀(pool) 형성: 지식정보화사회에 걸맞게 지식을 계속 보충하고, 또 고령화사회에 부응하여 지속적으로 성인교육을 실시함으로써 노동자의 능력을 향상시켜 교육수준이 향상된 노동인력의 풀을 만들어 놓는 것은 매우 필요하고 바람직하다.

(4) 경제적 변화에 적절히 대응하는 노동인구 유지: 생애과정을 통해 다양하게 새로운 직업을 선택할 수 있게 하고 복수 직업을 선택할 수 있게 하기 위해 개인과 사회 모두 지식과 기술을 향상시킬 필요가 있다.

(5) 발전하는 지식정보화사회에서 적절한 기능 유지: 평생교육 차원에서 고령자 교육은 지식과 기술의 변화에 잘 적응하게 하고 개인과 사회의 복지를 증진하게 할 수 있기 때문에 필요하다.

2) 자아발전 수단으로서의 필요성

저출산·고령화 현상이 심각해지면서 향후 경제활동 인구가 감소할 것이라는 인구학적 전망이 쏟아지고 있지만 다른 한편으로는 여전히 실업과 조기정년 문제로 어려움을 겪고 있다. 조기 정년 혹은 퇴직하는 인구가 증가하면서 구미 선진국에서는 이미 이들을 위한 다양한 교육프로그램을 개발해 왔다. 사회적 변화에 뒤처지지 않으면서 사회, 문화, 예술, 사회봉사, 그리고 건강 등 다양한 프로그램을 통해 의미 있고 풍요로운 노후를 준비하고, 실제로 즐길 수 있도록 하기 위해 고령자교육이 필요하다. 이것은 고령자의 삶을 더욱 의미 있게 한다는 점에서 의의가 있다.

3) 노년기의 위기 극복 수단으로서의 필요성

노년기는 건강과 수입, 사회활동, 그리고 배우자와 친구 등 가까운 사람들과의 관계를 상실해 가는 시기이다. 따라서 신체적으로나 심리사회적으로 위기에 처할 수 있으며, 이러한 생활의 변화 혹은 위기는 곧 정서적 위기로 다가올 수 있다. 어려움을 미리 예방하고 극복할 수 있도록 대처방안을 제공할 수 있는 방법 중 하나가 교육이다. 교육을 통해 올바른 지식과 대처방법을 학습하고 교육 과정에서 새로운 사회적 관계를 형성함으로써 사회적 지지망을 확보할 수 있다는 장점은 노년기에 누구나 경험할 수 있는 불안과 고독, 상실감과 같은 정서적 어려움을 완화하는 데 매우 유용하다. 즉, 노년기에 누구나 경험할 수 있는 정서적 위기를 극복하는 방법의 측면에서 교육이 필요하다(남명희, 2008).

II. 선진국의 고령자 교육 프로그램

1. 고령자 교육 정책

선진국의 고령자 교육 정책은 크게 세 가지 목적으로 구분될 수 있다. 즉, ① 단순한 노인복지 차원의 노후생활 문제 해결 또는 적응 목적의 교육이고, ② 성인교육(학습) 또는 평생교육 차원에서 노년기 학습욕구를 충족시키는 목적의 교육이며, ③ 고령화사회를 의식하여 노년기의 자기발전과 다양한 욕구를 충족하고 나아가 사회발전에 노인을 활용하기 위한 목적의 교육이다. 이 같은 세 가지 목적은 실제로 확연하게 서로 구분되는 것은 아니다. 그보다는 정책 도입의 시대적 배경과 교육 내용의 면에서 구분될 수 있다. 이와 같은 목적의 고령자 교육에 관련된 정책을 간단히 살펴보기로 하겠다.

1) 노인복지 차원의 노후생활 문제 해결 및 적응 목적 교육

이 같은 고령자 교육은 일반적으로 가장 흔한 교육 프로그램이다. 주로 노인복지 차원에서 노인복지시설이나 기관에서 행해지고 있거나 아니면 특별한 사회단체에서 시행되고 있다. 외국의 예로는 일본의 노인대학, 고령자 교실, 미국의 노인복지법(Older Americans Act)에 의한 노인센터(Senior Center) 교육 프로그램 등을 들 수 있다. 영국이나 독일, 프랑스 등에서도 교육법이나 평생교육법의 틀에서 노인교육이 행해졌지만, 1970년대까지 교육은 노인복지 차원의 교육인 경우가 거의 대부분이었다.

2) 성인교육 또는 평생교육 차원에서 노년기 학습욕구 충족 목적 교육

노인도 성인에 속하고 또한 인간은 누구나 노년기까지 계속 교육을 받고 싶어 하는 욕구를 가지고 있다. 이런 차원에서 노후의 생애발달 욕구를 충족하고 노후생활에 적응하도록 하기 위한 교육이 필요하다. 즉, 노인들도 성인이라는 전체 대상에 포함시켜 교육을 받을 수 있도록 하는 것이 바람직하다는 의미에서 고령자 교육 프로그램이 제공되고 있는 것이다. 따라서 거의 대부분의 교육 정책 체계나 관련법은 성인교육법, 평생교육법 혹은 사회교육법의 테두리 안에서 제공되고 있다. 다만 일부 교육 프로그램의 내용이 노후생활 적응, 노후준비 등에 관련되어 있거나 아니면 고령자로 대상이 특화되어 있는 경우도 있지만(예를 들면 독일의 시민대학 교육에서 노인중심 교육 시행), 그리 흔하지는 않은 것 같다.

이러한 성인교육 또는 평생교육 차원의 교육은 현재도 고령자 교육의 한 주류를 이루고 있으며, 대학과 연계하여 교육이 이루어지는 경우가 많다. 이 같은 성인교육의 틀 속에 포함되었던 고령자 교육은 대체로 1970년대 후반 이후 각국에서 평생교육법 또는 성인교육법을 제정하고 그 내용을 강화하면서 나타나기 시작하였다.

3) 고령화사회 대응 목적 교육

1980년대 들어오면서 선진국에서는 급속하게 진전되어 온 인구 고령화로 인한 문제점이 들어나기 시작하였고, 특히 노년기가 크게 연장되면서 퇴직과 노년기에 대한 새로운 의미를 부여하는 경향이 나타나기 시작하였다. 노년기가 연장되면서 노화과정에 순응하고 연금수급 등의 복지 프로그램에 의존하여 소극적으로 생활하는 것은 개인과 사회 모두에 바람직하지 못하다는 생각이 노년학이나 사회정책학적 연구, 국가의 사회정책 계획과 실천에서 주목을 받기 시작하였다. 특히 1973년 프랑스에서 민간 차원에서 퇴직자를 대상으로 시작된 노년기 교육과정인 제3기 인생대학(University of the Third Age: U3A)이 영국과 유럽대륙, 미국, 캐나다, 호주 등으로 확산되고, 건강하고 활기찬 노후를 살아가기 위한 노년기 교육 프로그램의 새로운 형태로 등장하면서 고령자 교육은 단순히 노년기 학습욕구나 노년기 적응을 위한 수단이 아니라 노년기의 자기발전을 촉진하고 사회에 참여, 기여하기 위한 새로운 수단으로, 또 생산적 노화, 활기찬 노화, 성공적 노화의 새로운 수단으로 의미를 갖게 되었다.

또한 1980년대와 2000년대 2차에 걸쳐 UN 주관으로 개최된 세계고령화총회(World Assembly on Ageing)에서 채택된 국제 고령화 행동계획에서 고령화사회에서의 고령자 교육과 훈련의 필요성을 강조한 것이 각 국가들의 인구 고령화에 대응한 고령자 교육 필요성에 대한 인식과 교육 목적 설정에 지접 및 간접적으로 영향을 미친 것으로 판단된다. 1982년 오스트리아 비엔나에서 개최된 제1차 세계고령화총회(The First World Assembly on Ageing)에서 채택된 비엔나 국제 고령화 행동계획(Vienna International Plan of Action on Ageing)에서는 인구 고령화를 의식하여 노화하는 개인의 발전과 계속적인 직업능력 향상을 위해 교육훈련이 필요함을 강조하였으며, 2002년 스페인 마드리드에서 개최된 제2차 세계고령화총회(the Second World Assembly on Ageing)에서 채택된 마드리드 국제 고령화 행동계획(Madrid International Plan of Action on Ageing)에서도 노화에 따른 계속적 생산력 확보와 지식정보화사회로의 변화에 대한 적응과 이를 통한 세대 간 통합의 증진을 위해 교육훈련의 필요성을 강조하고 있다.

이 같은 배경 속에서 일본은 국가 주도적으로 고령자 교육의 필요성을 인식하고 다양한 종류의 고령자 교육 프로그램을 도입하였다. 즉, 고령자 인재활용 사업(1978~1983년), 고령자 삶의 보람 촉진 총합사업(1984~1987년), 장수학원의 고령자 교육학점제 시행(1989년), 실버인재센터 중심의 시니어워크 프로그램(1989년), 고령사회대책기본법(1995년)과 이를 근거로 한 고령사회대책대강(1996년 및 2001년 수정), 평생학습추진체제 정비(2006년 교육기본법) 등의 정책을 추진하였다. 미국의 경우도 연방정부의 노인복지법(1965년), 고등교육법(1965년), 연령차별금지법(1986년 개정에 의한 정년 폐지), 직업훈련법(1982년), 인력투자법(1998년), 10년 단위로 개최되는 백악관고령화회의의 정책 건의 및 주 정부 별도의 다양한 정책에 의해 고령자 교육프로그램이 시행되고 있다. 영국의 경우는 U3A를 지역단위 은퇴자 클럽 중심의 교육제도로 도입(1982년)하였으며, 중앙부처(교육과학부 내)에 성인교육국 설치(1987년) 및 이에 따른 노인대상 교육프로그램 개발, 계속 및 성인교육법 제정(1992년), 학습 및 기술 법률 제정(2000년) 등을 통해 고령사회에 대응하는 고령자 교육 정책을 시행하고 있다. 독일도 1990년대에 고령자특화 교육으로 컴퓨터와 기술교육 프로그램을 시행하였고, 프랑스도 1968년에 고등교육 지침으로 고령자를 포함한 성인에 대해 대학교육을 개방하였고, 1971년에는 고령노동자의 생산력 제고를 위한 재교육 프로그램을 시행하였다. 또 U3A를 처음 도입한 전통을 이어받아 2000년대에 들어와서는 대학의 평생교육원 특성화 프로그램의 차원에서 노년학을 개설하기에 이르렀다.

2. 주요 선진국의 고령자 교육 프로그램

위에서 고령자 교육을 목적에 따라 세 가지로 구분했는데 주로 고령화사회에 대응하기 위한 목적으로 고령자 교육을 시행하고 있는 선진국의 사례 중 프랑스, 영국, 미국, 일본 4개국의 프로그램을 소개하고자 한다.

1) 프랑스

프랑스는 퇴직인을 대상으로 하는 고령자 교육, 즉 제3기인생대학(U3A)을 대학 중심으로 시행한 최초의 국가이며, U3A가 이제는 선진국의 가장 보편적인 고령자 교육의 한 형태가 되고 있다는 점에서 고령사회의 고령자 교육에서 앞서 가는 국가라 할 수 있다.

(1) 제3기 인생대학(University of the Third Age : U3A)

영국의 라스렛(Laslett)이 1989년에 『신선한 인생지도: 제3기 인생의 출현(A Fresh Map of Life: The Emergence of the Third Age』라는 저서를 출판한 이후에 '제3기 인생'이라는 말과 그 의미가 널리 알려지게 되었다. 하지만 제3기 인생이라는 말은 사실 그 이전인 1950~1960년대에 프랑스와 서유럽에서 상당히 일반화되어 있던 말이다.

라스렛에 따르면 인생을 4단계로 나눌 수 있다. 제1기 인생(the first age)은 출생에서부터 공식 교육을 끝내는 시기까지로 의존, 교육 및 사회화가 가장 중요한 과제가 되는 시기이다. 그리고 제2기 인생(the second age)은 취업해서 퇴직하기까지로 독립, 성숙과 사회적 책임이 가장 중요한 과제가 되는 시기이며, 제3기 인생(the third age)은 퇴직 후 건강하게 지내는 시기로 자기(개인) 성취(personal achievement)가 가장 중요한 과제가 되는 시기이다. 마지막으로, 제4기 인생(the fourth age)은 건강이 약화되어 남에게 의존하여 지내는 인생의 마지막 시기이다(제4기 인생의 과제는 적절하게 제시하기 어려움). 그런데 제4기 인생은 의학의 발달과 개인적인 노력에 따라 짧아질 수도 있고 심지어는 거의 없을 수도 있다. 따라서 퇴직 이후의 인생은 제3기만 있고 제4기는 없을 수도 있기 때문에 서구 국가들에서는 노년기 전부를 제3기 인생이라 부르는 경우가 많다.

제3기 인생대학(U3A)은 점점 더 길어지고 있는 제3기 인생을 보다 가치 있고 의미 있게 살기 위해 필요한 교육을 제공하는 프로그램이라 할 수 있다. 이 U3A가 1973년 프랑스의 똘루제대학에서 처음 개설되었을 때는 고령화사회를 크게 의식한 상황이 아니었을 수도 있다. 그러나 라스렛이 1989년 저서에서 언급한 U3A는 제3기 인생의 기간이 일생 중 점점 길어지고 있는 기간으로 보고, 또 고령화사회를 의식한 교육 프로그램으로 제시한 것이다. U3A는 개인적 및 사회적 삶을 효과적으로 관리하면서 생활하도록 하는 데 목표를 두고 있다. U3A는 1980년대 이후 체계를 갖추어 입학 자격은 50세로 하고, 학점제(30학점)로 운영하는 경우도 있으며, 최근에는 세대통합의 관점에서 등록자의 약 15% 정도는 주부나 학생들이 참여하도록 하고 있다. 또 프랑스 국내에는 U3A 연맹이 구성되어 있으며, 국제적으로도 확산된 U3A들이 참여하는 국제연맹을 구성하고 있다.

프랑스의 U3A는 영국의 U3A(지역사회 퇴직인 클럽 중심 운영)와는 달리 거의 대부분 대학에서 주도권을 가지고 커리큘럼을 짜서 제공하고 있고, 1980년대 이후부터는 이 프랑스의 U3A 아이디어(운영방법은 다를 수 있음)가 영국과 유럽, 미국, 캐나다, 호주 등으로 크게 확산되었다.

(2) 대학 평생교육원 프로그램

프랑스에서 고령자 교육을 주관하는 대표적 기관은 대학이며, 60세 이상을 대상으로 하는 경우가 일반적이다. 대학에서 평생교육원을 운영하고 고령자는 평생교육의 중요한 대상이 되고 있다. 평생교육 대상에 노인을 포함하는 것 외에 특성화 프로그램으로 노년학을 교육하는 곳도 있다. 그 예로 프랑스에서 고령화가 가장 빨리 진행된 브르따뉴 지역의 옥시당딸대학교(l'Université de Bretagne Occidentale) 평생교육원에서 노년학을 특화 프로그램으로 개설하고 있는 경우를 들 수 있다(한정란, 2008).

(3) 은퇴자협회 고령자 교육 프로그램

프랑스에는 전문직 은퇴자들로 구성된 은퇴자협회전국연합회와 각 지부가 있으며, 각 지부는 직원을 두고 다양한 활동을 하고 있다. 주로 60~85세 은퇴자들이 회원으로 참여하고 있으며 다양한 위원회(정보, 체육, 문화예술, 가정방문, 일반 행정, 클럽, 노동위원회 등)를 구성하여 운영하고 있다. 여기서는 은퇴준비를 하고 있는 사람들을 대상으로 위원회별로 관련된 사항을 포함한 다양한 내용에 대해 교육하고 은퇴자의 재취업을 위한 교육도 하고 있다.

2) 영 국

영국은 1982년 프랑스에서 시작된 U3A를 지역단위 은퇴자 클럽 중심의 영국식 모델로 받아들여 확산시켰다. 이후 1992년 계속 및 고등교육법(Further and Higher Education Act of 1992)을 제정하고 중앙정부의 계속교육재정위원회가 설립되면서 크게 발전하게 되었다. 또한 지방정부 차원에서 노인을 위한 보다 나은 정부 프로그램(BGOP: Better Government for Older People Programme)을 시행하여 노인을 위한 통합 서비스를 추진한 것도 고령자 교육을 발전시키는 데 기여하였다.

(1) 제3기 인생대학(U3A)

영국의 U3A 모형은 프랑스의 대학 중심 모형과는 달리 지역단위의 퇴직인 클럽 중심의 자조적 학습 프로그램 모형으로 발전하였다. 1982년 처음 도입된 이래 2007년 현재 630개에 달한다. 영국의 U3A는 중앙기구인 U3A Trust에 속해 있으며, 교육행정은 회원들에 의해 자조적으로 이루어지고(회원이 강사가 되고 학생이 되는 경우가 많음), 운영비용은 회원들의 회비로 마련하며 외부의 지원을 받지 않는 것을 원칙으로 한다. 강좌는 주당 1회 강의로 학기단위로 이루어지는 것이 일반적이다. 영국의 U3A는 가르치는 자와 배우는 자가 구분이 없이 누구나 가르치는 자가 될 수 있는 학습공유 공동체라 할 수 있다. 회원들이 내는 회비 일부는 중앙기구인 U3A Trust로 이전되어 기금으로 축적되고 학습자료 센터 운영 및 지역 조직의 인적 및 기술적 지원과 상해 보험 가입에도 사용된다.

(2) 라이프 아카데미(Life Academy)

라이프 아카데미(Life Academy)는 올바른 퇴직준비를 유도하여 적극적이고 활기찬 노후생활을 영위할 수 있도록 제반 교육, 컨설팅, 교육 프로그램을 연구 개발하는 등의 역할을 하는 기관이다. 라이프 아카데미의 전신은 1965년에 설립된 퇴직준비교육협회(Pre-retirement Association)인데 민간조직으로 정부지원을 받아 퇴직준비교육 위주로 했으나 고령화사회에 적합한 교육 방안으로 퇴직준비보다 더 장기적이고 중요한 의미를 담고 있는 생애설계(life-planning)에 초점을 두면서 라이프 아카데미로 이름을 변경하였다. 라이프 아카데미는 퇴직을 앞둔 개인, 기업, 정부, 유럽연합 관련자들을 대상으로 교육 서비스를 제공하고 있다(이소정 외, 2008).

(3) 성인교육센터

성인교육센터는 고령자만을 대상으로 하는 교육기관은 아니지만 고령자들이 지역에서 가장 쉽게 참여할 수 있는 교육기관이다. 여기서는 주로 낮 시간 동안 인문교양과목과 취미개발과 관련된 다양한 강좌를 제공하고 컴퓨터 관련 강좌도 제공한다. 프로그램은 유료이며, 연금수급자에게는 등록금을 감면해준다. 일례로 Kent 성인교육센터의 프로그램을 살펴보면 미술, 건강한 삶과 대체치료, 인문학, 가족 학습, 언어, 직업 및 개인개발, 공예 등 다양한 강좌가 제공되고 있다.

(4) 계속교육 대학

계속 및 고등교육법에 따라 지역단위로 위치한 계속교육대학(Further Education College)에서는 교양과목보다는 직업능력 개발을 위한 프로그램을 더 많이 제공하고 있다. 따라서 직업능력 개발에 관심이 있는 고령자들에게는 바람직한 프로그램으로 인식되고 있다.

(5) 대학 제공 고령자 교육 프로그램

대학 내에 과외 과정(extra-mural programme)을 두어 일반인들에게 학위과정은 아니지만 대학수준의 강의를 들을 수 있도록 하고 있으며, 여기에는 고령자들도 참여할 수 있다. 그리고 대학 내의 계속교육 또는 평생교육 프로그램이 많이 제공되고 있어 일반인들과 함께 고령자들도 참여할 수 있다.

3) 미 국

미국은 고령화 속도가 다른 나라보다 늦은 편이지만, 인구 고령화 관련 교육은 이미 1960년대부터 이루어져 왔다. 1965년 미국노인복지법과 같은 해에 제정된 고등교육법에 노년기 복지와 적응을 위한 교육과 인구 고령화에 따른 다양한 목적의 고령자 교육의 틀이 마련되었고, 연령차별금지법(1986년 개정에 의한 정년 폐지), 직업훈련법(1982년), 인력투자법(1998년), 10년 단위로 개최되는 백악관고령화회의의 정책 건의 및 주 정부 별도의 다양한 주제와 다양한 주체의 다양한 고령자 교육프로그램이 시행되고 있다.

(1) 정부 및 공공기관의 퇴직준비 교육

미국의 연방정부나 주정부 및 관련 공공기관에서는 근로자들을 위해 다양한 형태로 관련 정보를 제공하고 있다. 또 워크숍, 퇴직준비 교육 프로그램, 안내책자 제공, 인터넷을 통한 정보제공, 퇴직준비 상담 등 일반적 수준의 퇴직준비 교육이나 안내가 일반화되어 있다.

미국 연방 인사관리사무소(U. S. Office of Personnel management)는 공무원들에게 연금, 세제 등 은퇴 관련 금융정보를 인터넷으로 제공하면서 각자의 해당 사항을 직접 시뮬레이션할 수 있는 기회를 제공하고 있다. 그리고 은퇴 5년 전, 1년 전, 6개월 전, 2개월 전 등으로 나누어 은퇴 관련 사항을 질문과 답변 형식으로 제공하고 있으며, 은퇴준비에 필요한 각종 팸플릿, 출판물을 인터넷(www.opm.gov/retire)으로 접근가능하게 하고 있다(이소정 외, 2008).

주정부 중 뉴욕 주를 예로 들어 보면, 주정부의 홈페이지에 별도로 '은퇴준비(www.worklife.ny.gov/issues/retirement.html) 페이지를 설정하여 퇴직준비에 대한 여러 가지 정보를 제공하고 있다. 은퇴준비 요령, 은퇴준비 체크리스트, 은퇴설계, 라이프스타일 변화, 보건과 건강, 주거선택, 재무설계, 법률문제, 연금, 보험 등 다양한 분야의 정보를 제공하고 있다. 각종 공공기관들에서는 자체적으로 퇴직준비교육과정을 시행하고 있으며, 직원과 배우자가 같이 참여하는 퇴직준비과정 교육, 퇴직준비 정보 세미나 등을 실시하고 있다.

(2) 미국은퇴자협회의 노후생활 정보 제공

미국은퇴자협회(AARP : American Association of Retired Persons)는 50세 이상으로 구성된 민간단체로 주로 은퇴자들의 이익을 대변하고 다양한 정치사회활동을 전개하는 단체이다. 전국에 2,400여 개의 지부를 두고 있으며, 은퇴자들의 자원봉사활동 참여, 납세 관련 정보를 비롯한 각종 노후생활 정보제공, 안전운전 교육을 시행하고 있으며, 홈페이지를 통해 은퇴계획에 대한 다양한 정보를 정리하여 제공하고 있다.

(3) 은퇴자 학습센터(Learning in Retirement Institute)

1980년부터 상당수의 대학이 고령자들에게 최소한의 회비나 수업료를 받고 다양한 교육 프로그램을 제공하고 있다. 대학에서 제공하는 프로그램으로는 은퇴준비 프로그램, 자원봉사, 사회활동, 전환기 직업 활동 설계, 프로그램의 기획, 관리 및 평가, 노인 리더십 등에 대한 교육 프로그램 등을 들 수 있다.

(4) 대학 및 민간기관의 퇴직준비 프로그램 및 컨설팅

대학의 은퇴센터나 노년학 연구소 등(예 : 버클리대학교, 미시간대학교, 시카고 대학교 등)에서는 퇴직준비 프로그램을 보다 체계적으로 제공하는 경우도 많다. 각 기관에서 퇴직을 앞둔 대상자들에게 일종의 카운슬링과 퇴직 시 고려할 사항, 그리고 퇴직의 장점 등을 중심으로 교육하고 있다. 또 많은 민간기관에서 은퇴준비 또는 노후준비 컨설팅을 제공하고 있으며, 일부 민간 기관에서는 노후생활 설계관련 라이프 코치(life coach) 자격증 교육도 시행하고 있다.

(5) 엘더호스텔(Elderhostel)

미국의 고령자 교육 중 대표적인 프로그램인 엘더호스텔 프로그램은 처음 공민고등학교와 유스호스텔(youth hostel)의 영향과 노인의 욕구를 바탕으로 개발되었다(고지희 · 김경태, 2008). 이 프로그램은 고령자의 특성에 맞게 여행, 학습, 휴가의 개념을 통합한 교육 프로그램으로 고령자들이 세계와 사람들, 문화, 그리고 다양한 아이디어를 탐구할 수 있도록 역량을 강화하고(empowerment), 그 과정에서 자신에 대해 더 많이 알아가도록 하는 데 목적을 두고 있다(http://www.elderhostel.org). 주로 노인들에게 저렴한 비용으로 여름방학 동안 대학의 기숙사 등에 머무르며 교육을 받을 수 있도록 기회를 제공하거나 해외여행을 하면서 교육 프로그램을 제공하고 있다. 엘더호스텔 프로그램은 처음에는 60세 이상을 대상으로 했으나 현재는 55세 이상이면 참여가 가능하다. 프로그램 중에는 조부모와 손자녀가 함께 참가하는 세대 간 프로그램도 있으며, 전 세계적으로 대학, 박물관, 교육센터들이 참여하는 국제적 조직도 가지고 있다.

(6) 노인센터(Senior Center)

노인센터는 '고령은 정상적인 발달과정이다'라는 기치 아래 운영되고 있다. 최초의 노인센터는 1943년 뉴욕시의 윌리엄 허드슨 센터이며, 1965년 미국노인복지법이 통과되면서 노인복지법의 지원을 받는 지역사회 노인복지 시설로 지속적으로 증가해 오고 있다(고지희 · 김경태, 2008).

우리나라의 노인복지관에 대한 아이디어는 아마도 미국의 노인센터에서 비롯된 것이라 할 수 있다. 미국의 노인센터는 우리나라 지역사회 노인복지센터의 아이디어를 제공해 줄 정도로 지역사회 내에서 가장 다양하고 복합적 서비스를 제공하는 기관이라 할 수 있다. 현재 미국에는 6,600여 개의 노인센터가 있다. 센터들은 연방, 주정부, 지방정부, 미국 공동모금회(United Way of America) 및 기타 복지단체로부터 재정지원을 받고 있으며, 레크리에이션, 건강, 식사제공, 교통편의, 인문학 및 예술 관련 교육, 취업지원, 지역사회 행동,

자원봉사, 집단활동, 정보 제공 및 의뢰 서비스 등 다양한 서비스를 제공하고 있다(Wacker & Roberto, 2008). 노인센터의 고령자 교육은 센터에서 제공되는 다양한 프로그램 중 하나일 뿐이지만 센터 자체는 지역사회에서 고령자들이 가장 많이 이용하는 교육 프로그램 시설이라 할 수 있다.

(7) 기업 및 비영리단체의 고령자 교육

미국에서는 기업이나 비영리단체가 고령자를 대상으로 다양한 교육 프로그램을 제공하고 있다. 예를 들어 1982년 연방 노인청의 한 공적 및 사적 자금의 공동 프로젝트로 출발한 오아시스(OASIS: Older Adult Service and Information System) 프로그램의 경우 55세 이상 고령자를 대상으로 교육, 건강, 문화, 자원봉사 실천 서비스를 제공하는 것에서 시작하여 미국 전역으로 크게 확대되었다. 이제는 백화점, 식품회사 등에서도 고령자를 위한 일반교양, 건강관리, 영양관리 등에 대한 교육을 시행하고 있다.

(8) 종교기관의 고령자 교육

지역사회 내 종교단체들은 포교와 관련된 면이 있기는 하지만, 교회 단독으로 또는 여러 교회가 연합하여 고령자들에게 무료 식사 대접과 더불어 일상생활관련 사항, 건강, 주거, 여행, 케어 등에 대한 다양한 교육 프로그램을 제공하고 있다. 예를 들면 1972년에 캔자스 시에 설립된 세퍼드센터(Shepherd Center)는 미국 내 25개 기독교회 종파가 협력하여 운영하고 있는데, 여기서는 노인의 기본적 생활만족을 위한 교육과 서비스를 제공하고 있다. 세퍼드센터의 '오후학습'이라는 탐구학습은 시사성이 있거나 고령자의 삶에 밀접한 관련이 있는 문제에 대하여 고령자, 센터의 행정요원, 자원봉사자가 같이 참여하여 지역사회에서 초청된 강사의 강의를 듣고 식사하며 자유롭게 의사를 교환하는 등의 학습방법을 이용하고 있다(한정란 외, 2008).

4) 일 본

일본의 고령자 교육은 이론적으로나 학술적으로 연구된 결과를 바탕으로 하기 보다는 급속하게 진전되는 인구 고령화 문제를 사회적 차원에서 해결하고자 하는 정책적 필요성에 의해 정부 주도적으로 시행되고 있다. 이리하여 일본 고령자 교육의 키워드는 노년기 적응, 삶의 보람, 자립, 사회 참여라 할 수 있고 이것이 곧 노인교육 실시의 목적이라 할 수 있다. 일본에서는 고령자 인재활용 사업(1978~1983년), 고령자 삶의 보람 촉진 종합사업(1984~1987년), 장수학원의 고령자 교육학점제 시행(1989년), 고령사회대책 기본법(1995년)과 이를 근거로 고령사회대책대강(1996년 제정, 2001년 수정), 실버인재센터 중심의 시니어워크 프로그램(1989년), 평생학습추진체제 정비(2006년 교육기본법) 등의 정책을 통해 고령자 교육을 발전시키고 있다. 특히 2001년에 수정된 고령사회대책대강에서는 종래의 획일적인 고령자상에서 벗어나 현재의 노인들이 건강하고 활동적이며 경제적으로 풍족해졌고 그 속성이 다양하다는 것을 밝히고 노후 준비의 중요성과 고령자 참여를 통한 지역사회 기능 활성화를 강조하고 있다. 이 점은 일본의 고령자 교육의 목표와 내용의 다양화를 촉구하는 것으로도 볼 수 있다.

(1) 노인클럽

노인클럽은 일본에서 가장 오래된 것으로, 고령자들이 현실적으로 가장 쉽게 참여할 수 있는 지역사회의 노인활동 단체이다. 이 단체는 일본 노인복지법(1964년)에 의해 제도화되고 신골드플랜에서 노인의 사회참가와 삶의 의미를 갖게 해 주는 대책으로서의 위상을 갖게 되었다. 노인클럽은 2008년 현재 전국에 126,504개나 되며, 800만 명 이상이 가입되어 있다. 노인클럽의 조직은 단위 노인클럽－시·정·촌 노인클럽연합회－도·도·부·현 노인클럽연합회－전국노인클럽연합회로 연결된다. 2006년 현재 노인클럽 총예산의 24.6%를 국가로부터 지원받았다(이소정 외, 2008).

노인클럽의 활동은 고령자 개인의 생활을 풍요롭게 하는 활동과 지역사회를 풍요롭게 하는 활동으로 구분된다. 여기서 고령자 교육은 개인생활을 풍요롭게 하는 활동의 일부로 제공되고 있다. 이 노인클럽은 어떻게 보면 조직이나 그 수에서는 우리나라의 경로당(노인정)과 비슷한 점이 있으나 그 기능이나 활동 면에서는 크게 다르다고 할 수 있다.

(2) 실버인재센터

실버인재센터는 고연령자 등의 고용안정에 관한 법률과 지역고용촉진법에 따라 설립된 후생노동성 산하 공공조직으로 55세 이상의 고연령자와 45세 이상의 중고연령자의 욕구에 맞는 맞춤식 취업 서비스를 제공하는 것을 목적으로 하고 있다. 실버인재센터는 주로 기업, 가정, 공동체들로부터 의뢰받은 임시적 또는 단기적 일을 회원에게 제공하고 회원은 실버인재센터로부터 배분금을 받는 방법으로 운영되고 있다. 실버인재센터에서는 취업과 연계되는 교육과 직업능력 개발교육을 실시하고 있다(이소정 외, 2008).

(3) 노인대학

노인대학은 고령자를 대상으로 교양강좌와 레크리에이션 프로그램을 제공하여 사회활동을 촉진하고 고령자의 심신 건강을 유지하는 것을 목적으로 하고 있다. 60세 이상을 대상으로 각 도·도·부·현에서 노인대학을 운영하며 국가의 재정지원을 받는다. 노인대학에 대한 통일된 법적 근거나 관리 체계는 없으며, 사무는 주로 시·정·촌에서 맡고 있다. 경우에 따라 시·정·촌 노인복지과가 아니면 교육위원회가 관리하기도 하는 등 시·정·촌별로 그 관리 방법이 다르다. 또한 관리 체계가 다름과 더불어 표준화된 교육 커리큘럼도 없는 상태이다. 교육 내용이 관리주체마다 다르기 때문에 어떤 경우는 고령자 리더 세미나 형식으로, 또 어떤 경우는 Good Life College라는 이름으로 이루어지고 있다. 또 노인의 새로운 능력개발을 통해 적극적인 사회참여를 유도하는 목적으로 시민활동 추진 코스와 퇴직준비 코스를 제공하는 경우도 있다(이소정 외, 2008).

(4) 사회교육 강좌

1990년 '평생학습 진흥을 위한 추진체제 등의 정비에 관한 법률'을 제정하고 또한 2006년에 88개의 도·도·부· 현 지정도시에 평생학습추진센터를 설치하는 등 평생학습을 강화하면서 고령자를 의식한 강좌를 늘리고 고령자 특화 과정을 개설하는 경우가 점차 생겨나고 있다. 사회교육기관이나 공민관에서 실시하고 있는 사회교육 강좌의 일부는 고령자를 대상으로 특화되어 있다. 2005년 현재 사회교육기관에서는 강좌의 5% 정도를, 공민관에서는 강좌의 약 8% 정도를 노인대상 특화교육으로 제공한 것으로 나타났다.

(5) 엘더호스텔

미국의 엘더호스텔을 모방하여 1986년에 엘더호스텔협회가 설립되었고, 현재는 도·도·부·현 단위로 시행하고 있다. 이 협회는 엘더호스텔 강좌사업, 세미나 강연회 등의 이벤트 사업, 회원활동 사업, 출판사업, 조사연구사업을 수행하고 있다. 강좌사업은 50세 이상을 대상으로 하며 인문학, 건강, 과학, 환경, 예술, 문화, 음악 등의 다양한 주제로 국내 및 국외 강좌를 실시하고 있다 (이소정 외, 2008).

III. 선진국 고령자 교육 프로그램의 평가와 과제

지금까지 고령자 교육의 의미와 필요성을 생각해 보고 프랑스, 영국, 미국 및 일본의 고령자 교육 정책과 교육 프로그램을 간략히 살펴보았다. 앞에서 살펴본 4개국의 교육 정책과 프로그램으로 선진국의 고령자 교육에 대한 전반적인 평가를 하기에는 한계가 있지만 인구 고령화의 관점에서 고령자 교육의 큰 틀이나 방향에 대해 나름대로 평가를 시도해 보는 것은 의미 있을 것이다. 따라서 다음과 같이 다섯 가지로 지적하면서 과제를 제시해 보기로 하겠다.

1) 전반적으로 선진국의 고령자 교육 정책도 고령화를 인구 고령화라는 의

미보다는 개인 고령화의 의미로 보는 틀에서 크게 벗어나지 못하고 있는 것으로 보인다. 고령자 교육이 생애주기적 관점에서 연장된 고령기의 문제점 해결이나 적응에 주로 치우치는 경우가 많음을 알 수 있다. 다시 말해 노인인구가 많아짐으로 사회적 부담이 커진다는 근본적 의식 하에 고령자 교육을 중년기를 포함한 보다 폭넓은 의미에서 장기적으로 개인의 고용능력 또는 생산성 향상을 포함한 능력개발보다는 고령자 교육의 한계를 암묵적으로 인정하고 있는 것으로 보인다.

2) 전반적으로 선진국의 고령자 교육은 주로 평생교육의 관점에서 시행되고 있는 것으로 보인다. 평생교육은 생애과정 전반에 걸쳐 계속 나타나는 학습욕구나 연속적으로 나타나는 생애과정에 잘 적응하기 위한 목적으로 교육의 필요성을 강조하는 경우가 많다. 그렇기 때문에 노인과 노화에 대한 편견이 아직도 팽배한 상황에서 노인까지를 고려한 교육은 부담이 될 수도 있고, 아니면 능력 있는 사람만 참여하면 된다는 생각이 지배적이어서 노인의 학습능력과 다양한 욕구를 반영하고 노인을 특별히 고려한 교육내용을 구성하려는 경향이 별로 나타나지 않는 것으로 보인다.

3) 선진국의 고령자 교육은 아직도 50세 이상 고령자 또는 60~65세 이상 노인을 비슷한 하나의 대상으로 보는 경향이 있다. 또 교육의 수준차를 고려하지 못하여 일부는 교육 대상에서 소외되거나 교육의 효과가 크지 못할 수도 있다. 사실 50세와 80세는 신체적, 심리적 및 사회적 측면에서 크게 다를 수 있기 때문에 고령자를 2~3집단 정도의 연령계층으로 구분하여 교육할 필요가 있다. 또한 교육수준에 따라 교육내용과 교육효과도 다르기 때문에 교육과정을 최소한 2~3등급으로 설정하는 것이 바람직하다.

4) 선진국 고령자 교육은 아직도 교육과정별로 목표가 불분명하고 이와 관련하여 교육내용(커리큘럼)도 상당히 차이를 보이고 있다. 과정을 노후생활 적응, 자기 발전 또는 능력 개발, 취미와 특기 개발, 사회봉사, 퇴직준비 등으로 구분하여 교육 목표를 보다 분명히 할 필요가 있다. 또 교육내용도 중범위 정도로 구분이 될 수 있도록 연구하여 실험할 필요가 있다. 교육과정의 명칭은 다를지라도 목표가 불분명하기 때문에 교육 내용에서는 중복되는 부분이

많으므로 교육 과정 및 내용의 구성에 대한 지침이라도 마련하는 것이 바람직하다.

5) 선진국의 고령자 교육에서는 전반적으로 취업 또는 직업능력 개발의 과정은 단기적 관점을 크게 벗어나지 못하고 있는 것으로 보인다. 취업이나 직업능력 개발도 단순한 단기적 훈련을 위주로 하고 있는 경우가 많은 것 같다. 그런 단순한 단기적 훈련을 통해 직업능력이 향상되는 데는 한계가 있고 그런 정도의 능력향상이나 취업으로는 고령화로 인한 노동능력 또는 생산성 문제를 해결하기 어려울 것이다. 따라서 근본적이고 장기적인 관점에서 능력향상이나 취업훈련 프로그램을 설계해야 할 것이다. 이와 관련하여 중년기 이후부터 능력향상을 위한 교양교육과 심화과정의 교육을 체계적으로 설계하여 교육 대상을 일반화할 필요가 있다. 즉, 생애과정에서 중년기를 넘어서면서 40~50년의 여생을 새로 설계하기 위해 현재의 교육제도를 새롭게 개편하는 것까지도 고려할 필요가 있다고 본다.

제 10 장
고령화사회 대응을 위한 정부의 정책 대안

1980년대 후반부터 외국과 국내의 인구 고령화 관련 동향이 우리 사회에서 본격적으로 고령화사회 대책을 세워야 한다는 사회적 인식을 강화하였다. 일본의 경우 급속하게 진행되는 고령화로 인해 나타나는 노인문제 및 다양한 사회문제에 대처하기 위해 1980년대 중반부터 다양한 정책을 추진해 왔다. 또한 1995년에는 고령사회기본법을 제정하였고, 1997년에 노인장기요양보호를 위한 개호보험법을 제정하여 2000년부터 시행하게 되었다. 우리나라는 1996년 OECD에 가입하게 됨에 따라 고령화 대책 수립에 대한 국제적 압력이 높아지게 되었고, UN에서도 1999년을 세계 노인의 해로 선포하고 2002년에는 스페인 마드리드에서 제2차 세계고령화총회를 개최하게 되었다. 이러한 일련의 국내외적인 동향을 통해 노인인구가 급속하게 증가하는 현상에 대해 단기적, 단편적 시각에 의한 노인복지 차원의 대책으로만 대응하기는 어렵다는 인식이 우리 사회의 학자, 서비스 전문가, 시민단체 및 정치인에게도 널리 공유되었다.

이리하여 20세기가 마감되고 새로운 천년의 시기와 21세기를 맞는 2000년부터 고령화는 우리 사회 전체에 다양한 영향을 미칠 것이라는 인식이 확산되면서 포괄적인 차원에서 국가적 계획이 필요하다는 공감대가 형성되었고 드디어 2005년에 저출산고령사회기본법이 제정되었다. 이에 따라 5년 단위로 저출산고령사회 대응 기본계획이 수립되어 시행되기에 이르렀다. 제1차 계획은 이미 2006~2010년에 시행되었고, 현재는 제2차 계획(2011~2015년)이 수립되어 시행되고 있다.

고령화는 개인 고령화와 인구 고령화를 모두 포함하는 말이지만, 특히 인구 고령화는 전체인구 중 노인인구 비율이 계속 늘어나는 것에 초점이 맞추어져 있다. 인구 고령화의 가장 큰 요인 중의 하나는 저출산인데 인구 고령화는 그 원인이 되는 저출산을 포함하는 말로 이해되고 있기 때문에 '저출산'이라는 말을 고령사회에 연결하여 사용할 필요는 없다고 본다. 그럼에도 불구하고 우리나라의 저출산 현상은 2000년대에 세계 최저로 떨어져 인구 고령화 속도가 더욱 빠르게 진행될 것에 대해 경종을 울리는 한편 출산율을 끌어올리는 것이 중요하다는 것을 강조하기 위해 저출산과 고령이라는 말을 같이 연결하여 저출산고령사회라는 말을 쓰게 되었다. 따라서 고령화 관련 법률도 저출산고령사회기본법 그리고 이에 따른 정책계획도 저출산고령사회 기본계획이라 부르게 되었다. 그리고 고령화사회라는 말을 국내외에서 일반적으로 가장 많이 쓰고 있는데 우리나라에서 '고령사회'라는 말을 쓰는 것은 고령화가 급속도로 진행되어 노인인구가 14%를 넘는 고령사회가 곧 될 것이라는 것에 대한 경각심을 높이는 의미가 크다고 하겠다(고령화사회, 고령사회 및 초고령사회에 대한 의미는 제1장에서 다룬 바 있다).

이 장에서는 고령사회라는 말이 들어간 국가정책 용어나 법률 관련 용어는 그대로 사용하지만 그 외에는 노인인구 비율이 7%를 넘어 계속 증가하는 현상을 일반적으로 가리키는 '고령화사회'라는 말을 사용하기로 하겠다. 그러면 국가차원의 포괄적인 고령화사회 대응책으로 마련된 저출산고령사회 기본계획의 수립배경과 그 내용을 살펴보고 평가해 보기로 하겠다.

I. 정부의 고령화사회 대책 수립 경위

정부 차원에서 고령화사회에 대응한 공식적 종합대책이 수립된 것은 2002

년 7월 국무총리실 산하에 노인보건복지대책위원회를 구성하여 수립한 '고령사회에 대비한 노인보건복지 종합대책'이라 할 수 있다. 이 계획은 고령사회를 대비하는 종합대책이라고 했지만 저출산 대책이 제외되었고, 정책은 노인만을 대상으로 한 것이었고, 정책분야는 소득과 고용, 건강, 교육/문화/여가, 실버산업에 한정된 것이었다. 따라서 이 대책은 인구 고령화 내지는 고령화사회에 대비한 종합적 대책이라기보다는 노인복지 수준의 종합대책이라 하는 것이 적합할 것으로 생각된다.

이 대책은 1999년 10월 고(故) 김대중 전(前) 대통령이 노인복지 전문가를 청와대로 초청한 회의에서 고령화사회에 대응한 노인장기요양보호 정책수립의 시급함이 건의되어 2000년 1월부터 보건복지부 내에 장기요양보장 정책기획단이 구성된 것과 관련이 있다. 이러한 기조가 이어져 2002년 7월 국무총리실의 고령화사회에 대비한 노인보건복지 종합대책으로 이어졌고 이 같은 정책계획은 노무현 정부로 연계되었다. 2003년에 집권한 노무현 정부는 인구 고령화를 중요하게 생각하여 집권 초기 대통령자문기구인 고령화 및 미래사회위원회를 구성하였고, 또한 '고령화대책 및 사회통합기획단' 내에 인구고령사회대책팀을 구성하여 저출산고령사회 대응을 위한 국가실천전략을 연구하도록 하였다.

인구고령사회대책팀의 보고서 내용이 2004년 1월 국정과제 회의에 상정되었고 이 보고서에서 고령사회대책기본법 제정의 필요성을 강조하였다. 이후 청와대 측의 계속적인 노력과 관련 학계, 전문가 및 정치인들의 공감과 협력을 통해 2005년에 저출산고령사회기본법이 제정되었다. 이 법률에 의한 정책추진 결정기구로 저출산고령사회위원회가 대통령 직속으로 구성되고 정책실행실무 기관으로 당시 보건복지가족부(2010년 3월부터 보건복지부로 명칭이 변경됨)에 저출산고령사회 정책본부가 구성되었다. 이 정책 본부는 정부 12개 부처에서 파견된 100여 명의 공무원들이 업무를 담당하게 되었다. 새로 구성된 저출산고령사회 정책본부가 실무 작업을 맡아 저출산고령사회 제1차 5개년 계획(2006~2010)의 초안이 만들어졌고 2006년 8월에 제1차 5개년 계획안이 저출산·고령사회위원회와 국무회의를 통과하여 확정되었다.

제1차 저출산고령사회 5개년 계획은 2008년 이명박 정부가 들어선 이후 수정계획을 거쳐 2010년까지 시행되었고, 2010년에 제2차 계획이 수립되어 2011년부터 시행되고 있다. 2008년 정권이 교체되면서 저출산고령사회기본법이 개정되어 저출산고령사회위원회는 대통령 직속에서 보건복지가족부 장관 직속으로 격하되었고 또한 보건복지가족부 내의 저출산고령사회 정책본부가 해체되어 저출산고령사회정책국으로, 후에는 저출산고령사회정책실로 바뀌었으나 그 규모는 크게 축소되었다.

저출산고령사회기본법에 따라 5년마다 수립되는 저출산고령사회기본계획은 우리나라가 공식적으로 고령화사회에 대응하여 마련한, 다양한 분야에 대한 종합적 장기계획으로 수립한 정책계획이라 할 수 있다.

II. 제1차 저출산·고령사회 기본계획 (새로마지플랜 2010)

1. 계획의 기본적 틀

2005년에 제정된 저출산고령사회기본법에 의해 수립된 2006~2010년의 제1차 저출산고령사회기본계획을 새로마지플랜 2010이라고도 하는데 2006년 8월에 확정되었다. 정책의 비전을 '모든 세대가 함께하는 지속발전 가능사회'로 제시하고 있으며, 2006~2010년의 정책목표는 '저출산고령사회 대응기반 구축'과 2011~2020년의 정책목표로 '출산율 회복 및 고령사회 성공적 대응'을 제시하고 있다.

이 정책은 2008년 11월에 보완되었는데 노무현 정부 시절 계획수립 이후 정책 환경이 변화된 것과 이명박 정부의 주요 국정과제를 반영할 필요가 있었기 때문이었다. 정책 환경의 변화를 반영한 것은 드림스타트, 아동발달 지원계좌, 기초노령연금, 노인장기요양보험 등이고, 이명박 정부의 주요 국정과제를 반영한 것은 신혼부부 보금자리 주택, 주택공급, 수요자 중심의 보육정책 개편, 고령자 일자리 확대, 보건소의 치매 조기검진 등이다.

새로마지플랜 2010에서는 목표 달성을 위한 추진과제를 세 개 영역으로 나누고 있는데 ① 저출산 대책 영역인 '출산과 양육에 유리한 환경조성', ② 노인복지 대책 영역인 '고령사회 삶의 질 향상 기반 구축', ③ 미래 성장동력 대책 영역인 '미래 성장동력 확보'로 되어 있다.

출처: 대한민국정부(2008), 저출산고령사회 기본계획(보완판)

그림 10-1 제1차 저출산고령사회 기본계획의 기본 틀

그리고 목표 달성을 위한 추진과제 외에 정책을 수행할 수 있는 환경 조성도 중요하기 때문에 저출산고령사회 대응 사회적 분위기 조성도 계획의 한 영역으로 포함되어 있다. 세 개 영역을 중심으로 새로마지플랜 2010을 요약한 것은 <그림 10-1>과 같다.

그림에서 보는 바와 같이 계획은 기회요인으로 ① 청년층의 평균기대자녀수가 인구대체수준(2.1명)에서 유지되고 있는 것, ② 여성과 고령자의 경제활동 참여욕구가 증대하고 있는 것, ③ 양성평등의 가치관이 확산되고 있는 것이다. 그리고 이 계획의 위기요인은 ① 가족의 육아 및 노인부양 기능이 약화되고 있는 것, ② 일과 가정의 양립 기반이 미흡한 것, ③ 생산가능 인구의 감소로 성장기반이 약화되는 것, ④ 사회적 부양부담이 증가하는 것이다.

2. 분야별 정책과제

그림에서 제시된 세 가지 영역의 정책과제와 정책 환경에 관련된 과제를 간략하게 설명하면 <표 10-1, 10-2, 10-3, 10-4>와 같다.

제1차 저출산고령사회 기본계획에서는 <표 10-1>부터 <표 10-3>까지 제시한 세 가지 기본영역의 정책과제 외 저출산고령사회 대응 사회적 분위기 조성의 중요성을 고려하고 계획의 효과적·효율적 추진을 위해 ① 생애 주기 전체를 통해 저출산고령사회의 정책에 대한 전략적 홍보 및 교육을 시행하는 것, ② 정책추진 공동체를 구축하고 사회적 합의를 이끌어 내는 것, ③ 정책 효과성 제고를 위한 추진체계 구축을 주요 정책과제로 삼았다(<표 10-4> 참조).

표 10-1 제1차 저출산고령사회 기본계획의 저출산 영역 정책과제

I. 출산과 양육에 유리한 환경 조성	1. 결혼 출산 양육에 대한 사회적 책임 강화	1-1. 신혼부부 출발 지원	[1] 결혼·출산 주 연령층에 대한 결혼정보 제공 및 지원 제도 도입 [2] 신혼부부 보금자리 마련 지원
		1-2. 자녀양육 가정의 경제적·사회적 부담 경감	[1] 보육·교육비 지원의 선진화 [2] 보육시설 미·이용 아동 양육수당 지원 [3] 사교육비 부담 경감을 위한 지원 [4] 조세 및 사회보험 혜택 확대 [5] 주거안정 지원 [6] 미혼모, 미혼부 지원 확대
		1-3. 다양하고 질 높은 육아 지원 인프라 확충	[1] 육아지원 시설 확충 [2] 민간보육시설 보육시설 평가인증제 실시 [3] 다양한 육아 지원 서비스 확대
		1-4. 임신·출산에 대한 지원 확대	[1] 산전검사 및 분만취약지역 지원 [2] 모성·영유아 건강관리 체계화 [3] 불임부부 지원 확대 [4] 산모 도우미 지원 [5] 국가 필수예방접종사업 지원 확대 [6] 부적절한 인공임신중절 예방사업 강화
	2. 일·가정 양립 및 가족 친화적 환경 조성	2-1. 모성보호 강화	[1] 산전 후 휴가급여 지원 확대 [2] 육아휴직제도 활성화 및 근로 형태 유연화
		2-2. 가족친화적 직장문화 조성	[1] 가족친화기업인증제 확산 [2] 가족친화 프로그램 개발 보급 [3] 가족간호휴직제도 도입 [4] 출산·육아 후 여성의 노동시장 복귀 지원
		2-3. 학교·사회교육 강화 및 가족문화 조성	[1] 가족 가치관 확립을 위한 학교 교육 강화 [2] 가족 가치관 확립을 위한 사회 교육 강화 [3] 가족생활 교육 및 가족 상담 서비스 내실화 [4] 가족단위 여가문화 지원 [5] 가족친화적 지역사회 환경 조성
	3. 건전한 미래 세대 육성	3-1. 아동·청소년의 안전한 성장 환경 조성	[1] 안전사고 예방을 위한 사회 기반 조성 [2] 아동학대 예방 및 방임 아동보호 체계 [3] 학교폭력 예방·근절 대책 강화
		3-2. 아동·청소년의 건전한 성장을 위한 사회적 지원 시스템 확립	[1] 지역사회 아동·청소년 방과 후 서비스 제공 및 보호 기능 강화 [2] 아동의 발달 지원 [3] 국내입양 활성화 [4] 유해환경 차단 강화 [5] 학교의 건강관리 기능 강화를 위한 여건 조성
		3-3. 빈곤아동의 자활·자립 지원	[1] 드림스타트 활성화 [2] 아동발달지원계좌 확대

표 10-2 제1차 저출산고령사회 기본계획의 고령화 영역 정책과제

<table>
<tr><td rowspan="11">II. 고령사회 삶의 질 향상 기반 구축</td><td rowspan="2">1. 노후소득 보장 체계 강화</td><td>1-1. 공적 연금제도 체계화</td><td>[1] 국민연금 내실화 및 지속가능성 제고
[2] 국민연금 사각지대 해소
[3] 고령사회 근로유인 제공을 위한 국민연금체계 구축
[4] 특수직연금제도 개선
[5] 기초노령연금제도 시행
[6] 국민연금과 특수직역연금 간 가입기간 연계</td></tr>
<tr><td>1-2. 사적 소득 보장체계 확충</td><td>[1] 퇴직연금제도 확대
[2] 개인연금 활성화</td></tr>
<tr><td rowspan="3">2. 건강하고 보호받는 노후생활 보장</td><td>2-1. 노후건강관리 기반 조성</td><td>[1] 노령기 기초건강 증진
[2] 노인질환에 대한 종합 지원 강화
[3] 치매노인에 대한 종합적 관리 및 지원체계 구축</td></tr>
<tr><td>2-2. 공적 노인 요양보장체계 확립</td><td>[1] 노인장기요양보험제도의 안정적 정착 및 내실화
[2] 노인요양시설 인프라 확충</td></tr>
<tr><td>2-3. 노인권익 증진</td><td>[1] 독거노인 보호 강화
[2] 노인권익 보호 및 세대 간 이해 증진</td></tr>
<tr><td rowspan="3">3. 노인의 사회 참여와 노후준비 기반 조성</td><td>3-1. 노인일자리 창출</td><td>[1] 노인적합형 일자리 창출</td></tr>
<tr><td>3-2. 생산적인 여가문화 프로그램 활성화 및 사회참여 여건 조성</td><td>[1] 노인의 자원봉사활동 참여 기반 조성
[2] 노인의 여가문화 활성화</td></tr>
<tr><td>3-3. 노후생활 설계 기반 조성</td><td>[1] 노후생활 설계 교육 프로그램 개발</td></tr>
<tr><td rowspan="2">4. 고령친화 생활환경 조성</td><td>4-1. 고령친화적 생활환경 조성</td><td>[1] 고령자 가구 주거 지원을 위한 법적 기반 마련
[2] 저소득 고령자를 위한 주택공급 확대
[3] 고령자에게 편리한 교통환경 조성</td></tr>
<tr><td>4-2. 고령친화적 지역사회 개발</td><td>[1] 지역특성에 적합한 차별화된 노인복지정책 추진</td></tr>
</table>

표 10-3 제1차 저출산고령사회 기본계획의 미래 성장동력 영역 정책과제

III. 저출산 고령사회 성장동력 확보	1. 여성 고령자 등 잠재인력 활용 기반 구축	1-1. 여성의 경제활동 참여 촉진	[1] 적극적 고용정책 강화 [2] 여성의 직업능력개발 및 취업 지원 [3] 여성친화적 기업환경 조성
		1-2. 고령인력 활용을 위한 생산적 고령화 시스템 구축	[1] 연령차별금지 법제화 및 정년제도 개선 [2] 기업의 임금 체계 개편 및 근로 형태 다양화 지원 [3] 고령자 고용촉진 지원 강화 [4] 중고령자 직업능력개발 지원 [5] 고령근로자 직무수행 환경개선
		1-3. 외국적 동포, 외국 인력의 활용 및 사회통합 기반 조성	[1] 외국적 동포의 인력 활용 [2] 우수 외국인력의 적극유치 [3] 외국인 고용허가제의 조기 정착 [4] 다문화사회 적응을 위한 사회통합 프로그램 활성화
	2. 인적 자원의 경쟁력 및 활용도 제고	2-1. 선순환적 직업능력 개발 및 평생학습 체계 확립	[1] 학교교육과 노동시장 연계 강화 [2] 수요자 중심의 직업능력개발 기회 확대 [3] 평생학습 인프라 및 국가기술자격제도 혁신
		2-2. 산업재해 예방을 통한 노동력 손실 방지	[1] 산업현장의 안전·보건 증진 [2] 산재근로자 직장복귀 지원 강화
	3. 고령친화 산업 육성	3-1. 고령친화 산업육성 인프라 기반 강화	[1] 고령친화산업 육성기반 구축 로드맵 작성 추진 [2] 우수고령친화제품(서비스) 지정·표시 제도 도입 [3] 고령친화제품 종합체험관 설립
		3-2. 고령친화 제품기술 개발 촉진	[1] 고령친화제품 기술개발 촉진
		3-3. 고령친화 제품 표준화 확대	[1] 고령친화제품 표준화 확대
		3-4. 고령사회의 금융 기반 조성	[1] 역모기지제도 활성화 [2] 자산운용 산업의 활성화 [3] 장기국채시장 육성

표 10-4 제1차 저출산고령사회 기본계획의 사회적 분위기 조성 정책과제

IV. 저출산고령사회 대응 사회적 분위기 조성	1. 전략적 교육 홍보	
	2. 정책공동체 구축 및 사회적 합의 유도	
	3. 정책효과성 제고를 위한 추진 체계 구축	[1] 중앙 및 지방자치단체 간 정책 연계 강화 [2] 저출산고령화사회 정책성과 관리 체계 확립

3. 재정계획

제1차 저출산고령사회 기본계획을 수행하기 위한 예산은 2006년 계획 당시 32조원이었으나 2008년 보완계획에서 40조 원으로 늘어났다. 연차별 투자계획은 <표 10-5>와 같다.

표 10-5 제1차 저출산고령사회 기본계획 연도별 투자계획 (단위: 조 원)

구 분		계		'06 ~ '10							
				'06	'07	'08		'09		'10	
		기존	보완	기존	기존	기존	보완	기존	보완	기존	보완
계		32.0	40.3	3.7	5.7	7.1	8.4	7.3	10.8	8.2	11.7
분야별	저출산	18.8	19.1	2.1	3.2	4.0	3.8	4.6	4.7	4.9	5.3
	고령화	7.2	15.0	0.8	1.3	1.8	3.2	1.4	4.7	1.9	5.0
	성장동력	6.0	6.2	0.8	1.2	1.3	1.4	1.3	1.4	1.4	1.4
	기타	0.034	0.016	0.001	0.007	0.008	0.003	0.009	0.002	0.009	0.003
국비		11.2	17.3	1.3	1.9	2.4	3.6	2.6	5.0	3.0	5.5
지방비		13.0	14.8	1.4	2.3	3.0	3.1	3.0	3.8	3.3	4.2
기금 등		7.8	8.2	1.0	1.5	1.7	1.7	1.7	2.0	1.9	2.0

기존: '06년 기본계획 최초 수립 시 재정투자 계획.
보완: 기본계획 보완에 따라 새로 추계한 재정투자계획.

4. 제1차 저출산고령사회 기본계획의 평가

제1차 저출산고령사회 기본계획의 시행결과를 성과와 한계로 나누어 평가해 보기로 하겠다.

1) 주요 성과

(1) 저출산고령사회 현상에 대한 범정부적 대응 체계를 구축했다는 것이다.

저출산고령사회기본법을 제정함으로써 5년 단위의 정책계획을 수립할 수 있었지만 반대로 중단기적 정책 계획을 수립하기 위한 정책수단으로 저출산고령사회기본법의 제정이 필요하였고 결과적으로 그 법이 제정됨으로써 범정부적 대응 체계가 가능하게 된 것이라 할 수 있다.

(2) 과학적 분석을 토대로 최상의 목표에서 하위 정책까지 체계적으로 연계된 중기계획을 수립함으로써 일관성 있는 정책추진이 가능해졌다는 것이다. 한계는 있었지만 통계청, 한국보건사회연구원, 한국개발연구원 등의 정책과제 수행결과를 활용하고 또한 정책수립을 위해 저출산과 고령화의 원인을 과학적으로 분석하여 정책수립의 기초로 삼았다는 것은 중요한 의미를 갖는다고 하겠다.

(3) 저출산고령사회 대책을 위한 재정투입을 계획에 반영된 대로 할 수 있게 됨으로써 지속적으로 재정을 투입하고 확대할 수 있는 기조를 마련하였다는 것이다. <표 10-4>에서 보듯이 예산을 연차적으로 확대해 나갈 수 있었다.

(4) 저출산고령사회 대응을 위한 관련법령과 제도를 정비할 수 있었다는 것이다. 계획 수행과 관련하여 가족친화사회환경조성촉진에 관한 법률(2007년), 남녀고용평등과 일 · 가정양립지원에 관한 법률(2007년), 기초노령연금법(2007년), 노인장기요양보험법(2007년), 고령친화산업진흥법(2008년) 등의 제정이 이루어졌다.

(5) 저출산 극복을 위한 단초가 마련되고 고령자의 삶의 질 향상을 위한 제도적 기반이 구축되었다는 것이다. 영유아 보육 및 교육 지원 확대로 출산과 양육에 대한 사회적 책임의식이 강화되고 가족친화기업 인증제 도입 등 일-가정 양립의 환경이 조성되었고, 기초노령연금과 노인장기요양보험 도입으로 노후 소득보장과 요양보호를 위한 제도적 틀을 마련하고 고령자의 삶의 질 향상에 기여하게 되었다.

(6) 지속적인 홍보로 저출산고령화 문제해결 필요성에 대한 국민적 공감대가 형성되기 시작했다는 것이다. '아이 낳기 좋은 세상 운동본부'(2009년 출범) 등 적극적인 범국민적 캠페인 전개로 저출산고령사회의 심각성을 일반 국민들이 이해할 수 있도록 하는 데 크게 기여했다고 할 수 있다.

2) 한 계

(1) 계획 수행에 16개 부처가 관련되어 있음에도 불구하고 부처 간 정책적 연계가 잘 이루어지지 못했다고 할 수 있다. 어떻게 보면 16개 부처에서 계획을 나누어 시행한다는 것에 불과하고 그 이상의 상호연계와 통합적 노력이 별로 없었다고 할 수 있다. 이는 정부정책 수행을 기본적으로 조정할 수 있는 기능이 부재하거나 불확실한 점, 그리고 무엇보다도 정책시행 초기에 구성된 대통령직속 저출산고령사회위원회의 위상을 보건복지부 장관 주관 위원회로 격하시킨 것이 이러한 정책연계와 통합성에 장애요인이 되었다고 할 수 있다. 이같이 위원회 위상 격하에 따라 계획 시행 초기에 각 부처에서 파견되어 보건복지가족부 내 100여 명 이상으로 구성되어 있던 저출산고령사회정책본부는 국 단위(후에 실 단위로 명칭은 확대되었으나 그 규모나 기능면에서는 별 차이 없음)로 축소된 것도 부처 간 연계와 협의조정이 제대로 이루어지지 못한 주요 요인이 될 수 있다.

(2) 저출산고령화에 따른 다방면의 영향과 대책이 충분히 반영되지 못했다는 것이다. 저출산 영역은 보육지원 부분에 편중되었고, 고령화 영역은 기초노령연금에 편중하는 경향을 보였으며, 관련 과학기술 및 보건의료 연구와 개발은 거의 무시되었고, 교육, 주택, 산업, 경제, 문화 등의 영역도 거의 고려되지 못했다고 할 수 있다.

(3) 일반국민들은 물론 정부부처까지도 저출산고령사회 대책을 아동복지와 노인복지 대책으로 생각하는 편협한 생각이 지배적이어서 저출산고령화의 폭넓고 다양한 영역과 영향을 체감하는 데는 상당한 한계가 있었다는 것이다.

(4) 맞벌이 가구, 베이비부머 세대 등 정책 수요가 높은 계층에 대한 정책적 고려가 부족하여 정책에 대한 국민들의 전반적 체감도가 낮았다는 것이다.

(5) 저출산고령사회 대책 수행에 민간 비영리, 민간시장(기업), 시민사회단체 등 다양한 단체들의 참여가 부족했다는 것이다. 이는 정부 외 다른 분야에서는 저출산고령화의 심각성에 대한 이해가 부족했기 때문이라 할 수 있다. 지속적인 홍보와 정책 수행의 총괄기구가 보건복지부 내로 한정되어 있고,

정책담당자의 빈번한 교체도 정부가 이러한 문제를 지속적으로 파악하여 다른 부분과의 협력체계를 구축하는 데 한계를 드러낼 수밖에 없다.

III. 제2차 저출산·고령사회 기본계획 (새로마지플랜 2015)

1. 계획의 기본적 틀

제2차 저출산고령사회 기본계획 또는 새로마지플랜 2015는 2010년 9월에 확정되어 2011년부터 시행되고 있다. 제2차 계획의 비전은 '저출산고령사회에 대한 성공적 대응으로 활력 있는 선진국가로 도약'하는 것이고, 2011~2015년의 목표는 '점진적 출산력 회복 및 고령사회 대응체계를 확립'하는 것이며, 2016~2030년까지의 목표는 'OECD 평균수준 출산율을 회복하고 고령사회에 효과적으로 대응'하는 것이다.

제2차 계획의 주요 정책과제 영역도 제1차 계획의 주요 정책과제 영역과 거의 비슷하게 세 가지로 나누어지고, 1차 계획에서와 마찬가지로 저출산고령사회 분위기 조성도 한 영역으로 되어 있다. 세 가지의 주된 정책과제 영역은 ① 저출산 대책 영역인 '출산과 양육에 유리한 환경조성', ② 고령화 대책 영역인 '고령사회 삶의 질 향상 기반 구축', ③ 성장동력 확보 영역인 '성장동력 확보와 분야별 제도 개선'이다. 이 세 가지 영역의 과제는 다시 각각 세 가지의 하위 과제로 나누어진다(<그림 10-2> 참조).

제2차 계획의 두 영역, 즉 저출산 영역과 고령화 영역의 주요 대상과 정책 영역을 제1차와 비교하면 <표 10-6>과 같다.

출처: 대한민국정부(2010), 제2차 저출산고령사회 기본계획.

그림 10-2 제2차 저출산고령사회 기본계획의 기본 틀

표 10-6 제1차 계획과 제2차 계획의 주요 대상과 정책영역의 비교

구 분		제1차 계획	제2차 계획
저출산	주요 대상	저소득 가정	맞벌이 등 일하는 가정
	정책영역	보육지원 중심	일·가정 양립 등 종합적 접근
고령화	주요 대상	60세 이상 저소득 노인	50세 이상 등 베이비부머 세대
	정책영역	소득보장, 요양보호	소득·건강·주거 등 전반적 사회 시스템
공통	추진방식	정부 주도	범사회적 공조체제

2. 분야별 정책과제

<그림 10-2>에서 제시된 세 가지 주요 영역의 세부 정책과제와 정책추진을 위한 사회적 분위기 조성 정책과제를 정리하여 제시하면 <표 10-7, 10-8, 10-9, 10-10>과 같다.

표 10-7 제2차 저출산고령사회 기본계획의 저출산 영역 정책과제

<table>
<tr><td rowspan="6">1. 출산과 양육에 유리한 환경 조성</td><td rowspan="3">1. 일·가정 양립 일상화</td><td>1-1. 육아를 위한 육아휴직제도 확대·개선</td><td>[1] 육아휴직제도 개선
[2] 육아기 근로시간 단축 활성화 등 육아 기회 확대
[3] 산전후 휴가 등 제도 개선</td></tr>
<tr><td>1-2. 유연한 근무형태 확산</td><td>[1] 유연 근로제 확산
[2] 유연 근로형태 도입 여건 조성</td></tr>
<tr><td>1-3. 가족친화 직장·사회환경 조성</td><td>[1] 직장보육시설 설치 활성화
[2] 가족친화기업인증에 기업 등 참여
[3] 가족친화적 사회환경 조성</td></tr>
<tr><td rowspan="3">2. 결혼·출산·양육 부담 경감</td><td>2-1. 가족형성에 유리한 여건 조성</td><td>[1] 신혼부부 주거부담 경감
[2] 결혼 장려를 위한 사회적 배려 강화
[3] 결혼 관련 교육, 정보 및 서비스 체계적 제공</td></tr>
<tr><td>2-2. 임신·출산에 대한 지원 확대</td><td>[1] 임신·분만 취약지역에 대한 의료 지원 강화
[2] 임신·출산 비용 지원 확대
[3] 모성 및 영유아 건강관리 강화
[4] 산모신생아 도우미 지원</td></tr>
<tr><td>2-3. 출산·양육 비용 지원 확대</td><td>[1] 보육·교육비 지원 확대
[2] 양육수당 지원 확대
[3] 수요자 중심의 육아 지원 서비스 확대
[4] 아이 돌보미 서비스 확대
[5] 영아에 대한 가정 내 돌봄 활성화
[6] 취학아동 방과 후 돌봄 서비스 지원 확대</td></tr>
</table>

표 10-7 제2차 저출산고령사회 기본계획의 저출산 영역 정책과제(계속)

I. 출산과 양육에 유리한 환경 조성	3. 아동·청소년의 건전한 성장 환경 조성	3-1. 취약계층 아동 지원 강화	[1] 드림스타트 사업 활성화 [2] 위기 청소년 통합지원체계 확대 [3] 위기 아동·청소년 자립 지원 확대
		3-2. 아동·청소년 역량 개발 지원	[1] 아동·청소년의 종합적 발달 지원 [2] 취약계층 아동 휴먼네트워크 형성 [3] 소질과 적성에 근거한 역량 개발 지원
		3-3. 안전한 아동·청소년 보호체계 구축	[1] 아동·청소년 생활안전 강화 [2] 성범죄 예방 및 보호 대책 강화 [3] 아동학대 예방 보호체계 강화 [4] 학교폭력 예방 및 피해자 보호 지원 [5] 유해환경요인 차단 및 건강관리 지원
		3-4. 아동·청소년 정책 추진 기반 조성	[1] 중장기 아동정책 및 청소년 정책 기본체계 수립 [2] 정기적 아동실태조사 및 통계 정비

표 10-8 제2차 저출산고령사회 기본계획의 고령화 영역 정책과제

II. 고령사회 삶의 질 향상 기반 구축	1. 베이비붐 세대의 고령화 대응체계 구축	1-1. 다양한 고용기회 제공	[1] 고령자 고용연장 [2] 맞춤형 고령자 전직 및 취업 지원 서비스 강화 [3] 중고령자 적합형 일자리 창출 및 창업 지원 [4] 중고령인력 전문성 활용 제고 [5] 고용상 연령차별금지제도의 정착
		1-2. 다층적 노후 소득보장체계 확립	[1] 국민연금의 장기지속가능성 개선 [2] 국민연금 사각지대 해소 [3] 사적 소득보장제도 확충
		1-3. 사전 예방적 건강관리체계 구축	[1] 사전 예방적 보건의료체계 구축
		1-4. 노년기 생애 대비 노후생활 설계 강화	[1] 노후설계 기반 조성 [2] 노후설계 서비스 지원 및 활성화
	2. 안정되고 활기찬 노후생활 보장	2-1. 일자리 사업의 내실화	[1] 노인일자리 양적 확충 및 질적 고도화 [2] 일자리 사업 체계화
		2-2. 노인빈곤 예방을 위한 소득보장 방안 마련	[1] 무연금·저연금 노인을 위한 연금제도 내실화 [2] 국민연금 급여의 근로유인성 제고 [3] 농어촌 고령자 소득보장

표 10-8 제2차 저출산고령사회 기본계획의 고령화 영역 정책과제(계속)

II. 고령사회 삶의 질 향상 기반 구축	2. 안정되고 활기찬 노후생활 보장	2-3. 건강한 노후생활 및 의료비 지출 적정화	[1] 노년기 주요 질환 관리체계 구축 [2] 치매노인 관리체계 구축 [3] 장기요양보험 내실화 [4] 노령기 기초건강 증진을 위한 운동사업 활성화 [5] 의료비 지출 적정화
		2-4. 다양한 사회참여, 여가문화 기회 제공	[1] 고령자 자원봉사 활성화 및 인프라 구축 [2] 고령자의 여가문화 향유 기반 확대
	3. 고령친화적 사회환경 조성	3-1. 고령친화적 주거·교통 환경 조성	[1] 고령친화적 주거환경 조성 [2] 고령친화적 대중교통 및 보행 환경 개선
		3-2. 노인 권익증진 및 노인공경 기반 마련	[1] 독거노인 및 부부노인 가구의 보호 강화 [2] 학대노인의 보호 강화 [3] 노인공경 및 복지 기반 마련

표 10-9 제2차 저출산고령사회 기본계획의 성장동력 영역 정책과제

III. 성장동력 확보 및 분야별 제도개선	1. 잠재인력 활용 기반구축 및 인적 자원 경쟁력 제고	1-1. 여성의 경제활동 참여 촉진	[1] 적극적 여성고용정책 강화 [2] 여성의 직업능력 개발 및 취업 지원
		1-2. 외국 국적 동포·외국 인력 활용	[1] 외국 국적 동포 활용 및 우수 외국 인력 유치 [2] 외국인 고용허가제의 조기 정착 [3] 다문화 사회 적응을 위한 사회통합 프로그램 활성화
		1-3. 선순환적 직업능력개발체계 확립	[1] 학교교육과 고용시장 연계 강화 [2] 수요자 중심의 직업능력 개발 기회 확대 [3] 평생학습 인프라 구축
		1-4. 산업재해 예방을 통한 고용력 손실 방지	[1] 작업환경 개선 및 작업장 안전문화 확산 [2] 산재근로자 직장복귀 지원 강화
	2. 인구구조 변화에 대응한 경제사회 제도개선	2-1. 학령인구 감소에 대비한 교육 분야 제도개선	[1] 교육분야 제도개선
		2-2. 인구 고령화에 대비 주택 및 금융분야 제도개선	[1] 주택분야 제도개선 [2] 금융분야 제도개선

표 10-9 제2차 저출산고령사회 기본계획의 성장동력 영역 정책과제(계속)

<table>
<tr><td rowspan="3">III. 성장동력 확보 및 분야별 제도개선</td><td>2. 인구구조 변화에 대응한 경제사회 제도개선</td><td>2-3. 중장기 재정의 지속가능성 유지를 위한 재정분야 제도개선</td><td>[1] 미래 재정위험 대비 중장기 재정건전성 유지</td></tr>
<tr><td rowspan="2">3. 고령친화 산업육성</td><td>3-1. 제품 및 서비스 품질향상을 통한 산업 경쟁력 확보</td><td>[1] 고령친화제품 기술개발 촉진
[2] 고령친화제품(서비스) 표준화
[3] 고령친화제품(서비스) 지정·표시제도 확대</td></tr>
<tr><td>3-2. 국내외 시장 활성화</td><td>[1] 국내 수요기반 확충
[2] 해외시장 선점 인프라 확충 및 지원</td></tr>
</table>

표 10-10 제2차 저출산고령사회 기본계획의 사회적 분위기 조성 영역 정책과제

<table>
<tr><td rowspan="3">IV. 저출산 고령사회 분위기 조성</td><td>1. 홍보 및 교육</td></tr>
<tr><td>2. 민간의 참여와 합의를 바탕으로 범국민운동 확산</td></tr>
<tr><td>3. 정책효과성 재고를 위한 추진체계 구축</td></tr>
</table>

3. 재정계획

제2차 저출산고령사회 기본계획의 연차별 투자계획은 <표 10-11>에서 보는 바와 같이 5년간 총 75조 8천억 원이다. 이는 1차 계획의 거의 2배에 가까운 예산이며 연차적으로 예산투입을 점차 늘려가도록 하고 있다.

표 10-11 제2차 저출산고령사회 기본계획 연차별 투자계획 (단위: 조 원)

구 별		2010	2010~2015					
			계	2011	2012	2013	2014	2015
계		12.4	75.8	14.1	14.6	15.2	15.7	16.2
분야별	저출산	5.9	39.7	7.2	7.6	7.9	8.3	8.7
	고령화	5.0	28.3	5.4	5.5	5.7	5.8	5.9
	성장동력	1.4	7.8	1.5	1.5	1.6	1.6	1.6
국비		7.9	53.4	9.9	10.2	10.7	11.1	11.5
지방비		4.5	22.4	4.3	4.4	4.4	4.6	4.7

출처: 대한민국정부(2010), 제2차 저출산고령사회 기본계획.

4. 제2차 계획의 평가

제2차 계획은 2012년 현재 시행 초기 단계이므로 시행결과를 전반적으로 평가할 수는 없기 때문에 여기서는 제1차 계획의 한계점이 어느 정도 제2차 계획에서 개선되었는지 또는 정책수행에서 개선될 가능성이 어느 정도인지를 중심으로 평가해 보는 것이 적합할 것 같다. 제1차 계획의 한계점으로 계획 수행에서 부처 간 연계와 통합적 노력의 부족, 저출산고령화의 다양한 부문에 대한 영향과 대책 고려 미비, 저출산과 고령화에 대한 편협한 이해, 그리고 주요 정책 수요 계층에 대한 고려 부족, 민간의 참여유도 미비가 지적되었다.

1) 계획수행에서 부처 간 연계와 통합의 노력은 두고 보아야 하겠지만 2차 계획 수행에도 14개 부처가 관련되어 있음에도 불구하고 전반적으로 이를 통합, 조정할 수 있는 기구가 여전히 보건복지부 소속 저출산고령사회위원회와 보건복지부 내의 저출산고령사회정책실로 되어 있어 정부 전체의 입장에서 저출산고령사회 정책을 전반적으로 조정하고 통합하는 데 한계를 드러낼 수밖에 없을 것으로 보인다.

2) 저출산고령화는 사회복지 부문뿐만 아니라 경제, 산업, 교육, 과학기술 및 보건의료 기술 개발과 연구, 문화를 포함한 사회의 전반적 분야에 영향을 미칠 것이기 때문에 다양한 부문에서 관련 주요 정책이 포함되어야 할 것이다. 즉, 저출산고령화는 사회제도 전반에 대해 영향을 미친다고 해도 과언은 아니다. 제2차 계획에서는 1차 계획에서 중요하게 고려되지 못한 맞벌이부부, 베이비부머세대 등이 포함되기는 하였으나 여전히 관련 과학기술 및 보건의료 연구와 개발이 거의 무시되고 있고, 교육, 주택, 산업, 경제, 문화 등의 영역에 대한 정책도 대단히 미미하게 고려되고 있을 뿐이다.

3) 일반국민들은 물론 정부부처까지도 저출산고령사회 대책을 아동복지와 노인복지 대책으로 생각하는 편협한 생각이 제2차 계획 수행에서 어느 정도 개선될지는 두고 보아야 하겠지만 이 같은 문제의 획기적 개선은 앞으로 정책을 총괄하는 보건복지부의 역할과 정책수행 환경을 만들어나가는 과제를

어느 정도 잘 수행하느냐에 달렸다고 할 수 있다.

4) 제1차 계획에서 정책 수요가 높은 계층을 고려하지 못한 한계는 제2차 계획에서 맞벌이 가구와 베이비부머 세대 등을 정책계획에 포함시킴으로써 어느 정도 극복되었다고 할 수 있으나 정책 수요 계층을 청년층, 중년층, 베이비부머 세대(중고령자), 고령자 등으로 세분화하여 각각의 특징적 욕구를 고려하지 못함으로써 많은 경우 정책 대상의 사각지대에 놓이거나 중복되는 경우가 나타날 가능성이 크다.

5) 제1차 계획에서 저출산고령사회 대책 수행에 민간 비영리, 민간시장(기업), 시민사회단체 등 다양한 단체들의 참여가 부족했던 문제 역시 어느 정도 개선될지는 앞으로 두고 보아야 하겠지만 현재와 같은 정책 환경이 획기적으로 개선되지 않는 한 크게 기대하기는 어려울 것으로 예상된다. 지금과 같은 보건복지부 중심의 정책 조정 기능에 의한 정책 수행, 제1차 계획과 크게 달라지지 못한 저출산고령사회에 대한 홍보와 교육, 정책 담당자의 빈번한 교체 등이 근본적으로 개선되지 않으면 민간 영역의 적극적 참여를 끌어내기 어려울 것으로 보인다.

제 11 장
지속가능한 고령화사회를 위한 정책 패러다임

고령화(aging)는 두 가지 면으로 이해될 수 있는데, 하나는 개인 고령화(individual aging)이고 다른 하나는 인구 고령화(population aging) 또는 고령화사회(aging society) 현상이다. 개인 고령화는 인류사회 발전의 위대한 업적이고 인류가 추구하여 온 장수의 꿈을 실현하고 있는 것이라 할 수 있지만, 거의 대부분의 경우 인구 고령화 또는 고령화사회 현상은 그 부정적 영향이 과도하게 부각됨으로써 개인 고령화조차 인류사회의 지속적 발전을 저해하고 불안과 두려움을 초래하는 원인으로 인식되고 있다.

사실 고령화사회 현상은 개인 고령화와 저출산이 중요한 원인이 되고 있다. 그러나 개인 고령화보다는 저출산에 의해 더 심각한 결과를 낳게 됨에도 불구하고 고령화사회로의 진전으로 노동 생산성 약화, 노인에 대한 경제적 및 사회적 부담, 피부양 노인인구 증가에 따른 저축률 하락 및 투자 위축 등의 부정적 측면이 보다 중요하게, 그리고 많은 경우 확실한 근거 없이 과장되게 부각됨으로써 개인 고령화에 의한 고령화사회 현상이 대단히 부정적으로 인식되고 있다.

수명연장으로 장수의 꿈을 실현하면서 출산율도 높여 고령화사회로의 진전을 지연시킬 수는 있지만, 사실상 출산율을 높이는 것이 쉽지 않고, 출산율을 높인다 하더라도 수명연장이 더 빨리 이루어질 것이기 때문에 장기적으로 보면 인류사회가 고령화사회로 진전하는 것을 막을 수는 없을 것이다. 피할 수 없기 때문에 긍정적으로 생각해야하는 이유도 있지만, 적극적으로 개인과 사회가 의식과 관점을 바꾸어 간다면 고령화사회의 부정적 영향을 예방하거나 제거하여 발전적이고 바람직한 새로운 미래사회인 고령화사회를 만들어 갈 수 있을 것으로 생각한다.

미래사회가 고령화사회로 진전하게 되는 것은 불가피하기 때문에 이를 두려움과 불안으로 대응하기보다는 미래의 고령화사회 구축을 우리 사회 전체의 새로운 도전(challenge)으로 생각해야 할 것이다. 도전은 우리 사회가 능력을 발휘하여 새로운 변화에 성공적으로 대처할 것인가 아닌가를 시험하는 기회를 맞는 것이 될 것이다.

I. 고령화사회에 대한 부정적 시각의 논리

수명연장은 인류의 한결같은 소원인 장수의 꿈을 실현하고 있는 것이고 인류사회 발전의 위대한 업적이라 할 수 있지만 이러한 꿈의 실현과 위대한 업적이 인류사회의 발전에 짙은 그림자를 드리우고 있다는 것은 모순이 아닐 수 없다. 이 같은 시각은 우리 사회에서뿐만 아니라 선진국에서도 보편적이다. 노화과정과 인구 고령화에 대한 부정적 시각은 고령화사회로의 진전에 대해 경각심을 가지고 대비하는 면에서는 의미가 있으나, 다른 한편 노화과정과 노인 그리고 고령화사회에 대한 부정적 시각을 강화시키고 나아가서는 불가피하게 다가오는 미래사회에 대한 두려움을 가중시킨다는 점에 유의하여 관련 사항을 보다 과학적이고 면밀하게 언급해야 할 것이다.

고령화사회로의 진전과 그 영향을 '인구의 시한폭탄(demographic time bomb)', '인구 지진(population earthquake)', '고령화 충격(aging shock)', '고령화 위기(aging crisis)' 등 부정적으로 강조하는 경향이 나타나고 있는데, 이는 인류의 꿈을 실현하고 인류사회 발전의 위대한 업적이라 할 수 있는 수명연장을 인류사회 발전을 파괴하는 재앙의 부메랑으로 여기는 시각이 크게 형성되고 있다는 것을 의미한다. 이러한 시각은 너무 단순하고 위험하고 과장된 주장이라 할 수 있다. 이러한 부정적 주장들은 주로 다음과 같은 근거에서 나타나는 것으로 추정된다.

첫째, 고령화사회에 대한 부정적 시각은 경제적 위기와 복지국가 프로그램의 확산에 따른 사회적 비용 문제가 나타나면서 노인인구가 사회적 자원을 소진시키는 가장 큰 인구집단이라는 희생양이 된 것에 근거한다. 노인이 사회적 자원을 소진하는 가장 큰 주인공이라는 주장은 65세 이상의 취업인구를 무시하고 경제적 생산성 이외의 사회적·심리적 생산성을 무시해 버린 단순한 결론이고 또한 근거가 불명확한 주장이 아닐 수 없다(Mullan, 2002).

둘째, 고령화사회에 대한 부정적 시각은 전통적으로 개인 고령화가 빈곤, 외로움, 질병, 무위(無爲) 등의 부정적 모습과 연계되어 그런 모습의 노인인구가 대량으로 존재하게 될 것을 두려워하는 것에 근거한다(Mullan, 2002). 그러나 사회의 전반적인 발전과 이에 따른 개인적인 지식 향상과 노력이 이루어질 것이고 또한 사회적 개입이 이루어질 것이므로 전통적으로 관찰되어 온 노인의 바람직스럽지 못한 모습과 상태는 크게 개선될 것이기에 이러한 시각이 일반화되기는 어렵다.

셋째, 고령화사회에 대한 부정적 시각은 개인적, 사회환경적 및 제도적 개입으로 노화과정의 지연과 예방이 상당한 정도 가능하다는 과학적 연구 결과를 무시한 것에 근거하고 있다. 노화과정의 불가역성(일방적으로 진행되어 되돌릴 수 없음)을 가역성(되돌릴 수 있음)으로 상당한 정도 바꿀 수 있다는 과학적 연구와 고령화사회를 새로운 기회와 도전으로 보는 시각이 형성되고 있음에도 불구하고 아직도 이를 무시하고 있다. 특히 1990년대 말부터 노년학 연구와 노인대상 서비스 실천에서 각광을 받고 있는 신노년학(new gerontology)의 성공적 노화(successful aging)는 개인적·환경적 노력에 의한 노화과정의 지연과 예방이 상당한 정도 가능하다는 증거를 제시하고 있고, 특히 개인적 노력으로 잘못된 건강행동을 수정함으로써 노화의 가역성을 증진할 수 있고, 노화와 연계된 질병의 발생에 유전적 요인의 영향은 30% 정도밖에 되지 않는다고 주장하고 있는 점도 유의할 필요가 있다(Rowe & Kahn, 1998).

넷째, 고령화사회에 대한 부정적 시각은 미래의 경제성장을 비롯한 전반적 사회발전 가능성을 과소평가한 것에 근거하고 있다. 중단기적으로는 경제적 위기와 과학기술의 발전에 기복이 있을 수 있지만 장기적으로는 인류사회는 지금보다는 훨씬 더 경제적으로 발전할 것이므로 현재 우려하는 만큼의 부의 생산 약화나 사회발전의 답보상태는 없을 것이다. 이 같은 미래발전에 대한 과소평가는 미래에 대한 일반적 불안과 불확실성이 크게 작용한 것으로 볼 수 있다(Mullan, 2002).

다섯째, 고령화사회에 대한 부정적 시각은 노인과 노화과정에 대한 비과학적인 편견과 고정관념(ageism 또는 stereotype)에 근거하고 있다. 이 같은 편견과 고정관념은 의식적 또는 무의식적으로 일부 전문가와 학자, 일반국민, 나아가서는 공적 및 사적 부문 정책 결정자의 생각에 영향을 미치고 있다. 특히 인간의 능력은 연령에 의해 단순히 평가될 수 있는 것이 아니고, 계속 개발될 수 있는 가능성이 있고 인간 능력개발의 의지나 자신감이 중요하다는 것도 설득력 있게 검증되고 있다. 그럼에도 불구하고 인간의 계속적 능력개발을 위한 개인적·사회적 노력은 단순하고 전통적이고 상식적인 수준에 머물고 있을 뿐이다. 과학적으로 충분히 검증된 바 없이 편견에 치우친 결과 단순한 시간경과에 불과한 나이는 능력하락의 절대적 지표로 여전히 위력을 발휘하고 있으며, 이로 인해 노화현상은 왜곡되고 노년기 삶과 노인의 모습 또한 크게 위축되고 있다. 특히 정책관료, 정치인, 기업인이 자신의 나이와 능력에 대해서는 실제보다 훨씬 관대하게 평가하면서 타인의 나이와 능력에 대해서는 편견과 고정관념으로 과소평가하는 이중적 기준을 적용하는 경우가 많은데, 이는 능력은 연령으로 판단될 수 있는 것이 아니라는 것을 모순적으로 입증하는 것이라 할 수 있다. 미국의 유명한 정신의학자 베일런트(Vaillant, 2002)가 하버드대학 졸업생을 장기적으로 추적 관찰한 연구보고서에 의하면 80세까지 살아남은 졸업생의 90% 이상이 그 나이가 되어서도 각자의 지적 재능을 그대로 간직하고 있는 것을 발견하였다. 오래된 뇌를 가지고 있다는 것은 오래된 차를 가지고 있는 것이나 다름없다. 그런데 차의 수명은 어디까지나 운전습관과 관리상태에 달렸다는 것은 잘 알고 있는 사실이다. 오래된 차가 덜컹거리고 폐차가 되는 것은 사고나 관리 소홀 때문이다. 따라서 노인의 두뇌도 사고가 없고 관리를 잘하면 젊은 사람의 뇌가 할 수 있는 거의 모든 일을 해 낼 수 있다는 것이다.

특히 제2차 저출산고령사회기본계획에서 저출산고령화의 파급효과로 노동생산성 저하, 피부양인구의 증가와 저축률 저하, 경제성장률 저하를 제시하고 있는데, 이는 인간능력 개발의 가능성을 무시하고 노화의 부정적 시각을 그대로 반영하여 50대 중반 이후, 특히 65세 이후 인간 능력과 생산성의 급속한 하락을 전제로 하고 있다는 것도 재검토되어야 할 것이다.

II. 인구 고령화에 대한 선진국 대응의 평가

대부분의 OECD 선진국들은 우리 사회보다 훨씬 먼저 인구 고령화를 경험했기 때문에 인구 고령화에 대한 사회적 대응책 수립과 실천도 우리보다 훨씬 빨랐다. 선진국 정책에서 인구 고령화 대응책과 개인 고령화 대응책을 엄격히 구분하기는 어렵지만 개인 고령화 대응책도 인구 고령화 대응책에 포함시켜 OECD 선진국들의 고령화사회 대응책을 전반적으로 평가해 보기로 하겠다.

첫째, OECD 선진국 대응책들은 개인 고령화를 인구 고령화의 틀 속에서 보는 시각이 부족했고 그러다 보니 인구 고령화의 틀 속에서 대응책을 수립하여 실천하기가 어려운 경우가 많았다고 할 수 있다. 예를 들면 부과방식의 공적 노령연금 재정방식을 택하고 있는 국가(OECD 선진국 대부분이 부과방식 연금제도임)에서 연금재정의 악화로 인한 국가부채 증가와 차세대 부담과중 문제를 해결하기 위한 연금제도 개혁이 오랫동안 유지되어 온 재정방식의 틀을 바꾸는 데 저항과 정치적 이해관계가 얽혀 부진하고 시간이 많이 걸려 정책 효과가 약하게 나타나고 있는 것을 알 수 있다.

둘째, OECD 선진국 중 인구 고령화에 대한 다양한 종합적 정책 틀을 수립하고 실천하는 국가는 아주 드물다. 인구 고령화는 사회의 다양한 측면에 영향을 미치고 있기 때문에 종합적 대응책을 수립하고 실천해야 하는데 종합적 대책을 수립하여 실천하는 국가는 극소수에 불과하고 전반적으로 단편적 대책과 누더기식 대책이 되어 왔다는 것이다. 인구 고령화 현상의 틀 속에서 종합적 대책을 수립하여 실천하는 국가로는 일본과 호주 외에는 사례를 찾아보기 어렵다. 일본에서는 1995년에 고령사회대책기본법을 제정하여 종합적 정책수립과 실천의 법적 근거를 마련하였다. 호주의 경우는 일본처럼 종합대책을 위한 특별한 법률이 제정된 것은 아니고 그 종합적 범위는 다소 좁지만 상당히 포괄적인 정부의 정책적 틀을 마련하여 시행하고 있다.

셋째, OECD 선진국의 대책은 장기적이지 못한 경우가 많다는 것이다. 대부분의 OECD 선진국의 인구 고령화 대응 정책은 인구 고령화의 진행속도와 사회 전반적인 측면을 고려한 틀 속에서 수립되지 못하다보니 단기적이고 단편적 정책들이 더 많고 그때그때마다 정책을 수정하다 보니 누더기식의 정책이 되는 경우가 많은 것으로 보인다. 이 같은 단기적이고 단편적 정책은 특히 정치적 이해관계와 결부되어 선거 공약들로 제시된 경우가 많았고, 그 공약들은 단기적 효과를 중시한 것이 많았다고 하겠다.

넷째, OECD선진국의 대책들도 미래적 사항에 대한 예측력이 부족하여 정책의 효과성이 나타나지 못하거나 실패하는 경우가 많다는 것이다. 미래적 사항의 예측에는 실로 많은 변수들을 고려해야 하고 실제로 예측할 수 없었던 일들이 많이 나타나기 때문에 예측력을 높이기는 어렵지만 많은 경우 인구 고령화 관련 다양한 측면과 정책 계획이 동시에 고려되지 못한 것도 예측력을 낮게 만드는 주요한 요인으로 작용한 것으로 보인다. 또한 종합적 정책을 수립하기 위한 체계적 연구도 부족했던 것으로 보인다.

다섯째, OECD 선진국들은 대부분의 경우 고령화사회에 대응하는 정책적 패러다임이 불분명하거나 단편적이었기 때문에 고령화사회로의 진전에 따른 문제점이 많이 노출되었고 이러한 문제점들은 고령화사회에 대한 부정적 시각을 강화시키는 데도 기여하고 있다. 특히 고령화사회 대응책은 노인을 사회체계의 주류에서 벗어나게 하는 것을 전제로 한 산업사회 환경 하의 전통적 복지정책 패러다임으로 접근하였다고 해도 과언이 아니다. 대부분의 정책적 패러다임이 복지정책에만 집중되다 보니 고령화사회의 다양한 부분, 즉 사회, 경제, 문화, 교육, 산업 등의 다양한 분야에서 나타나는 부정적 영향을 예방하거나 해결하지 못하고 긍정적 영향을 활용하지 못하여 고령화사회의 부정적 영향을 주로 부각시키는 결과를 초래하고 있다고 할 수 있다.

III. 우리나라 고령화사회 대응의 평가 및 과제

저출산고령사회기본법에 따라 5년마다 수립되는 저출산고령사회기본계획은 우리나라가 공식적으로 고령화사회에 대응하여 관련된 다양한 분야에 대한 종합적 장기계획으로 수립한 정책계획이라 할 수 있다. 이 계획은 고령화사회에 관련된 정부의 거의 모든 정책을 포괄하고 있다고 할 수 있으므로 특히 제2차 저출산고령사회기본계획을 중심으로 우리 사회의 고령화사회 대응책을 평가해 보고 저출산고령사회 구축의 정책과제도 아울러 제시해 보고자 한다.

1) 대책 수립 시기의 적절성: 우리나라는 2000년부터 노인인구 7%에 도달하여 고령화사회로 진입하였고 무엇보다도 세계적으로 유례없이 급속하게 고령화사회로 진전될 것이라는 것을 예상하여 2006년부터 5년마다 종합적인 국가적 저출산고령사회기본계획을 수립하여 수행하게 된 것은 시기적으로 적절했다고 생각된다. OECD 선진국의 예로 보더라도 노인인구 7%에서 종합적인 국가적 대책을 수립하여 시행한 경우는 없었기 때문에 선진국보다는 시기적으로 빠른 국가적 대책이었다고 할 수 있다.

2) 정책적 패러다임 결여: 제2차 저출산고령사회기본계획을 전반적으로 검토해 보면 고령화사회에서 개인고령화(생물학적, 심리적 및 사회적 노화와 연령증가)를 어떻게 이해할 것인지, 노인인구 집단과 전체사회 인구집단 간의 관계를 어떻게 할 것인지, 어떤 비전과 목표로 고령화사회를 구축할 것인지 등을 포함한 전반적인 정책 패러다임이 불분명하다. 특히 사회구성주의(social constructionist) 시각에서 보면 노화과정과 노인에 대한 인식은 사회적 상호작용을 통해 의미가 부여되고 정의되며, 또한 사회구조적으로 정의되는 것으로 볼 수 있기 때문에 노화과정과 노인을 어떻게 사회적으로 인식하느냐가 사회

구성원인 우리가 미래의 고령화사회를 어떻게 구축할 것인가를 결정한다고 할 수 있다. 이는 곧 고령화사회에 대응하고 고령화사회를 구축하는 중요한 정책 패러다임의 핵심이 될 수 있다. 그런데 제1차 계획에서도 그러했지만 제2차 계획에서도 고령화사회에 대한 분명한 정책 패러다임이 무엇인지 발견하기 어렵다. 이런 점에서 현재의 제2차 계획도 수정할 필요가 있으며, 향후 계획에서는 보다 분명한 정책 패러다임을 설정하여 계획을 수립하고 추진하는 것이 바람직하다.

3) 종합적 시각의 부족: 현재까지 거의 대부분의 경우 국민들은 말할 필요도 없고 정책관료, 정치인, 전문가들까지도 저출산고령사회 기본계획을 아직도 제1차 계획에서와 큰 차이 없이 단순히 '아동복지'와 '노인복지' 두 가지 축으로만 이해하고 있는 것으로 보인다. 저출산고령사회의 대응에는 아동복지와 노인복지가 주요 정책적 측면이기는 하지만 이 외에도 저출산과 개인 고령화, 그리고 인구 고령화에 관련된 다양한 측면이 있다. 제2차 저출산고령사회 기본계획에서는 비교적 다양한 측면을 고려하고는 있으나 노화와 노인에 대한 전반적 인식을 새롭게 구축하는 데 도움이 되는 교육적 측면, 노화와 노인의 건강과 질병을 연구하여 정책에 반영해야 할 부분인 의학, 생물학적·공학적 연구 및 개발을 포함한 과학기술적인 측면은 거의 고려되지 못하고 있고, 문화적 측면에서도 장수문화라는 더 큰 틀에서 고려되어야 할 사항들을 많이 놓치고 있다. 특히 고령화사회로의 진전과 더불어 생애주기에 따른 고정된 역할이나 기대역할이 크게 변화하고 있는 추세를 고려하지 못하였다. 노년기에도 필요하면 직업활동(일), 교육과 여가 활동 중 어느 하나 또는 두 가지 이상을 추구할 수 있음에도 불구하고, 현재의 계획은 경제적 필요에 의한 일자리 제공(주로 저소득층)과 사회봉사(자원봉사)를 포함한 단순한 여가 활동 증진에만 치중하는 경향이 있다. 노년기에도 자신의 능력과 적성에 맞는 직업활동을 할 수 있도록 정년 문제 개선, 직업능력 개발과 강화, 직업활동과 여가/취미 활동에도 직결되고 중년기 이후 인생의 재정립과 인생 재설계 등에도 새로운 시각을 제공해 줄 수 있는 체계적이고 다양한 지식의 습득이 가능한 교육체계(평생교육 포함) 등도 고려할 필요가 있다.

4) 장기적 시각 부족: 5년 단위로 계획을 수립하여 실천하는 것도 바람직하지만 5년 단위의 계획은 중·장기적 계획의 틀을 유지하기 어려울 수 있고 경우에 따라서는 집권정당의 이해관계나 정책성향 때문에 고령화사회에 대한 장기적 비전이나 목표를 설정하고 이루어 나가기 어려울 수도 있다. 예를 들면 제1차 저출산고령사회기본계획에서 장기적 비전은 '모든 세대가 함께하는 지속 가능한 사회'였으나 제2차 계획에서는 '저출산고령사회의 성공적 대응으로 활력 있는 선진국가로의 도약'으로 바뀌었고 그 내용도 비전으로 적합한지 의문스럽다. 그 장기적 비전이란 5년 내에 이루어 낼 비전이 아니라 적어도 30~40년 후에 이루어 낼 비전일 것이다. 그런데 고령화사회에 대한 비전이 제2차 계획에서 왜 바뀌었는지 잘 이해하기 어렵다. 제2차 계획에서 바라는 향후 30~40년 후의 고령화사회는 저출산고령사회에 성공적으로 대응하여 만들어 낸 '활력 있는 선진국가'라는 것이다. 비전에 선진국가를 이루기 위한 수단을 나타내는 말까지 들어가 있어 비전을 나타내는 어구로서 상당히 혼란스럽고, '선진국'이라는 말에서 미래의 고령화사회 모습을 그려 보기는 대단히 어려울 뿐만 아니라 너무나 추상적이다. 따라서 장기적 비전을 재고해야 할 것으로 생각되고, 비전을 향한 목표도 단기, 중기 및 장기적인 것으로 설정하여 장기적 비전과 목표의 틀 속에서 5개년 계획을 연차적으로 수립하고 실천해 나갈 수 있어야 할 것이다.

(5) 정책 수행기구의 부적합: 저출산고령사회기본법이 2008년에 개정됨으로써 저출산고령사회위원회가 대통령 직속에서 보건복지부장관 직속으로 변경되었다. 정부 부처 간의 정책과 업무에 대한 협력이 잘 이루어질 것을 전제로 한 것인지는 몰라도 현재와 같은 저출산고령사회위원회의 위상으로는 현실적으로 정부의 14개 부처와 관련된 저출산고령사회 기본계획을 보건복지부 장관과 13개 부처 차관으로 구성된 저출산고령사회위원회에서 협의, 조정하여 결정하는 것은 쉽지 않다. 나아가 보다 큰 틀의 정책변경이 이루어질 경우에 조정은 더욱 어려울 수도 있으며, 또한 정책을 강력하게 추진하는 데도 한계가 있을 수밖에 없다. 저출산고령사회 정책은 미래사회에 대한 국가 전체의 문제이고 14개 정부 부처와 관련된 정책이므로 법 제정 당시처럼 저출

산고령사회위원회의 소관을 대통령 직속으로 환원하고 보건복지부는 정책총괄부서로서 지금보다 많은 인력과 전문성을 가지도록 개선되어야 할 것이다.

6) 생애 과정적 접근 부족: 저출산과 개인 고령화가 고령화사회의 근본적 원인이 된다는 의미에서는 물론이고, 노년기의 문제나 욕구는 생애과정을 통해 축적되어 왔거나 생애 전 과정과 연계된다는 의미에서 저출산고령사회 기본계획은 평생 건강관리, 임신과 출산의 의미, 고령화사회 및 노화와 노인에 대한 올바른 이해, 노년기에 대한 철학적 의미와 인식의 증진, 노후 준비의식 강화 및 노후 설계 교육 등을 생애 전 과정에서 적절한 정책으로 접근할 수 있어야 할 것이다. 제2차 계획은 산발적으로 관련 정책들을 부분적으로 또는 미약하게 포함하고 있으나 더 확실하게 생애과정적 접근방식으로 체계적으로 정책을 보완하고 구체화할 필요가 있다. 생애과정적 접근은 앞에서 언급한 노년기의 활동을 일, 교육, 여가로 다양화하여 필요한 정책을 계획하는 것이 바람직하다는 것과도 관련이 있다.

7) 과학적 연구에 근거한 정책 연구 및 평가 관점 부족: 정책 계획과 결정의 가장 핵심적 기반은 과학적 지식에 근거하여야 한다. 여기서 과학적 지식이란 논리와 경험적 합치성(개연성)이 높은 자연과학, 공학, 사회과학 등의 지식과 인문학적 지식도 포함한다. 정책이 과학적 지식과 연구의 근거 없이 수립되고 실천된다면 효과성을 기대하기 어려울 뿐만 아니라 대단히 위험한 결과를 초래할 수도 있고 엄청난 사회적 비용 손실도 초래할 수 있다. 정부의 정책 수립에서 과학적 연구나 정책적 연구를 등한히 하거나 그다지 필요성을 인정하지 않는 경우가 많은데 제2차 계획에도 고령사회 현상 관련 연구를 종합적으로 수행할 수 있는 연구기관 설립에 대한 확실한 계획이 없는 것으로 보인다. 저출산고령사회 대응 정책수립에는 다양한 학문적·실용적 분야의 지식과 기술이 요청되므로 어느 단일 연구기관이 모든 연구를 담당하기 어려울 수 있지만, 적어도 어느 한 기관이 전문적으로 저출산고령사회에 관한 다양한 지식을 종합하여 정리하고 일부 연구를 수행하면서 다른 연구기관들과 연계한다면 다양한 연구를 총괄적으로 관리할 수 있을 것이다. 일본과 미국의 경우는 노화와 노인 관련 사항에 대한 학문적·정책적 연구를 주로 담당하

는 국립연구소가 설립되어 정부의 정책 수립을 뒷받침하고 있는 것을 참고할 필요가 있다. 고령친화산업을 육성하는 데도 많은 연구가 병행되어야 하는데 고령화사회관련 국립 종합연구기관이 있다면 이러한 연구도 상당부분 체계적으로 수행하거나 타 연구기관과 연계하여 다양한 연구들을 총괄·조정 할 수 있을 것이다. 또한 국립 종합연구기관이 설립되면 5개년 계획을 장기적 관점에서 계획하고 계획시행 결과를 체계적으로 평가하는 데도 크게 도움이 될 것이다.

8) 고령화사회에 대한 국민 의식화 노력 부족: 고령화사회 대응 정책을 수립하고 시행하는 데 있어 정부나 전문가의 노력만으로는 한계가 있다. 향후 불가피하게 다가올 고령화사회에 대해 근본적으로 국민의 의식이 변화되고 이해가 증진되지 않으면 정책 시행의 효과는 피상적 수준에 그치거나 목표수치 달성이라는 숫자 놀음에 불과할 수도 있다. 제2차 계획에서 대중매체를 통한 홍보, 공교육 및 사회교육, 시민사회단체를 통한 운동을 포함하고 있으나 이러한 홍보와 교육을 다양하고 효과적으로 강화하도록 노력하는 것이 중요하고, 특히 고령화사회에 대한 민간기업의 의식이 획기적으로 증진되도록 노력하는 것이 대단히 중요하다.

9) 재원 확보 방안 미흡: 제1차 계획과 마찬가지로 제2차 계획에서도 재정 확보 방안이 불안하다고 할 수 있다. 일반재정에서 계획 시행의 예산을 확보하는 것은 국가의 경제적 사정과 집권정당의 이해관계나 성향에 따라 정부 내 지출의 우선순위가 변동되어 안정적인 재원확보가 어려울 수 있고, 또한 목표달성을 위한 재원을 충분히 확보하기 어려울 수도 있기 때문에 저출산고령사회 기본계획의 핵심적 정책의 재원은 다른 특별한 방법, 예를 들면 목적세 같은 것으로 확보하는 방안을 적극적으로 검토해야 할 것이다. 목적세와 같은 방법으로 저출산고령사회 정책수행의 재원을 확보하는 경우 일반 국민들도 오히려 관심을 더 가지게 되어 홍보효과도 함께 얻을 수 있을 것이다.

10) 정책에 대한 상향식 의견 수렴 부족: 제1차 계획에서도 그러했지만 제2차 계획 수립 과정에서도 중앙정부 수준에서 전문가 및 관료 중심으로 정책안을 만들어 공청회 등을 거쳐 정책을 수정, 보완하는 방식을 취하였다. 그러

나 이 같은 방법은 현실적 실행 가능성과 정책 수행에서 국민들의 이해와 지지를 얻는 데 분명히 한계가 있다. 따라서 제2차 계획의 실행과정에서는 말할 필요도 없고 향후 정책을 수정하거나 제3차 계획을 수립하는 경우 적어도 광역 자치단체 수준의 지방정부, 전문가 시민사회 단체들로부터 의견을 적극적으로 수렴하는 방법을 취하는 것이 바람직하다. 미국의 경우 백악관고령화회의(White House Conference on Aging)를 개최하는 경우 주 단위로부터 광범위하게 의견을 수렴하는 것을 참고할 만하다.

IV. 고령화사회 대응 사회정책 방향 패러다임

사회현상을 바라보는 방식을 구성하는 일련의 가정, 개념, 가치 및 실천의 틀을 패러다임(paradigm)이라 부른다(American Heritage Dictionary). 패러다임에 따라 사회현상을 보는 방식이 달라진다. 다시 말해 어떤 가정, 개념, 가치 및 실천의 틀로 사회현상을 이해하는가는 사회현상의 인식과 이에 근거한 행동방식을 좌우한다고 할 수 있다.

현재 전개되고 있고 앞으로 전개될 고령화사회 현상은 현재와 같은 정책 패러다임으로는 올바르게 이해할 수 없을 뿐만 아니라 적합한 대응책을 찾아내기도 어렵다고 할 수 있다. 기존의 패러다임은 고령화사회 현상의 부정적 영향을 강화시키거나 필요 이상으로 부정적 영향을 과장시키고 있다. 다시 말해 인생주기 및 생애과정,. 인간의 능력, 노화에 따른 생산성, 인구학적 요소에 의한 사회적 부양인구 규정, 복지제도에 의한 사회문제 해결 등에 대한 기존의 이론이나 가치의 틀로서 고령화사회의 문제를 예단하거나 추론하는 것은 부정적 영향을 부각시킬 가능성을 높여 합리적 대응책을 찾기 어렵게 만들 뿐 아니라 그 효과성을 기대하기 어렵게 만들 경우가 많을 것으로 생각된다.

사회문제 해결 수단으로서의 사회복지제도와 관련하여 인구 고령화로 심화될 사회문제를 선별적 급여를 원칙으로 하는 잔여적 사회복지(residual concept of social welfare) 체계로는 말할 필요도 없고 보편적 급여를 강조하는 제도적 사회복지(institutional concept of social welfare) 체계로도 근본적으로 해결할 수는 없을 것이다. 또한 사회복지제도에 의한 해결책은 대부분의 경우 사후의 치료 내지는 해결 정책 위주로 되기 때문에 더욱이 근본적 대응책이 될 수 없다.

고령화사회는 사회체계 전체가 질적으로 달라지는 것이기 때문에 기존의 패러다임으로서는 고령화사회 현상을 이해하고 새로운 고령화사회를 구축하는 대응책을 적합하게 창출해 낼 수 없다. 따라서 고령화사회 구축에 도전하는 데 유용한 하나의 정책 패러다임을 생각해 볼 필요가 있다. 우선 그 정책 패러다임의 근거가 되는 이론적 및 가치적 근거를 먼저 제시하고 이를 바탕으로 한 새로운 정책 패러다임을 제시해 보기로 하겠다.

1. 새로운 패러다임의 근거

새로운 패러다임은 기존의 이론, 개념, 새로운 가치 및 실천 결과 등을 통합하여 구성할 수 있다. 패러다임 구축을 위해 활용한 이론과 이론적 모형은 ① 기능주의 이론(functionalism), ② 사회체계이론(social system theory), ③ 연령계층화이론(age stratification theory), ④ 생애과정이론(life course theory), ⑤ 성공적 노화 모형(successful aging model), ⑥ 활동적 노화 모형(active aging model)이다.

기능주의 이론에 의하면 사회체계인 국가가 생존하고 발전하기 위해서는 네 가지 중요한 기능(적응, 목표달성, 통합, 잠재성)을 수행할 수 있어야 하고, 한 기능을 수행하는 하위체계도 다시 네 가지 기능을 수행할 수 있어야 한다(Turner, 2003). 전체 사회체계(국가)는 체계의 내외부로부터 노인복지를 위한 자원을 동원하여 배분하여야 하며(적응 기능), 다른 하위체계의 목표와 연계하여 노인계층에 대한 삶의 질 향상을 목표로 설정하여야 하고(목표달성 기능), 노인계층을 사회체계 전체를 구성하는 주요 하위체계로서 사회체계 전체에 통합시켜야 하고(통합 기능), 또한 노인세대에 대한 적절한 역할을 부여하고 세대 간 갈등을 해소해 나아가야(잠재성 기능) 생존이 가능하고 발전할 수 있다.

사회체계이론은 상위체계와 하위체계의 상호 의존성과 교환성을 강조하고 사회체계가 생존하고 발전하려면 사회체계를 유지시키는 에너지를 새롭게 공급하고 교환할 수 있어야 한다는 것이다(Anderson & Carter, 1990). 사회체계는 일반적인 물리적 구조(열역학 제2법칙에 의해 물질체계에서는 에너지가 소멸되고 무질서하게 되는 것이 원칙임 : entropy 증가)와는 달리 생물학적 유기체와 같은 구조이기 때문에 각각의 하위체계 간에 에너지를 새롭게 공급하고 상호 교환할 수 있게 되어야 한다는 것이다(유기체 내의 에너지는 질서정연하게 되고 증가하게 됨 : negentropy의 증가). 사회체계이론에 따르면 노인계층도 사회의 한 하위체계로서 노인이 가진 자원을 새롭게 하고 이를 사회의 다른 하위체계에 공급하거나 교환할 수 있어야 체계 간 상호 교환성을 높이고 사회체계가 생존하고 발전할 수 있다는 것이다.

연령계층화이론에서는 사회는 기본적으로 연령등급에 의해 구분되는 연령층으로 구성되어 있으며 서열화되어 있다고 본다. 각 연령집단에 속해 있는 사람들은 사회적 역할 수행의 능력이나 의지도 다르고 기대되는 역할도 다르며 또한 사회에서 부여하는 권리와 특권도 다르다. 따라서 노인층은 다른 연령층과의 관계 속에서 자신들의 지위와 역할을 찾아야 하고 그 속에서 노인에게 활용가능한 여러 지위와 역할을 이용해야 한다는 것이다(Riley & Foner, 1968). 이 같은 연령계층화 이론은 노인의 지위와 역할이 젊은층에 비해 낮게 등급화 하는 경향을 내포하고 있으나 노인계층에도 그들의 능력에 따라 사회적 역할이 부여되는 것이 당연함을 강조하고 있다.

생애과정이론에서는 인생과정 또는 노화과정은 역동적이고 상황적 맥락 속의 과정이며, 개인의 발전은 생애과정을 통해 계속되고 한 생애과정은 과거의 삶과 미래의 기대와 연계하여 이해되어야 한다는 것이다(Settersten, Jr., 2003). 노화과정은 전체 생애에 걸친 과정으로 이해되어야 하고 노후의 삶은 과거 삶의 축적된 결과로도 볼 수 있으며 사회적 및 문화적 맥락에 따라 다르게 이해되고 생애단계는 다르게 정의될 수 있다. 따라서 생애전체의 각 과정에서 연령에 별로 관계없이 학습, 일, 여가를 즐길 수 있고, 특히 노년기에 학습을 하든지 일을 하든지 또는 여가를 즐기든지 전혀 이상할 것이 없다(Riley, 1994). 또한 중년기를 연령적으로 65세를 넘어 70세나 75세까지로 연장할 수도 있고(Sadler, 2000), 따라서 노년기를 75세 이후로 규정할 수도 있다. 이와 같은 생애단계의 규정은 고령화사회의 진전에 따라 융통성 있게 조정될 수도 있다.

성공적 노화 모형, 특히 로우와 칸(Row & Kahn, 1998)에 의해 제안된 성공적 노화 모형에서는 성공적 노화의 주요 요소를 ① 질병 피해 가기, ② 인지적 및 신체적 기능 높게 유지하기, ③ 사회참여하기의 세 가지로 제시하고 있다. 건강 조건 외의 중요한 성공적 노화의 요소로 계속적인 사회참여를 들고 있다는 점에서 노화과정을 통한 계속적 사회참여의 중요성을 강조하고 있다. 이 이론은 개인적 노력의 중요성을 강조하고 있지만 개인이 성공적 노화의 중요성을 스스로 깨닫고 노력할 수 있는 전반적인 사회적 여건은 사회가 마련해주어야 할 것이다.

WHO에서 활동적 노화 모형을 정책수립의 틀로 제시한 점에 유의할 필요가 있다. WHO에 의하면 활동적 노화를 '사람이 나이 들어감에 따라 삶의 질을 향상하기 위해 건강, 참여 및 안전의 기회를 최적화하는 과정'으로 정의하고 있다(WHO, 2002). WHO의 활동적 노화 모형에서는 활동적 노화의 기본요인으로 ① 건강 유지와 증진, ② 사회참여, ③ 안전의 보장을 제시하고 전 생애 과정에서 통합적 접근을 강조하고 있다는 점에서 의미가 있다.

이상의 이론과 이론적 모형 외에 노화와 생산성에 대한 연구 결과로 노인의 생산성 또는 직업능력을 가정할 수 있다. 현재까지 노화에 따라 능력이나 직업능력이 하락한다는 연구는 그리 많지 않고 연구 결과도 "노화에 따라 생산성이 하락한다"는 상식적 가설에 대해 상반되거나 불확실한 경우도 많다(Butler et al., 1990). 그리고 노인의 생산성은 훈련에 의해 크게 향상될 수 있다는 연구도 있다(Belwal & Haight, 2006 ; 문국현, 2006). 성공적 노화의 모델을 제시한 로우와 칸(Row & Kahn, 1998)은 많은 사람들이 자기효능감(self-efficacy : 나는 할 수 있다는 자신감) 부족으로 건강유지와 정신적 및 신체적 기능 유지를 하지 못한다고 역설하고 있다. 또한 45세에서 80세까지 200명을 12년간 조사한 새들러(Sadler, 2000)에 의하면 자신의 의지와 새로운 태도에 의해 중년기 이후 새로운 직업이나 사회활동을 시작하여 성공한 사람들이 수십 명에 달하는 것을 발견하였다. 이상의 연구로 보면 70대까지는 노화에 따른 생산성은 훈련이나 개인적인 인식과 태도의 변화에 따라 유지 또는 향상될 수도 있다고 잠정적 결론을 내릴 수 있다.

급속한 인구 고령화로 인간의 평균수명은 연장되고 있고 퇴직 이후의 건강수명(healthy life expectancy)도 연장되어 무병장수하는 노인 수가 급속도로 증가되고 있는데 반하여 고령인력을 노동시장에서 조기퇴직 시키거나 정년퇴직시켜 사회복지의 대상으로 삼는 것은 고령자 개인과 사회에 많은 부정적 영향을 초래할 수 있다. 고령자 개인적으로는 수입 감소, 건강 약화, 자기가치성 약화를 가져오고, 사회적으로는 연금급여를 포함한 복지비용을 증가시키고 복지제도의 지속가능성까지 위협할 수 있으며 나아가서는 차세대의 사회적 부담을 증가시켜 세대 간 갈등과 이로 인한 사회적 통합이 저해되는 결과도 초래할 수 있다. 반면에 고령자에게 적합한 취업의 기회를 제공하는 것은 개인적 수입의 증대, 건강 유지, 자기가치성 유지의 효과를 가져 올 수 있고 사회적으로는 연금기금에 계속 기여함으로써 연금기금을 증가시키고, 연금수급 시기를 연기시킴으로써 연금기금의 적자와 고갈을 방지 또는 지연시키는데 크게 기여할 수 있다. 정년 후 반드시 노동시장 참여가 아니더라도 자원봉사활동이나 건전한 스포츠와 레저의 참여도 심리사회적 의미에서 생산적 노화를 증진하는 효과를 가져 올 수 있다.

2. 정책방향의 새로운 패러다임 : 연령통합적 사회체계 모형

연령통합적 사회체계 모형(age-integrated social system model)은 앞에서 제시한 이론, 가치 및 경험적 연구 결과의 여러 가지 요소를 다음과 같이 반영하고 있다.

1) 연령통합의 개념은 생애전체의 각 과정에서 연령에 관계없이 학습, 일, 여가 등 다양한 역할이나 활동을 할 수 있다(생애과정이론 반영).

2) 연령통합의 개념은 생애과정을 통한 훈련과 교육을 통해 노년기에도 생산성을 유지하고 향상시킬 수 있는 가능성을 수용하여 노인이 생산성을 발휘할 수 있는 능력에 따라 적합한 역할을 부여함으로써 노인연령계층이 역할을 통해 사회적으로 통합될 수 있다(노화에 따른 생산성 향상 가능성 반영).

3) 연령통합의 개념은 노인이 능력이 있는 한 일하게 하거나 다른 사회활동에 참여하게 함으로써 활동적 노화 내지는 생산적 노화를 할 수 있도록 하고 이 같은 활동적 노화는 사회적 비용, 특히 사회복지 비용부담을 크게 줄이는데 기여할 수 있다(노인의 노동시장 계속 참여로 사회복지제도 지속 가능성 반영).

4) 연령통합의 개념은 생애과정 전 과정을 통해 노화과정의 이해와 평생 건강관리, 노후생활 준비의식을 강화시키는 데 기여할 수 있다(생애과정 이론, 활동적 노화 모형 반영).

5) 연령통합의 개념은 모든 연령층이 지역사회에서 일상생활을 영위하는데 최대한의 신체적 독립성을 유지할 수 있는 환경을 조성하는 것을 포함한다(활동적 노화 모형 반영).

6) 사회체계의 개념은 특히 노인계층을 사회체계의 주류에서 배제하고는 전체사회가 하나의 사회체계로서 생존하거나 발전하기 어렵다는 것을 강조한다. 즉, 국가사회체계는 하위 사회체계인 노인계층을 배제 또는 소외시키고는 결국 생존하거나 발전하기 어렵다는 것이다. 노인계층이라는 하위체계가 사회체계의 기본적 기능인 적응, 목표달성, 통합 및 잠재성 기능을 잘 수행할 수 있도록 하지 않으면 노인계층과 국가사회 간 및 다른 연령계층과도 갈등을 초래하고 사회적 통합을 저해하여 결국은 사회가 와해될 수도 있다는 것이다(기능주의 이론 반영).

7) 사회체계의 개념은 하위체계인 노인계층의 에너지가 새롭게 충전될 수 있도록 교육과 훈련과정을 거쳐 생산성을 유지 또는 향상시켜 노인세대로 하여금 새로운 에너지를 공급하여 다른 하위체계에 공헌하게 할 뿐만 아니라 전체 사회체계의 유지와 발전에도 공헌하도록 하여야 할 것이다(사회체계이론의 반영).

8) 사회체계의 개념은 노인의 다양한 연령범위 안에서 노인의 능력에 따라 적합한 사회적 역할을 부여하고 이를 수행하도록 여건과 기회를 제공함으로써 사회참여와 사회통합의 기반을 조성해야 한다(연령계층화이론과 성공적 노화 및 활동적 노화 모형 반영).

이상에서 반영한 이론과 가치의 요소를 종합적으로 반영한 연령통합적사회체계 모형이 함축하고 있는 특성을 다시 정리해 보면 다음과 같다.

1) 노인연령계층의 사회체계 참여 필수적 보장: 하위체계인 노인연령 계층이 국가사회체계에 계속 참여하는 것은 국가사회체계의 생존과 발전을 위해 필수적이다. 즉, 노인을 사회의 주류에서 배제하고는 사회가 궁극적으로 생존하거나 발전하기 어렵다.

2) 노인연령계층에 대한 사회체계의 사회정책적 보장: 국가사회체계는 하위체계인 노인연령 계층이 생존, 발전할 수 있도록 소득보장과 의료보장(적응기능), 삶의 질 향상을 위한 자원배분 우선순위 결정(목표달성 기능), 사회적 참여 증진(사회적 통합 기능), 세대 간 갈등 해소와 역할 부여(잠재성 기능)에 관한 대응책을 수립하고 실천해야 한다.

3) 사회체계의 노인연령계층 지식과 기술 활용 기회 제공: 국가사회체계는 노인연령계층이 자신의 지식과 기술을 활용하여 사회에 공헌할 수 있는 여건과 기회를 제공해야 한다.

4) 사회체계의 생애과정을 통한 교육과 훈련 기회 제공: 국가사회체계는 구성원에게 생애과정을 통한 교육과 훈련의 기회를 제공하여 중년기를 포함한 노년기의 생산성(경제적, 심리적 및 사회적)을 유지 또는 증진할 수 있도록 해야 한다.

5) 사회체계의 융통성 있는 생애과정 구분: 국가사회체계는 평균수명과 건강수명 연장에 따라 중년기를 65세를 넘어 70세 나아가서는 75세까지로 연장하고 노년기를 70세 나아가서는 75세 이상으로 융통성 있게 규정하고 사회경제제도도 이에 상응하도록 변화시켜 나아가야 한다.

6) 사회체계의 생애과정을 통한 노화과정 이해 및 노후준비 교육 기회 제공: 국가사회체계는 노화과정을 생애과정을 통해 이해하도록 하고 평생 건강관리와 노후 준비의식을 강화하도록 해야 한다.

7) 사회체계의 노인 능력에 따른 적합한 역할 부여와 활동적 노화증진: 국가사회체계는 노인을 연령별로 능력에 따라 적합한 사회적 역할(노동시장 참여와 자원봉사활동 참여 등)을 부여하여 사회에 계속 참여하도록 해야 하고, 또한 활동적 노화를 통해 사회적 비용을 절약하고 고령화사회를 지속가능하게 할 수 있어야 한다.

8) 사회체계의 고령친화적 사회환경 조성: 국가사회체계는 일상생활에서 노인의 신체적 독립과 이동이 가능하도록 지역사회 주거, 교통, 여가, 문화 시설과 서비스를 고령친화적으로 조성하고 개선해야 한다.

이상의 특성을 가지는 연령통합적 사회체계 모형은 UN에서 1999년을 국제노인의 해로 정하면서 주제로 제시한 '모든 세대가 함께하는 사회(A Society for All Ages)'와 공통적인 점도 있지만 상당히 다르다. 능력이 있는 한 노인을 사회에 참여시켜야 한다는 면에서는 UN 국제노인의 해 주제와 연령통합적 사회체계 모형은 같은 의미이지만 UN 주제에는 노인을 왜 사회에 계속 참여시켜야 하는가에 대한 이론적 및 논리적 근거가 약하다는 면에서 큰 차이가 있다. 그리고 UN 주제는 하나의 정책 목표의 개념인 데 비해 연령통합적 사회체계 모형은 정책목표와 정책 방향을 포함하는 복합적 개념이라 할 수 있다.

V. 연령통합으로 열어 가야 할 미래의 고령화사회

고령화사회는 향후 우리 앞에 불가피하게 빠른 속도로 다가올 것이다. 고령화사회로 진전하는 과정에서 현재까지와 같은 노화와 노인에 대한 사회적 인식이 긍정적인 면보다는 부정적인 면으로 부각될 것이고, 또한 지금까지와 같은 정책적 패러다임의 대응방법으로는 별로 그 효과를 기대하기 어려울 것이다.

평균수명이 연장되고 노인인구 비율이 높아질 뿐만 아니라 사회체계 전체가 질적으로 다른 사회가 될 수밖에 없는 고령화사회가 빠른 속도로 다가오고 있지만 고령화사회를 바람직한 새로운 미래사회로 만들기 위한 시간은 아직도 충분하다고 생각한다. 미래의 새로운 고령화사회 구축을 위해 선진국에서의 경험에서 교훈을 얻고 철저한 과학적 연구와 의식의 변화로 장기적인 계획으로 대응해 나간다면 우리는 새로운 고령화사회를 구축하는 모델을 만들어낼 수 있을 것이다.

앞에서 제시한 연령통합적 사회체계 모형이라는 정책 패러다임도 결국은 과학적 연구에 근거를 두고 우리의 의식을 그렇게 변화시키는 방향을 제시한 것이다. 새로운 고령화사회 구축은 어떤 의미에서 21세기 전반기를 사는 우리 국민들이 도전해야 할 역사적 과제라 할 수 있다. 물론 제시한 정책 패러다임만으로 고령화사회를 바람직한 방향으로 발전시키기에 부족한 면이 있겠지만 적어도 크게 기여할 수는 있을 것으로 본다.

우리의 평균수명이 100세까지 연장되어도 아동에서 노인에 이르기까지 모든 연령계층이 함께하면서 행복을 향유할 수 있는 고령화사회는 지금부터 장기적이고 체계적인 계획에 의해 정부, 기업, 언론, 시민사회, 전문가, 노동 분야의 모든 국민이 같이 노력함으로써 이루어 낼 수 있으리라 확신한다. 그러나 새로운 패러다임에 의한 고령화사회 대응 정책은 정권적 차원에서 단기적으로 새로 주도하는 정책이 되어서는 안 될 것이고, 정권에 관계없이 지속적 관심과 의지를 가지고 사회 각계각층의 협조 하에 정부가 주도해 나아가야 할 것이다.

제12장
우리나라의 노후 소득보장 정책

고령화는 20세기 중반 선진국에서 사회보장제도를 확립하면서 복지국가의 기틀을 마련할 당시에는 거의 생각하지 못했던 사회적 위험이었다. 사회보장제도는 노령, 질병, 사망, 장애, 실직 등의 전통적 산업사회에서 예상되는 사회적 위험(social risk)에 대응한 국가사회적 차원의 안전망으로 도입되었다. 전통적 사회보장제도에서 노령은 퇴직 이후 길지 않은 노년기의 소득 상실을 가져오는 위험 요인 정도로 생각했지만, 20세기 후반에 들어오면서부터 평균수명 연장으로 노년기가 크게 연장되고 노인인구비율이 급속하게 증가하는 고령화 현상은 단순한 노령과는 달리 사회보장제도 자체의 지속성까지도 위협하는 새로운 사회적 위험(new social risk)이 되고 있다.

고령화사회에 대응한 사회정책 가운데 가장 핵심적인 정책은 소득보장정책이라 할 수 있다. 현재까지 우리나라 노후 소득보장 정책은 개인 고령화에 초점을 둔 전통적 사회보장 제도 속 노인복지 차원의 정책이었고 장기적으로 모든 연령계층에 영향을 미치게 되는 인구 고령화(새로운 사회적 위험으로서의 고령화)까지 생각하는 폭넓은 사회정책은 되지 못하였다.

우리나라도 선진국과 비슷한 방식의 소득보장 방법을 사용하고 있다. 사회보장제도로서 노후 소득보장 정책은 사회보험 방식의 공적연금을 1차적 안전망으로, 조세 방식의 공공부조(사회부조)를 2차적 안전망으로 하고 이외에 다른 보완책을 사용하고 있다. 이 장에서는 노인복지 차원을 포함하여 고령화를 새로운 사회적 위험으로 보고 사회정책 차원에서 우리나라의 노후 소득보장 제도를 간략히 살펴보고 문제점과 개선방안을 제시해 보고자 한다.

I. 현행 소득보장 프로그램

우리나라의 노후 소득보장 프로그램을 소득보장 방법별로 정리하면 <표 12-1>과 같다. 소득보장 방법은 직접 현금을 지급해 주는 직접급여 프로그램과 간접적이기는 하지만 직접 현금을 지급해 주는 것과 같은 효과를 가진 간접급여 프로그램으로 구분할 수 있다. 이러한 직접 및 간접 급여 프로그램을 ① 급여수급 자격, ② 급여의 형태, 종류 및 수준 ③ 전달체계, ④ 재정방법의 네 가지 차원으로 간략히 살펴보기로 하겠다.

표 12-1 우리나라 소득보장 프로그램

직·간접성	종 류	해당 프로그램
직접급여	사회보험	국민연금, 공무원 연금, 사립학교 교직원연금, 군인연금
	공공부조	국민기초생활보장, 기초노령연금, 긴급복지지원
	사적연금/퇴직금	퇴직연금제도
간접급여	세제감면	상속세 공제, 소득세 공제, 양도소득세 면제, 소득세 감면
	할인	경로우대제도
	고용증진	고령자 우선고용 직종지정 및 고용, 고령자 등 고용차별 금지, 고령자취업지원, 고령자고용촉진지원, 정년연장, 노인일자리사업, 시니어클럽 등

1. 직접급여 프로그램

1) 국민연금

국민연금제도는 1973년 제정되었으나 시행되지 못한 국민복지연금법을 '국민연금법'이라는 이름으로 전면 개정하여 1988년부터 시행하게 됨으로써 성립된 노후소득보장 제도이다.

(1) 급여수급 자격

① 가입 자격: 원칙적으로 국내에 거주하는 18세 이상 60세 미만의 국민이면 가입자가 되고 공무원연금법, 사립학교 교직원연금법, 군인연금법 적용을 받는 자와 그 외 대통령령으로 정하는 자는 제외된다. 가입자는 사업장 가입자, 지역 가입자, 임의 가입자 및 임의 계속 가입자로 구분된다.

- 사업장 가입자: 사업장의 18세 이상 60세 미만의 사용자 및 근로자
- 지역가입자: 국내 거주 18세 이상 60세 미만의 자로서 사업장 가입자가 아닌 모든 사람 중 직장 가입자, 다른 공적연금(공무원연금, 사립학교 교직원연금 및 군인연금)의 연금수급자, 국민기초생활보장 수급자, 사업장 가입자 등의 소득활동에 종사하지 않는 배우자, 국민연금 보험료를 납부한 사실이 없고 소득활동에 종사하지 않는 27세 미만자는 제외
- 임의 가입자: 사업장 가입자와 지역가입자가 될 수 없는 사람으로 본인의 희망에 의해 60세 이전에 가입하는 자
- 임의 계속 가입자: 가입기간이 20년 미만으로 60세에 도달한 자, 가입기간이 모자라 연금을 받지 못하는 자 및 가입기간을 연장하여 더 많은 연금을 받고자 하는 자의 경우 본인이 희망하여 65세까지 가입하는 자

② 급여 자격: 연금 가입 자격이 있는 사람이 연금에 가입하여 <표 12-2>의 급여 종류에 따른 급여 수급요건이 갖추어졌을 때 급여를 받을 수 있다. 향후 고령화 추세를 감안하여 노령연금의 수급개시 연령을 2013년부터 61세로 올리고 이후 5년마다 1세씩 올려서 2033년에는 65세가 되도록 하고 있다.

(2) 급여의 형태, 종류 및 수준

연금의 급여형태는 현금이고 급여의 종류는 <표 12-2>에서 보는 바와 같이 ① 노령연금, ② 연기연금, ③ 분할연금, ④ 장애연금, ⑤ 유족연금, ⑥ 반환일시금 및 ⑦ 사망일시금의 7개 종류가 있다. 급여수준(연금수급액)은 급여의

표 12-2 국민연금의 급여 종류 및 수준

<table>
<tr><td rowspan="7">노령연금</td><td colspan="3">• 노령연금액의 구성: 기본연금액+부양가족연금액
• 기본연금액 산출공식: 1.2(A+B)(1+0.05n)
1.2: 연금액 기준 비례상수
A: 연금수급 직전 3년간 가입자 전원의 평균소득월액의 평균치(소득 재분배 기능)
B: 가입자 개인의 가입기간 중 기준소득월액의 평균치(소득비례 기능)
n: 20년 초과 가입 연수
0.05: 가입 연수 20년 초과 시 매 1년의 연금수준을 결정하는 비례상수
• 부양가족연금액: 부양가족에게 지급하는 연금액(매년 3월에 변경됨)</td></tr>
<tr><td colspan="2">급여액</td><td>수급 요건</td></tr>
<tr><td>완전
노령연금</td><td>기본연금(1.00+0.05n)+부양가족연금
n: 20년 초과 가입 연수</td><td>가입기간 20년, 60세 이상자</td></tr>
<tr><td>감액
노령연금</td><td>기본연금(0.5+0.05m)+부양가족연금
m: 10년 초과 가입 연수</td><td>가입기간 10년 이상 20년 미만, 60세 이상자</td></tr>
<tr><td>조기
노령연금</td><td>기본연금(0.7+0.06p)+부양기족연금
(완전노령연금 받을 수 있는 경우)
기본연금(0.5+0.05m)(0.7+0.06p)+부양가족연금
(감액노령연금 받을 수 있는 경우)
p: 수급시작 연령이 55~59세 사이에서 55세를 초과하는 연수</td><td>가입기간 10년 이상, 55~59세의 소득활동 비종사자</td></tr>
<tr><td>재직자
노령연금</td><td>기본연금액(0.5+0.1k)
(완전노령연금 받을 수 있는 경우)
기본연금액(0.5+0.05m)(0.5+0.1k)(감액노령연금 받을 수 있는 경우)
k: 연금수급 개시 연령이 61~65세 사이에서 60세를 초과하는 연수)</td><td>가입기간 10년 이상(완전노령연금이나 감액노령연금을 받을 수 있음), 60~64세, 소득활동 종사자</td></tr>
<tr><td>특례
노령연금</td><td>기본연금(0.25+0.05r)+부양가족연금
r: 가입기간 5년을 초과하는 연수</td><td>1988년 현재 45~60세 미만, 가입기간 5년 이상, 60세 이상자</td></tr>
<tr><td>연기연금</td><td colspan="2">노령연금액(1+0.006t)+부양가족연금
t: 60~65세 사이 연기되는 월수</td><td>노령연금 수급권자로서 60~65세 미만, 연금지급 연기 희망자</td></tr>
<tr><td>분할연금</td><td colspan="2">배우자 노령연금액 중 혼인기간의 연금 균분</td><td>혼인기간 5년 이상, 배우자가 국민연금 수급자</td></tr>
<tr><td>장애연금</td><td colspan="2">장애 1~4등급에 따른 상이한 기본연금+부양가족연금</td><td>가입기간 중 발생한 질병 또는 부상으로 인하여 신체 또는 정신상의 장애가 있는 자</td></tr>
<tr><td>유족연금</td><td colspan="2">가입기간에 따른 상이한 기본연금액+부양가족연금</td><td>노령연금 수급권자, 가입기간이 10년 이상인 가입자였던 자, 가입자, 장애등급 2급 이상의 장애연금 수급권자의 사망 시</td></tr>
<tr><td>반환
일시금</td><td colspan="2">연금보험료+이자+가산금</td><td>가입기간 10년 미만인 자가 60세 도달 시, 가입자 또는 가입자였던 자의 사망 시, 가입기간 10년 미만 자의 국적 상실 및 해외 이주 시</td></tr>
<tr><td>사망
일시금</td><td colspan="2">반환일시금 상당</td><td>가입자 또는 가입자였던 자가 사망한 때 유족/비유족에게 지급</td></tr>
</table>

표 12-3 국민연금의 소득대체율 변화

구 분	1988~1998년	1999~2007년	2008~2027년	2028년 이후
소득대체율 상수	2.4	1.8	1.5 ~ 1.185% (매년 0.015씩 감소)	1.2
소득대체율	70%	60%	50~40.5% (매년 0.5% 포인트씩 감소)	40%

종류, 가입기간, 연령 등에 따라 다르다.

급여의 수준, 즉 연금수급액은 가입기간, 소득정도 및 소득대체율(연금액이 퇴직 전 통상 수입을 대체할 수 있는 정도를 말하며 %로 나타냄: 연금액/퇴직 1년 전 통상 소득×100)에 따라 차이가 난다. 소득대체율이 높을수록 연금의 노후생활보장 정도가 높다고 할 수 있다. 1988년 처음 국민연금이 도입되었을 당시에는 40년 가입을 기준으로 한 소득대체율을 70%로 정했는데 이 같은 소득대체율은 실제로 연금 보험료(기여금)를 낸 것에 비해 너무 많은 연금을 받는 결과(저기여-고급여)가 되어 연금기금이 빠른 시일 내에 고갈되거나 적자가 날 가능성이 높았기 때문에 1998년에 소득대체율을 60%로 낮추도록 개혁하였고, 다시 2007년에 40%(2028년까지)로까지 낮추도록 개혁하였다(<표 12-3> 참조).

소득대체율을 낮추는 것은 연금기금의 지속성을 보장하는 목적에는 부합하지만 노후 소득보장 기능을 약화시키는 문제점을 안고 있다. 따라서 국민연금의 저기여-고급여의 문제점을 해결하는 근본적 방법 중의 하나는 연금보험료를 적절히 올리면서 소득 대체율도 적절히 낮추는 것이라 할 수 있다. 그러나 2007년 연금개혁에서는 연금 보험료는 인상하지 않고 소득대체율만 너무 낮추었기 때문에 국민연금으로 노후의 최저 생계비를 충당할 수 있을지 의문시된다.

국민연금에서 가장 표준이 되는 노령연금의 경우 가입기간 중 기준소득월액 평균(산식에서 B값)과 연금보험료 및 가입기간에 따른 연금액(수급 당시의 A값 및 재평가율 적용)을 살펴보면 <표 12-4>와 같다.

표 12-4 국민연금의 기준소득월액과 가입기간에 따른 예상 노령연금 월액 (단위: 원)

기준소득 월액(B값)	연금 보험료	가입기간						
		10년	15년	20년	25년	30년	35년	40년
230,000	20,700	118,750	173,310	225,050	230,000	230,000	230,000	230,000
520,000	46,800	135,510	197,780	256,820	315,420	374,030	432,630	491,230
850,000	76,500	154,590	225,620	292,980	359,830	426,680	493,540	560,390
1,060,000	95,400	166,730	243,340	315,990	388,090	460,190	532,290	604,400
1,560,000	140,400	195,640	285,530	370,770	455,370	539,970	624,570	709,180
2,080,000	187,200	225,700	329,400	427,740	525,340	622,940	720,550	818,150
2,540,000	228,600	252,300	368,220	478,140	587,240	696,340	805,450	914,550
3,080,000	277,200	283,510	413,780	537,300	659,900	782,510	905,100	1,027,710
3,680,000	331,200	318,200	464,400	603,040	740,640	878,240	1,015,850	1,153,450

주: 2011년 1월에 최초 가입한 것으로 가정하여 현재 A값(2011년도 적용 1,824,109원)으로 산정했으며, 실제 연금수급 월액은 연금수급 당시의 A값 및 재평가율을 적용한 것임.
출처: 국민연금공단 홈페이지의 알기 쉬운 연금정보(www.nps.or.kr).

<표 12-4>에서 보는 바와 같이 매월 국민연금 보험료를 부과하는 최고 기준소득월액(368만 원)을 받거나 번다고 가정하면 매월 33만 원 가량의 보험료를 내고 40년을 가입한 경우 받는 월 연금액은 115만 원 정도밖에 되지 않는다. 현실을 생각하면 실제로 40년을 일하는 경우는 드물 것이기 때문에 실제 연금수급액은 115만 원보다 적은 금액이 될 것이다. 따라서 이 정도의 연금으로 노후 최저생계비를 충당할 수 있을지는 의문이다.

(3) 전달체계

국민연금은 일반 행정조직과는 별도로 설립된 국민연금공단 및 그 지부에서 운영되고 이 기구를 통하여 연금 보험료가 징수되고 연금이 지급된다.

(4) 재정방법

국민연금에 소요되는 비용은 <표 12-5>에서 보는 바와 같이 가입자의 기여금(보험료)과 사용자의 부담금으로 충당된다. 보험료는 사업장 가입자의 경우는 사용자와 피용자가 각각 4.5%씩 분담하여 총 9%가 되고, 지역, 임의 및 임의 계속 가입자의 경우는 가입자가 보험료 전액인 9%를 부담한다. 1999년 4월부터 국민연금이 소득이 있는 모든 국민에게 강제적으로 확대 적용되었다. 지역, 임의 및 임의계속 가입자의 경우 처음부터 9%를 부담하는 부담을 덜어주기 위해 1999년 4월부터 월 3%로 시작하여 2005년 7월까지 매년 1%씩 상향 조정하여 2005년 7월부터는 9%가 되도록 하였다.

표 12-5 국민연금 가입자별 보험료(기여금)

가입자별		기여율(보험료)
사업장 가입자	가입자기여금	표준소득월액의 4.5%
	사용자부담금	표준소득월액의 4.5%
지역, 임의 및 임의 계속가입자		표준소득월액의 9%(1999년 4월 3%로부터 시작하여 2005년 7월까지 표준소득월액의 9%가 되도록 연차적으로 상향조정하였음)

2) 특수직역연금

(1) 공무원연금

공무원연금제도는 사회보험 방식의 연금으로서 우리나라에서 제일 먼저 실시된 제도이며, 1960년에 제정된 공무원연금법에 의해 실시되고 있다.

① 급여 수급 자격과 종류: 급여수급 자격은 급여의 종류에 따라 다르다. 급여의 종류는 단기급여 4종(공무상요양비, 공무상요양일시금, 재해부조금, 사망조위금)과 장기급여 15종(퇴직급여, 장해급여, 유족급여, 퇴직수당에 해당하는 다양한 급여)이 있다.

② 전달체계: 연금의 급여를 전달하는 업무, 연금비용을 위한 기여금, 부담금 및 기타 내용의 징수 등의 업무, 연금기금관리업무 등은 공무원연금법에 의하여 설립된 공무원연금공단을 통해 이루어지고 있다.

③ 재정방법: 연금비용은 공무원의 기여금(보험료)과 국가 또는 지방자치단체의 부담금 및 보전금으로 충당된다. 연금기여금은 2009년까지 보수월액

(봉급과 기말수당의 연지급 합계액을 12개월 평균한 금액)의 8.5%였으나 2010년부터는 기준소득월액(비과세소득을 제외한 연지급액을 12개월로 나눈 금액)의 7.0%로 변경되었다.

(2) 사립학교 교직원연금

사립학교 교직원연금제도도 사회보험 방식의 연금으로 1973년에 제정된 사립학교 교원 연금법에 의해 1975년부터 교원에게 적용되었고, 1978년부터는 사무직원에게까지 확대 실시되었다.

① 급여 수급 자격과 급여 종류: 적용대상자는 각급 학교에 근무하는 교직원과 기타 교육과학부장관이 지정하는 사립학교의 교직원이다. 급여 종류와 자격요건 및 급여수준은 공무원연금법이 준용되고 있으므로 앞에서 설명한 공무원연금의 경우와 동일하다.

② 전달체계: 연금급여의 전달업무, 기여금, 부담금 및 기타 비용의 징수업무 등은 사립학교 교직원연금법에 의하여 설립된 사립학교 교직원연금공단을 통해 이루어지고 있다.

③ 재정방법: 연금비용은 교직원의 개인부담금(기여금), 학교법인부담금, 국가부담금 및 운영수익금으로 충당된다. 부담금의 부담비율은 <표 12-6>과 같다. 사립학교 교직원연금의 개인부담금(기여금)도 공무원연금제도의 기여금 변경 시기와 같은 시기에 같은 방법으로 변경되었다.

표 12-6 사립학교 교직원연금 부담비율(2012년 현재)

부담자 구분	부담률
개인부담금	기준소득월액의 70/1,000(7.0%)
학교법인부담금	개인부담금 합계액의 4.117/7,000(4.1%)
국가부담금	개인부담금 합계액의 2.883/7,000(2.9%)
재해보상부담금*(학교기관부담금)	개인부담금 합계액의 454/10,000(0.32%)
계	14.3%

*재해보상부담금 0.32%를 제하면 사립학교교직원연금의 총부담률은 14% 정도임.

(3) 군인연금

군인연금제도는 1963년에 시행된 군인연금법에 의해 설립되었다.

① 급여 수급 자격 및 급여 수준: 군인연금제도는 중사 이상의 현역 또는 소집되어 실역에 복무하는 군인에게 적용된다. 군인연금에 가입한 사람은 퇴역연금, 상이연금, 유족연금, 재해보상금, 공무상 요양비 등 15개 급여를 제공하고 있다.

② 전달체계: 군인연금 업무는 군인연금법에 의해 국방부 내에 설치된 군인연금 특별회계에 의해 수행되며, 연금의 전달은 우체국 또는 금융기관을 통해 이루어지고 있다.

③ 재정방법: 군인연금 비용은 군인의 기여금, 국가의 부담금 및 그 이자로 충당된다. 기여금은 매월 보수월액(봉급과 상여금의 연지급액을 12로 평균한 금액)의 8.5%로 하고 있다.

군인연금을 제외한 특수직역연금(공무원연금과 사립학교 교직원 연금)과 국민연금을 비교해 보면 <표 12-7>과 같다. 특수직역연금은 국민연금 가입자들이 별도로 가입하는 고용보험과 산재보험 및 근로자퇴직급여제도 기여금도 포함하고 있기 때문에 가입자 연금보험료율(기여율)이 국민연금(4.5%)보다 훨씬 높은 7.0%가 되고, 또한 소득대체율도 국민연금 40%(40년 가입기준)에 비해 상당히 높은 63%(33년 가입기준)가 되고 있다.

표 12-7 특수직역연금과 국민연금의 비교

구 분	특수직역연금	국민연금
취지	노후생계보장을 위한 사회보장 성격 외에 20년 이상 재직한 자에 대한 퇴직금 및 산재보험 성격 포함	기본적인 노후생활보장을 위한 사회보장 성격
기여율 (보험요율)	• 공무원연금: 국가7.0%, 가입자 7.0% • 사학연금: 국가 2.9%, 법인 4.1%, 가입자 7.0%)	• 사업장 가입자: 사용자 4.5% 가입자 4.5% • 지역, 임의, 임의계속가입자: 9.0%

표 12-7 특수직역연금과 국민연금의 비교(계속)

구 분		특수직역연금	국민연금
급여	선정 기준	• 재직기간 평균기준소득월액 ※평균기준소득월액: 비과세 소득을 제외한 연지급액의 12개월 평균에 공무원보수 인상률을 고려하여 퇴직 시 현재 가치로 환산한 후 합한 금액을 재직기간으로 나눈 금액	• 전체 가입자의 평균소득월액(연금수급 전 3년간)+가입기간 중 본인의 기준 소득월액 ※평균소득월액: 매년 사업장 가입자와 지역가입자의 기준소득월액의 평균 ※기준소득월액: 가입자의 월소득
	급여 수준	• 퇴직연금: 최대 33년 간 기여금납입, 재직기간 매 1년당 평균기준 소득월액의 1.9%에 해당하는 금액(33년 이상 가입 시 평균기준소득월액의 62.7%) • 유족연금: 퇴직연금 x 60%	• 노령연금: 40년 가입 경우 전 가입기간 평균소득의 40~50%(2028년 이후는 40%가 될 것임) • 유족연금: (20년 기준) 노령연금x40~60%
	수급 요건	• 퇴직급여: 20년 이상 가입 • 장애연금: 공무상 장애 시 • 유족연금: 20년 이상 가입	• 노령연금: 10년 이상 가입 • 장애연금: 가입기간 중 장애발생시 • 유족연금: 가입기간 1개월 이상
	지급 방식	• 연금: 20년 이상 가입 • 일시금: 20년 미만 가입	• 연금: 10년 이상 가입 • 일시금: 10년 미만 가입
	지급 시기	65세 이상 또는 정년퇴직 후 5년 경과 시	60세 도달 시 ※2013년에는 61세, 이후 매 5년마다 1세씩 상향조정하여 2033년에는 65세가 됨

3) 국민기초생활보장

국민기초생활보장 프로그램은 국민기초생활보장법에 의한 공공부조 방법의 소득보장제도인데 종전의 생활보호제도가 2001년 10월부터 개편되어 시행된 제도이다.

(1) 수급 자격

국민기초생활보장의 급여는 기본적으로 연령에 관계없이 개인이나 가족이 스스로 최저생계를 유지할 수 없으면 수급할 수 있다. 즉, 부양의무자가 없거나 부양의무자가 있어도 부양능력이 없어 부양을 받을 수 없는 자로서 소득인정액(소득평가액과 재산을 현금으로 환산하여 합산한 금액)이 최저생계비 이하인 자가 수급대상이 된다. 따라서 65세 이상 노인도 국민의 일부이므로 이 조건에 해당되면 국민기초생활보장 수급이 가능하다.

(2) 급여의 형태, 종류 및 수준

① 생계급여: 의복, 음식물, 연료비 및 기타 일상생활에 기본적으로 필요한 금품을 지급하여 생계를 유지하도록 하는 것이다. 거택보호(자기가 마련한 주택에서 보호함)를 원칙으로 하며, 필요한 경우 위탁보호(일반가정에 위탁하여 보호함)와 시설보호(시설에 입주시켜 보호함)를 한다.

② 의료급여: 의료급여법에 의한 보호(진찰, 수술, 치료, 약제급여, 입원, 간호 및 이송 등)인데 무료(의료급여 1종) 또는 일부부담(의료급여 2종)으로 이루어지고 있으며 실제로 진료비가 지급되는 것은 아니다.

③ 자활급여: 자활급여의 경우 근로능력이 있는 수급자는 자활에 필요한 사업에 참가할 것을 조건으로 생계급여를 지급할 수 있다.

④ 교육급여: 중·고등학교 입학금, 수업료, 교과서 대금을 지급한다.

⑤ 해산급여: 조산 및 분만전후의 필요한 조치와 보호를 하는데 2012년 현재 해산 여성 1인당 500,000원을 별도로 지급하고 있다.

⑥ 장제급여: 보호대상자 사망 시 사체의 검안, 운반, 화장/매장 조치에 관한 비용을 지급하는데 2012년 현재 사망자 1구당 500,000원을 별도로 지급하고 있다.

⑦ 주거급여: 생계급여와 별도로 수급자의 주거안정에 필요한 임차료, 유지 수선비, 기타 수급품을 지급하는 것인데, 가구당 최저생계비의 15.84%를 주거급여로 책정하고 있다.

국민기초생활보장제도의 급여수준은 가구원 수에 따른 최저생계비에서 가구의 소득인정액을 차감한 금액이 되는데, 실제로는 의료비, 교육비, 타법에 의한 지원액(주민세, TV 수신료 등)을 차감하고 지급된다.

(3) 전달체계

국민기초생활보장 급여의 전달체계는 거택보호의 경우 보건복지부→특별시·직할시·도→시·군·구→읍·면·동을 통하여 수급자에게 급여가 전달되고, 시설보호의 경우는 거택보호와 같지만 마지막 단계인 시·군·구 또는 읍·면에서 개인이 아닌 시설에 직접 전달된다.

(4) 재정 충당

국민기초생활보장 비용은 조세로 마련한 국비와 지방비에서 충당된다.

(5) 국민기초생활보장 실태

국민기초생활보장 수급자 수는 2000년대에도 증가추세이며(<표 12-8>), <표 12-9>에서 보듯이 수급자 중 65세 이상 노인층이 차지하는 비율(26.8%)이 타 연령층에 비해 훨씬 높은 편이다.

표 12-8 연도별 국민기초생활보호 수급자 가구 및 수 (단위: 가구, 명)

연 도	계		일반수급자		시설수급자
	가구	인원	가구	인원	
2001	698,075	1,419,995	698,075	1,345,526	74,469
2002	691,018	1,351,185	691,018	1,275,625	75,560
2003	717,861	1,374,405	717,861	1,292,690	81,715
2004	753,681	1,424,088	753,681	1,337,714	86,374
2005	809,745	1,513,352	809,745	1,425,684	87,668
2006	831,692	1,534,950	831,692	1,449,832	85,118
2007	852,420	1,549,848	852,420	1,463,140	86,708
2008	854,205	1,529,939	854,205	1,444,010	85,929
2009	882,925	1,568,533	882,925	1,482,719	85,814
2010	978,799	1,549,820	878,799	1,458,198	91,622

출처: 보건복지부(2011), 2010년 국민기초생활보장 수급자 현황.

표 12-9 생애주기별 수급자 비율(%)(2010년) (단위: %)

	영유아기	학령기	청소년기	청년기	중년기	노년기	계
	0~4세	5~9세	10~19세	20~39세	40~64세	65세 이상	
수급자 비율(%)	1.9	3.8	20.6	11.9	35.0	26.8	100.0
총인구 대비율(%)	1.1	2.3	4.4	1.1	2.8	7.1	2.9

출처: 보건복지부(2011), 2010년 국민기초생활보장 수급자 현황.

표 12-10 국민기초생활보장 수급자의 가구별 현황 비율(2010년) (단위: %)

일반 세대	취약계층 세대						기타	계
	노인	장애인	모자	부자	소년소녀	소계		
33.2	27.7	19.7	9.8	2.4	1.3	60.9	5.9	100.0

출처 : 보건복지가족부(2011), 2010년 국민기초생활보장 수급자 현황.

또한 국민기초생활보장 수급자 세대별로 보아도 취약계층 세대가 전체 수급자 세대의 60.9%를 차지하고, 취약계층 세대 중에서도 노인세대(27.7%)가 다른 취약계층 세대보다 훨씬 많다(<표 12-10>).

4) 기초노령연금

1988년 국민연금제도가 도입된 당시 55세 이상인 사람에게는 연금에 가입할 수 있는 자격조차 없었고, 특히 소득이 낮은 노인계층에게 불이익이 커지는 것이 문제가 되어 이를 해결하는 수단으로 1991년부터 저소득층을 대상으로 노령수당제도가 도입되었다. 이후 노령수당제도의 문제점 개선을 위해 무갹출(비기여)노령연금제도를 도입해야 한다는 여론이 제기되어 1998년 7월부터 노령수당제도는 경로연금제도로 변경되고 그 급여대상도 확대되었다. 그 후 2007년 국민연금법이 소득대체율(연금수급액) 인하 방향으로 개정되면서 그 보완책으로 기초노령연금법이 제정되었다. 이 기초노령연금법 제정으로 경로연금제도는 폐지되고 2008년부터 기초노령연금제도가 도입되었다. 기초노령연금은 자산조사를 통해 지급하고 있기 때문에 공공부조 성격을 띠고 있다.

(1) 수급 자격

65세 이상인 자로서 소득인정액이 대통령령으로 정하는 금액(선정 기준액) 이하인 자가 기초노령연금을 수급할 수 있다(실제로는 노인의 하위 소득 70%가 대상이 됨). 기초노령연금은 국민기초생활보장제도의 수급 자격과는 달리

부양 의무자의 부양능력과 관계없이 노인 본인의 소득과 재산의 합산액만으로 수급 자격이 결정되며 선정 기준액 이하이면 누구나 수급 가능하다.

(2) 급여의 형태, 종류 및 수준

기초노령연금은 현금으로 지급되며 연금액은 국민연금제도의 기본연금액 산정 공식의 A 값(퇴직 직전 3년간의 연금가입자 전체의 기준소득월액의 평균)의 5%에 해당하는 금액으로 한다. 2011년 3월부터 2012년 2월까지 A값은 1,824,109원으로 연금액 최고액은 91,000원, 최저액은 20,000원이었다.

(3) 전달체계

연금지급 신청은 보건복지부장관 또는 지방자치단체장에게 할 수 있으며 신청을 받은 후 연금신청인에 대해 조사하여 수급여부를 결정한다.

(4) 재정 충당

국가와 지방자치단체가 연금기금을 분담하며 국가는 기금의 40~90% 범위 안에서 대통령령이 정하는 비율을 부담한다.

5) 긴급복지지원 제도

경제 양극화 및 이혼 증가 등 사회변화 속에서 소득상실, 질병과 같이 갑작스러운 위기상황이 발생한 경우 누구든지 손쉽게 도움을 청하고 필요한 지원을 받을 수 있는 제도이다. 지역사회의 각종 복지지원을 활용하여 위기상황에 처한 자를 조기에 찾을 수 있는 체계를 갖추고 이들에게 필요한 지원을 신속하게 실시하며 기존의 공공부조제도나 사회복지서비스와 연계되도록 하기 위해 긴급복지지원법을 2005년 12월에 제정하여 2006년 3월24일부터 시행하게 되었다.

(1) 수급 자격

노인을 포함한 모든 개인과 그 개인과 주거를 같이하는 가구 구성원이 ① 주소득자의 사망, 가출, 행방불명, 구금시설 수용 등으로 소득을 상실하고 다른 소득이 없을 경우, ② 중한 부상과 질병을 당한 경우, ③ 가구 구성원으로부터 방임, 유기, 학대 등을 당한 경우, ④ 가정폭력이나 성폭력을 당한 경우, ⑤ 화재 등으로 주택 또는 건물에서 생활이 곤란한 경우, ⑥ 그 밖의 긴급한 사유가 발생한 경우 지원을 요청할 수 있다.

(2) 급여의 형태, 종류 및 수준

국가나 지방자치단체의 구호, 보호 또는 지원, 민간기관 및 단체와 연계한 지원을 받을 수 있다. 지원의 구체적 종류는 ① 현금 또는 현물 등의 직접지원(생계지원, 의료지원, 주거지원, 사회복지시설 이용 지원, 기타 지원)과 ② 민간기관 및 단체와의 연계지원(대한적십자사 및 사회복지공동모금회 등의 사회복지기관 단체로의 연계, 상담, 정보제공 등 그 밖의 지원)이 있다.

(3) 전달체계

국가 및 지방자치단체는 위기상황에 처한 자를 찾아내어 신속하게 필요한 지원을 할 수 있고 긴급지원 대상자가 시장, 군수, 구청장에게 지원을 신청할 수도 있다.

(4) 재정 충당

국가와 지방자치단체가 비용을 분담한다.

6) 퇴직연금제도

근로기준법에 의해 시행되어 오던 퇴직금제도는 퇴직 시 일시에 퇴직금 전액을 받게 되어 목돈을 받는 이점은 있으나 퇴직 후 여생 동안 퇴직금을 관리하기 어려운 문제점도 있고 일시에 사용하는 경우 노후소득보장에 도움이 되지 않기 때문에 연금형태로 지급할 수 있는 방안을 찾아낸 것이 퇴직연금제도이다. 종전 근로기준법에 규정되어 있던 퇴직금 관련 조항을 따로 분리시켜 퇴직연금제도로 전환하는 새로운 제도를 만들게 되었는데 이 제도는 2005년 12월부터 시행된 근로자퇴직급여보장법에 의한 것이다.

(1) 가입 자격과 적용 조건

근로자를 사용하는 모든 사업장에 적용하고 1년 이상 근무하는 모든 근로자는 퇴직급여 가입자가 된다. 다만 4인 이하를 사용하는 사업장은 2008년과 2010년 사이에 적용하도록 하였다.

(2) 급여 형태, 종류 및 수준

퇴직급여는 퇴직금제도와 퇴직연금제도가 있으며 사용자는 근로자 과반수가 동의하는 조건으로 두 가지 퇴직급여 제도 중 한 가지 이상을 선택하여 설정하여야 한다. 퇴직금제도에서는 1년 이상 근속하는 경우 근속기간 1년에 대해 30일간의 임금을 퇴직금으로 설정해야 하고, 퇴직연금제도에서는 확정기여연금제도(defined contribution system: DC제도)와 확정급여연금제도(defined benefit system: DB제도) 중 어느 한 가지를 선택해야 한다. 그리고 퇴직급여의 일시금을 수령한 자는 개인퇴직계좌(퇴직일시금을 수령한 자가 그 수령액을 적립, 운영하기 위해 퇴직연금사업자에게 설정한 저축계정)에 가입할 수 있으며 연금과 일시금을 선택하여 받을 수 있다.

(3) 전달체계

사용자는 퇴직급여의 관리운영을 위해 외부의 퇴직연금사업자(금융기관)와 계약을 맺어 관리하게 해야 한다.

(4) 재정 방법

설정된 퇴직급여제도에 대한 기여금은 사용자가 부담해야 한다. 다만 DC

방식의 퇴직연금을 택하고 가입자가 추가적으로 본인부담을 늘이고자 하는 경우는 가입자 추가분을 부담해야 한다.

이상에 설명한 퇴직연금제도 운영방법을 그림으로 설명하면 <그림 12-1>과 같다.

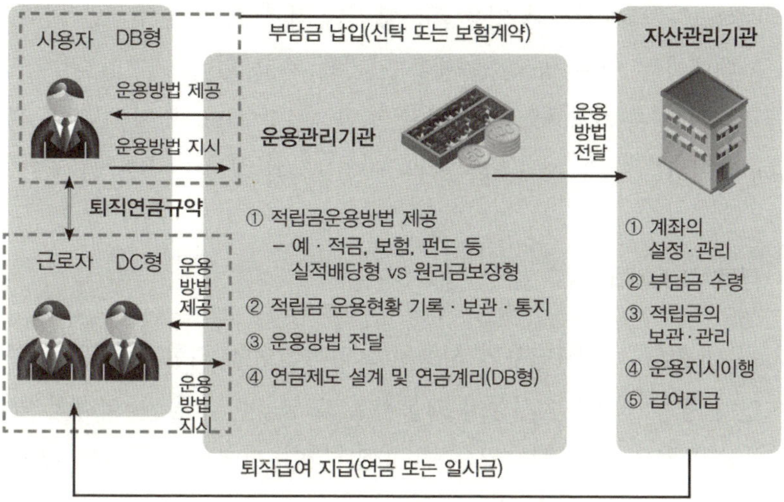

그림 12-1 퇴직연금제도 운영방법

2. 간접급여 프로그램

1) 세제 감면

세제감면은 대체로 노인 부양의식 제고를 위한 부양가족에 대한 간접적 소득보장 방안이라 할 수 있다. 세제 프로그램과 감면 규정은 수시로 변경되며 2011년 현재 구체적으로 다음과 같은 프로그램이 있다.

(1) 상속세 공제 : 배우자를 제외한 상속인 및 피상속인과 동거하던 가족 중 60세 이상인 자에 대해 연간 1인당 3,000만 원 공제해 주고 있다.

(2) 소득 공제 : 60세(여 55세) 이상 생계를 같이하는 직계존속을 부양하는

경우 연간 100만 원을 소득세 과세액에서 공제하고, 부양가족 중 65세 이상 노인과 생계를 같이하는 자에 대해 연간 1인당 50만 원을 과세액에서 공제해 주고 있다.

(3) 양도소득세 면제: 60세 이상 부 또는 55세 이상인 모와 자녀가 각각 주택을 소유하고 따로 살다가 세대를 합침으로써 한 주택을 매매하는 경우 먼저 매매하는 주택에서 3년 이상 거주했거나 세대를 합친 후 2년 이내에 한 주택을 매매하는 경우 양도소득세를 면제해 주고 있다.

(4) 생계형 저축 비과세: 60세 이상 노인 1인당 3,000만 원 이하의 생계형 저축에 가입하는 경우 이자소득 또는 배당소득에 대해 면세를 해 주고 있다.

2) 경로우대 제도

경로우대 제도는 1981년부터 시행된 노인복지법에 의한 제도로서 65세 이상 노인이 공공 및 민영 시설인 교통시설, 고궁, 능원, 공원, 국공립 박물관, 미술관, 국악원을 이용하는 경우 50~100% 할인 혜택을 제공하는 것이다.

2011년 현재 노인복지법(제26조) 및 노인복지법시행령(제19조)에 의한 경로우대 할인율은 <표 12-11>과 같다.

표 12-11 경로우대 시설의 종류와 할인율

시설의 종류	할인율	시설의 종류	할인율
1. 철도		6. 국공립 공원	100%
1) KTX	30%(평일만)	7. 국공립 미술관	100%
2) 무궁화	30%	8. 국공립 국악원	50% 이상
3) 통근열차	50%	9. 국가·지방자치 단체 또는 국가나 지방자치 단체가 출연하거나 경비를 지원하는 법인이 설치·운영하거나 그 운영을 위탁한 공연장	50%
4) 수도권 전철	100%		
2. 도시철도	100%		
3. 고궁	100%		
4. 능원	100%		
5. 국공립 박물관	100%		

공공교통시설이나 공공시설이 아닌 민영시설로서 자발적으로 경로우대를 시행하고 있는 시설은 항공기(10% 할인), 국내 여객선(20% 할인), 목욕, 이발 등(자율적으로 다른 할인율 적용)이 있다.

3) 고용증진

(1) 고령자 우선고용 직종지정 및 고용

고용상 연령차별 금지 및 고령자 고용촉진에 관한 법률에 의해 정부에서 고령자(55세 이상) 및 준고령자(50~54세)에게 적합한 직종(우선고용직종)을 선정발표하고, 정부 및 공공 기관은 이들을 우선적으로 고용하도록 하고 있다.

(2) 고령자 등 고용차별 금지

고용상 연령차별 금지 및 고령자 고용촉진에 관한 법률에 의하여 사업주가 근로자를 모집, 채용, 해고함에 있어서 원칙적으로 연령차별을 금하고 있다.

(3) 고령자 취업지원

고용상 연령차별 금지 및 고령자 고용촉진에 관한 법률에 의해 정부가 ① 고령자에 대한 구인구직 정보를 수집하여 제공, ② 고령자에 대한 직업능력 개발훈련을 실시, ③ 사업주에 대한 고령자 고용을 지도하고 고령자 교육과 훈련 및 작업환경 개선에 대한 지원, ④ 고령자 취업알선 기능을 강화, ⑤ 고령자의 취업지도와 직업알선 등의 업무를 효율적으로 수행하기 위해 필요한 지역에 고령자고용정보센터 운영, ⑥ 고령자 인재은행 및 중견전문인력 고용지원센터 지정 등을 하도록 하고 있다.

(4) 고령자 고용촉진 지원

고용보험법과 고용상 연령차별 금지 및 고령자 고용촉진법에 의해 2011년 현재 고용주에게 보조금을 지급하는 프로그램은 다음과 같다: ① 고령자 고용연장 지원금, ② 임금 피크제 지원금 및 ③ 고령자 고용환경 개선자금, ④ 정년퇴직자 재고용지원, ⑤ 퇴직 예정자 구직활동 지원.

(5) 정년연장

고용상 연령차별 금지 및 고령자 고용촉진에 관한 법률에 따라 사업주가 정년을 60세 이상이 되도록 노력하도록 하고 정년연장 계획서를 제출하도록 하고 있다.

(6) 노인 일자리 사업

정부에서는 노인복지법 및 노인복지법 시행령에 의해 노인에게 적합한 일자리를 개발하고 교육 및 훈련을 시행하고(한국노인인력개발원), 노인의 사회적 경험과 지식을 활용하여 지역사회에서 일자리를 창출할 수 있도록 하고 있으며(지역사회시니어클럽), 대한노인회에 취업지원센터를 설치하여 구직희망 노인의 취업상담 및 알선을 하도록 하고 있다.

II. 노인 소득관련 사적(민간) 프로그램

노인복지는 법률에 의하거나 정부 부처의 결정에 의해 노인복지 증진을 위한 정책과 서비스를 계획하여 실천하는 활동인데, 노인복지에 관련되어 있으나 정부가 직접적으로 감독하지 않는 활동이 있다. 그러한 활동 중 소득보장에 관련된 것으로 ① 주택연금, ② 농지연금, ③ 개인연금이 있다.

1) 주택연금(주택담보 노후연금 또는 역모기지 제도)

주택연금은 주택 소유자가 주택에 대해 저당권을 설정하고 금융기관으로부터 노후생활자금을 연금 형식으로 대출받는 제도인데 이는 미국의 역모기지제도(reverse mortgage system)를 모방한 것이다.

우리나라에서는 주택연금제도가 1995년에 시작되었으나 노인들의 부동산 소유 개념이 강한 점과 은행 측의 저당주택에 대한 우려 등으로 활성화되지 못하였는데 2007년 이후 한국주택금융공사법을 개정하여 주택담보노후연금 보험증서를 발행하여 감정평가액 9억 이하의 주택을 60세 이상부터 이용가능하도록 하였다. 주택연금의 지급방식은 크게 종신지급방식과 종신혼합방식이 있다. 종신지급방식은 평생 매월 일정한 금액을 나누어 지급받는 방식으로 증가옵션이 있는 경우와 없는 경우가 있다. 종신혼합방식은 처음 일정액(대출한도의 30% 이내)을 인출한도로 설정하고 나머지 금액을 매월 일정하게 나누어 지급받는 방식인데 증가 옵션이 있는 경우와 없는 경우가 있다.

2) 농지연금

농지연금제도는 한국농어촌공사 및 농지관리 기금법(개정)에 의하여 농지자산을 유동화하여 생활자금이 부족한 고령 농업인의 안정된 노후생활을 보장하고 농지의 효율적 이용을 기하기 위한 제도로 농지를 담보로 매월 일정액을 연금 형식으로 받도록 하는 제도이다. 이 제도는 2011년부터 시행되었으며 농지연금 이용 가능 대상자는 농지를 5년 이상 경작한 경험이 있는 65세 이상의 농업인(부부의 경우는 모두 65세 이상)이어야 하고, 3만 m²(약 9,090평) 미만 농지를 한국농어촌공사에 담보(공시지가 적용)로 제공하고 매월 종신동안 받는 방식 또는 일정기간 동안만 받는 방식으로 연금을 받을 수 있다.

3) 개인연금

개인연금제도는 국민연금 및 특수직역연금과 같은 공적연금과 퇴직연금으로 노후에 충분한 소득보장을 할 수 없게 될 가능성에 대비하는 의미에서 1994년 도입되었으며, 만 20세 이상이면 분기당 300만 원까지 가입가능하고 은행에서 개인연금신탁, 보험사에서는 개인연금보험, 증권사와 투신사에서는 개인연금 투자신탁(펀드) 형태로 판매되고 있다. 개인연금 가입액에 대해서는 연 400만 원까지 세제혜택을 받을 수 있고, 만 55세 이상으로 10년 이상 가입한 경우는 연금 지급 신청이 가능하고, 가입자 연령이 55세 미만이거나 가입기간이 10년 미만이면 연금으로 받을 수 없다.

선진국에서는 노후소득을 다층으로 보장하는 방향으로 정책을 추진하고 있다. 일반적으로 3층으로 보장하는 방법을 취하고 있는데 1층은 공적연금, 2층은 퇴직연금(기업연금), 3층은 개인연금으로 보장하는 것이다. 앞으로 우리나라도 선진국처럼 공적연금은 점차 액수가 줄어들 가능성이 높고, 퇴직연금도 일정기간 동안만 받을 수 있기 때문에 공적연금과 퇴직연금만으로 충분한 노후 소득보장이 어려우므로 개인연금으로 보충하는 것이 바람직하다. 특히 20세부터 가입이 가능하고, 일찍 가입할수록 장기적으로 큰 부담이 없어 고령화사회의 노후 소득보장 보완책으로 가치가 클 것으로 생각된다.

III. 노후 소득보장 프로그램의 문제점과 개선방안

고령화사회를 대비하는 노후 소득보장 방법으로서 현행 정책의 문제점과 개선방안을 간략히 제시해 보기로 하겠다.

1) 장기적으로 소득보장 대상자는 국민 전체가 되겠지만 중단기적으로 소득보장 대상자는 50~64세, 65~74세, 75세 이상으로 구분하여 각 연령집단에 따라 다른 대책을 수립해야 할 것이다. 현재 50~64세는 베이비부머 세대를 포함한 중년층 세대라 할 수 있는데 공적 연금제도의 혜택을 받는 비율이 비교적 높은 세대이고, 65~74세는 공적 연금제도 가입 기간이 짧거나 사각지대에 놓인 사람들이 대부분이어서 공적연금 혜택을 받지 못한 비율이 훨씬 높은 세대이고, 75세 이상 세대는 공적연금 혜택을 전혀 받지 못한 세대라 할 수 있다.

2) 노인 빈곤을 절대적 빈곤이 아닌 상대적 빈곤의 개념으로 생각해야 할 것이다. 우리나라는 빈곤의 기준으로 최저생계비 이하를 기준으로 하는 절대적 빈곤 개념을 사용하고 있지만 OECD 선진국 대부분은 정규 소득이 있는 국민 개인이나 가구 소득액을 최저에서 최고액으로 나열한 분포에서 하위

50%에 해당하는 소득액(중위 소득)의 50% 이하에 해당하는 사람을 빈곤층으로 간주하는 상대적 빈곤개념을 사용하고 있다. 우리나라 노인의 경우 장기적으로 빈곤율이 서서히 낮아지겠지만 상대적 빈곤율이 개인으로나 가구단위로 거의 50% 가까이 되므로(이 책 제5장 <표 5-1> 참조) 중단기적으로 노인 빈곤을 해소하는 데 역점을 두어야 할 것이다.

표 12-12 65세 이상 노인의 공적연금 수급률(2010년 현재) (단위: 명, %)

	합 계	노령연금 (퇴직연금)	장애연금 (장해연금)	유족연금	연금수급률[1]
계	1,606,025(100.0)	1,420,822(88.5)	9,608(0.6)	175,595(10.9)	30.0
국민연금	1,428,414(88.9)	1,265,781	8,847	153,786	26.7
공무원연금	155,778 (9.7)	135,117	742	19,919	2.9
사학연금	21,833 (1.4)	19,924	19	1,890	0.4

주: 1) (각 연금수급자의 합계/65세 이상 추계인구) × 100.
출처: 통계청(2011), 2011 고령자 통계.

3) 현재 65세 이상 노인에 대한 소득보장 보완책이 마련되어야 한다. 2010년 현재 65세 이상 노인 가운데 30% 정도만 공적연금 혜택을 받고 있고, 70% 정도는 혜택을 받지 못하고 있는 상태이므로(<표 12-12> 참조), 현재 65세 이상 노인세대의 소득 보장에 대한 보완적 대책이 시급히 수립되어야 할 것이다. 현실적으로 가장 바람직한 보완책은 기초노령연금의 지급대상을 현재의 노인인구 70% 대상에서 노인 중위소득의 1/2 이하에 해당하는 상대적 빈곤층까지로 축소하거나 아니면 70%를 대상으로 하되 상대적 빈곤층 해당자에 대해서는 현재보다는 훨씬 더 지급액을 높여야 할 것이다.

4) 장기적으로 선진국처럼 노후 소득보장 제도의 틀을 다층적 제도, 즉 3층 보장제도로 구축해 나가야 할 것이다. 고령화사회의 진전에 따른 공적연금의 재정적 부담감을 생각하면 공적연금의 소득대체율을 어느 정도 높이는 것은 가능하겠으나 계속 높이는 것은 어려울 것이기 때문에 공적연금만으로는 노

후 소득 보장의 기능을 수행하기 어려울 것이 분명하다. 우리나라는 40%까지 소득대체율을 낮추었는데 이는 선진국에 비해 상당히 낮은 편이다. 향후 연금개혁을 통해 연금보험료율을 높이고(약 15% 정도까지) 동시에 소득대체율도 50% 정도로 상향조정하는 것이 바람직하다. 소득대체율을 50%로 인상한다 하더라도 실제 근로기간이 40년이 못될 것을 생각하면 연금액 인상을 크게 기대하기 어려울 것이다. 어쨌든 공적연금만으로는 노후 소득보장 기능을 기대하기 어려우므로 공적연금을 제1층, 사적연금인 퇴직연금을 제2층으로 하고 개인연금 또는 개인연금과 주택연금 내지는 농지연금을 결합한 형태를 제3층으로 하는 제도를 구축하여 나가야 할 것이고, 이 3층 보장의 틀을 향후 고령화사회에 대응한 기본적 소득보장제도의 틀로 확립해 나아가야 할 것이다.

5) 현재의 공적 연금제도에 대한 계속적인 개선 내지는 개혁을 추진해 나가야 할 것이다.

① 연금보험료율 인상: 연금보험료 또는 기여금을 점차적으로 높여 나아가야 할 것이다. 우리나라는 OECD 선진국에 비해 연금보험료가 상당히 낮은 편이고 전반적으로 사회보장 부담률도 낮은 편이다. 2007년도 국민연금법 개정에서는 소득대체율만 낮추다 보니 절대적 연금수급 액수가 적어져 노후 최저소득수준보장까지 위협받는 상황이 될 수 있는 문제점을 낳고 있다.

② 세대 간 형평성과 세대 간 상호의존성(연대)의 조화에 대한 사회적 합의 도출: 세대 간의 형평성을 과도하게 강조하는 것은 결국 고령화사회를 부정적으로 부각시키는 주된 논리가 되고, 이 같은 논리나 가치관은 세대 간의 갈등을 초래하는 원인이 될 수 있다. 또한 세대 간 상호의존성을 지나치게 강조하는 것도 후세대에 부담감을 가중시키고 또한 세대 간 갈등을 초래하는 원인이 될 수도 있다. 현재까지 인류의 역사는 세대 간의 형평성 논리보다는 세대 간 상호의존의 논리로 전개되어 왔으나 향후 고령화라는 새로운 사회적 위험으로 인해 세대 간 상호의존에 치우칠 수만은 없을 것이다. 향후 고령화사회의 과제는 세대 간의 상호의존성과 세대 간 형평성을 적절히 조화하여 나가야 할 것이다. 우리나라에서도 확연히 드러나지는 않았으나 소득대체율

을 인하하는 연금개혁에는 세대 간 형평성의 논리가 깔려 있는 것으로 보인다. 연금개혁에서 세대 간 형평성 강조는 연금제도의 지속성을 강화하는 데 기여할 수는 있어도 소득보장이라는 연금제도의 근본적 목표 달성에는 기여하지 못하게 될 것으로 보인다.

③ 비정규직 근로자에 대한 연금보험료 지원: 2011년 9월 현재 비정규직근로자 중 국민연금에 가입하지 못한 비율이 53.1%에 이르고 있는 것은 향후 이들의 노후소득이 더욱 불안정하게 되고 노후 빈곤에 처할 가능성이 높기 때문에 이들이 국민연금에 가입할 수 있도록 국가가 연금 보험료를 보조해 주는 것이 바람직하다.

④ 연금 보험료 부과의 소득(기준소득월액) 상한선 상향조정: 368만 원으로 제한되어 있는 국민연금 보험료 부과 소득 상한선을 상향조정함으로써 연금의 소득재분배 효과를 높일 수 있을 뿐만 아니라 연금수급 액수도 높일 수 있다.

⑤ 연금수급 개시 연령의 상향조정에 대한 노동시장의 협조 필요: 현재 국민연금법상으로 2013년부터 5년 단위로 연금수급 개시연령을 1년씩 연장하여 2033년에 65세가 되도록 하고 있다. 2013년부터 상향조정은 바람직하나 5년 단위로 1년씩 연장하는 기간이 좀 더 단축되어야 할 것이다. 즉, 3년 단위로 1년씩 연장하여 2025년 정도에 65세가 되도록 하는 것이 바람직하다. 특히 기업에서 정년연장에 대해 소극적인 것은 심각한 문제이다. 기업에서 정년을 결정하는 사람들은 상당한 고령자이면서도 자신을 능력이 있는 자로 평가하고 다른 사람은 능력이 없는 자로 평가하는 것은 이율배반적이다. 우리나라에도 65세 정년 직종이 상당히 있을 뿐 아니라 일본에서는 65세 정년이 정착되고 있으며, 미국에서는 이미 1986년에 정년을 폐지한 것도 고려해야 할 것이다. 연령과 생산성에 대한 잘못된 상식과 편견은 비과학적이고 비합리적 사고방식이므로 속히 개선되어야 할 것이다. 한국인과 외국인이 연령에 따른 생산성에 차이가 있는 것은 결코 아니다.

⑥ 공적 연금제도의 장기적 개혁 필요: 공적 연금제도가 산업사회에 도입된 지가 100년이 넘고 많은 선진국에서도 50~60년 이상의 제도 시행 역사를

가지고 있지만 정치적, 사회적, 경제적, 인구학적 변화, 이와 관련한 고령화 등으로 문제점이 계속 노출되고 있고 또한 개혁되어 오고 있는 점을 고려하면 우리 사회의 공적 연금제도도 다양한 연구를 통해 지속적으로 개혁해 나가야 할 것이다.

6) 기초노령연금제도와 공적 연금제도를 통합할 필요가 있다. 기초노령연금제도는 현재의 65세 이상 노인을 위한 가장 현실적인 소득보장 보완책이기는 하지만 장기적으로는 공적연금을 기초연금과 소득비례연금으로 이중 구조화 하는 틀 속의 기초연금으로 전환되는 것이 바람직하다.

7) 퇴직연금제도의 개선이 필요하다. 퇴직연금제도의 퇴직급여를 연금으로 일원화하고 연금지급기간도 퇴직 후 평균여명을 감안하여 적어도 10년 이상을 지급할 수 있어야 할 것이다.

8) 국민 개인의 노후 준비의식을 강화해야 한다. 국민 개개인으로 하여금 장기적인 계획으로 노후 소득보장 대책을 세우도록 하고 소득보장 방안을 보완하는 의미에서 개인연금제도를 확충하여 발전시키는 것이 바람직하다.

9) 고령자 고용 증진이 적극 추진되어야 한다. 현행 간접적 소득보장 방법인 노인취업과 재취업을 증진하는 방안을 적극적으로 고려해야 할 것이다.

10) 주택연금과 농지연금이 계속 활성화되어야 한다. 노후 소득보장의 보완책으로서는 물론 주거보장의 차원에서 주택연금을 더욱 활성화시키고, 또한 농어촌지역 고령화문제 해결과 영농방법 개선 차원에서 농지연금을 계속 활성화시켜 나아가는 것이 바람직하다.

제 13 장
우리나라 노후 의료보장 정책

고령화사회로 진전함에 따라 사회적으로 가장 부담이 되는 것 중의 하나는 노인인구, 특히 고령 노인인구 증가에 따른 의료비 증가이다. 개인이 고령화할수록 급성질병은 줄어드는 반면 만성질병은 크게 증가하고 또한 신체적 허약성도 증가하게 된다. 이러한 만성질병과 신체적 허약은 일상생활에서 독립적 행동을 하는 데 큰 제약을 가져오고 결국은 다른 사람에게 의존하여 장기적으로 치료 및 돌봄 서비스를 받게 됨으로써 가족과 친척에게는 물론 사회에 큰 부담을 주게 된다.

선진국은 복지국가를 지향하면서 소득보장과 더불어 의료보장을 위한 비용을 사회적 차원에서 부담하기 위한 비용부담 체계를 사회보험이나 조세방법으로 수립하고 의료적인 치료 및 사회적 돌봄 서비스 체계를 발전시켜 왔다. 급성질병의 치료를 위한 의료보장 제도는 복지국가의 핵심적 정책 프로그램으로 발전시켜 왔으나 만성질병과 신체적 허약으로 인한 장기적인 의료적 치료와 사회적 돌봄 서비스를 제공하는 장기요양보호 서비스는 충분히 발전시키지 못하고 있다.

고령노인 비율이 높지 않은 상태에서는 장기요양보호 서비스를 급성질병 진료체계의 일부로 활용해도 큰 문제가 없었다. 그러나 고령노인 증가에 따른 장기요양 보호 비용이 급속도로 증가함에 따라 기존 급성질병 중심의 의료 서비스 체계와는 별도로 장기요양보호를 위한 비용부담 체계와 서비스 체계가 발전하게 되었으며 이 같은 현상은 1980년대 이후의 새로운 추세라 할 수 있다.

우리나라에서 급성질병 중심의 의료보장제도는 1977년 의료보험제도 시행으로 그 틀을 갖추기 시작하였고, 1989년에 빈곤층(국민기초생활보장 대상자)을 제외한 모든 국민이 의료보험 수급자가 되는 의료보장의 틀이 정착되었다. 그러나 기존의 의료보험제도(2001년 이후 국민건강보험제도로 개칭됨)는 노인의 장기요양보호 수요를 감당하기 어려웠다. 2000년 이후 고령화사회로의 진입과 더불어 장기요양보호를 위한 새로운 사회적 비용부담 체계와 서비스 체계의 필요성이 크게 대두되어 2007년에 노인장기요양보험법을 제정하고 2008년 7월부터 시행함으로써 우리나라에도 장기요양보호 체계가 본격적으로 의료보장의 중요한 한 축으로 자리 잡기 시작하였다.

이 장에서는 고령화사회에 대응하는 우리나라의 노후 의료보장 체계를 간략히 살펴보고 문제점과 개선 방향을 제시해 보고자 한다. 노후 의료보장 체계는 노인을 대상으로 하는 급성질병 진료 서비스와 만성질병과 허약성 문제 해결을 위한 노인장기요양보호 서비스의 비용부담 및 서비스와 서비스 전달 체계로 나누어 살펴보기로 하겠다.

I. 의료보장의 비용부담 및 서비스

1. 사회보험

1) 국민건강보험

우리나라 의료보험제도는 1963년 의료보험법 제정으로 처음 시작되었으나 1976년까지는 몇 군데에서 시범사업으로 시행한 정도에 그쳤다. 1970년대 중반 사회·경제적 상황이 의료보험의 전면적 확대실시의 필요성을 강화시킴으로써 1977년 기존의 의료보험법을 전면 개정하여 실시하기에 이르렀다. 이후

1999년 국민건강보험법을 제정하여 2000년 7월부터 시행함으로써 종전의 공무원 및 사립학교교직원 의료보험과 지역의료보험 및 직장의료보험이 통합되어 국민건강보험이라는 단일체계가 되었다.

(1) 보험 가입 및 급여 수급 자격

국내에 거주하며 보수나 소득이 있는 모든 국민으로서 의료급여법에 의한 의료급여 대상자가 아닌 모든 사람은 국민건강보험 가입자가 되며, 보수나 소득이 없는 자는 국민건강보험 가입자의 피부양자(배우자, 직계존속, 배우자의 직계존속, 직계비속)로 되어 보험의 적용을 받을 수 있다.

(2) 급여의 형태, 종류 및 수준

의료 서비스에 대한 비용은 본인 부담금 외에 제3자로서 보험자인 국민건강보험공단이 진료기관에 지불하게 된다. 급여의 종류는 크게 세 가지가 있으며 구체적인 내용은 다음과 같다.

- 요양급여: ① 진찰·검사, ② 약제·치료재료 지급, ③ 처치, 수술, 기타 치료, ④ 예방·재활, ⑤ 입원, ⑥ 간호, ⑦ 이송
- 부가급여: 임신 및 출산 진료비
- 건강검진(일반건강검진, 암검진, 영유아 건강검진, 생애전환기 건강 검진)

(3) 전달체계

국민건강보험은 국민건강보험공단과 지부를 통해 운영된다.

(4) 재정 방법

국민건강보험의 재정은 피보험자(가입자)의 보험료(기여금), 사용자의 부담금 및 국가의 보조금으로 충당된다. 국가의 보조금은 공단 운영비를 충당하는 정도이고 거의 대부분의 비용은 피보험자와 사용자의 공동부담 또는 피보험자가 일방적인 부담을 하는 보험료로 충당된다. 피보험자인 가입자는 직장

가입자와 지역가입자로 나누어지고 가입자 구분에 따라 각각 다르게 보험료가 부과된다.

직장가입자의 월 보험료는 개인 단위로 산정하는데 표준보수월액에 보험료율을 곱하여 산출하고(재산 제외), 지역가입자의 월보험료는 세대단위로 산정하며 피보험자 세대의 소득, 재산, 생활수준, 경제활동 참가율을 참작하여 부과요소별 점수를 합산한 후에 점수당 금액을 곱하여 산출한다. 직장가입자의 경우 보험료는 가입자와 사용자가 절반씩 나누어 부담하지만 지역가입자의 경우는 가입자 본인이나 가족이 나누어 전액 부담한다. 직장 가입자의 경우는 보수월액의 8% 범위 내에서 대통령령으로 정하는데 2012년 직장가입자 보험요율은 5.8%로 가입자는 사용자와 반반씩 2.9%를 부담한다.

2) 노인장기요양보험

노인장기요양보호에 대한 개념을 확실히 하고 이에 대한 연구와 논의가 시작된 것은 1997년 이후라 할 수 있다. 1997년에 노인복지법이 개정되면서 노인복지시설이 네 가지(노인주거복지시설, 노인의료복지시설, 노인여가복지시설, 재가노인복지시설)로 구분되었는데 특히 노인의료복지시설과 재가노인복지시설의 구분과 의미는 장기요양보호의 개념과 연계된 것으로 이해되기 시작하였다. 또한 1997년 일본에서 개호보험법이 제정되면서 우리나라도 급속한 인구 고령화를 예상하여 '장기요양보호'라는 말이 국내의 학계에서 사용되기 시작하였고 이후 이와 관련한 학술적·정책적 연구도 진행되었다.

2000년부터 우리나라는 고령화사회에 접어들었고 이를 계기로 노인문제와 장기요양보호에 대한 사회적 관심이 크게 나타나기 시작하였다. 2000년 초부터 정부에서 장기요양보험제도 도입에 대한 정책연구를 한 것을 바탕으로 2001년 8·15 대통령(김대중) 경축사에서 노인요양보장제도 도입을 제시하였다. 이후 계속적인 정책연구와 2005년 7월부터 2007년 3월까지 시범사업을 거친 다음 2008년 7월부터 시행하기로 계획하였다.

이 같은 우리나라의 노인장기요양보험제도 시행 계획은 2007년 4월에 제정된 노인장기요양보험법에 따라 2008년 7월부터 시행되었다. 노인장기요양보험제도는 65세 이상 노인 또는 65세 미만이라도 노인성질환으로 장기요양보호가 필요한 사람에게 재가 및 시설(그룹 홈 포함) 장기요양보호 서비스를 제공하는 제도이다. 장기요양보호는 장애 정도가 3등급까지 해당하는 사람에게만 서비스를 제공한다.

(1) 가입 및 수급 자격

노인장기요양보험 가입자격은 국민건강보험에 가입한 사람인데 실제로는 국민건강보험에 가입한 사람은 강제적으로 자동가입하게 된다. 국민건강보험에서는 보험 가입자(피보험자)와 피부양가족 모두 원하는 경우 언제든지 병의원을 방문하여 진료를 받을 수 있으나 노인장기요양보험에서는 누구나 서비스를 받을 수는 없고 일정한 요건을 갖추어야 한다.

수급 자격은 장기요양보험에 가입한 자로서 국민건강보험공단(지부)에 장기요양인정 신청을 하면 국민건강보험공단 직원이 노인 가정을 방문하여 신체적 및 정신적 상태를 조사 한 후 장애등급이 1~3등급에 해당된다는 장기요양 인정 판정(<표 13-1> 참조)을 받아야 한다. 의료급여 수급자는 보험료 납부 없이 무료로 수급을 받을 수 있지만 수급 자격은 보험가입자와 같은 절차를 거쳐서 얻는다. 수급 자격은 다음과 같은 세 가지 조건을 모두 갖추어야 한다.

① 65세 이상 노인 또는 65세 미만의 자로서 치매 뇌혈관성 질환 등 대통령이 정하는 노인성 질환을 가진 자.

② 6개월 이상 혼자서 생활하기 어렵다고 인정되는 자.

③ 장애 등급(요양등급) 3등급 이상으로 판정받은 자.

표 13-1 노인장기요양보험의 요양등급 및 등급판정 점수

구 분	요양 1등급(최중증)	요양 2등급(중증)	요양 3등급(중등증)	등급 외(경증)
상태	• 하루 종일 침대 위에서 생활하는 자로 스스로 움직일 수 없는 와병 상태 • 일상생활활동인 식사·배설·옷 벗고 입기 등의 모든 활동에서 전적으로 다른 사람의 도움을 필요로 함	• 식사·배설·옷 벗고 입기 등에서 부분적으로 다른 사람의 도움을 필요로 함 • 휠체어를 이용하여 일상생활 유지함 • 낮에도 주로 침대에서 생활하는 경우가 많음	• 보행보조기 등을 통해 이동 • 다른 사람의 도움을 받아야만 외출 가능	• 식사·배설·옷 벗고 입기 등 모두가 대체로 자립이나, 생활 관리 능력이 저하되는 등으로 가끔 지원 필요
조사표	• 체위 변경, 식사하기, 일어나 앉기 등 ADL에서 6개 이상 완전 도움 필요	• 식사하기, 일어나 앉기, 세수하기, 양치질하기 등 ADL에서 5개 이상 부분 도움 필요	• 양치질하기, 세수하기 등 ADL에서 3개 정도 부분 도움 필요	• 목욕, 옷 벗고 입기 등 ADL에서 1~2개 부분 도움 필요
등급 점수	95점 이상	75~95점 미만	55~75점 미만	55점 미만

ADL(Activities of Daily Living: 일상생활 수행행동): 옷 벗고 입기, 목욕하기, 일어나 앉기, 화장실 가기, 대소변 조절하기 등 13개 항목의 자기관리를 하는 데 필요한 행동을 말함(노인장기요양보험법시행규칙 제5조 별지 5호 서식에 의한 조사 항목).

(2) 급여의 형태, 종류 및 수준

장기요양급여는 크게 재가급여, 시설급여, 특별현금급여로 구분되나 특별현금급여는 특별한 경우에 해당되므로 재가급여와 시설급여가 거의 대부분이다.

① 재가급여

ⓐ 방문요양: 수급자의 가정 등을 방문하여 신체활동과 가사활동 등을 지원하는 장기요양급여

ⓑ 방문목욕: 목욕설비를 갖춘 장비를 이용하여 수급자의 가정 등을 방문하여 목욕을 시켜 주는 장기요양급여

ⓒ 방문간호: 간호사 등이 의사·한의사 또는 치과의사의 방문간호 지시서에 따라 수급자의 가정 등을 방문하여 간호, 진료의 보조, 요양에 관한 상담 또는 구강위생 등을 제공하는 장기요양급여

ⓓ 주·야간보호: 수급자를 하루 중 일정한 시간 동안 장기요양기관에 보호하여 신체활동 지원 등을 제공하는 장기요양급여

ⓔ 단기보호: 수급자를 일정기간 동안 장기요양기관에 보호하여 신체활동 지원 등을 제공하는 장기요양급여

ⓕ 기타 재가급여: 수급자의 일상생활·신체활동 지원에 필요한 용구를 제공하는 등의 장기요양급여

② 시설급여: 요양에 필요한 시설과 설비 및 전문 인력을 갖추고 있는 노인요양시설에 장기간 입소시켜 신체활동 지원 등을 제공하는 장기요양급여

③ 특별현금급여: 도서벽지 지역 등 요양시설이 없어 불가피하게 가족 등으로부터 요양을 받는 경우에 지원되는 현금급여 등

(3) 전달체계

① 장기요양 기관

ⓐ 재가 장기요양기관: 재가 장기요양기관은 노인복지법이나 노인장기요양보험법에 의해 지정된다. 노인복지법상의 '재가노인복지시설'이 재가 장기요양시설이 되려면 재가 장기요양기관의 시설·인력 기준을 갖추어 시·군·구청장의 지정을 받아야 한다. 노인장기요양보험법상의 재가 장기요양기관은 시설·인력을 갖추어 시·군·구청장에 설치 신고를 하면 장기요양기관으로 지정된다. 재가 장기요양기관은 재가 장기요양 서비스 중 하나 이상을 제공하는 기관이 되어야 한다.

ⓑ 시설 장기요양기관: 시설 장기요양기관은 노인복지법으로 규정하고 있는데 노인요양시설 및 노인요양 공동생활가정은 시설과 인력을 갖추고 시·군·구청장의 지정을 받아야 장기요양기관이 된다.

② 장기요양 서비스 신청 절차

서비스 신청 절차는 <그림 13-1>에서 보는 바와 같이 잠정적 수급자가 국민건강보험공단에서 지역별(시·군·구 단위)로 설치한 장기요양등급판정위

원회에 장기요양인정 신청서(등급판정 신청)를 제출하면 공단직원이 노인의 가정을 방문하여 등급판정표에 따라 노인의 심신 상태에 따른 질문과 관찰을 통하여 1차로 판정점수를 계산한다. 등급판정위원회에서는 가정방문 등급판정점수와 신청자가 제출한 의사소견서를 참고하여 최종적 등급 판정(1~3등급과 등급 외)을 한 후 잠정적 수급자에서 장기요양등급, 표준장기요양이용계획, 월 이용한도액, 이용 가능한 장기요양 서비스 시설 등을 알려준다. 요양등급판정 1~3등급을 받은 잠정적 수급자는 이용하기에 적합하다고 판단되는 재가 요양기관 또는 시설 요양기관을 찾아 장기요양 서비스 이용 계약을 체결하고 서비스를 받는다. 서비스 수급자는 장기요양기관으로부터 월 한도액을 고려하여 서비스를 수급하고 본인부담금을 서비스 기관에 지급한다. 장기요양기관은 수급자에 대한 서비스 제공 비용을 국민건강보험공단에 청구하여 서비스 비용을 지급받는다. 수급권자는 특별한 경우 공단에 현금급여를 청구하여 현금급여를 받을 수 있다.

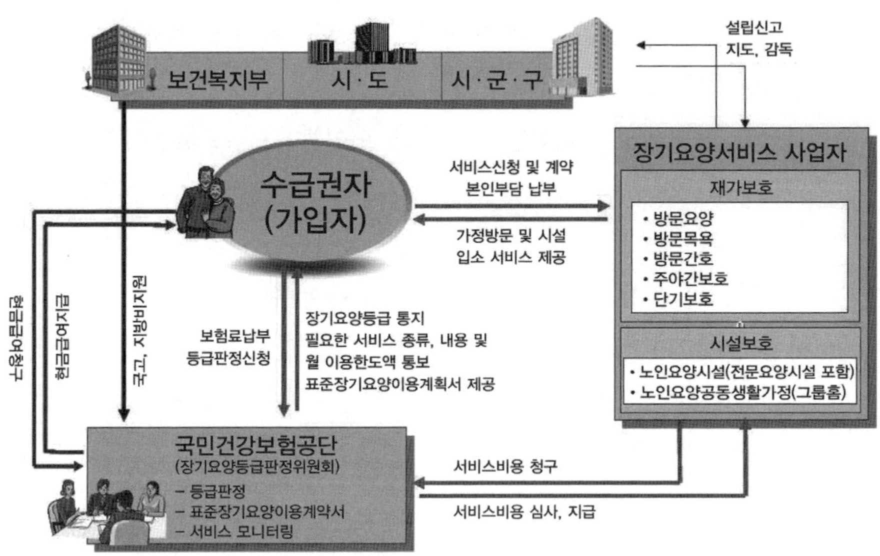

출처: 보건복지부 홈페이지(www.mw.go.kr)(2010)

그림 13-1 노인장기요양의 서비스 신청·전달 및 비용 청구·지급 체계

보건복지부는 시·도 및 시·군·구의 행정체계를 통해 장기요양시설 설립 신고를 받고 또한 시설을 지도 감독한다. 그리고 보건복지부는 국민건강보험공단에 대해 노인장기요양보험제도 운영비용의 20%를 지원한다.

(4) 재정방법

노인장기요양보험제도의 재정은 가입자의 보험료(가입자 및 고용자 분담금), 본인부담금 및 국고지원으로 이루어진다.

2. 공공부조

1) 의료급여제도

의료급여제도는 국민기초생활보장법 시행에 따라 종전의 의료보호법이 2001년 5월에 의료급여법으로 개정되어 그해 10월 국민기초생활보장법과 같이 시행되었으며, 2010년 현재 전 국민의 3.4%에 적용되고 있다.

(1) 수급 자격

의료급여 대상자는 1종(국민기초생활보장 대상자 중 근로능력 없는 자, 국가 유공자, 인간문화재, 이재민, 의사상자 및 유족, 북한 이탈 주민, 18세 미만 국내 입양아, 차상위계층 희귀·난치성 질환자)과 2종(국민기초생활보장대상자 중 근로능력 있는 자, 차상위 계층 만성질환자, 차상위 계층 18세 미만 아동)으로 구분된다.

지정된 의료급여기관에서 진료를 받지 않는 경우는 본인부담금을 더 부과하도록 하고 있다. 2종의 경우 진료비 부담을 완화하기 위해 대불제도, 본인부담 보상제, 본인부담 상한제 등을 운영하고 있다.

표 13-2 의료급여 진료비 부담기준

자격 및 급여 특성		1종			2종		
자격요건	해당자	· 국민기초생활보장대상자 중 근로능력 없는 자 · 국가 유공자 · 인간문화재 · 이재민 · 의사상자 및 유족 · 북한 이탈 주민 · 18세 미만 국내 입양아 · 차상위계층 희귀·난치성질환자			· 국민기초생활보장대상자 중 근로능력 있는 자 · 차상위 계층 만성질환자 · 차상위 계층 18세 미만 아동		
급여수준	진료 구분	입원	외래	약국	입원	외래	약국
	본인부담	0%	보건소 진료: 무료 1차 의료 급여기관: 1,000~1,500원 2차 의료 급여기관: 1,500~2,000원 3차 의료 급여기관: 2,000~2,500원 PET, MRI, CT 등: 비용의 5%	처방전당 500~900원	의료급여기관 입원: 10% (대불제도, 본인부담 보상제, 본인부담 상한제 등 적용)	보건소 진료: 무료 1차 의료 급여기관: 1,000~1,500원 2차 의료 급여기관: 1,000~1,500원 3차 의료 급여기관: 비용의 15% PET, MRI, CT 등: 비용의 15% (대불제도, 본인부담 보상제, 본인부담 상한제 등 적용)	처방전당 500~900원

(2) 급여의 형태, 종류 및 수준

의료급여에서 주어지는 급여의 종류는 국민건강보험제도의 요양급여에 해당되는 것과 같다.

(3) 전달체계

의료급여에 의해 전달되는 의료 서비스는 1차 의료급여기관→2차 의료급여기관→3차 의료급여기관으로 단계적으로 받도록 하고 있다. 1차 의료급여기관은 시·군·구청장에게 신고한 보건소(보건의료원, 지소), 약국이 포함되고, 2차 의료급여기관은 시·도지사가 개설 허가한 의료기관이다. 3차 의료급여기관은 2차 의료급여기관 중에서 보건복지부 장관이 지정한 의료기관이다.

(4) 재정방법

의료급여의 재정은 서울특별시, 광역시, 도에 마련된 의료급여 기금과 의료급여 수급자가 지불하는 일부 본인부담금(<표 13-2> 참조)으로 충당된다.

2) 노인돌봄 종합 서비스 제도

노인돌봄 종합 서비스는 2006년에 시작된 노인돌보미 바우처 서비스와 독거노인 생활관리사 파견 서비스를 2009년부터 통합한 서비스이다. 혼자 힘으로 일상생활이 어려운 노인에게 가사 및 활동 지원 서비스를 제공하는 것인데 노인장기요양보험의 등급판정기준에 의해 요양등급 점수 40~55점인 경우(경증)에 소득수준(최저생계비의 100~150% 사이)과 월 희망하는 서비스 시간(27~36시간 사이)에 따라 정부의 바우처와 본인부담 부분을 달리하고 있다.

II. 의료보장의 서비스 전달체계

1. 가정/지역사회 보호 서비스(Home/Community Care)

1) 노인가정 방문 서비스

(1) 간호사 가정방문 서비스

① 일반 의료기관 가정간호 : 간호사가 가정을 방문하는 가정간호의 경우는 현재 의료법(제30조)에 의해 인정하고 있고 그런 간호 서비스에 대해 국민건강보험에서 보험금을 지급하고 있다. 일반적으로 가정간호 대상자는 기동성 장애자, 영양배설 장애자, 순환호흡 장애자, 암 간호 대상자, 재활을 요하는 대상자, 특수 간호술을 요하는 대상자가 될 수 있는데, 현재 우리나라 국민건강보험제도에서 보험금을 지급하는 서비스(요양급여 서비스) 대상자는 ⓐ 수술 후 조기 퇴원자, ⓑ 만성 질환자, ⓒ 만성 폐쇄성 호흡기 질환자, ⓓ 산모 및 신생아, ⓔ 뇌혈관 질환자, ⓕ 기타 진료 담당의사가 필요하다고 인정하는 환자로 되어 있다.

② 보건소 중심 방문간호 : 보건소 방문보건사업의 일환으로 방문간호 사업이 기초생활 수급자 및 저소득층을 대상으로 이루어지고 있다. 방문보건 서비스는 취약 가족의 건강관리, 만성질환(고혈압, 당뇨병, 뇌졸중 등)에 대한 투약 및 합병증 관리, 말기 암환자의 증상 관리와 암 예방 관리, 임신과 산후 건강관리, 영유아 건강관리, 허약노인(치매, 우울, 요실금, 약물복용, 낙상 등)의 건강 문제 관리 등의 활동을 포함하고 있다. 특히 2000년대에 들어오면서 보건소마다 방문간호 사업을 시행하기 시작하였고 방문간호의 주요대상자가 노인이 되고 있다. 그러나 보건소 중심 방문간호 사업은 기초생활 수급자와 저소득층으로 서비스 대상이 제한되어 있기 때문에 일반노인들이 이용할 수 있는 기회는 별로 없고 서비스에 대한 비용부과 체계도 개발되어 있지 않다.

③ 노인장기요양보험의 방문간호 : 2008년 7월부터 시행된 노인장기요양보

험 제도의 재가요양 서비스의 일환으로 방문간호는 "간호사 등이 의사, 한의사 또는 치과의사의 지시서(방문간호지시서)에 따라 수급자의 가정 등을 방문하여 간호, 진료의 보조, 요양에 관한 상담 또는 구강위생 등을 제공하는 장기요양급여"로 규정하고 있다.

장기요양보험제도 하에서는 일반인도 방문간호의 대상이 될 수 있지만 이는 어디까지나 장기요양의 경우에만 해당되고 급성 질병의 경우에는 해당되지 않는 한계가 있다. 그리고 장기요양의 경우라도 모든 노인에게 다 해당되는 것이 아니라 장애 등급이 낮은 경우(경증의 경우)는 해당되지 못하는 한계가 있다.

(3) 비의료인 가정방문 서비스

장기요양보호와 관련하여 요양보호사가 노인의 가정을 방문하여 노인의 일상생활수행 행동의 어려움과 관련된 서비스를 제공하는 것이다. 현재 장기요양보험제도의 재가요양 서비스로 방문요양 서비스와 방문목욕 서비스가 있다. 장기요양보험법에서 방문요양을 "장기요양요원이 수급자의 가정 등을 방문하여 신체활동 및 가사활동 등을 지원하는 장기요양급여"로 규정하고 있다. 그리고 방문목욕 서비스는 "장기요양요원이 목욕설비를 갖춘 장비를 이용하여 수급자의 가정 등을 방문하여 목욕을 제공하는 장기요양급여"로 규정하고 있다.

2) 통원 서비스

(1) 병원 통원(외래) 서비스

급성 질병의 경우 노인이 병원을 직접 방문하여 진료를 받는 경우가 가장 흔한 형태이고, 의사가 노인가정을 방문하는 왕진 서비스는 전무한 상태이다. 따라서 거의 모든 노인은 병원 통원 서비스를 받고 있다고 할 수 있다.

(2) 주·야간보호센터 통원 서비스

주·야간보호센터를 통원하는 서비스는 장기요양보호 서비스로 제공되고 있다. 서비스 제공 장소를 방문하여 레크리에이션, 물리치료, 각종 치료놀이 등의 서비스를 받는 것을 말한다. 현재 장기요양보험법에 의하면 주야간보호 서비스는 "수급자를 하루 중 일정한 시간 동안 장기요양기관에서 보호하여 신체활동 지원 및 심신기능의 유지·향상을 위한 교육·훈련 등을 제공하는 장기요양급여"로 규정하고 있다.

(3) 단기보호 시설 통원 서비스

주로 장기요양 서비스와 관련하여 하루에서 한 달 정도까지 노인이 가정을 일시적으로 떠나 서비스 제공 장소에 머무르면서 서비스를 받고 다시 가정으로 돌아오는 것을 말한다. 노인장기요양보험법에서 단기보호는 "수급자를 보건복지부령이 정하는 범위 안에서 일정 기간 동안 장기요양기관에서 보호하여 신체활동 지원 및 심신기능의 유지·향상을 위한 교육·훈련 등을 제공하는 장기요양급여"로 규정하고 있다.

(4) 치매환자 관리기관(보건소) 통원 서비스

노인복지법(제29조 및 제29조의 2)에 의해 시·군·구 단위의 보건소에 치매상담센터를 설치하여 치매환자의 등록·관리, 치매환자의 관리에 관한 표준지침 연구, 노인복지시설의 종사자, 치매환자 및 그 보호자 등에 대한 치매관련 전문교육 실시, 치매관련 의료 및 복지 서비스에 관한 연구, 재택치매관리사업 등을 실시하도록 하고 있다.

그리고 60세 이상 국민기초생활 수급자 및 의료급여 수급자에 대해 우선적으로 보건소장이 치매관리를 위해 필요하다고 인정하는 경우 치매 간이 검진, 정밀검진, 추가 정밀검진을 추진하여 치매를 조기 발견하도록 하고 있다. 또한 시립, 도립 및 군립의 공립치매병원을 설립하여 치매환자를 우선 입원조치토록 하고 있다.

2. 시설 보호 서비스(Institutional Care)

1) 병 원

일반병원의 경우는 노인도 서비스 대상의 한 부류로 포함하고 있지만 특별히 노인의 질병에 대해 관심을 두는 편은 아니고, 그중에서 일부 병원은 노인을 주된 서비스 대상으로 하고 있다. 현재 노인을 입원 대상으로 하고 있는 병원은 다음과 같다.

(1) 일반병원

거의 모든 병원은 노인을 일반병원 입원진료의 대상으로 삼고 있다.

(2) 노인 대상 병원

① 일반병원 노인전문 클리닉 : 일반종합병원에서 특별히 노인환자를 진료하는 노인전문 클리닉을 두는 형태인데 한림대 한강성심병원 노인병센터와 같은 것이다.

② 노인전문병원 : 노인복지법 제34조(노인의료복지시설)에 규정된 병원으로 "주로 노인을 대상으로 의료를 행하는 시설"을 말한다. 노인전문병원은 요양병원과 달리 장기입원 환자를 대상으로 하는 병원이 아니라 급성질병 노인을 대상으로 하는 병원이라 할 수 있다.

③ 요양병원 : 요양병원은 의료법 제3조(의료기관)에 의하여 "장기입원이 필요한 환자를 대상으로 의료행위를 하기 위하여 30개 이상의 요양병상을 설치한 병원"을 말한다. 병원은 의료법(제33조)의 시설기준에 맞게 설립되고 운영되어야 한다. 이 요양병원 이용자의 거의 대부분은 노인으로 장기 입원이 필요한 환자들이다.

2) 장기요양 시설

시설 보호 서비스 체계는 만성질병 노인들을 위한 서비스 시설이라 할 수 있고 의료 서비스와 수발 서비스(care service)가 동시에 필요한 노인들을 위한 장기요양 시설이라 할 수 있다.

노인장기요양보험 제도에서 규정하는 시설요양기관이 요양시설인데 요양시설은 노인복지법의 의료복지시설 중 노인장기요양시설과 노인장기요양공동생활가정이 이에 해당된다. 노인장기요양보험법 시행 이전에 설립된 요양시설(무료시설, 실비시설 및 유료시설)이 노인장기요양보험의 적용을 받는 시설이 되려면 노인장기요양보험법에 의해 장기요양시설로 지정을 받아야 하고, 장기요양보험법 시행 이후는 장기요양보험의 적용을 받는 장기요양시설이 되려면 노인장기요양보험법에 의한 설립신고를 해야 한다.

2010년 12월 현재 재가 장기요양기관 및 시설 장기요양기관의 수와 입소정원은 <표 13-3>과 같다.

표 13-3 우리나라의 노인장기요양 기관(2010. 12. 현재)

종 류	시 설	시설 수	입소 정원
시설 장기요양기관	노인요양시설	2,408	105,478
	노인요양공동생활가정	1,343	11,304
	소 계	3,751	116,782
재가 장기요양기관	방문요양 서비스	9,164	–
	주야간보호 서비스	1,273	20,804
	단기보호 서비스	199	1,811
	방문목욕 서비스	7,294	–
	방문간호 서비스	739	–
	복지용구 서비스	1,278	–
	소 계	19,947	22,615
총 계		23,698	139,397

주: 재가장기요양기관은 1개 기관이 2가지 이상의 서비스를 제공하는 경우가 있으므로 통계의 수치는 기관의 수가 아니고 서비스의 수임.
출처: 보건복지부(2010), 2011년 노인보건복지사업안내.

3. 치매관리 종합계획 수립·시행 및 중앙치매센터 지정

치매의 예방, 치매환자의 진료·요양 및 치매퇴치를 위한 연구 등에 관한 정책을 종합적으로 수립·시행하기 위해 치매관리법을 제정하여 2012년 2월부터 시행하였다. 보건복지부 장관은 국가치매관리위원회의 심의를 거쳐 치매관리에 관한 종합계획을 5년마다 수립하여 시행하고, 치매의 예방과 진료기술의 발전을 위해 치매연구개발사업을 시행하고, 또한 치매검진사업과 치매환자 의료비지원사업을 시행한다. 그리고 보건복지부 장관은 치매관리업무를 효과적으로 시행하기 위해 종합병원 중에서 중앙치매센터를 지정할 수 있다.

4. 의료 서비스 진료 체계

우리나라에서는 의료 진료의 효율성을 기하기 위해 '국민건강보험 요양급여의 기준에 관한 규칙' 제2조(요양급여의 절차)에서 국민건강보험 적용을 받는 요양급여(의료 서비스)를 1단계 요양급여와 2단계 요양급여로 구분하고, 가입자 또는 피부양자는 1단계 요양급여를 받은 후에 2단계 요양급여를 받도록 하는 것을 원칙으로 정하고 있다.

1단계 요양급여(건강진단 포함)는 의료법 제3조에 따른 상급종합병원(종합병원 중에서 보건복지부 장관이 지정하는 병원)을 제외한 요양기관에서 받는 요양급여를 말하고, 2단계 요양급여는 상급종합병원에서 받는 요양급여를 말한다. 따라서 국민건강보험 가입자나 피부양자가 상급종합병원에서 2단계 진료를 받고자 할 경우 상급종합병원의 요양급여가 필요하다는 의사소견이 기재된 1단계 요양기관 의사의 요양급여 의뢰서를 제출해야 건강보험 적용을 받을 수 있다.

국민건강보험 요양급여의 기준에 관한 규칙에서는 요양기관을 2개의 단계로 구분하고 있지만 의료급여의 경우는 의료급여법 제9조(의료급여기관)의 규정에 의하여 의료급여기관을 3개 단계로 구분하고 있다. 즉, 1차 의료급여기관(의원, 보건소, 보건의료원, 보건지소, 보건진료소 등), 2차 의료급여기관(의료법에 따라 시·도지사가 개설허가한 의료기관) 및 3차 의료급여기관(2차 의료급여기관 중 보건복지부 장관이 지정하는 의료기관)으로 구분하고 있다. 의료급여를 받는 경우는 1차→2차→3차 의료급여기관으로 순차적으로 진료 받는 것을 원칙으로 하며, 원칙을 지키지 않는 경우는 의료급여 혜택을 받을 수 없도록 하고 있다.

III. 의료보장 정책의 문제점과 개선방안

의료보장 정책의 문제점과 개선방안은 전반적으로 인구 고령화에 따른 노인의료비 증가현상과 깊은 관계가 있으므로 먼저 인구 고령화와 노인의료비 증가현상을 살펴본 후 문제점과 개선방안을 제시하기로 하겠다.

표 13-4 연도별 전체 의료비 및 노인의료비 증가 추이 **(단위: 백만 원)**

연도	전체 진료비 (증가지수)	노인진료비 (증가지수)	65세 이상 노인인구 비율(%)	노인의료비 구성비(%)
1985	583,278 (100)	27,515 (100)	4.3	4.7
1990	2,219,773 (381)	239,173 (869)	5.0	10.8
1995	5,977,453 (1,025)	728,137 (2,646)	5.7	12.2
2000	11,873,436 (2,036)	2,089,640 (7,595)	7.3	17.6
2005	24,796,800 (4,251)	6,055,600 (22,008)	9.1	24.4
2008	34,845,700 (5,974)	10,431,000 (37,910)	10.3	29.9
2009	39,429,600 (6,760)	12,039,100 (43,755)	10.7	30.5
2010	43,657,000 (7,485)	13,784,700 (50,099)	11.3	31.6

출처: 보건복지부(2001; 2011), 각 연도 노인보건복지사업안내.
통계청(2011), 2011년 고령자 통계.

고령화현상과 더불어 노인의료비는 급상승하는 경향을 보이고 있다. 이러한 현상에는 국민건강보험제도의 확대로 노인의 의료 서비스 이용이 늘어난 것도 큰 이유로 작용하고 있다. 의료보장의 확대는 복지국가로의 발전을 향한 바람직한 현상이므로 노인 의료기관 이용 확대는 고령화에 따른 불가피한 현상이라 할 수 있다. 어쨌든 고령화에 따른 노인의료비 상승은 사회적으로 주목하고 대응해야 할 주요한 현상이라 할 수 있다.

1985년부터 2010년까지 25년간 국민건강보험 통계에 의하면(보건복지부, 2001; 2011), 전체 의료비 증가율은 75배 정도였으나 노인의료비는 500배나 증가한 것을 알 수 있다(<표 13-4> 참조). 그리고 이 같은 노인 의료비의 급속한 증가로 2010년 현재 노인인구는 전체 인구의 11.3%이지만 노인인구의 의료비는 국민전체 의료비 중 31.6%나 되어 노인인구 비율에 비해 노인 의료비는 3배 가까이 높다. 향후 급속한 인구 고령화로 노인의료비 증가율은 더욱 커질 것이고 이에 따른 노인의료비도 더 크게 증가할 것이기 때문에 장기적인 국가 대책이 마련되어야 할 것이다.

위에서 살펴본 인구 고령화와 노인의료비 문제를 감안하여 노인 의료보장제도의 비용부담 체계와 서비스 및 서비스 전달방법에 나타난 문제점과 미비점을 지적하고 이에 대한 개선책을 제시해 보고자 한다.

문제점과 개선방안을 국민건강보험제도 및 의료급여 관련 사항, 노인장기요양보험제도 관련 사항 및 전달체계 관련 사항으로 나누어 제시해 보기로 하겠다.

1. 국민건강보험 및 의료급여 관련 사항

국민건강보험제도에서 고령화에 따른 가장 시급한 문제는 재정 적자 문제와 적자 위험성 해결 대책을 시급히 마련하는 것이다.

1) 재정 수입 증대 방안

국민건강보험은 지금까지 여러 번 적자를 경험한 적이 있고 재정적자 위험을 안고 있기 때문에 우선 재정 수입을 안정화하는 방안을 생각해야 할 것이다. 국민건강보험제도는 급성질병 진료를 위한 제도이지만 노인인구의 급속한 증가에 따라 노인인구의 이용률이 증가하여 건강보험 재정악화의 주요원인이 되고 있다. 따라서 다음과 같은 재정안정화 방안을 강구하는 것이 바람직하다.

⑴ 건강보험료를 연차적으로 적정 수준으로 인상하는 방안을 고려해야 할 것이다. 우리나라는 아직도 선진국에 비해 건강보험료율이 상당히 낮은 편이다.

⑵ 보험료 부과체계를 개편해야 할 것이다. 보험료 부과에서 제외된 소득에 대한 보험료 부과 등을 고려하는 것이 바람직하다. 예를 들면 연금소득, 부동산 임대소득, 금융소득 등에도 보험료를 부과하는 것이다.

⑶ 피부양자 조건을 강화할 필요가 있다. 현재는 피부양자 범위가 상당히 넓어 무임승차하는 경우가 많기 때문에 피부양자 조건을 보다 엄격히 할 필요가 있다.

⑷ 국가 부담률을 높이는 방향을 고려할 수 있다. 현재 16% 정도의 부담률을 더 높이는 방법을 고려할 수 있다.

2) 재정 지출 억제 방안

국민건강보험의 재정 지출을 억제하는 방안으로 다음과 같은 방법을 고려할 수 있다.

⑴ 약가관리 방안이 개선되어야 할 것이다. 예를 들면 개별 품목에 대한 미시적 약가 관리에서 총액 목표치를 정하여 거시적 약가관리를 하는 방법 등을 고려할 수 있다.

⑵ 본인 부담률을 높이는 것도 고려할 수 있다. 특히 노인의 경우는 물론 다른 연령 계층도 본인 부담금이 낮아 소위 '의료쇼핑'을 할 가능성이 높기 때문에 이를 방지하는 의미에서 본인 부담금을 높이는 방법도 바람직하다.

(3) 현행 진료비 지불체계인 행위별 수가제(의사의 진료 행위 하나 하나에 대해 진료비를 지급하는 것)를 총액계약제(의료기관별 혹은 지역별로 진료비를 사전에 계약으로 정해 놓고 건강보험 공단에서 보험금을 지급하는 것)로 전환해야 할 것이다.

(4) 1차, 2차, 3차 진료체계를 강화하는 것이 바람직하다. 현재 보건복지부의 '국민건강보험 요양급여의 기준에 관한 규칙'(제2조 요양급여 절차 : 이 규칙에서는 실제로 1단계[상급종합병원 이하]와 2단계[상급종합병원]의 2단계로 구분하고 있음)과 의료급여법(제9조) 및 의료급여법 시행규칙(제3조)에 따라 1차→2차→3차 의료급여기관 순으로 진료하는 것을 강화하여 상급 의료급여 진료기관에서 불필요하게 진료하여 진료비를 더 많이 지불하는 것을 억제하는 것이 바람직하다.

2. 노인장기요양보험 관련 사항

1) 수급 자격

장기요양보호 수급대상이 요양등급 1~3등급까지로만 제한되어 있어 시행 시에는 전체 노인인구의 3.2% 정도(약 17만 명)만 제도의 혜택을 볼 수 있을 것으로 예측되었다. 2011년 5월 현재 혜택을 본 노인은 5.8% 정도로 처음 예측보다는 많지만 역시 제한적일 수밖에 없다. 수급대상의 확대는 정부보조금, 보험료 및 본인부담금과 연결되어 있어 간단한 문제는 아니지만 수급대상은 빠른 시일 내에 확대되어야 할 것이다. 2013년쯤에는 요양등급 5등급까지로 확대되어야 할 것이다.

2) 서비스 종류 및 수준

현재 서비스로는 재가 장기요양 다섯 가지, 시설 장기요양 두 가지로 한정되고 있다. 장기요양보호 서비스로서 최소한의 서비스 종류는 갖추고 있다고 할 수 있으나 노인들의 장기요양보호 관련 다양한 욕구에 비해서는 서비스 종류가 적은 편이므로 서비스 종류를 두세 가지 더 추가하는 것이 필요하다. 특히 예방 서비스, 재활 서비스 및 가족 보호자 지원 서비스 등이 새로 추가되는 것이 바람직하다.

3) 전달체계

장기요양보호 시설 운영 책임자가 아직도 전문성이 부족하여 시설운영에 대한 지식과 기술도 부족하고, 특히 재가요양기관이 난립하여 서비스의 질이 낮아질 뿐만 아니라 사회 전체적으로 시설 인프라 설치비용의 투입에 비해 서비스 산출이 낮은 것도 문제이다. 특히 전달체계에서 가장 중요한 인력인 요양보호사의 교육과정이 통제되지 못하고 질이 검증되지 못한 요양보호사들이 초과 공급됨으로써 요양보호사의 처우가 낮아지고 이로 인해 서비스 질을 더욱 낮추는 악순환이 빚어지고 있는 것이 문제이다. 따라서 장기요양기관의 운영자 자격을 미국에서처럼 시험제도로 규정하여, 요양보호사의 국가시험제도를 강화하고 처우를 개선함과 더불어 서비스 질을 체계적으로 관리할 수 있는 방안을 구축해 나아가야 할 것이다.

4) 재정방법

서비스의 종류를 늘리고 서비스의 질 개선과 관리를 위해 현재 20%인 국가재정 지원 정도를 30% 이상으로 높이고, 보험료도 점차 적정한 수준까지 높이는 것이 바람직하다. 특히 현재와 같은 재정 상태로 요양보호사의 질을 보장하기는 어렵다.

3. 의료 서비스 전달체계 관련 사항

(1) 중년층 이상부터 주치의제도 도입 : 40세 이상부터 1차 진료기관 의사를

주치의로 정하여 건강관리를 하게 함으로써 질병의 예방과 진료의 효율성과 효과성을 높이는 것이 바람직하다. 선택적 주치의 제도로부터 출발하여 일정 기간 경과 후는 강제적으로 도입하는 것이 바람직하다.

(2) 노인전문 진료체계 활성화: 노인질병의 특성과 효율적인 진료를 위해 노인전문병원을 활성화하거나 일반병원 내에 노인전문 진료 클리닉 건립을 활성화하는 것이 바람직하다.

(3) 의료시설 및 장기요양보호 기관의 지역적 불균형 해소: 특히 농어촌 지역에는 의료시설과 장기요양기관이 적고 거리상 노인들이 접근하기 어렵기 때문에 공공의료 기관 중심으로 지역불균형을 해소해 나아가는 것이 바람직하다.

(4) 장기요양 서비스 케어 매니저(care manager) 제도 도입: 현재 노인장기요양보험 제도 하에서는 장기요양 인정을 받은 노인들이 적절한 서비스 수급 계획을 세우고 맞춤형으로 장기요양 서비스를 받을 수 있는 체계가 되어 있지 않다. 따라서 장기요양보호 서비스의 효율성과 효과성을 기하고 수요자 중심의 맞춤형 서비스를 제공할 수 있도록 일본, 호주 등 선진국에서 도입하고 있는 케어 매니저 제도를 도입하는 것이 바람직하다.

(5) 보건과 복지 서비스 연계와 통합 서비스 체계 구축: 특히 노인 의료 문제나 장기요양 문제는 경제적 문제, 심리사회적 문제 등과 연계되어 있는 경우가 많기 때문에 시·군·구 단위나 더 작은 단위로 보건과 복지 서비스를 통합하는 보건복지사무소 전달체계를 새로 구축하고 보다 전문적인 사례관리 서비스를 제공하는 것이 바람직하다.

제 14 장
우리나라 노후 주거보장 정책

주택은 인간생활을 담는 하나의 그릇이다. 특히 노년기에는 사회적 관계가 가족을 중심으로 축소되고 생활의 주공간이 집이 되기 때문에 노년기의 주택에 대한 욕구는 생활주기의 어느 시기에서보다 강하다고 하겠다.

주택의 형태와 질과 위치는 노인의 신체적 독립성, 안전성, 프라이버시, 사회적 관계 및 활동의 참여, 노인복지 서비스의 접근 등에 영향을 미치며 나아가서는 노후생활의 전반적인 만족도를 향상시킬 수 있는 주요한 요인으로 작용하고 있다(Larson, 1978).

인간의 존엄성과 적절한 주택조건과 주거환경을 향유할 권리, 즉 주거권(housing rights)은 서구에서는 1970년대 후반부터 입법을 통하여 구체적으로 인정되고 보장되고 있는 추세이다(하성규, 1998). 우리나라에서는 '주거권'이라는 용어가 법률상에 나타나고 있지는 않지만 헌법의 간접적 의미와 국제규약을 인정하고 있는 사실로 미루어 보면 적어도 선언적 의미에서 주거권이 인정되고 있다고 할 수 있다.

노인에 대한 주거권의 인정과 보장은 바로 사회보장의 기본적 수단이 되는 것이다. 노인에게 주거권을 인정한다는 것은 노인이 독립성을 유지하면서 안전하고 안락한 일상생활을 유지할 수 있는 생활공간을 확보하고 유지할 수 있도록 사회적 차원의 제반 정책과 서비스가 있어야 한다는 의미이다.

노인 주거보장은 단순히 노인이 편리하게 생활할 수 있는 주택의 확보는 물론 나아가서는 노인의 주거환경까지 노인의 특수성을 고려하고 노인뿐만 아니라 모든 연령의 사람들이 생활하고 필요한 서비스를 받기에 편리한 주택 구조와 환경을 확보해 주고 이에 대한 접근성까지 확보해 주는 것을 포함하는 것이 되어야 할 것이다.

주거권을 보장해 주는 주거정책은 주택의 공급, 환경 및 접근성 보장은 물론 주택 공급 결과에 따른 불평등 문제까지 다루는 것이라 할 수 있다. 주거정책은 선진국에서는 중요한 사회정책으로 다루어져 오고 있으며, 노인을 대상으로 한 주거정책은 인구 고령화가 사회적 이슈로 등장하면서 더욱 큰 관심의 대상이 되고 있다.

우리나라도 2000년부터 65세 이상 인구가 전 인구의 7.2%에 이르러 이미 고령화사회(aging society)에 접어들었고, 2016년이면 노인인구가 14%가 되어 오늘의 선진국과 같이 노인문제가 심각해질 것이 분명하다. 이와 같은 인구 고령화 추세는 세계적 현상이고 이에 대한 대책으로 선진국은 선진국 나름대로, 그리고 개발도상국은 선진국의 경험을 교훈 삼아 인구 고령화에 대한 사회 전반적 대책을 강구할 필요가 있다는 의미에서 2002년 스페인 마드리드에서 UN 주관으로 고령화세계총회(the Second World Assembly on Ageing)가 개최된 바 있다. 이 총회에서 채택된 마드리드 국제 고령화 행동계획에서는 노인에게 편리한 주거와 환경의 보장을 각국 정부에 건의하고 있다. 그러므로 노인 주거정책은 정부가 주도하고 민간이 협조하는 가운데 적극적으로 추진되어야 할 것이다.

이러한 상황에서 이 장에서는 현재의 우리나라 노후 주거보장 정책을 살펴보고 노인 주거정책의 문제점과 개선 방향을 제시해 보고자 한다.

I. 노인 주거정책의 발전과정

우리나라 노인 주거정책의 시대적 구분은 크게 노인주거 및 관련된 법률적 규정이 제정된 것을 기준으로 하여 ① 1970년대 말까지, ② 1980~1993년, ③ 1994~2005년, 그리고 ④ 2006년~현재까지 4단계로 나눌 수 있다.

1. 1970년대 말까지

노인 또는 노화의 특성을 고려한 주거정책은 없었다고 할 수 있다. 굳이 노인주거정책이라 할 수 있는 것을 찾는다면 저소득 노인을 입주보호하는 양로시설에 관한 것뿐이다.

우리나라의 주거정책은 1960년대 초까지는 구호 차원의 주택공급 정책이었고, 정부에서 구호 차원이 아니라 유상 또는 시장체계를 이용하여 주택을 공급하기 시작한 것은 1963년 공영주택법이 제정되면서부터라 할 수 있다. 그러므로 노인과 노화의 특성을 고려한 노인주택은 전혀 주택정책의 관심 영역이 되지 못했다고 할 수 있다. 주택정책의 대상으로 노인이 특별히 차별대우를 받은 것은 아니지만 노인도 일반국민의 일부로 취급되었을 뿐이다.

1970년대 말까지 노인 주거시설은 부양가족이 없는 저소득층 노인을 입주시켜 보호하는 형태였으며, 모두 정부가 지원하는 무료시설이었다. 1979년까지는 노인 주거시설로 양로시설이 있었을 뿐이다. 1979년 말 현재 46개 시설에 2,920명이 입주해 있었으며, 시설은 양로시설과 요양시설로 구분되지 않고 양로시설만 있었다.

2. 1980~1993년

1980년대로 들어오면서 군사정권의 연장선상에서 새 정권이 복지사회 구현을 국정지표로 제시하였고, 이에 따라 노인, 장애인, 아동의 복지에 관련된 법률이 상당수 제정 및 개정되었다.

1980년부터 1993년까지 시기는 노인복지법(1981년)이 시행되고 2차(1989년과

1993년)에 걸쳐 개정된 시기였다. 또한 1984년에 임대주택건설촉진법(이 법은 1993년 12월에 임대주택법으로 전면 개정됨)이 제정되고, 1988년에 주택건설 200만호 건설계획이 발표되고 시행되었으며, 1991년 주택건설기준 등에 관한 규정이 시행된 시기였다. 이 시기는 또한 심신장애자복지법(1981년 제정; 1989년에 장애인복지법으로 개정)이 시행되고, 2차(1984년과 1989년)에 걸쳐 개정된 시기이기도 하다.

1981년 노인복지법이 제정되면서 "국가 또는 지방자치단체는 노인의 주거에 적합한 기능 및 설비를 갖춘 주택의 건설을 조장하여야 한다."는 규정을 두게 됨으로 형식적이기는 하지만 노인의 특성을 고려한 주택 건설에 관심을 두게 되었다.

3. 1994~2005년

1990년대부터 인구 고령화에 대한 논의가 이루어졌지만 본격적으로는 2000년에 노인인구 7.2%의 고령화사회로 진입한 것에 대한 의미부여와 인구 고령화로 인한 노인문제와 욕구의 다양화가 널리 논의되었다. 제1차 저출산고령사회 기본계획이 수립되기 전인 2005년까지는 노인 주택의 공급이나 노인주택의 설계에 관한 정책적 논의는 별로 없었고, 노인주거시설이라 할 수 있는 실버타운 또는 유료양로원 등은 실버산업 차원에서 상당히 활발히 논의되었다. 즉, 이 시기는 노인 주거정책의 필요성은 어느 정도 사회적으로 인식되었으나 단순히 노인복지 정책 차원에 머물렀을 뿐이다.

1994년부터는 노인복지법에 유료노인복지주택(노인에게 유료로 분양 또는 임대 등을 통하여 주거의 편의, 생활지도, 상담, 안전관리 등 일상생활에 필요한 편의를 제공함을 목적으로 하는 시설)이 새로 규정됨으로써 노인전용 집합주택 또는 공동생활 주택 건설이 가능하게 되었다. 이 규정이 실버타운 건설의 법적 근거가 되었다고 할 수 있다. 다시 1998년에 노인복지법이 개정되어 노인복지 시설이 세분화되었다. 1981년 제정 당시부터 같은 내용으로 존재해 온 노인주택관련규정이 1998년 '노인전용주거시설'(제8조)로 바뀌면서 법 규정이 보다 구체화되었고, 노인복지시설이 네 종류(노인주거복지시설, 노인의료복지시설, 노인여가시설, 노인재가복지시설)로 세분화됨에 따라 양로시설과 노인복지주택은 주거시설로 분류되었다. 노인주거시설에는 양로시설, 실비양로시설, 유료양로시설, 실비노인복지주택, 유료노인복지주택이 속하게 되었다.

1993년 12월에 종전의 임대주택건설촉진법이 임대주택법으로 전면 개정되었고, 1991년에 제정된 주택건설기준 등에 관한 규정이 1996년에 개정되어 장애인 전용주택의 시설기준이 규정되었다. 정부는 2002년에 2003~2012년까지 10년간의 주택종합계획을 수립하였는데, 이 계획에서 고령화사회의 진전과 노인가구 구성의 변화에 대응하여 주택관리인과 건강보호인이 상주하고 노인가구가 자립적으로 생활할 수 있는 노인공동생활 주택 공급, 노인주택에 대한 무장애(barrier-free) 정책 추진, 복지 및 의료 시설과 노인용 주거시설의 연계 강화, 주택자산을 활용한 주거지원 방식 도입의 필요성이 제기되었다. 노인주거에 대한 이러한 계획은 2011년까지 노인공동생활 주택 공급이 실버타운이라는 이름으로 민간 차원에서 공급된 것과 주택자산 활용 대책이 민간 차원에서 역모기지 사업이라는 이름으로 1995년에 도입되어 2007년에 활성화된 것이 전부라 할 수 있나. 그러나 이러한 주거 프로그램은 민간 차원에서 이루어진 것이었기 때문에 국가가 개입하는 노인 주거정책으로 구현된 것으로 보기 어렵다. 결국 2002년의 주택종합계획은 노인 주거정책 면에서는 거의 실현된 것이 없는 하나의 아이디어에 불과했다고 할 수밖에 없다.

4. 2006년 이후

2006년 이후부터 노인 주거정책이 정부의 고령화사회 대응 정책에 포함되었다는 것은 반가운 일이나 거의 실천되지 못한 결과는 아직도 정부와 민간에서 노인 주거정책의 필요성을 절실히 깨닫지 못하고 있다는 것을 나타낸 것이라 할 수 있다. 제1차 저출산고령사회 기본계획에 포함된 고령자주거안정법 제정은 이루어지지 못했고, 저소득층 고령자를 위한 주택공급으로 고령자용 국민임대주택이 일부 지방 두세 곳에서 시범적으로 공급된 것에 불과할 뿐이다.

2011년부터 시작된 제2차 저출산고령사회 기본계획은 1차 계획에서 실천되지 못한 고령자주거안정법 제정과 고령자용 임대주택 공급을 포함시키고, 농어촌지역 장수마을 육성을 하나 더 추가시키고 있을 뿐인데, 그 실천은 두고 보아야 할 일이다.

2006년 이후 노인 주거정책 또는 고령자 주거정책의 일부를 고령화사회 대응 정책에 포함시키고는 있으나 고령사회의 진전에 따른 다양하고 종합적인 사회정책 수립에서 주거정책이 다른 노후생활의 소득, 의료보장 등과 연계되는 중요한 정책임에도 불구하고 너무 제한적으로 다루어지고 그 중요성도 크게 인식되지 못하고 있다는 것이 큰 문제점이다.

II. 주거보장 정책의 방법

선진국에서 행해지고 있는 주거보장의 방법을 정리해 보면 크게 노인을 지역사회에서 생활하게 하는 재가 목적 주거정책과 건강문제로 혼자 또는 가족이 보호할 수 없기 때문에 시설에서 보호하는 시설 보호 목적 주거정책으로 나누어 볼 수 있다.

1. 재가 목적 주거정책

1) 건설자/공급자를 위한 주택정책

건설자/공급자를 위한 주택정책은 주택 건설자금 또는 기존주택 재활용자금의 융자가 거의 전부이다.

(1) 정부보증 은행융자

정부보증 은행융자는 비영리단체 및 영리단체가 노인을 위한 주택을 신축 또는 기존주택을 재활용하는 데 정부의 상환보증으로 일반은행에서 융자받을 수 있도록 하는 것으로 미국의 주택법에 의해 시행되고 있다.

(2) 정부 직접 융자

노인을 위한 주택 신축 또는 재활용(리모델링)하기 위해 비영리단체들이 장기 저리로 정부로부터 직접 융자받을 수 있도록 하고 있는데 예를 들면 미국에서는 임대대상 노인은 62세 이상이고, 당해 지역 가족의 중위소득의 80% 미만이 해당되도록 하고 있다.

(3) 융자 상환금 이자감면

저소득층 노인에 대한 임대업자 또는 주택소유노인에 대하여 상환금이자를 감면해 주는 제도가 있다.

2) 수요자/소비자를 위한 주택정책

(1) 주택건설/보급 정책

① 노인전용 주택: 노인에게 편리한 구조와 시설을 갖춘 주택을 정부 또는 비영리 및 영리 단체에서 건설하여 보급하고 있다. 이는 서구에서 널리 시행되고 있는 정책이다.

② 3세대 동거형 주택: 노인세대와 자녀세대가 한 지붕 밑에서 동거하되 공간적으로 세대별로 분리된 구조를 가진 주택을 건설하여 보급하고 있다.

③ 인거형 노인주택: 자녀세대와 인접한 노인주택을 건설하여 보급하고 있다.

④ 은퇴자 마을 또는 노인촌(retirement community): 은퇴자 마을은 우리나라

에서는 실버타운으로 부르고 있는데 주택 개발업자나 사회단체가 기후조건이 좋은 곳에 계획하여 만든 주거단지로 노인이 이주하여 주택을 분양받거나 또는 임대하여 생활할 수 있도록 한 곳이다. 이곳에 입주하는 노인은 소득수준이 높은 은퇴자들이 대부분이다.

⑤ 하숙주택(boarding home) : 일반적으로 생활기능이 저하된 저소득노인이 5~6명 이하의 단위로 공동생활하면서 식사 서비스와 일상생활상의 보호서비스를 제공받는 주택이다.

⑥ 노인집합 주택(congregate housing)

- 노인전용 아파트 : 노인전용 아파트로 특별한 서비스는 없는 것이 일반적이다.
- 보호형 노인집합 주택 : 일반적으로 세대단위의 독립된 생활공간을 사용하면서 공동주방, 공동식당 시설을 갖추고 일상생활에 필요한 서비스(가사원조, 레크리에이션, 세차 등)를 제공하는 주택인데 아파트와 생활서비스의 혼합식 주거시설이다.
- 보호주택(sheltered housing) : 일반노인이나 약간의 장애가 있는 노인들이 노인에게 편리하도록 설계된 아파트나 단층 연립주택 같은 데서 독립적인 생활을 하며 노인들이 건강상 문제가 있는가를 살피고 응급 시에 연락을 하는 관리인을 두고 있는 일종의 집합주택인데, 이러한 주택도 일반주택에 대한 대안적 주택이라 할 수 있다.
- 기숙호텔(resident hotel) : 주로 중산층 이상이 생활하는 곳으로 호텔과 같은 시설을 갖추고 있는데, 개인의 방에는 전화, TV, 목욕시설이 있다.
- 하숙호텔(single-room-occupancy hotel) : 값싼 호텔과 같은 곳으로 임시적으로 기거하는 노인들이 많고 입주자들 서로간의 깊은 관계가 없이 비교적 고립되어 있는 경우가 많다.

(2) 주택분양 우선권 부여

노인 단독세대 또는 노인이 포함된 세대에 대해 주택을 분양할 때 우선권을 부여하고 있다.

(3) 주택임대 우선권 부여

노인 단독세대 또는 노인이 포함된 세대에 대해 주택을 우선적으로 임대하여 주고 있다.

(4) 주택관련 보조금 지급

주택에 대한 비용이 생활비 중에 큰 비중을 차지하고 있기 때문에 주택에 대한 비용을 별도로 지급하여 최저한도의 경제적 보장 목적을 달성하도록 주택수당(housing allowance), 주택부조(housing assistance) 또는 임대료 보조금(rental subsidy) 등의 명목으로 주로 저소득 노인가구에 지급되고 있다. 스웨덴, 프랑스, 독일, 영국, 미국, 일본 등에서 이러한 주택관련 보조금이 지급되고 있는데 이는 공공부조금에 같이 포함되어 지급되는 것이 일반적이다.

(5) 주택관련 세제혜택

주로 주택에 대한 재산세를 감면해 주거나 지불을 연기해 주는 제도이다.

(6) 주택금융제도

① 주택 구입자금 융자 : 노인도 일반인들과 같이 주택구입자금을 은행에서 융자받을 수 있는데 노인이라는 이유로 특별히 혜택을 받는 제도는 거의 없는 것 같다.

② 주택수리 및 개조 자금 융자 : 저소득층 노인에 대한 지원으로 주택수리 및 개조금의 전부를 지원하거나 저리로 융자해 주는 제도이다. 또한 동절기 방한장치를 위한 특별지원금제도도 있다.

(7) 역모기지(reverse mortgage) 또는 주택연금

주택을 은행이나 부동산 회사에 담보로 맡기고 매월 연금형식으로 일정기간 내지는 사망 시까지 대부 받는 방법, 주택을 은행이나 부동산회사에 팔고 노인이 은행으로부터 임차하는 방법, 공공기관이나 민간비영리기관이 일정 기한을 정하여 노인의 주택개축, 세금, 재가복지 서비스 비용을 대신 지불하고 일정기한 도래 후에 매각하여 비용을 청산하는 방법 등으로 현재의 주택을 이용하는 프로그램이 있다.

2. 시설보호 목적 주거정책

1) 건설자/공급자를 위한 주거정책

입주목적 시설을 위한 주택정책은 시설을 건립하거나 시설 내의 설비를 갖추는데 정부가 보조금을 지급하거나 융자해 주는 것과 시설의 설치 및 운영에 관한 규정을 정하여 지도 감독을 하는 것이 가장 보편적인 시설을 위한 주택정책이다.

2) 수요자/소비자를 위한 주거정책

(1) 시설 공급

수요자/소비자를 위한 입주보호 목적 주택정책은 입주노인에 대한 서비스의 기술과 수준에 따라 다음과 같이 세 가지 형태로 구분된다.

① 특별요양시설(skilled nursing facility) : 이 시설은 응급 및 계속적 서비스가 필요한 노인을 수용보호하고 있는 시설인데 의사 및 간호사가 24시간 대기하고 의료적인 서비스를 제공하며 아울러 사회복지 서비스와 활동 서비스도 제공하고 있다.

② 일반요양시설(intermediate care facility) : 이 시설은 특별요양시설과 같이 긴박하고 계속적인 서비스를 제공하지는 않으나 24시간 서비스는 제공하는 곳이다.

③ 단순보호시설(care house) : 시설과 비슷하지만 시설과는 다른 곳으로 경

증의 장애가 있는 노인을 입주시켜 단순히 식사 및 세탁 등 기본적인 서비스만 제공하는 시설을 말하는데 경증의 허약노인이나 장애노인을 위한 장기투숙 여관과 같은 곳이라 할 수 있다.

(2) 시설 서비스에 대한 비용부담

서비스에 대한 비용은 일반적으로 의료보험과 의료보호(공공부조)로 충당이 되고 일부는 본인이 부담하도록 하고 있다.

III. 현행 노인 주거정책

1. 재가 목적 주거정책

지역사회 주거 노인을 위한 법률적 규정은 있으나 거의 선언적 규정에 불과하고 노인을 고려한 입주자 선정기준도 있으나 특별히 다른 대상에 비해 우선적 혜택이 주어지지 못하고 있는 편이라서 우리나라는 현재 지역사회 주거 노인을 위한 주거정책은 없다고 해도 과언이 아니다. 선언적, 형식적인 것에 그치고 있지만 노인 주거관련 정책이라 할 수 있는 몇 가지를 검토해 보면 다음과 같다.

1) 노인편의 주거시설 공급

노인복지법(제8조)에 국가 또는 지방자치단체는 노인의 주거에 적합한 기능과 설비를 갖춘 주거용 시설의 공급을 조장해야 하며, 그 주거용 시설 공급자에 대하여 적절한 지원을 할 수 있다고 규정하고 있으나 이는 선언적 규정에 불과하고 이를 반영한 구체적 정책과 서비스는 없다고 할 수 있다.

2) 자녀동거 노인편의 주거시설 공급 장려

효행 장려 및 지원에 관한 법률(제12조, 2008년 8월 시행)에 의하면 국가 또는 지방자치단체는 자녀와 동일한 주택 또는 주거단지 안에 거주하는 부모 등을 위해 이에 적합한 설비와 기능을 갖춘 주거시설의 공급을 장려해야 하고, 국가 또는 지방자치단체는 이 법률에 의한 주거시설의 공급에 대하여 지원할 수 있다고 규정하고 있다. 이 법도 노인복지법의 규정과 같이 선언적 규정에 그칠 가능성이 크다.

3) 무주택 노인가족에 대한 임대주택 입주자 선정 특례

주택공급에 관한 규칙 제31조에 의하면 영구임대주택(임대주택법에 의한 영구임대 목적 주택)의 경우 65세 이상 직계존속을 동거 부양하는 국민기초생활 수급자는 입주신청 자격이 있다. 또한 주택공급에 관한 규칙 제 32조에 의하면 국민임대주택(임대주택법에 따라 지방공공단체가 건설하여 5년 이상 임대 목적으로 하는 임대주택)의 경우 주택 건설량의 20%를 우선공급 대상으로 삼을 수 있고, 입주 순위 간 경쟁이 있는 경우 세대주 나이 50세 이상인 경우와 65세 이상 직계존속을 1년 이상 동거 부양하는 경우 유리한 점수를 부여받을 수 있도록 하고 있다.

4) 주택담보 노후연금(주택연금 또는 역모기지) 제도

주택담보 노후연금 제도는 주택연금이라고도 하는데 노인이 소유한 주택을 금융기관에 담보로 잡히고 주택을 평가한 금액 내에서 노인이 일정기간 또는 사망 시까지 매월 일정액의 연금을 지급받는 제도를 말한다.

5) 대한주택공사 및 지방자치단체별 고령자 주택 공급정책

대한주택공사나 지방자치단체별(지방자치단체의 공공주택 건립공사 활용)로 노인에 적합한 주택을 건립하려는 계획은 있으나 구체적으로 나타난 계획은 소수에 불과하다.

6) 국민기초생활 수급자에 대한 주거급여 지급

현재 국민기초생활 수급자에 대해서 주거급여를 지급하고 있다. 현재 주거급여는 최저생계비의 15.84%를 책정하고 있지만 수급자 가구에 대해 현물로 대부분을 지급하고 나머지 10~12% 정도의 범위 내에서 현금으로 지급하고 있다(2011년 현재 가구 구성원 수에 따라 월 10,000~37,000원을 현금으로 지급하고 있다).

2. 시설보호 목적 주거정책

실제적으로 우리나라 노인 주거정책이라 할 수 있는 것은 노인을 시설에서 보호하기 위한 시설보호 목적 주거정책이라 할 수 있으며, 보호할 가족이 없는 저소득층 노인을 입주시켜 보호하는 시설보호에서 출발하여 유료시설인 양로시설과 실버타운 등 중산층 이상까지를 대상으로 하는 정책으로 확대되고 있나.

1) 노인주거복지시설

(1) 양로시설

노인복지법에 의한 양로시설은 노인을 입소시켜 무료 또는 저렴한 요금으로 급식 기타 일상생활에 필요한 편의를 제공함을 목적으로 하는 시설을 말한다. 양로시설은 비교적 건강한 노인을 보호하는 곳인데 점차 줄어들고 있으며, 반면 건강하지 못한 장기요양 대상 노인을 보호하는 요양시설은 크게 늘어나고 있다.

(2) 노인공동생활가정

노인복지법에 의한 노인공동생활가정은 노인들에게 가정과 같은 주거여건과 급식 그 밖의 일상생활에 필요한 편의를 제공함을 목적으로 하는 시설을 말한다.

(3) 노인복지주택

노인복지주택은 노인에게 주거시설을 분양 또는 임대하여 주거의 편의·생활지도·상담 및 안전관리 등 일상생활에 필요한 편의를 제공함을 목적으로 하는 시설을 말한다.

2) 노인의료복지시설

(1) 노인요양시설

노인복지법에 의한 노인요양시설은 치매·중풍 등 노인성질환으로 심신에 상당한 장애가 발생하여 도움이 필요한 노인을 입소시켜 급식·요양과 그 밖의 일상생활에 필요한 편의를 제공함을 목적으로 하는 시설을 말한다.

(2) 노인요양공동생활가정

노인복지법에 의한 노인요양공동생활가정은 치매·중풍 등 노인성질환으로 심신에 상당한 장애가 발생하여 도움을 필요로 하는 노인에게 가정과 같은 주거여건과 급식·요양, 그 밖의 일상생활에 필요한 편의를 제공함을 목적으로 하는 시설을 말한다.

이상에서 설명한 우리나라 노인주거복지시설과 노인의료복지시설을 포함한 노인복지시설 현황은 <표 14-1>과 같다.

표 14-1 우리나라 노인 주거 및 의료 복지시설 현황(2010년 12월 현재) (단위: 개, 명)

종 류	시 설	시설 수	입소정원
노인 주거복지시설	양로시설	300	11,906
	노인공동생활가정	75	618
	유료노인복지주택	22	4,746
	소 계	397	17,270
노인 의료복지시설	노인요양시설	2,429	107,506
	노인요양공동생활가정	1,346	11,361
	소 계	3,775	118,867
총 계		4,172	136,137

출처: 보건복지부(2011), 2011년 노인복지시설현황.

IV. 고령자 주거정책의 문제점과 개선 방향

1. 주거정책의 문제점

1) 일반주택에 대한 노인 주거정책의 부재

1990년대 이후 급속한 고령화에 대한 의식이 확산되고 2000년에 고령화사회에 진입하게 될 것이라는 예상과 더불어 노인의 다양한 문제와 욕구 등이 논의된 바 있고, 또한 노인욕구조사 등에서도 노인주거의 필요성이 나타나고 있는데도 불구하고 노인주거는 정책적 관심의 대상이 되지 못하였다. 노인주거정책의 부재로 인하여 노인은 가정과 사회에서 신체적 독립성을 잃고 더욱 소외되는 결과를 낳고 있으며 장애노인을 보호하는 면에서도 노인과 가족에게 많은 어려움을 안겨 주고 있다.

2) 고령자 주거정책 목표 불분명

우리나라에는 일반주택 관련 노인 주거정책이 없기 때문에 정책목표를 말할 수는 없지만, 노인복지법의 '노인주거시설'에 관한 규정도 노인복지법에 규정한 노인주거시설만을 의미하는 것인지 아니면 일반 노인주택까지 포함하는 것인지 불분명하다. 시설이라는 말을 일반주택에 사용하는 경우가 없기 때문에 노인복지법에서 노인주거시설로 노인복지주택을 포함시키고 있는 것으로 보아 집합주택(단독주택 및 아파트 등의 주거단지)까지로 노인주거시설을 한정하는 것으로 해석된다. 노인복지법상의 주거시설 규정을 유일한 노인주택관련 정책이라 한다면 노인주거시설 규정은 다만 노인에게 적합한 주거시설의 공급에만 초점을 맞추고 있고, 정책의 다른 측면인 공급결과의 평등성과 형평성 및 사회적 통합 등은 제시되지 않고 있다. 이는 주택의 양적인 증대라는 우리나라 주택정책의 단면을 반영하는 것이라 할 수 있다.

3) 공급자 중심의 주거정책

우리나라의 주거정책은 현재까지 공급자 중심의 정책이었다고 할 수 있어 소비자의 선호와 욕구를 고려하지 못하고 있는 것이 일반적이며 특히 노인주택의 경우 노인 소비자의 특성을 고려하지 못하고 있다(초의수, 1998). 우리나라 주거정책의 제1차적 목표는 절대적으로 부족한 주택의 양을 증대시키는 것이었기 때문에 소비자를 고려할 필요를 거의 느끼지 못한 것으로 생각된다. 따라서 주택의 구조나 설비를 장애인이나 노인의 특성에 맞게 설계하는 것은 주택 공급자나 주택 설계자에게는 중요한 사항이 되지 못하고 있고 또한 주택공급 결과의 평등성과 형평성에 대한 배려도 거의 없었다고 하겠다. 주택이 국민의 삶의 질을 결정하는 주요요소가 되고 시장에서 거래되는 상품임을 거의 고려하지 못하는 것은 공급자의 횡포라고밖에 할 수 없다. 이러한 공급자 중심의 정책은 주택시장의 다양한 계층과 다양한 욕구의 소비자 집단을 의식하지 못하여 주택시장이 보다 발전할 수 있는 기회를 제대로 살리지 못하고 있다. 예를 들어 노인주택이 실버산업이나 실버시장의 상당히 중요한 상품임에도 불구하고 일반주택에서의 노인주택 공급은 거의 고려하지 못하고 있다.

4) 고령자 주거욕구에 대한 사회적/국가적 관심의 저조

노인 단독가구(독거 및 부부가구)의 증가는 간접적으로 노인에게 편리한 구조의 주거욕구의 증가와 노인에게 경제적으로 큰 부담이 되지 않도록 주거비용을 지원해 주는 주거정책의 욕구가 크게 증가하는 것으로 볼 수 있다. 2007년 현재 노인의 62%는 자녀와 별거하는 단독가구 형태로 생활하고 있어(통계청, 2008) 노인전용 주거생활의 욕구나 필요성이 높다고 할 수 있다. 노인전용 주거에서 생활할 수 있게 되면 장기요양보호의 필요성이 낮아지는 이점도 있다. 한편 노인은 주택 소유율은 높지만 주택의 소유로 인한 비용이 클 수 있기 때문에 이 같은 문제는 노후 소득보장을 위협하는 요인이 될 수 있다. 이 같은 주거욕구와 필요성에도 불구하고 고령자주거에 대한 사회적 및 국가적 관심은 대단히 낮아 이러한 욕구나 필요성을 감안한 정책은 전무한 실정이다.

5) 주거시설 중심의 고령자 주거정책

우리나라 노인복지 서비스가 시설중심과 저소득층 위주로 발전해가는 과정과 결과로 주거시설 중심의 주거정책이 될 수밖에 없었지만, 선진국의 노인복지정책의 시행착오로 인한 교훈과 고령화사회 대응정책을 생각하면 시설중심의 노인 주거정책은 속히 개선되어야 할 것이다. 선진국의 주거정책은 고령화에 대응하여 시설중심 보호에서 재가보호 내지는 지역사회보호로 나가고 있고, 노인이 자기가 살던 곳에서 계속 생활하게 하는 것(aging in place)을 가장 중요한 새로운 정책 개선 방향으로 삼고 있다.

6) 고령자 포함 가구에 대한 주거공급 배려 부족

현재까지 공공부문에서 건설하여 분양한 국민주택, 국민임대주택 및 영구임대주택 공급에서 노인이 포함된 가구(이하 '노인가구'로 칭함)에게 우선권을 부여하는 정책적 고려가 거의 없었다. 특히 저소득층이나 중산층 이하는 주거공간의 부족량이 다른 계층에 비해 크고 주거비 부담률이 더 높고, 노인과의 동거에서 가족의 부양부담이 더 큰 데도 불구하고 노인가구에게 분양이나 입주자 선정에서 별다른 우선순위를 부여하지 않고 있는 점은 불합리하다고 하겠다.

7) 현재의 고령자 주택의 구조적 문제점에 대한 배려 부족

현재 노인가구의 주택이 그 구조와 설비에 있어서 노인이 생활하기에 불편하게 되어 있는 점은 조사를 통해 잘 나타나고 있다. 2008년 전국노인복지욕구 조사(보건복지가족부· 계명대학교산학협력단, 2008)에서도 현재 노인 주거주택의 구조상 문제와 불편과 안전성 문제가 큰 것으로 나타나고 있다. 향후 급속한 고령화와 노인 단독가구의 증가를 고려하면 노인을 위한 주택의 개조와 무장애(barrier-fee) 원칙, 유니버설 디자인(보편설계: universal design) 원칙을 고려한 고령자 주택 공급의 주거정책을 추진해 나가야 할 것이다.

8) 고령자 주택 개발과 공급에 대한 인센티브 부재

노인주택 개발과 공급에 대한 인센티브가 부족하여 주택시장에서 노인주택 개발과 공급을 고려하지 못하고 있는 점도 문제이다. 특히 노인주택 개발과 보급에서 가장 큰 인센티브 중 하나는 노인주택 건축자/공급자에 대한 금융혜택이라 할 수 있다. 노인주택을 집합적 형태로 건립할 것인가 아니면 일반주택과 혼합하여 건립할 것인가의 논의는 별도로 하고 노인주택 건립 분에 대한 주택건설자금을 유리한 조건으로 융자해 주는 정책이 전혀 부재하였고, 주거시설에 대한 국민연금 기금의 융자제도도 2001년부터 중단되어 성공적이었다고 할 수 없기 때문에 노인주거 개발은 주택시장에서 매력적 상품과 마케팅 전략이 되지 못하였다.

9) 주거정책에서의 정부 부처 간 협조 부진

주택은 국민의 최저생활보장은 물론 소득재분배와 삶의 질 향상 등과 직결되는 것이므로 주택건설과 공급에 관한 정책을 주관하는 국토해양부와 국민의 전반적 복지문제를 주관하는 보건복지부 사이에 주거정책에 대한 긴밀한 협조와 논의가 있어야 하는 것이 당연하나 현재까지는 이 두 부처 간의 협조가 상당히 미흡했던 것으로 보인다.

10) 고령자 주거시설에 대한 종합적 법규정 결여

현재까지의 주거 관련 주요법률(주택건설촉진법, 임대주택법, 주택건설기준 등에 관한 규정, 주택공급에 관한 규칙 등)에 노인주거 관련 사항이 상당히 고려되었어야 함에도 불구하고 노인주택에 관한 사항이 규정되지 못하고 있는 것이 문제이다. 또한 현재 노인복지법상 일반 노인주택과 노인복지시설로서의 노인주거 시설이 명확히 구분되어 있지 않다. 노인주거를 일반주택과 노인주거시설을 구분하여 일반주거와 주거시설의 구조 및 설비 등을 종합적으로 규정하는 조항이 있어야 함에도 불구하고 주거시설 위주로 개별 시설별 규정만 있을 뿐이다.

2. 주거정책의 개선 방향

1) 고령자 주거정책의 목표

고령자 주거정책의 목표는 노인에게 편리하고 신체적 독립성을 확보하는 것을 목표로 해야 할 것이고 더 나아가서는 지역사회 서비스로의 접근과 사회적 참여와 통합의 증진을 목표로 삼아야 할 것이다.

2) 서비스 제공자

노인주택으로 소형주택(국민주택규모 및 임대주택)은 공공부문에서 주도하는 것이 당연하므로 공공부문에서 선도적으로 공급하는 것이 바람직하다. 노인인구의 증가, 특히 유병장수 하는 노인인구의 증가로 민간부문에서도 노인을 위한 임대주택과 일반주택은 시장성이 있는 공급이 될 수 있을 것이므로 민간부문의 적극적 참여가 필요하다. 그리고 특히 실버산업 차원에서의 유료 노인주거시설도 향후 수요가 상당히 있을 것으로 예상되므로 민간부문에서 공급하는 것이 바람직하다고 본다.

3) 서비스 대상

또한 노화과정의 특성을 고려하여 중단기적으로는 무장애 설계를 기본으로 하는 노인전용주택이 공급될 수 있어야 할 것이다. 노인의 사회적 통합을 촉진하기 위해 지역사회 서비스를 연계하고 모든 연령계층이 같이 이용할 수 있는 유니버설 디자인의 주거와 사회환경을 만들어 가야 할 것이다.

4) 급여의 종류 및 수준

(1) 건축자/공급자에 대한 급여

일반 노인주택 건축자에 대한 급여는 금융상의 급여가 가장 중요한 것인데 이들에 대해서도 일반주택의 건축자 경우와 구별 없이 국민주택기금에서 융자될 수 있어야 할 것이다. 그리고 특히 노인주택은 노후 소득보장을 위한 적립금인 국민연금기금에서 융자되는 것이 바람직하다. 연금기금에서의 융자시 담보가 문제되는데 일본에서처럼 지방자치단체가 보증을 해주도록 하거나 아니면 시설의 부지와 건물을 담보로 할 수 있도록 해야 할 것이다.

(2) 수요자/소비자에 대한 급여

① 다양한 노인전용 주택 개발: 노인주택의 개발은 노인주택정책의 가장 핵심적인 정책이라 할 수 있다. 노인전용주택은 노인에게 적합한 구조를 가진 주택으로 단독주택형과 아파트형의 두 가지로 건설하는 것이 필요하며 일반주택 중의 일부를 할당하여 노인전용으로 하되 규모도 다양하게 하는 것이 좋을 것이다.

② 3세대 동거주택 개발: 3세대 동거형은 우리의 문화적 전통에도 맞고(이연숙 외, 1993), 주택부족문제의 해결에도 크게 기여할 것이므로 적극적으로 개발하는 것이 바람직하다.

③ 실버타운(은퇴자 마을)의 개발: 중산층 이상 노인의 욕구도 충족시키고 자녀 및 손자녀들이 방문하여 즐길 수 있는 시설과 설비를 갖춘 장소가 될 수 있도록 개발하는 것이 좋다.

④ 실비 및 유료 노인복지주택의 개발: 도시지역과 농어촌 지역에도 수요에 따라 실비노인복지주택 또는 유료노인주택을 건립하는 것이 필요하며 이러한 주택의 건축자나 운영자가 주택조합이나 지역공동체(읍, 면, 동)가 될 수 있도록 하고 이 경우에도 토지와 건물에 대하여 면세가 되도록 하는 것이 바람직하다.

⑤ 주택급여의 현실화: 최저생계비지원 목표를 달성하기 위해서는 주택급여를 더 현실적으로 상향조정하는 것이 필요하다.

⑥ 주택자금 할증융자 제도 부활 및 융자 한도액 인상: 60세 이상 부모 또는 조부모를 1년 이상 부양하고 있는 가구의 경우 개인주택 신축과 임차 시 추가융자의 혜택이 있었으나 2001년부터는 이 제도가 없어졌다. 이 제도를 부활시키고 할증액을 더 높이는 것이 바람직하다.

⑦ 노인 가족에 대한 주택공급 우선권 부여: 노부모동거가족, 노인부부가족, 노인독신가족의 순으로 임대우선권이 주어지는 것이 바람직하다.

⑧ 요금과 서비스에 따른 다양한 입주보호시설 개발: 주거시설 프로그램은 현재의 급여를 기본적으로 유지하면서 실비시설은 비용을 소득수준과 연계

하여 부담시키는 방법(sliding scale fee)으로 일부유료 및 완전유료시설을 다양하게 개발해야 할 것이다.

⑨ 주택연금제도 홍보 및 활용에 대한 노인 의식 개선: 주택연금제도를 적극 홍보하고 노인들이 주택자산을 쉽게 활용할 수 있도록 의식을 개선하는데 사회적 노력이 있어야 할 것이다.

⑩ 임대주택 공급의 확대: 노인주택은 분양보다는 임대로 더 많이 공급되어야 할 것이다.

(3) 주거정책 관련 법규의 개정

현재 노인복지법, 주택건설촉진법, 주택건설기준 등에 관한 규정, 주택공급에 관한 규칙을 개정하여 노인주택에 대한 규정을 보완해야 할 것이다.

5) 재 정

현재 한국의 주택건설 재원은 정부의 예산, 국민주택기금 및 민영주택자금이 되고 있다. 임대주택의 건설재원을 현재와 같이 정부의 예산에서 조달하는 방법도 있겠지만 임대주택의 확대를 위해서는 재원의 일부를 국민연금기금에서 조달하는 것이 바람직하며, 특히 노인을 위한 유료노인복지 시설의 건설을 위해서 국민연금기금에서 더 많은 융자가 이루어질 수 있도록 하는 것이 바람직하다.

6) 서비스 결과

앞으로의 주거정책은 전반적으로 주택공급의 결과를 반영한 사회복지의 측면을 크게 고려하면서 특히 노인들의 특수한 주거욕구와 경제적 특성도 고려해야 할 것이다.

노인 주거정책에 관해 선진국에서 과거의 시행착오를 통하여 새롭게 방향을 설정하고 있는 사항은 ① 지역사회 보호(community care), ② 지역사회 중심

재활(community-based rehabilitation), ③ 자기 처소에서의 노화(aging in place), ④ 참여와 사회적 통합(participation and inclusion)이라 할 수 있다.

이러한 목표 달성을 위한 수단은 바로 노인에게 안전한 주택과 환경을 제공하는 것이다. 노인에게 편리하고 안전한 주택과 생활환경을 제공하는 것은 2002년 스페인 마드리드에서 개최된 UN 세계고령화대회에서 채택한 마드리드 국제 고령화 행동계획에서 천명되었다. 마드리드 국제 고령화 행동계획에서는 크게 세 가지 우선정책방향을 제시하고 있는데, ① 노인과 발전(older persons and development), ② 노년기까지의 건강과 안녕의 증진(advancing health and well-being into old age), ③ 능력을 부여하고 지원하는 환경확보(ensuring enabling and supportive environments)이다. 세 번째 우선정책방향 과제 중의 하나로 주거와 주거환경을 제시하고, 이 과제의 목표로 ⓐ 개인적 선호와 입주가능 주거의 선택으로 자기 처소에서 노화(aging in place), ⓑ 노인의 욕구 특히 장애인의 욕구를 고려한 노인의 독립적 생활 증진을 위한 주거와 환경 설계의 개선, ⓒ 노인을 위한 접근/지불 가능한 교통수단 개선을 내세우고 있다.

제 15 장
우리나라 노후 사회 서비스 보장 정책

사회 서비스(social services)는 본래 사회복지, 사회사업 그리고 사회정책의 전통적 틀 속에서 사용되어 온 용어로 그 정의는 포함되는 서비스의 범위 및 국가와 사회에 따라 다양하다. 사회 서비스는 다른 사회복지 문제 해결 분야 또는 급여 영역인 소득보장, 의료보장 및 주거보장과는 달리 비정형적이고 비물질적인 심리적 및 사회적 성질의 급여라는 면에서 구분되고 급여의 본질과 기능과 범위가 점차 다양해지고 있다.

그런데 사회 서비스는 전통적인 사회복지제도나 사회보장 제도의 틀 속에서 의미하는 비정형적이고 비물질적인 심리적 및 사회적 성질의 급여 외에 다양한 분야(교육, 행정, 법률 등)를 포함하는 개념으로 발전하는 경향을 보이고 있다. 또한 복지국가로 발전하는 과정에서 국가의 사회복지 급여가 보편주의로 확대되는 경우 현금급여 프로그램 확대보다는 사회 서비스 프로그램 확대가 바람직하다는 정책 방향을 취하고 있는 점을 감안하면 사회 서비스의 중요성이 강화되고 그 내용이 더욱 확대될 것이다.

사회 서비스에 포함될 수 있는 용어로 고령화사회 정책에서는 '활동적 노화(active aging)'라는 말을 사용하는 경향이 있으며, 이 활동적 노화는 전통적으로 사회복지와 사회보장에서 다루던 내용의 일부에 노인들의 적극적인 건강증진 활동, 취업활동과 적극적인 사회참여 활동을 포함하는 것을 의미하는 것으로 이해되고 있다.

1980년대부터 노후생활에 대해 새로운 의미를 부여하려는 움직임이 노년학 연구 분야와 고령화사회를 의식한 사회정책에서 나타나기 시작하였다. 노화과정은 반드시 퇴화하여 회복이 불가능한 비가역적 과정이 아니라 가역적 과정일 수도 있다는 과학적 연구들이 나오기 시작하였고, 연장된 노년기를 전통적인 은퇴생활처럼 소극적으로 보내는 것이 개인적으로는 물론 사회적으로 바람직하지 않다는 의미에서 생산적 노화를 강조하기 시작하였다. 노후생활의 바람직한 방향을 생산적 노화로 부각시키다 보니 '생산적'이라는 말 자체가 경제적인 생산성을 의미하고 강조하는 것 같아 그 의미가 제한적이므로 일, 여가, 학습 등의 다양한 영역에 참여하여 노후생활을 적극적이고 활발하게 보내는 것을 의미하는 활동적 노화라는 개념이 더 적합한 것으로 제안되어 1990년대 중반 이후 활동적 노화가 노후생활의 가장 바람직한 삶의 방향으로 인정되고 있다.

이러한 상황에서 선진국에서는 고령화를 의식하여 노후생활의 새롭고 바람직한 생활을 활동적 노화로 부각시키면서 고령화사회 대응책의 일환으로 활동적 노화 관련 정책을 고용, 건강증진, 학습, 사회봉사, 취미와 특기 활동 등에 적극적으로 참여하는 것으로 유도하고 있다.

그러나 활동적 노화는 소득보장활동, 고용활동 등과 구분되지 못하고 사회에 따라 차이가 나는 다양한 내용을 포함하고 있기 때문에 활동적 노화 정책으로 분류하기는 부적합하다고 생각하여 활동적 노화의 개념 일부를 포함하는 사회 서비스 정책을 노후의 비정형적이고 비물질적 서비스로 분류하기로 하였다. 따라서 이 장에서는 활동적 노화의 개념과 사회 서비스의 개념을 정리한 후에 노후생활과 고령화사회를 위한 우리나라의 현행 사회 서비스 정책을 살펴보고 문제점과 개선방안을 제시해 보기로 하겠다.

I. 활동적 노화와 사회 서비스

1. 활동적 노화의 의미

활동적 노화라는 용어는 OECD 선진국에서는 상당히 일반화된 용어이지만 그 의미는 다양하게 이해되어 정의되고 있으며, 때로는 유사한 다른 용어와 혼돈되는 경우도 많기 때문에 먼저 활동적 노화라는 용어가 사용된 배경과 관련 용어와의 관계 속에서 발전되어 온 과정을 살펴볼 필요가 있다.

활동적 노화라는 용어는 1960년대 초 미국에서 성공적 노화(successful aging)의 핵심적 요인은 활동과 재정적 성공이라는 주장이 제기된 데서 유래한다고 볼 수 있다. 당시 성공적 노화라는 용어는 일반화된 것은 아니었으며 다만 노후생활의 만족과 관련된 용어로 학문적 논의를 위해 등장한 것이었다. 성공적 노화는 1961년 미국 노년학회 공식적 학술지인 *The Gerontologist*(제1권 제1호)에 '성공적 노화'라는 제목의 논문이 실리면서부터 공식적으로 사용되기 시작했지만 1980년대 후반까지는 그리 많이 사용되지는 않았다(최성재, 2010).

1960년대 초는 노후생활 만족의 요인으로 노년층도 중년층과 별 다름없이 계속적으로 활동에 참여하는 것이라는 주장(활동이론 : activity theory)과 노후생활의 만족은 활동에 계속 참여하는 것보다는 활동에서 점진적으로 물러나는 것이라는 주장(분리이론 : disengagement theory)이 대립하면서 발전하기 시작한 시기이기도 하다. 이 활동이론과 분리이론은 현재까지 대조적 이론으로 조사연구를 통해 계속 검토되고 있지만 조사연구 결과에서는 활동이론이 많이 지지되고 있는 편이다. 즉, 노후에도 활동에 계속 참여하는 것이 하지 않는 것보다 생활만족도가 더 높다는 것이 설득력이 있다는 것이다.

성공적 노화의 조건으로 중년기와 같은 활발한 활동이라는 것은 비현실적이며, 생물학적 한계, 개인의 경제적 상태, 건강상태, 생애기간의 비활동적 생활습관, 문화적 차이 등을 고려하지 못한 단순한 일반론에 불과하다는 비판이 제기되기도 하였다(Walker, 2002).

1980년대에 들어와서 미국에서는 생산적 노화(productive aging)라는 용어가 관심을 끌기 시작하였다. 당시 노화에 대한 연구는 나이는 어떤 기능 수행을 평가하는 적합한 예측 지표가 되지 못한다는 전제 하에 생애주기 발달과정의 관점에서 노화를 보는 새로운 경향이 나타났다. 상당수의 노인들은 전통적으로 인정되어 온 퇴직 이후의 활동, 즉 여가나 가사 일 이외에 보다 의미 있는 활동을 원했고, 이에 따라 생산적 노화는 정책 수립자에게 인구 고령화에 따른 사회적 비용 문제를 해결하는 주요한 방법이 될 수 있는 것으로 인기를 끌게 되었다. 이 생산적 노화의 개념은 경제적 생산에 한정되는 경향을 나타내어 활동에 대한 보상과 관계없이 재화나 서비스를 생산하거나 그러한 것을 생산할 수 있는 능력을 개발하는 것을 의미하게 되었다(Walker, 2002). 생산적 노화는 1997년 미국 덴버에서 개최된 G-7 정상회담에서 의제로 제기되었고 이 회의에서 고령자의 노동시장 참여에 대한 장애요인을 제거하고 퇴직자 시간제 고용의 장벽을 낮추는 방안이 논의되었다.

'활동적 노화'라는 용어와 개념은 1990년대에 들어와서 처음으로 나타나기 시작하였다. WHO에서는 "수명이 연장되고 있는 만큼 그 연장된 수명에 생명을 더해야 한다"는 구호 하에 활동적 노화를 건강 유지와 증진, 가족, 지역사회 및 국가사회의 모든 영역에서 노인의 적극적 참여를 포함하는 의미로 부각시켰다.

2000년대에 들어서면서 활동적 노화는 WHO, OECD, EU(European Union: 유럽연합)에서 고령화사회의 정책 아젠다로 삼게 되었고, 이에 대한 여러 가지 정책연구와 제안이 이루어졌다(Hutchison et al., 2006). 2002년 마드리드에서 개최된 UN 주관 제2차 고령화총회(The Second World Assembly on Ageing)에서 WHO는 활동적 노화를 '나이 들어감에 따른 삶의 질을 향상하기 위해 건강, 참여 및 보장의 기회를 최적화하는 과정'으로 정의하였다. 그러나 이러한 정의는 노후생활 복지를 위한 거의 모든 정책(소득보장, 의료보장, 주거보장, 사회참여)을 포함하는 포괄적인 개념으로 다른 정책분야와 상당히 중복되고 있기 때문에 다른 분야의 정책과 구분이 어려워지는 문제점이 있다. WHO가 활동적 노화의 요소로 포함하고 있는 소득보장, 의료보장 및 주거보장은 노인들이 건강증진, 사회적, 경제적, 문화적, 영적 및 자원봉사 관련 활동을 가능하게 촉진하는 요소일 뿐 활동적 노화의 직접적 영역으로 보기는 어렵다. 따라서 WHO 정의를 수정하여 활동적 노화를 "사람들이 나이 들어감에 따른 삶의 질을 향상시키기 위해 건강증진, 사회적, 경제적, 문화적, 영적 및 자원봉사 관련 활동에 참여하는 기회를 최적화하는 과정"으로 정의하는 것이 바람직하다.

2. 사회 서비스의 의미

사회복지나 사회보장에서 전통적으로 다루어 왔던 사회 서비스는 대인관계나 사회관계에 있어서 최대능력을 발휘할 수 있도록 도와주는 한편 생활과 건강에서 만족할 만한 수준에 도달할 수 있도록 도와주기 위한 활동과 제도의 조직적인 체계라 할 수 있지만 사회정책의 틀에서는 그 다루는 내용이 크게 확대되고 있다.

사회복지 영역의 전통적 틀 속에서 사회 서비스의 정의는 칸(Kahn, 1979)의 사회 서비스 정의와 기능이 적합하다고 생각된다. 그는 사회 서비스를 가정생활을 보호 또는 회복시키며, 개인의 내적·외적 문제를 대처해 나갈 수 있도록 도우며, 개인의 발전을 촉진하고 정보, 안내, 대변(옹호) 및 구체적인 도움을 통하여 서비스에 잘 접근할 수 있도록 하는 프로그램이라고 정의하였다. 또한 사회 서비스를 사회적 기능에 따라 ① 사회화 및 발달(자기발달), ② 치료요법(therapy), 도움 및 재활(사회 보호 및 대리 보호), ③ 접근, 정보제공, 및 조언으로 분류하고 각각에 속하는 서비스의 예를 제시하고 있는데 이와 같이 사회적 기능을 중심으로 정의하는 것이 더 의미 있는 것으로 생각된다.

칸(Kahn)은 사회 서비스의 기능을 세 가지로 분류했지만 이를 좀 더 상세하게 분류하면 ① 당면문제 해결, ② 발달욕구 해결, ③ 권익옹호, ④ 각종 정보제공 및 서비스 접근 촉진의 네 가지 기능으로 볼 수 있다. 그 네 가지 각각의 기능을 좀 더 자세히 설명하면 다음과 같다.

① 당면문제 해결 기능: 노인의 일상생활에서 공공기관 관련 업무, 가정관리 업무, 집 밖으로 이동, 영양관련 문제, 노인의 가족, 친척, 이웃, 친구와의 관계 및 사회적 관계 문제 등을 해결하는 데 도움을 제공하는 것을 말한다. 예를 들면 시설보호, 가정/지역사회 보호(주간보호 및 단기보호), 임상 소셜워크(clinical social work) 서비스, 전화상담, 개인 및 집단 치료요법(문제해결을 위한 특별 치료요법이나 치료집단 활동), 우애방문, 안부전화, 사례관리, 가정봉사원 서비스, 신변보호 등이 있다. 시설보호와 가정/지역사회 보호에서 장기요양 서비스를 제외한 간단한 IADL 및 일부 ADL 문제 해결 서비스는 사회서비스에 해당된다. 그런데 장기요양보호 서비스는 사실 건강보호와 사회보호가 동시에 제공되기 때문에 애매모호한 측면이 있는데 장기요양보호 서비스를 사회 서비스로 보기보다는 의료 서비스로 보는 것이 더 적합할 것으로 생각한다.

② 발달욕구 해결 기능: 노인이 한 인간으로서 노년기의 발달과업을 수행하고 자기발전을 위해 교육을 받고, 취미와 특기를 개발하고, 능력을 개발하고 발휘하여 여가를 즐기는 데 도움을 제공하는 것을 말한다. 예를 들면 고용증진 서비스, 노인복지관, 식사배달 및 공동급식, 노인 휴양시설, 노인 오락시설, 노인교육 서비스(엘더 호스텔, 제3기 인생대학 등) 등이 있다.

③ 노인권익 옹호 기능: 노인이 한 인간으로, 그리고 한 시민으로 주어진 권리를 누리는 데 장애가 있거나 그 권리를 침해당하거나 법률적 지식 부족으로 권리주장을 하지 못하고 불이익을 당하는 경우 이를 해결하는 데 도움을 제공하는 것을 말한다. 예를 들면 법률구조, 소비자 보호, 노인학대 상담, 신고, 처리 등이 있다.

④ 정보제공 및 서비스 접근 촉진 기능: 일상생활 및 사회복지 서비스에 대한 각종 정보를 제공해 주고 노인이 필요로 하는 서비스를 받을 수 있도록 안내해 주고 알선해 주는 것을 말한다. 예를 들면 노인복지 서비스 안내 및 의뢰 서비스, 인터넷 정보제공 및 검색 등이 있다.

이와 같이 사회 서비스는 칸(Kahn)이 제시한 기능적 정의에 초점을 두어 위와 같은 네 가지 기능을 하는 심리적 및 사회적 급여라 할 수 있다.

또한 넓은 범위의 사회 서비스는 소득보장 프로그램, 의료보장 프로그램, 공공교육, 공공주택 서비스, 고용증진 프로그램과 비물질적 심리사회적 서비스까지를 말하는 경우가 있고(Kahn, 1979), 우리나라의 경우 정부예산 분야를 다루는 부처(종전의 기획예산처나 현재의 기획재정부)에서는 사회 서비스를 사회복지분야(기초생활보장, 취약계층지원, 보육, 여성, 고용안정, 근로자 복지, 주택, 국가보훈, 공적연금, 의료보험 등)와 교육(유아 및 초중등 교육), 공공질서 및 안전, 문화 예술 분야까지 포함하고 있다(기획예산처, 2007). 그러나 이와 같은 정의는 경제개발 분야에 대응하는 사회개발의 개념적 틀에 근거한 개념으로 보인다. 게다가 분명하지는 않지만 추상적으로라도 기존의 전통적 개념의 사회 서비스와 구분되는 차이점을 부각시킨 정의를 찾아보기 어려워 사회 서비스에 포함시키는 서비스 내지는 프로그램의 범위를 정하기는 어렵다고 생각된다.

3. 활동적 노화와 노인을 위한 사회 서비스 관계

소득보장, 의료보장 및 주거보장과 같은 요소를 제외한 활동적 노화의 정의는 확장된 사회 서비스 정의에 포함될 수 있기 때문에 노인을 위한 비물질적이고 비정형적인 서비스를 사회 서비스로 분류하는 것이 더 적합할 것으로 생각된다. 고용보장 정책과 교육보장 정책은 활동적 노화 정책의 일환으로 포함되지만 고령화사회 정책으로 고용보장과 교육보장 정책이 대단히 중요하기 때문에 활동적 노화 정책으로 묶어 다루기보다는 이 책에서는 별도로 분류하여 다루었다.

II. 노후 사회 서비스 보장 정책

1. 당면문제 해결 기능 서비스

1) 시설보호 서비스

개인이 스스로 주거장소를 마련할 수 없거나(빈곤층 또는 저소득층의 경우) 심신 허약이나 장애로 개인 스스로 또는 가족이 노인을 보호(수발)할 수 없는 경우(경제적 사정에 관계없이) 양로시설이나 요양시설에 입소하여 보호를 받는 경우를 말한다. 그러나 요양시설 입소는 사회 서비스로 보는 것보다는 오히려 의료보장 서비스로 보는 것이 더 적합하다고 생각한다.

양로시설에 입소하는 경우는 건강상태가 비교적 좋은 경우인데 선진국에는 양로시설(residential home, home for the aged)이 아주 드문 편이다. 예를 들면 빈곤층의 경우 독립적으로 생활할 수 있을 때는 공공 노인주택(노인 아파트 등)에서 생활할 수 있기 때문에 건강한 빈곤노인들이 집합적으로 양로시설에서 생활하는 경우는 드물다. 노인 아파트 등에서 생활하다가 IADL이나 ADL에 약간의 문제가 있으면 하숙주택(boarding home)이나 보호주택(sheltered home)에서 생활하는 경우가 많고 건강문제가 심각해지면 요양시설에 입소하는 것이 일반적이다.

2) 가정/지역사회 보호 서비스

대부분 의료보장 서비스에 속하는 것으로 볼 수 있지만 단순히 IADL이나 ADL에만 가벼운 정도의 문제가 있는 경우에 의사, 간호사, 사회복지사, 물리치료사 등이 노인 가정을 방문하여 서비스를 제공하거나 노인이 지역사회의 주간보호 시설을 방문하여 낮 동안 보호받거나 단기보호시설에 일시적으로 (1일 이상에서 1개월 정도까지, 기간이 명확하게 정해져 있지는 않지만 3개월 정도를 초과하는 경우는 거의 없음) 입소하여 보호를 받는 경우를 말한다. 이러한 서비스 역시 의료보장 서비스로 제공되는 경우가 대부분이고 의료보장 서비스와 관계없이 단순히 IADL 문제나 ADL 문제로 보호 받는 경우는 많지 않다.

3) 임상 소셜워크(Clinical Social Work) 서비스

노인의 심리사회적 문제 해결을 위해 사회복지사가 임상적 서비스를 제공하는 경우를 말하는데, 개인을 대상으로 한 서비스, 가족을 대상으로 한 서비스, 소집단을 대상으로 하는 서비스가 있다.

4) 전화상담 서비스

전화로 개인의 심리사회적 문제를 상담하는 서비스이다. 임상 소셜워크 서비스라기보다는 위기개입의 즉각적이고 간단한 서비스나 심리상담식 서비스를 제공하는 경우가 많다. 전화가 일반화되면서 서비스 장소에 접근이 어려운 경우는 간단히 전화상담 서비스를 받는 것이 편리하고 효과적인 경우도 많다.

5) 개인 및 집단 치료요법 서비스

전문가가 개인의 특별한 심리사회적 문제를 해결하기 위해 가족치료, 음악치료 등을 시행하거나 집단치료를 활용하는 경우 등을 말한다.

6) 우애방문 서비스

자원봉사자 등이 노인의 가정을 방문하여 말벗이나 간단한 심부름 등을 해주는 서비스를 말한다. 미국에서 소셜워크가 발전한 초기의 서비스가 바로 우애방문(friendly visit)이다. 오늘날 이러한 기능의 일부는 가정봉사원(home helper) 방문 서비스에 포함되기도 하지만 독립적인 서비스로서 제공되는 경우도 많다.

7) 안부전화 서비스

전문가 또는 비전문가가 노인의 건강 이상 유무 확인, 외로움 문제 해결, 간단한 말벗되기, 기타 노인의 불편사항 확인 등을 위해 노인에게 전화를 걸어 대화하고 확인하는 서비스이다. 노인의 거주지역이 서비스 기관에서 멀면서 건강상 문제가 있는 경우나 심리사회적 문제가 있는 경우에 전화로 간단한 사항을 점검할 수 있고 대부분 자원봉사자들이 하고 있다.

8) 가정봉사원 방문 서비스

우애방문을 포함할 수도 있는데 IADL이나 ADL에 가벼운 문제가 있는 노인의 가정을 훈련받은 가정봉사원이 방문하여 노인에게 말벗, 안마, 거동 부축, 간단한 청소, 식사 도움 등을 해 주는 서비스를 말한다. 이 같은 서비스를 필요로 하는 경우는 넓게는 장기요양보호 서비스에 해당될 수도 있지만 장기적 보호가 아닌 단기적 보호를 위해서도 필요한 서비스이다. 이러한 서비스는 유럽 국가에서는 의료보장 서비스와는 별도로 노인들의 일상생활의 도움 서비스로 많이 제공되고 있다.

9) 신변보호 서비스

노인이 일상생활에서 학대, 범죄 등으로부터 신체적으로나 정신적으로 자신을 보호할 수 없는 경우 노인을 보호해 주는 서비스를 말한다.

2. 발달욕구 충족 서비스

1) 고용증진 서비스

경제적 문제 해결의 당면문제 해결 서비스로 볼 수도 있지만 다른 한편 노인이 자기 가치를 계속 인정받고 다른 사람들과 교제를 통해 사회적 관계를 발전시키는 것이 되기 때문에 발달욕구를 충족하는 서비스로 볼 수 있다. 선진국의 고령자 고용정책에서 살펴보았듯이 다양한 방법으로 고령자가 계속 일할 수 있는 여건과 기회를 마련해 주고 있다.

2) 노인복지관(다목적 노인복지관) 서비스

노인복지관(senior center)은 지역사회 노인들의 다양한 욕구를 충족하기 위해 건강, 교육, 자원봉사, 취미, 특기, 스포츠 활동, 레크리에이션 등의 다양한 프로그램을 실시하는 회관을 말한다. 노인복지관에서 제공되는 프로그램은 몇 가지에서부터 수십 가지에 이르는 경우도 있다. 수십 가지 다양한 프로그램을 제공하는 노인복지관을 다목적 노인복지관(multi-purpose senior center)이라 한다. 노인복지관 아이디어는 서구사회, 특히 미국에서 개발되었지만 우리나라처럼 다양하게 체계적으로 서비스를 제공하는 다목적 노인복지관 모델은 세계적으로 찾아보기 어렵다. 일본, 대만, 홍콩, 중국 등에도 다목적 노인복지관이 많이 있으나 우리나라처럼 다양하고 체계적인 서비스를 제공하지 못하는 경우가 대부분이다.

3) 식사배달 및 공동급식 서비스

식사배달은 노인 가정에서 영양을 고려한 식사를 합리적인 비용으로 마련하기 어려운 점을 고려하여 일정한 곳에서 식사를 만들어 노인들의 신청을 받아 실비수준으로 식사를 배달해 주거나 아니면 노인복지관 등에서 공동으로 식사를 할 수 있도록 마련하는 급식 서비스를 말한다. 미국에서는 따뜻한 식사를 만들어 배달하기도 하지만 노인복지관에서 공동급식을 주로 하는데, 노인들이 점심식사를 하러 나와서 식사 후 복지관에서 실시하는 여러 가지 프로그램에도 참여하고 있다. 복지관의 공동급식은 어떤 의미에서 노인들의 복지관 활동 참여를 유도하기 위한 수단이 되기도 한다.

4) 노인휴양 시설 및 노인 오락시설 서비스

노인들이 온천, 목욕, 수련회 등을 즐길 수 있는 휴양시설 프로그램을 시행하는 곳도 있는데 일본에는 이런 프로그램들이 많이 제공되고 있다. 오락시설로 미국에는 노인들이 주로 참여하는 볼링, 댄스, 미니골프장 등이 있다. 특히 대규모의 실버타운 등에 이런 시설들이 잘 갖추어져 있다.

5) 노인교육 서비스

외국의 경우 노인교육은 다양한 주체에 의해 다양한 형태로 제공되고 있다. 지역사회 단위로 이루어지는 것이 일반적이고 노인복지관, 대학, 퇴직자(노인)클럽에서 제공되고 있다. 퇴직 이후 건강한 삶의 시기를 제3기 인생이라 하여 제3기 인생대학(University of the Third Age: U3A) 프로그램이 많이 제공되고 있다. U3A는 크게 두 가지 형태가 있다. 프랑스를 위시한 서유럽에서는 대학이 주체가 되고, 영국과 호주 등에서는 지역사회 퇴직자 클럽이 주체가 되어 자체적으로 필요한 강좌를 계획하여 회원이나 회원이 아닌 외부인을 강사로 초빙하여 강의를 듣는 형태이다. 또한 실버타운이나 노인들이 많이 거주하고 있는 지역에서는 인근 대학에 노인들을 위한 대학교육 과정을 개설하거나 실버타운에 대학프로그램을 개설하는 경우도 있다. 그리고 특별한 주제를 정하여 공부와 여행을 겸하는 프로그램을 시행하는 경우도 있다. 이 같은 교육여행 프로그램을 elder hostel이라 부르고 국제적인 연맹도 있다.

3. 노인권익옹호 기능 서비스

1) 법률구조 및 소비자보호 서비스

노인들이 법률지식이 부족하거나 여러 가지로 판단을 잘못하여 법률적으로 어려움을 당하기 쉬운 재산 문제, 유언, 이혼문제, 소비자 권익보호 등을 돕기 위한 서비스를 제공하는 것을 말한다.

2) 노인학대 처리 및 상담 서비스

노인학대에 대해 신변보호를 해 줄 뿐만 아니라 학대를 신고하거나 학대 신고를 받아 노인을 보호하고 이와 관련된 상담 서비스를 제공하는 것을 말한다.

4. 정보제공 및 접근촉진 서비스

1) 노인복지 서비스 안내 및 의뢰 서비스

노인복지관련 기관에서 다양한 노인복지관련 정보를 제공해 주는 것, 그 기관에서 원하는 서비스를 제공할 수 없는 경우 다른 기관으로 의뢰하여 서비스를 받을 수 있도록 주선해 주는 것을 말한다. 지역사회에서 제공되는 다양한 서비스와 적절한 서비스 제공기관을 알려주고 서비스를 받도록 주선해 주는 것을 전문으로 하는 서비스 기관도 있다. 이런 종합적이고 통합적인 서비스 안내 및 의뢰 서비스는 지역사회복지협의체나 공공복지기관에서 하는 경우가 많다.

2) 인터넷 정보 제공 및 검색 서비스

지난 20여 년간 인터넷이 발달되고 그 이용이 일반화됨에 따라 노인이 필요로 하는 다양한 서비스 정보와 이용 안내를 노인복지기관의 홈페이지나 서비스 안내기관 홈페이지를 통해 하는 경우와 필요한 서비스를 인터넷을 통해 검색하는 경우가 점차 증가하고 있다. 이러한 홈페이지 이용 정보제공 또는 인터넷 이용 서비스 검색은 원하는 경우 언제나 가능하고 또한 서비스 이용 문의도 하고 응답도 받을 수 있는 등 편리한 점이 많다.

III. 현행 노후 사회 서비스 보장 정책

칸(Kahn)이 사회 서비스를 사회적 기능에 따라 정의한 것에 근거하여 네 가지 기능 각각에 해당하는 우리나라의 서비스를 검토해 보기로 하겠다.

1. 당면문제 해결 서비스

1) 시설 보호 서비스

우리나라에서 양로시설과 요양시설이 실제로 구분된 것은 1986년부터인 것으로 보인다. 1981년에 노인복지법이 제정되어 노인시설은 양로시설과 요양시설로 구분되었다. 그러나 실제로 1980년대 중반까지는 노인요양시설에 입주했어야 할 노인들이 양로시설에 같이 입주해 있어서 분리가 쉽지 않았을 것으로 생각된다. 따라서 1981년 노인복지법이 시행된 이후에도 1985년까지 양로시설만 있었고 요양시설은 없었던 것으로 보인다(통계청, 1995). 1986년 이후 양로시설의 증가 속도보다는 요양시설의 증가 속도가 빨라졌고, 2010년 현재는 양로시설보다는 요양시설의 수가 훨씬 많다.

2) 재가노인복지시설(장기요양보험 비적용 저소득노인보호시설)

재가노인복지사업은 1987년에 처음 민간기관에서 시작된 가정봉사원 파견 사업으로 시작되었고 1992년 노인복지법에 의한 재가복지사업으로 가정봉사원 파견 시설, 주간보호시설 및 단기보호시설이 저소득층을 위한 일종의 재가 장기요양 서비스 시설의 역할을 해 왔다. 2008년 7월부터 일반노인 및 저소득층 대상의 장기요양보험제도가 시행됨에 따라 요양등급 1~3등급에 해당하는 노인만 장기요양보험제도의 재가요양기관(방문요양, 방문목욕, 주야간보호, 단기보호, 복지용구 지급 기관)을 이용할 수 있게 되었다. 요양등급 외 노인(실제 요양등급 4~5등급에 해당)은 종전대로 가정봉사원 파견시설, 주간보호시설 및 단기보호시설을 이용할 수 있다. 그러나 장기요양보호제도의 서비스 대상이 4~5등급까지로 확대되면 이러한 서비스 시설은 없어지게 될 것이다.

3) 노인복지 상담원 서비스

시·군·구 단위로 노인복지 상담원(실제로는 공무원이 겸직하는 경우가 대부분임)을 두고 노인의 여러 가지 일상생활 문제를 상담해 주고 있다.

4) 치매상담 서비스

시·군·구의 보건소에서 치매상담센터를 두고 치매예방 및 치매관리를 위한 상담 서비스를 제공하고 있다.

5) 노인돌봄 종합 서비스

2006년에 시작된 노인돌보미 바우처 서비스와 독거노인 생활관리사 파견 서비스를 2009년부터 통합한 서비스이다. 혼자의 힘으로 일상생활이 어려운 노인에게 가사 및 활동 지원 서비스를 제공하는 것인데 노인장기요양보험의 등급판정기준에 의해 요양등급 점수 40~55점인 경우(경증인 경우), 소득수준(최저생계비의 100~150% 사이)과 월 희망하는 서비스 시간(27~36시간 사이)에 따라 정부의 바우처와 본인의 부담 부분을 달리하고 있다. 월평균소득이 최저생계비의 120% 이하인 경우는 서비스 비용의 대부분을 정부가 바우처로 부담하고 이용자가 월 18,000~24,000원을 부담하도록 하고 있고, 최저생계비의 120% 이상 150% 이하의 경우는 이용자가 36,000~48,000원을 부담하도록 하고 있다.

6) 실종노인 신고

노인복지법(제39조의 10)에 따르면 누구든지 정당한 사유 없이 사고 또는 치매 등의 사유로 보호자로부터 이탈된 노인을 경찰관서 또는 지방자치단체장에게 신고하지 않은 채 보호해서는 안 되도록 되어 있다. 현재 실종노인 찾기 업무를 민간 기관에 위탁하여 수행하고 있으며, 실종노인의 신고는 경찰청 182센터 및 실종노인상담지원센터(02-777-0182)에 신고하도록 하고 있다.

7) 보건복지부 희망의 전화상담(국번 없는 129번)

보건복지가족부에서는 희망의 전화상담을 위해 보건복지 콜센터를 설치하고 보건복지 관련 각종 서비스에 대한 상담업무를 실시하고 있다. 업무시간(평일 오전 9시~오후 6시)에는 상담원과 바로 연결되어 상담이 가능하며, 그 외 시간에는 일반상담은 0번으로 상담을 예약하고 학대, 자살, 응급의료 신고 등으로 상담을 원할 경우 1번으로 전문상담원과 연결할 수 있다.

8) 이용시설 편의 증진 서비스

장애인, 노인, 임산부 등의 편의증진보장에 관한 법률에 의해 노인이 생활을 영위함에 있어서 이동과 시설이용의 편의를 도모하고 정보 접근을 쉽게 하기 위해 공공건물에 필요한 시설과 설비를 갖추어야 함에 따른 서비스이다. 실제로는 보건복지가족부의 노인복지 서비스로 거의 인정되지 못하고 있다.

2. 발달욕구 해결 서비스

1) 고령자 고용증진 서비스

(1) 고령자 우선고용 직종지정 및 고용: 고령자(55세 이상) 및 준고령자(50~54세)에게 적합한 직종(우선고용직종)을 선정 발표하고, 정부 및 공공기관은 이들을 우선적으로 고용하도록 하고 있다.

(2) 고령자 등 고용차별 금지: 사업주가 근로자를 모집, 채용 및 해고함에 있어서 원칙적으로 연령차별을 금하고 있다.

(3) 고령자 취업지원: 정부가 ① 고령자에 대한 구인구직 정보를 수집하여 제공, ② 고령자에 대한 직업능력 개발훈련을 실시, ③ 사업주에 대한 고령자 고용을 지도하고 고령자 교육과 훈련 및 작업환경 개선에 대한 지원, ④ 고령자 취업알선 기능을 강화, ⑤ 고령자의 취업지도와 직업알선 등의 업무를 효율적으로 수행하기 위해 필요한 지역에 고령자고용정보센터 운영, ⑥ 고령자 인재은행 및 중견전문인력 고용지원센터 지정 등을 하도록 하고 있다.

(4) 고령자 고용촉진 지원: 고령자를 고용하는 고용주에게 보조금을 지급하는 프로그램으로 2011년 현재 다음과 같은 프로그램이 있다: ① 고령자 고용연장 지원금, ② 임금 피크제 지원금, ③ 고령자 고용환경 개선자금, ④ 정년퇴직자 재고용지원, ⑤ 퇴직 예정자 구직활동 지원.

(5) 정년연장: 사업주가 정년을 60세 이상이 되도록 노력하고 정년연장 계획서를 제출하도록 하고 있다.

(6) 노인 일자리 사업: 노인에게 적합한 일자리를 개발하여 교육 및 훈련 시행하고(한국노인인력개발원), 노인의 사회적 경험과 지식을 활용하여 지역사회에서 일자리를 창출할 수 있도록 하고 있으며(지역사회시니어클럽), 대한노인회에 취업지원센터를 설치하여 구직희망 노인의 취업 상담 및 알선을 하도록 하고 있다.

(7) 노인일자리 취업박람회: 광역 및 기초자치단체가 노인인력을 구하는 단

체들이 일정기간(1~2일간) 일정한 장소에서 공동으로 취업정보제공, 취업상담 및 취업을 알선하는 행사를 마련하고 있다.

2) 노인 여가복지시설

(1) 노인복지관

노인복지관은 노인의 교양·취미생활 및 사회참여 활동 등에 대한 각종 정보와 서비스를 제공하고, 건강증진 및 질병예방과 소득보장·재가복지 그 밖에 노인의 복지증진에 필요한 서비스를 제공함을 목적으로 하는 시설을 말한다. 노인복지관은 노인복지법에 의한 여가복지시설이지만 2004년까지는 지방자치단체예산으로 설립, 운영되었는데 지방자치단체의 재정능력에 따라 복지관의 규모가 차이가 났고 프로그램에도 차이가 났다. 2005년 이후는 기초자치단체 각각에 적어도 1개 이상의 노인복지관을 설립하기로 하고 중앙정부에서 분권교부세를 배정하여 지방정부의 노인복지관 설립·운영을 지원하고 있다. 현재 노인복지관에서 제공되는 서비스는 <표 15-1>과 같다. 2009년 현재 노인복지관은 전국에 237개소가 있다.

(2) 경로당

경로당은 지역노인들이 자율적으로 친목도모·취미활동·공동작업장 운영 및 각종 정보교환과 기타여가활동을 할 수 있도록 하는 장소를 제공함을 목적으로 하는 시설로서 2009년 현재 59,543개소가 있다. 그러나 거의 대부분의 경로당에서 시행되고 있는 프로그램이 비체계적이고 비조직적이어서 노인들에게 별로 도움이 되지 못하기 때문에 정부에서는 노인복지관과 연계한 경로당 활성화 사업을 시행하여 우수경로당을 선정, 포상하는 방법으로 경로당 프로그램을 혁신하도록 하고 있다. 경로당 활성화사업 체계는 <그림 15-1>과 같고, 경로당 활성화의 구체적인 프로그램은 <표 15-2>와 같다.

표 15-1 노인복지관 수행 프로그램

<table>
<tr><th>대 상</th><th colspan="2">사 업</th><th>세부 프로그램</th></tr>
<tr><td rowspan="13">노인</td><td colspan="2">1. 평생교육 지원</td><td>한글학교, 외국어교실, 교양교실, 정보화교육, 역사교실, 예비노인은퇴준비</td></tr>
<tr><td colspan="2">2. 취미·여가 지원</td><td>음악(노래교실, 민요·풍물 교실 등), 미술(서예, 수공예, 풍선아트), 원예, 다도교실, 연극, 레크리에이션, 운동, 바둑·장기, 당구, 탁구 등</td></tr>
<tr><td colspan="2">3. 고용 지원</td><td>노인일자리사업, 고령자취업알선, 취업자 사후관리, 공동작업장, 은퇴준비교육 등</td></tr>
<tr><td rowspan="4">4. 건강생활지원</td><td>기능회복 지원</td><td>물리치료, 양·한방진료, 작업치료, 운동재활, ADL 훈련 등</td></tr>
<tr><td>건강증진 지원</td><td>건강교육, 건강상담, 건강교실(건강체조, 기계체조, 요가 등), 독거노인지원사업(기존 재가사업), 이·미용, 노인건강운동 등</td></tr>
<tr><td>급식 지원</td><td>경로식당(중식 서비스), 밑반찬·도시락 배달, 푸드 뱅크 등</td></tr>
<tr><td>요양 서비스</td><td>치매·중풍 환자 프로그램, 주간·야간·단기 보호, 그룹 홈, 장제 서비스 등</td></tr>
<tr><td colspan="2">5. 정서생활 지원</td><td>접수상담, 노인문제 상담, 복지 정보 및 상담, 전문상담(경제, 법률, 성 등), 심리상담, 종교행사, 죽음준비교육, 노인자살예방사업 등</td></tr>
<tr><td colspan="2">6. 사회참여 지원</td><td>노인자원봉사활성화사업, 지역봉사활동, 교통안전봉사, 동아리·클럽활동 지원, 교통편의 서비스 등</td></tr>
<tr><td colspan="2">7. 경로당 혁신 프로그램</td><td>경로당활성화사업, 경로당임원리더십강화사업, 경로당주거환경개선사업 등</td></tr>
<tr><td colspan="2">8. 주거 지원</td><td>주택수리사업, 주거환경개선사업(도배 등) 등</td></tr>
<tr><td colspan="2">9. 소득 지원</td><td>후원금 연결, 은퇴 후 경제생활 적응, 경제교육 등</td></tr>
<tr><td colspan="2">10. 가족기능 지원</td><td>가정봉사원 파견, 방문간호, 노인돌봄서비스사업 등</td></tr>
</table>

<table>
<tr><td rowspan="2">가족</td><td>10. 가족기능 지원</td><td>가정봉사원 파견, 방문간호, 노인돌봄서비스사업 등</td></tr>
<tr><td>11. 가족통합 지원</td><td>가족상담, 가족관계 프로그램, 가족캠프, 세대통합 프로그램 등</td></tr>
<tr><td rowspan="3">지역사회</td><td>12. 지역자원 개발</td><td>자원봉사자 발굴·관리, 후원자 개발, 외부재정지원기관 사업 수탁 등</td></tr>
<tr><td>13. 지역복지 연계</td><td>지역복지기관연계, 지역협력사업(경로행사, 나들이 등) 등</td></tr>
<tr><td>14. 노인권익 증진 사업</td><td>정책건의, 노인인권 옹호, 노인인식개선사업, 편의시설설치, 노인소비자 피해예방교육 등</td></tr>
<tr><td rowspan="3">노인복지관 조직</td><td>15. 운영관리</td><td>인사관리, 재정관리, 시설관리 등</td></tr>
<tr><td>16. 사업관리</td><td>프로그램 개발, 실행, 점검, 평가, 보완 등</td></tr>
<tr><td>17. 연구개발</td><td>사업기획, 조사연구, 실습지도, 출판, 홍보, 자문(운영) 위원회 등</td></tr>
</table>

출처: 보건복지부(2011), 노인보건복지 사업 안내.

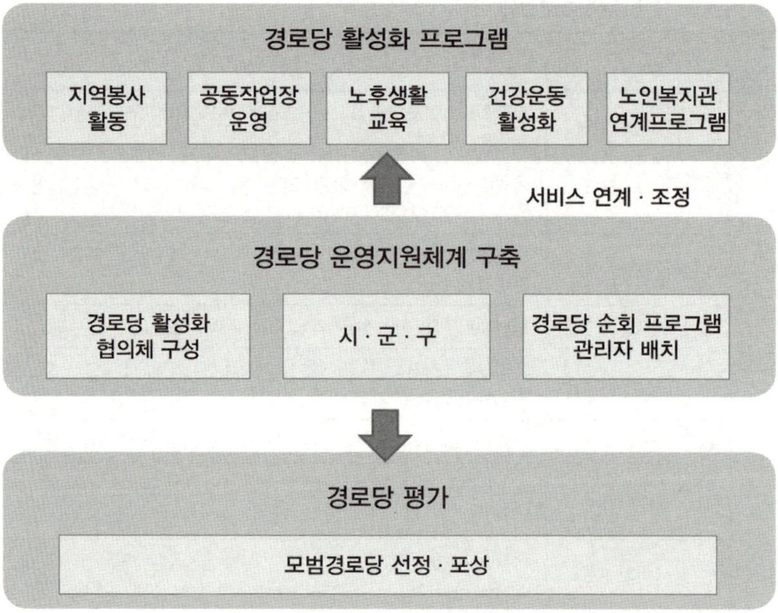

출처: 보건복지부(2011), 노인보건복지 사업 안내.

그림 15-1 경로당활성화 사업체계

표 15-2 경로당 활성화를 위한 구체적 프로그램

분 야	내 용
자원봉사활동	• 경로당 이용 노인을 중심으로 지역사회 청소 및 재활용품 수집, 청소년 안전지킴이 등의 봉사활동 수행
공동작업장 운영	• 경로당을 중심으로 노인들이 지역 특성에 맞는 일거리를 확보하여 공동으로 생산활동에 참여
노후생활교육	• 노후생활, 정보통신 등 다양한 교육을 실시함으로써 노인들의 건전한 여가선용 기회제공
레크리에이션 활동	• 노래교실 등 각종 레크리에이션 활동
건강운동 활성화	• 노인들의 신체적·정서적 건강유지 및 증진을 위한 건강운동 프로그램 지원
노인복지관 연계 프로그램 운영	• 노인복지관을 경로당과 연계시켜 경로당 이용 노인들에게 필요한 건강관리, 사회활동 서비스, 교양·오락프로그램, 경로당 개·보수 등 환경 개선 사업 등을 수행
기타	• 지역 특성에 알맞은 각종 활동

출처: 보건복지부(2011), 노인보건복지 사업 안내.

(3) 노인교실

노인교실은 노인의 사회활동 참여욕구를 충족시키기 위하여 건전한 취미생활·노인건강유지·소득보장 기타 일상생활과 관련한 학습프로그램을 제공함을 목적으로 하는 시설(일반적인 노인학교 및 노인대학은 이 규정에 의함)이다. 2009년 현재 1,280개소가 있다.

2) 사회복지관(사회복지사업법상의 시설) 서비스

일반사회복지관은 노인을 포함한 다양한 연령계층을 위해 다양한 서비스를 제공하고 있는데 한글교실, 노인교실, 노인상담, 자원봉사활동 조직화 등의 서비스를 제공하고 있는 복지관이 많이 있다.

3) 지역봉사지도원 위촉

국가 또는 지방자치단체는 신망과 경험이 있는 노인이 지역봉사를 희망하는 경우에 이를 지역봉사지도원으로 위촉할 수 있다. 지역봉사지도원의 역할은 다음과 같다: ① 국가 또는 지방자치단체가 행하는 업무 중 민원인에 대한 상담 및 조언, ② 도로 교통정리, 주·정차 단속 보조, 자연보호 및 환경침해 행위 단속의 보조와 청소년 지도, ③ 충효사상, 전통의례 등 전통문화 전수교육, ④ 문화재 보호 및 안내, ⑤ 기타 대통령령이 정하는 업무(노인복지정책 홍보 및 안내, 시설입소 노인에 대한 생활지도, 자원봉사활동 기타 시·군·구청장이 필요하다고 인정하는 업무).

4) 노인 자원봉사 활성화

노인에게 적합한 새로운 자원봉사활동을 개발하여 노인들이 적극 참여하도록 유도하는 서비스로서 전문자원봉사 프로그램 지원, 노인 자원봉사 매뉴얼 제작 보급, 전국 노인 자원봉사 대축제 개최, 노인 자원봉사 사진 및 수기 공모, 자원봉사 전문 인력 양성, 노인 자원봉사 홈페이지 구축 운영, 노인 자원봉사 전문지원단 구성 및 운영 등의 사업을 보건복지부, 지방자치단체 및 민간단체들이 협력하여 수행하도록 한다.

5) 효문화진흥 활동

"효행 장려 및 지원에 관한 법률"(2008년 8월 시행)에 의해 효문화진흥원을 설치하고 효행에 관한 교육, 효문화진흥 전문 인력 양성, 효문화진흥 관련 단체 지원 등을 하고, 효행 우수자 표창 및 부모 부양자에 대한 필요 비용도 지원할 수 있도록 하고 있다.

3. 노인권익 옹호

1) 노인학대 예방·신고·조사

노인복지법(제39조 5-9), 가정폭력범죄의 처벌 등에 관한 특례법(제4-8조)과 가정폭력방지 및 피해자보호 등에 관한 법률(제4-8조)에 의해 노인보호전문기관을 설치하여 노인학대 예방에 대한 교육과 홍보를 시행하고, 학대 행위자를 신고·조사하여 필요한 경우 일시보호조치를 취한다. 노인학대 해결 서비스는 당면문제 해결 서비스도 되는 동시에 노인의 인권과 권익을 옹호하는 서비스도 된다.

2) 노인보호 전문기관

노인학대 예방, 상담 및 문제해결을 위해 중앙 및 광역자치단체(특별시, 광역시, 자치도 및 도 단위)에 노인보호전문기관을 설치하여 노인학대의 예방, 홍보, 신고 접수, 현장조사와 응급보호 조치 및 상담을 실시하고 있다.

노인학대에 해당하는 사항은 다음과 같다(노인복지법 제39조의 9 참조).

① 노인 신체에 폭행을 가하거나 상해를 입히는 행위

② 노인에게 성적 수치심을 주는 성폭행, 성희롱 등 행위
③ 자신의 보호 감독을 받는 노인을 유기하거나 의식주를 포함한 기본적 보호 및 치료를 소홀히 하는 방임행위
④ 노인에게 구걸을 하게 하거나 노인을 이용하여 구걸하는 행위
⑤ 노인을 위해 증여 또는 급여된 금품을 그 목적 외의 용도에 사용하는 행위

누구든지 노인학대를 알게 되면 노인보호 전문기관 또는 수사기관에 신고할 수 있고, 특히 다음과 같은 역할을 하고 있는 사람은 노인복지법에 의해 신고할 의무가 있다(노인복지법 제39의 6).
① 의료기관의 의료인
② 노인복지시설의 시설장 및 종사자
③ 장애인 복지시설에서 장애노인에 대한 상담, 훈련, 치료 및 요양을 행하는 자
④ 가정폭력방지 및 피해자보호 등에 관한 법률(제5조 및 제7조)에 의한 가정폭력상담소의 상담원 및 가정폭력피해자보호시설의 장 및 종사자
⑤ 노인복지 상담원 및 사회복지 전담공무원

노인학대 예방, 홍보, 신고 접수, 현장조사, 응급보호 조치 및 상담을 실시하고 있는 노인학대전문기관의 업무체계는 <그림 15-2>에서 보는 바와 같이 전국 광역자치단체 18개 지역에 21개 지방 노인보호진문기관을 설치하고 이를 관장하는 중앙 노인보호전문기관을 두어 경찰과 129 콜센터, 의료기관, 법률기관, 노인복지시설 등과 협력하여 사업을 수행하고 있다.

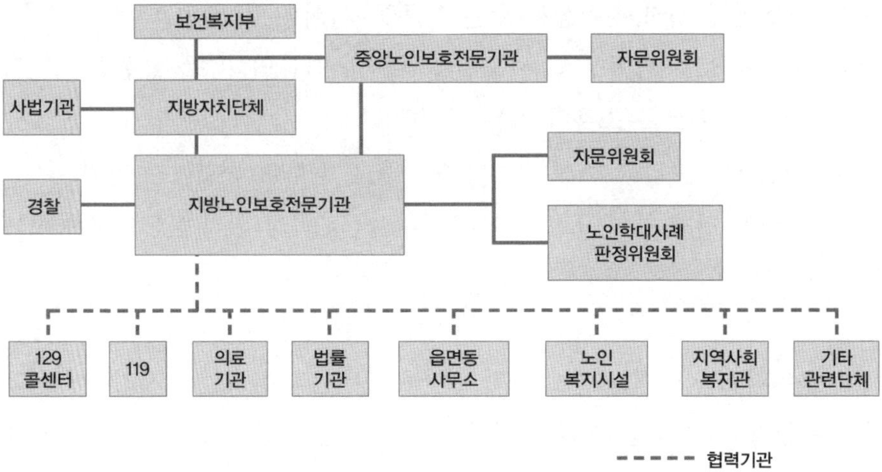

출처: 보건복지부(2011), 노인보건복지 사업 안내.

그림 15-2 노인보호 전문기관 업무체계

3) 노인보호구역 지정

노인보호구역 지정 및 관리에 관한 규칙(행정자치부령, 2007년 5월 시행)에 의해 광역 및 기초 자치단체장은 관할 구역 내의 노인복지시설 설립 운영자의 건의에 따라 지방경찰청장 또는 경찰서장은 노인보호구역을 지정할 수 있다.

4) 노인권익 옹호 민간단체 지원

정부에서는 대한노인회, 노인유권자연맹, 노인복지단체협의회 등을 지원하여 이들이 건전한 노인 인권 및 권익옹호 활동을 할 수 있도록 하고 있다.

4. 각종 정보 제공 및 서비스 접근 촉진

1) 노인 일자리 정보 제공

한국노인인력개발원, 지역사회시니어클럽, 대한노인회 취업지원센터, 노인 일자리 박람회 개최를 통해 취업정보를 제공하고 있다.

2) 노인복지 서비스에 대한 종합적 정보제공

정부에서 직접 서비스 제공 및 접근 촉진을 하기보다는 지원하는 민간단체(한국노인의 전화, 노인복지관, 노인교실, 사회복지관 등)를 통해 노인복지에 대한 각종 정보를 제공하고 있으나 지역별로 체계적이고 종합적인 정보를 제공하는 기관은 없다고 할 수 있다.

Ⅳ. 사회 서비스 보장 정책의 문제점과 개선 방향

사회 서비스는 노인들이 자신의 능력을 개발하고 사회 속에 통합감을 가질 수 있도록 하는 가장 다양한 정책 프로그램이고 활동적 노화를 위한 핵심적 프로그램이다. 현재 우리나라는 단순히 노인복지 차원으로만 사회 서비스를 생각하고 있지만 향후 복지국가로 발전하는 과정에서 사회정책 차원에서 가장 크게 발전되어야 할 부문이다. 고령사회로 진전하면서 노인이 사회 속에 계속 연계되고 참여할 수 있어야 한다는 면에서도 노인을 위한 사회 서비스는 더욱 개선되고 발전되어야 할 것이다.

1. 급여의 수급 자격

전반적으로 사회 서비스는 가능하면 수급 자격이 제한되지 않는 보편적 서비스로 발전되어야 할 것이다. 과거에는 사회 서비스는 주로 빈곤층 내지는 저소득층을 대상으로 한 주거시설이나 요양시설 중심의 서비스로 되어 왔으나 사회 전체의 소득수준 향상과 사회복지 욕구의 다양화에 따라 점차 서비스 대상이 중산층까지 확대되는 방향으로 나가고 있다. 그러나 전반적으로 아직도 빈곤층과 저소득층에 한정되는 경우가 많거나 아니면 저소득층 우선인 경우가 많다. 특히 노인의 경우는 경제적 사정에 관계없이 더욱 다양한 욕구와 문제가 나타나고 있기 때문에 빈곤층이나 저소득층에 한정하는 것에서 속히 벗어나 확대되는 것이 바람직하다. 그러나 급여 대상의 확대는 국가의 재정능력과 사회복지의 경제 시장화와 맞물려 있어 급속한 확대는 바람직하지 못할 수도 있다.

사회 서비스는 노인의 심리사회적 욕구와 문제에 대응하는 서비스인 만큼 삶의 질을 향상하는 데 중요한 요소가 되기 때문에 국가적 차원 및 지역사회적 차원에서 중장기적 계획을 세워 서비스 대상을 확대하는 것이 바람직하고 일부 서비스에 관해서는 비용의 일부를 부담하게 하거나 아니면 실버산업 차원에서 경제시장화할 수 있는 계획도 수립하여 시행하는 것이 바람직하다. 국가나 지방자치단체가 다양한 노인의 사회 서비스 욕구를 다 충족시켜 줄 수는 없기 때문에 본인부담과 시장화도 여러 가지 면에서 긍정적인 효과가 있다는 점을 유의해야 할 것이다. 특히 장기요양보호에 해당하는 서비스는 현재 사회보험으로 제공되고 있으나 영리적 운영기관 참여도 가능하게 되어 있는 점도 향후 일부 사회 서비스에 대한 시장화의 필요성과 가능성을 충분히 예측하게 해 준다고 본다.

2. 급여의 종류 및 수준

사회 서비스는 네 가지 기능면에서 중요한 서비스를 상당수 제공하고는 있으나 노인들의 공통적인 욕구를 보다 많이 충족시킬 수 있는 서비스는 아직도 크게 부족하다고 하겠다. 특히 노인의 자기발달 욕구를 충족할 수 있는 서비스와 노인권익 보호 등의 서비스 등이 크게 부족한 편이다. 노인종합복지관이 시·군·구 단위로 하나 이상씩 건립되어야 하고 시·군·구 단위의 노인종합복지관은 하나 정도 설립하고 경로당 건물을 이용하는 등 소규모 분관을 설치하여 노인들의 참여 기회와 접근성을 높여 주는 것도 바람직하다.

경로당은 현재 지역사회 중산층 이상 노인의 참여가 거의 없고 10~20여 명의 노인들이 친교 클럽 식으로 비체계적으로 운영되고 있어 지역사회 노인복지기관으로서의 역할을 거의 못하고 있다. 경로당의 활성화 사업은 이미 10년 이상 된 과제이지만 아직도 시행이 극히 일부로 제한되어 있고, 제대로 효과를 나타내지 못하는 것 같다. 향후 가장 바람직한 지역사회 단위의 노인발달 욕구 충족 서비스는 노인복지관과 경로당을 묶어 경로당을 노인복지관의 실질적 프로그램 시행 장소로 활용하는 방향으로 나아가야 할 것이고, 이를 위해 지역사회의 재정적 후원과 폭넓은 노인계층의 참여가 있어야 할 것이다.

노인을 위한 사회 서비스로서 자원봉사활동 참여는 대단히 중요하고 바람직하지만 현재까지 노인을 위한 자원봉사활동을 체계적으로 개발하고 연구하는 조직이 없고 다양한 조식에서 전문성 없이 관리됨으로써 자원봉사활동 참여 중요성이 아직도 노인들에게 크게 인식되지 못하고 있다. 따라서 노인 자원봉사에 대한 체계적 연구와 더불어 노인들에 대해 그 중요성을 효과적으로 인식시켜 참여를 이끌어 낼 수 있도록 하는 것이 무엇보다 중요하다. 그리고 저소득층 노인을 위해서는 자원봉사활동 참여에 시장의 임금수준은 못되더라도 적정수준의 보수를 지급하는 프로그램도 개발해야 할 것이다.

또한 지역사회 단위별로 노인들이 즐길 수 있는 레크리에이션 시설(예: 노인 카페, 노인 전용 스포츠 댄스 시설 등)도 지역사회 구민회관, 동사무소, 주민 아파트 지하 공간 등에 요일별 시간대별로 개설하는 것도 바람직하다.

그리고 노인들의 권익옹호를 위한 법률구조 서비스가 공적 서비스로 제공될 수 있어야 할 것이다. 노인들의 재산문제, 결혼/이혼문제, 상속문제, 소비자 주권문제 등을 위해 이는 반드시 필요하고 그 수요가 점차 증가하고 있기 때문에 법률구조 서비스는 속히 공식적으로 제공되어야 할 것이다.

3. 전달체계

노인을 위한 서비스 전달체계는 우선 지역사회 중심의 보건복지 통합 서비스와 사례관리 모형으로 발전되어야 할 것이다. 사회 서비스의 중요한 기능이 되는 보호(수발)의 기능을 장기요양보호 서비스가 모두 담당할 수도 없고, 장기요양에 해당되지 않으면서 건강문제와 연계된 다른 문제들도 많이 있기 때문이다. 노인의 심리사회적 문제나 욕구의 해결도 보건의료 서비스와 연계되어 있는 경우가 많기 때문에 노인을 위한 지역사회 서비스 전달의 큰 틀은 보건과 복지 서비스가 연계 또는 통합되는 개념 속에서 제공될 수 있어야 할 것이다. 특히 장기요양보험제도 시행 이후 경증의 요양등급 A(요양등급 4~5를 행정적 편의상 요양등급 A로 부르고 있음)에 해당하는 사람들이 지역사회 내에서 보호 서비스와 관련된 다른 서비스도 받을 수 있어야 하고 경제적 사정에 관계없이 통합 서비스를 받을 수 있도록 하는 것이 대단히 중요하다. 특히 보건복지 통합 서비스 전달을 위해서는 기존의 지역사회 단위 관련 서비스를 재조직하는 것도 병행되어야 할 것이다. 지역사회 보건복지 통합 서비스 전달을 위한 수단으로만 아니라 노인의 다양한 욕구와 문제를 지역사회 내의 다양한 서비스 기관과 연계하면서 욕구와 문제를 관리해 주는 수단으로 사례관리 서비스 방법이 노인복지 서비스의 일반적 전달방법으로 인식되고 실천되어야 할 것이다.

노인복지 서비스를 통합적 사례관리의 방법으로 전달하는 데 직결되는 것으로 노인복지 서비스 정보의 체계적 전달과 의뢰 업무이다. 지역사회 단위

종합적 서비스 안내 및 의뢰 업무는 개별기관 단위로 하는 것도 바람직하지만 지역사회 단위의 공적 서비스로 전달될 수 있어야 할 것이다.

고령화사회에서 가장 바람직한 활동적 노화 프로그램은 자원봉사활동 참여라고 할 수 있는데 현재 노인 자원봉사활동 관리체계가 제대로 개발되어 있지 않으므로 전국적으로 통합하고 통합체계 속에서 지역단위로 관리할 수 있어야 할 것이다. 특히 자원봉사 단체들이 책임과 전문성을 발휘하여 활동할 수 있도록 지원하는 등록 및 인정 체계를 갖추어 나아가야 할 것이다.

전달체계로서 지역사회 단위로 공공기관과 민간기관이 같이 협조해야 할 중요한 정책 분야이므로 공공기간, 특히 중앙정부나 지방정부는 사회 서비스의 중요성을 인식하여 지방정부의 사회복지 전달체계에서 관과 민이 협력할 수 있는 효과적이고 다양한 협조체계를 구축해 나아가야 할 것이다.

4. 재정방법

사회 서비스는 무료에서 일부 유료, 실비 및 이윤을 추가한 유료로까지 다양하게 전달될 수 있다. 보편적으로 제공되는 무료 서비스가 많아지면 좋겠지만 공적 재정의 한계 문제와 무료 서비스의 남용 문제 등도 있는 만큼 서비스 종류별로 그 우선순위에 따라 무료, 일부유료, 실비, 이윤이 첨가된 유료로 전달하는 것이 바람직하다. 따라서 중장기적 계획을 수립하여 사회 서비스 급여 대상자 확대 및 서비스 종류와 연계하여 재정방법을 다양화시켜 나아갈 필요가 있다.

현재 노인돌봄종합 서비스에서 활용하고 있는 바우처 제도는 서비스 유료화와 서비스 시장화에 긍정적인 효과를 발휘할 수 있을 것이므로 이러한 바우처 제도를 일부 적절한 서비스에 확대해 나아갈 필요가 있다.

현재 우리나라는 전반적으로 사회 서비스에 대한 재정 투입은 상대적으로 다른 물질급여 프로그램에 비해 크게 낮은 편이기 때문에 급속한 고령화를 고려하면 사회 서비스에 정부예산을 더욱 크게 늘려 나아가야 할 것이다.

제16장
우리나라 고령자 고용 정책

우리나라에서는 아직도 55세 정년퇴직이 일반화되어 있어서 55세 이상, 특히 65세 이상 노인이 취업 또는 재취업 하는 데 어려움이 있고, 취업이 된다고 해도 분야가 제한되고, 임금수준도 제한되어 있는 것이 일반적인 현상이다.

우리나라는 지난 40년간 평균수명이 많이 연장되어 2010년 현재 남녀 평균 80세에 이르고 있다. 이와 같은 수명 연장과는 거의 무관하게 노동시장에서 잔존할 수 있는 정년은 거의 큰 변화 없이 평균 57세 정도로 제한되어 왔다. 노후 소득보장 대책 적용을 받지 못하는 고령자들이 60~70% 이상을 차지하는 현실에서 이 같은 조기 정년 현상은 유능한 인력을 조기에 노동시장에서 퇴출시킴으로써 노후 소득보장을 더욱 어렵게 만들고, 이로 인하여 노인의 경제적 여건 향상이 어려워지고 결국은 국가의 복지비용이 증대되는 결과를 초래하고 있다.

노인취업은 일반적으로 소득보장의 수단이 되고, 일에 대한 재미를 느끼게 해 주며, 건강유지와 여가시간 문제를 해결하는 중요한 수단이 된다. 그럼에도 불구하고 국가와 사회에서 노인취업 문제는 별로 중요한 관심사가 되지 못하고 있고, 따라서 국가의 노인취업에 대한 정책도 대단히 빈약한 상태에 머물러 있을 뿐이다. 이 장에서는 노인취업의 중요성을 국가와 사회에 인식시키고 노인취업 정책을 개선하는 데 기여하고자 노인취업의 실태를 살펴보고 정책 개선 방향을 제시해 보고자 한다.

노인이라 하면 연령적으로 65세 이상의 자를 말하지만, 취업과 관련해서 우리나라에서는 관행적으로 55세를 정년으로 삼고 있는 점과 고령자고용촉진법에서 고령자를 55세 이상의 자로 규정하고 있는 점을 고려하여 노인 대신 고령자라는 용어를 사용하기로 하고 55세 이상의 자로 규정하는 것이 더 적합할 것으로 생각된다.

I. 우리나라 정년제 현황

1. 공무원의 정년 현황

1949년 최초로 제정된 국가공무원법에는 정년에 관한 규정이 없었는데 1963년 국가 공무원법이 개정되면서 6급 이하 일반직 공무원 및 기능직 공무원은 55세로, 5급 이상 일반직 공무원은 61세로 정년이 규정되었다. 이후 여러 차례 법 개정을 통해 6급 이하의 정년이 57~59세로 축소 또는 연장되었다가 2008년 6월에 다시 법이 개정(2009년 1월부터 시행)되어 일반직 공무원은 직급 구분 없이 60세가 정년이 되었다. 공무원의 정년현황은 <표 16-1>과 같다. 일반직, 교육공무원, 외무직공무원은 연령정년제만을, 군인은 연령정년, 계급정년, 근속정년제를, 경찰과 소방직 공무원은 연령정년제와 계급정년제가, 그 외의 고용직 공무원에 대해서는 근무상한제가 적용되고 있다.

표 16-1 공무원의 정년 현황

직 종 \ 정년 및 관련법	정 년	관련법
일반직	60세(다른 법률의 특별 규정의 경우는 제외됨)	국가공무원법 74조
외무직	직급에 관계없이 60세 (재외 공관장으로 재직 중인 자는 64세까지 가능)	외무공무원법 27조
교원	대학 이외 교육공무원 62세 : 대학 교직원 65세	교육공무원법 47조

표 16-1 공무원의 정년 현황(계속)

정년 및 관련법 / 직 종	정 년	관련법
법률직	대법원장: 70세 검찰총장: 65세 대법관: 65세 검사: 63세 판사: 63세	법원조직법 45조 검찰청법 41조
경찰, 소방	연령정년: 60세 계급정년: 치안(소방)감 4년, 경무관(소방준감) 6년, 총경(소방정) 11년, 경정(소방령) 14년	경찰공무원법 24조 소방공무원법 20조
군인	원수: 종신 위관급: 43세 장성급: 58~63세 준사관 이하: 40~55세 영관급: 45~56세 *연령정년 외 근속정년 및 계급정년 적용	군인사법 8조

2. 일반기업의 정년 현황

2009년 12월 현재 고용노동부에서 300인 이상을 고용하는 사업체의 고용현황과 정년제를 조사한 바에 의하면 정년제도가 없는 사업장(5.7%: 근로자 수의 비율로는 2.8%)을 제외하면 일률정년제가 72%, 직급별 정년제와 직종별 정년제가 각각 9% 정도 되는 것으로 나타났다(<표 16-2>).

표 16-2 300인 이상 사업장의 정년 현황(2009년 12월 현재) (단위: 개소, 명)

구 분	계	정년제도 있음				제도 없음
		일률정년	직급별	직종별	기타	
사업장 수	2,469 (100%)	1,779 (72.1%)	227 (9.2%)	222 (9.0%)	99 (4.0%)	142 (5.7%)
근로자 수	2,748,116 (100%)	2,081,415 (75.7%)	234,405 (8.5%)	216,755 (7.9%)	138,916 (5.1%)	76,625 (2.8%)

출처: 고용노동부(2010), 정년제 운용 현황.

일률정년제를 도입하고 있는 300인 이상 사업장별 정년을 보면 55세가 사업장의 39.6%로 가장 많았고, 그 다음이 58세 사업장(21.3%), 60세 사업장(16.0%) 순으로 많았다. 그리고 근로자별 정년을 보면 55세가 39.9%로 가장 많았고, 다음이 58세 정년(25.3%), 60세 정년(12.2%), 57세 정년(10.2%) 순으로 많았다. 정년이 60세 이전인 경우는 사업장의 79.9%, 근로자의 85.8%였으며, 평균 정년은 57세 정도로 나타났다(<표 16-3>). 이 같은 수치는 우리나라 대부분 근로자들이 국민연금 수급 개시 연령인 60세 이전에 퇴직하여 연금수급까지 길게는 6년까지 기다려야 하는 상황에 있음을 의미한다.

2009년의 같은 조사에서 일률정년제 이외의 정년제(직급별 등)를 택하고 있는 사업장 가운데 최저 정년이 54세 이하인 사업장은 8.8%, 60세 이상의 사업장은 6.8%, 55세 이상 60세 미만인 사업장이 84.4%로 나타났다.

표 16-3 일률정년제 채택 사업장의 정년현황(2009년 12월 현재) (단위: 개소, 명)

구 분	평균 정년	54세 이하	55세	56세	57세	58세	59세	60세	61세	62세	63세	64세	65세 이상
사업장 수 1,779	57.18	10 (0.6%)	704 (39.6%)	78 (4.4%)	188 (10.6%)	379 (21.3%)	61 (3.4%)	284 (16.0%)	20 (1.1%)	5 (0.3%)	11 (0.6%)	4 (0.2%)	35 (2.0%)
근로자 수 2,081,415		6,062 (0.3%)	830,376 (39.9%)	104,347 (5.0%)	211,346 (10.2%)	527,304 (25.3%)	105,373 (5.1%)	253,225 (12.2%)	10,999 (0.5%)	2,085 (0.1%)	5,896 (0.3%)	2,839 (0.1%)	21,563 (1.0%)

출처: 고용노동부(2010), 정년제 운용 현황.

II. 고령자 취업 실태

1. 고령자의 경제활동 참가 현황

2011년 현재 고령자(55~79세) 인구는 995만 3,000명인데, 이 중 고령자 경제활동인구는 51.9%인 516만 8,000명이고, 취업자는 50.8%인 505만 2,000명이다. 고령자(55~79세) 전체 고용률은 50.8%, 실업률은 2.2%이고, 55~64세의 고용률은 64.0%, 실업률은 2.6%였으며, 대부분 일자리에서 은퇴하는 65~79세의 고용률은 35.7%, 실업률은 1.5%에 달하고 있다(<표 16-4>).

표 16-4 고령자 경제활동 참가현황(2011. 5 현재) (단위: 천 명, %)

	고령층 인구(55~79세)	55~64세	65~79세
전체	9,953(100.0)	5,300(100.0)	4,653(100.0)
경제활동인구	5,168(51.9)	3,480(65.7)	1,688(36.3)
취업자	5,052(50.8)	3,390(64.0)	1,662(35.7)
실업자	116 (1.2)	90(1.7)	26(0.6)
비경제활동인구	4,785 (48.1)	1,820 (34.3)	2,965(63.7)
고용률	50.8	64.0	35.7
실업률	2.2	2.6	1.5

출처: 통계청(2011), 경제활동 인구조사(청년층 및 고령층 부가조사 결과).

2. 고령 취업자의 산업별·직업별 취업 현황

2011년 현재 55세 이상 고령자의 산업별 취업현황을 살펴보면 <표 16-5>에서 보는 바와 같이 사업·개인·공공 서비스업(31.4%), 농림어업(23.5%), 도소매·음식숙박업(19.6%) 순이다. 55~64세의 경우는 사업·개인·공공 서비스업(32.8%), 도소매·음식숙박업(21.6%), 농림어업(13.8%) 순이고, 65~79세의 경우에는 농림어업(43.1%), 사업·개인·공공 서비스업(28.5%), 도소매·음식숙박업(15.7%) 순이다.

2011년 현재 55세 이상 고령자의 직업별 취업현황을 살펴보면 <표 16-6>에서 보는 바와 같이 기능·기계조작·단순노무종사자(46.1%), 농림어업숙련종사자(21.6%), 서비스·판매종사자(19.5%) 순이다. 55~64세의 경우는 기능·기계조작·단순노무종사자(48.2%), 서비스·판매종사자(23.2%), 농림어업숙련종사자(13.0%) 순이고, 65~79세의 경우는 기능·기계조작·단순노무종사자(42.1%), 농림어업숙련종사자(39.2%), 서비스·판매종사자(11.9%) 순이다.

표 16-5 연령별·산업별 취업현황(2011. 5 현재) (단위: 천 명, %)

	55~79세		55~64세		65~79세	
	취업자	구성비	취업자	구성비	취업자	구성비
전체	5,052	100.0	3,390	100.0	1,661	100.0
농림어업	1,185	23.5	469	13.8	716	43.1
광공업	462	9.1	374	11.0	88	5.3
제조업	460	9.1	372	11.0	88	5.3
사회간접자본 및 기타 서비스업	3,404	67.4	2,546	75.1	857	51.6
건설업	349	6.9	307	9.1	41	2.5
도소매·음식 숙박업	992	19.6	732	21.6	261	15.7
사업·개인·공공 서비스업	1,586	31.4	1,112	32.8	474	28.5
전기·운수 통신·금융	477	9.4	396	11.7	81	4.9

출처: 통계청(2011), 경제활동 인구조사(청년층 및 고령자 부가조사 결과).

표 16-6 연령별·직업별 취업현황(2011. 5 현재) (단위: 천 명, %)

	55~79세		55~64세		65~79세	
	취업자	구성비	취업자	구성비	취업자	구성비
전체	5,052	100.0	3,390	100.0	1,661	100.0
전문가 및 관련 종사자 등	465	9.2	374	11.0	90	5.4
사무종사자	180	3.6	155	4.6	24	1.4
서비스· 판매 종사자	984	19.5	787	23.2	197	11.9
농림어업 숙련종사자	1,090	21.6	439	13.0	651	39.2
기능·기계조작·단순노무 종사자	2,333	46.1	1,634	48.2	699	42.1

출처: 통계청(2011), 경제활동 인구조사(청년층 및 고령자 부가조사 결과).

55세 이상 고령자의 취업직종을 보면 단순 노무직종 및 농·어업 직종에 주로 취업하고 있고 전문 기술직종이나 사무직 종사자의 취업률은 크게 떨어지고 있는데, 이는 노화에 따른 전반적 생산성 저하라는 비과학적 고정관념의 팽배가 원인 중의 하나로 보인다.

3. 고령자의 취업 형태

<표 16-7>에서 보듯이 전체 임금 근로자의 경우 비정규직 근로자는 34.2% 정도 밖에 되지 않지만 고령자의 경우 비정규직 근로자 비중은 58.1%로 훨씬 높다. 이 같은 이유는 고령자의 일자리는 재취업하는 경우나 처음 취업하는 경우 노화에 따른 생산성 하락의 일반적 편견이 크게 작용하고 게다가 고령자 자신도 비정규직을 수용하는 경우가 많기 때문으로 생각된다.

표 16-7 비정규직 고령 근로자 현황(2010. 8 현재) **(단위: 천 명, %)**

	임금 근로자	비정규직				
			비율	한시적[1]	시간제[2]	비전형[3]
전체 임금 근로자	17,510 (100.0)	5,995 (34.2)[4]	100.0	3,442 (57.4)	1,702 (28.4)	2,427 (40.5)
55세 이상 근로자	2,546 (100.0)	1,479 (58.1)[4]	14.5[5]	852 (58.1)	505 (34.1)	786 (53.1)

주:

1) 한시적 근로자: 근로계약기간을 정한 근로자(기간제 근로자) 또는 정하지 않았으나 계약의 반복 갱신으로 계속 일할 수 있는 근로자와 비자발적 사유로 계속 근무를 기대할 수 없는 근로자(비기간제근로자)를 포함함.

2) 시간제 근로자: 직장에서 근무하도록 정해진 소정의 근로시간이 동일 사업장에서 동일한 종류의 업무를 수행하는 근로자의 소정 근로시간보다 한 시간이라도 짧은 근로자. 평소 1주 36시간 미만 일하기로 정해져 있는 경우에 해당함.

3) 비전형 근로자: 파견근로자, 용역근로자, 특수형태근로종사자, 가정 내(재택, 가내) 근로자, 일일(단기)근로자.

4) ( ) 안의 비율은 전체 임금근로자 중 비정규직 근로자 비율과 55세 이상 근로자 중 비정규직근로자 비율을 가리킴.

5) 전체 임금근로자 중 55세 이상 근로자의 비율을 가리킴.

*비정규직 내 유형 분류의 중복으로 유형별 수 및 비중의 합계가 비정규직 근로자 수와 불일치함.

출처: 통계청(2010), 경제활동인구조사 부가조사결과(근로형태별 및 비임금 근로).
통계청(2010), 경제활동인구조사.

4. 사업장의 고령자 고용률

고용상 연령차별 금지 및 고령자고용 촉진에 관한 법률에 의하면 상시 300명 이상을 고용하는 사업장은 업종에 따라 근로자 수의 2~6%를 55세 이상 고령자로 고용하도록 규정하고 있는데(제조업은 2%, 운수업, 부동산업 및 임대업은 6%, 그 외는 3%: 이를 기준 고용률이라 함), 2009년 현재 300인 이상 사업장 전체로 보면 7.4% 정도의 고령자 고용률을 나타내고 있다(<표 16-8>). 그런데 아직도 기준 고용률에 미달하는 사업장은 43.7%에 이른다(고용노동부, 2010).

표 16-8 고령자 고용현황(2009년 현재) **(단위: 개소, 명, %, %p)**

구 분		사업장		상시근로자		고령자	
						고령근로자	고용률
업종별	계	2,469	100.00	2,748,116	100.00	203,635	7.41
	농림어업	3	0.12	1,726	0.06	119	6.89
	광업	4	0.16	3,072	0.11	348	11.33
	제조업	789	31.95	1,006,603	36.63	32,836	3.26
	전기가스수도업	43	1.74	42,075	1.53	3,057	7.27
	건설업	97	3.94	135,149	4.92	10,710	7.92
	도매 및 소매업	135	5.46	156,212	5.68	2,267	1.45
	숙박 및 음식업	53	2.15	76,086	2.77	3,611	4.75
	운수업	130	5.27	123,654	4.50	14,067	11.38
	통신업	32	1.30	40,582	1.48	875	2.16
	금융 및 보험업	129	5.22	288,231	10.49	4,689	1.63
	부동산 및 임대업	30	1.22	20,387	0.74	7,109	34.87
	기타 서비스업	1,024	41.47	854,339	31.09	123,947	14.51
규모별	계	2,469	100.00	2,748,116	100.00	203,635	7.41
	300~499인	1,083	43.86	405,660	14.76	50,551	12.46
	500~999인	803	32.52	557,863	20.30	60,907	10.92
	1,000인 이상	583	23.61	1,784,593	64.94	92,177	5.17

주: 고령자 고용률 = 55세 이상 근로자/상시근로자 수 × 100.
출처: 고용노동부(2010), 고령자 고용현황.

III. 고령자 경제활동 참가 욕구

고령자가 취업을 원하는 정도는 취업상태와 연령에 따라 크게 다른 것으로 보인다. 55~79세 인구 중에서 장래 일하기를 원하는 경우는 58.5%로 취업 동기는 '생활비에 보탬'이 32.1%로 가장 많았고 '일하는 즐거움'이 20.8%로 그 다음으로 많아 이 두 가지가 가장 주된 이유로 나타나고 있다(<표 16-9> 참조). 성별로 보면, 장래에 일하기를 원하는 사람의 비중은 남자(72.0%)가 여자(46.8%)보다 더 높았으며, 취업 동기는 남녀 모두 생활비에 보탬(돈이 필요해서)과 일하는 즐거움이 가장 많았다.

표 16-9 고령자의 취업 의사 및 동기 (단위: 천 명, %)

	55~79세		남 자		여 자	
	인구	구성	인구	구성비	인구	구성비
전체	9,953	100.0	4,625	100.0	5,328	100.0
장래근로 원함	5,819	58.5	3,328	72.0	2,491	46.8
일하는 즐거움	2,068	20.8	1,319	28.5	748	14.0
생활비에 보탬	3,192	32.1	1,678	36.3	1,514	28.4
사회가 필요로 함	137	1.4	113	2.4	24	0.5
건강유지	131	1.3	76	1.6	55	1.0
무료해서	277	2.8	137	3.0	139	2.6
기타	15	0.2	4	0.1	11	0.2
장래근로 원하지 않음	4,134	41.5	1,297	28.0	2,837	53.2

출처: 통계청(2011), 경제활동 인구조사(청년층 및 고령자 부가조사 결과).

현재 취업해 있는 고령자 중에 장래에도 계속 일하기를 원하는 비율은 90.0%였고, 그 주된 이유로는 생활비에 보탬(49.4%)과 일하는 즐거움(33.4%)으로 나타나고 있다. 그리고 취업경험은 있으나 현재 미취업자 중에는 28.4%가

취업을 원하고, 생애 동안에 취업 경험이 없는 사람은 거의 취업을 원치 않는 것으로 나타나고 있다(<표 16-10> 참조).

장래 취업희망 고령자의 일자리 선택기준에 있어서는 임금수준(27.2%), 계속근로 가능성(22.3%), 일의 양과 시간대(21.4%) 순으로 나타났다. 성별로 보면 남자는 임금수준과 계속근로 가능성을, 여자는 일의 양과 시간대와 임금수준을 우선적으로 고려하는 것으로 나타났다(<표 16-11> 참조).

원하는 일자리 형태에 있어서는 전일제가 69.9%, 시간제는 30.1%로 나타났으며, 시간제 비중은 여자(45.1%)가 남자(18.9%)보다 높게 나타났다. 장래 취업을 희망하는 고령자가 원하는 일자리 형태를 보면 연령이 높을수록 전일제 희망 비율이 줄어들고 시간제 희망 비율이 늘어나는 경향을 보인다(<표 16-12> 참조).

표 16-10 현재 취업 고령자의 장래 취업 희망 이유 (단위: 천 명, %)

	55~79세 인구		취업자		취업경험 있으나 현재 미취업		생애 동안 취업 경험 전혀 없음	
	인구	비율	인구	비율	인구	비율	인구	비율
전체	9,953	100.0	5,052	100.0	4,399	100.0	502	100.0
장래근로 원함	5,819	58.5	4,548	90.0	1,248	28.4	23	4.6
일하는 즐거움	2,068	20.8	1,688	33.4	373	8.5	7	1.4
생활비에 보탬	3,192	32.1	2,494	49.4	686	15.6	12	2.4
사회가 필요로 함	137	1.4	122	2.4	15	0.3	0	0.0
건강유지	131	1.3	90	1.8	39	0.9	2	0.4
무료해서	277	2.8	142	2.8	132	3.0	3	0.6
기타	15	0.2	12	0.2	3	0.1	0	0.0
장래근로 원하지 않음	4,134	41.5	504	10.0	3,150	71.6	479	95.4

출처: 통계청(2011), 경제활동 인구조사(청년층 및 고령자 부가조사 결과).

표 16-11 장래 취업 희망자 고령자의 일자리 선택 기준 (단위: 천 명, %)

	전 체		남		여	
	인구	비율	인구	비율	인구	비율
전체	5,819	100.0	3,328	100.0	2,491	100.0
임금수준	1,584	27.2	919	27.6	665	26.7
일의 양과 시간대	1,245	21.4	519	15.6	726	29.1
일의 내용	672	11.5	409	12.3	264	10.6
출퇴근거리 등 편리성	264	4.5	113	3.4	151	6.1
계속근로 가능성	1,300	22.3	854	25.7	446	17.9
과거 취업경험 연관성	613	10.5	414	12.4	199	8.0
그 외[1]	141	2.4	101	3.0	40	1.6

출처: 통계청(2011), 경제활동 인구조사(청년층 및 고령자 부가조사 결과).

표 16-12 장래 취업희망 고령자의 일자리 형태 (단위: 천 명, %)

	전체		남		여		55~79세	연령별				
	수	비율	수	비율	수	비율		55~59세	60~64세	65~69세	70~74세	75~79세
전체	5,819	100.0	3,328	100.0	2,491	100.0	100.0	100.0	100.0	100.0	100.0	100.0
전일	4,065	69.9	2,697	81.1	1,367	54.9	69.9	79.9	74.2	62.2	48.4	39.4
시간제	1,754	30.1	630	18.9	1,124	45.1	30.1	20.1	25.8	37.6	51.6	60.6

출처: 통계청(2011), 경제활동 인구조사(청년층 및 고령자 부가조사 결과).

IV. 현행 고령자 취업 및 재취업 정책

현재 고령자 취업 및 재취업 프로그램은 주로 고용상 연령차별 금지와 고령자고용 촉진에 관한 법률(이 법은 1992년 7월부터 시행된 고령자고용촉진법을 2008년 3월에 개정하여 2009년 3월부터 시행한 것임. 법률 명칭이 너무 길어 이하에서는 간략히 고령자고용촉진법으로 부름), 고용보험법 및 노인복지법에 의거하고 있다. 그런데 고령자고용촉진법과 노인복지법에서 대상으로 하고 있는 연령이 다르기 때문에 정책 혼선과 불확실성이 나타나고 있다. 고령자고용촉진법에서 고령자는 55세 이상자로 되어 있는 반면 노인복지법에서 노인은 65세 이상의 자(법에는 노인의 연령을 규정하지 않고 있으나 실제 서비스 수혜대상은 거의 65세 이상으로 정하고 있음)로 인정되고 있다. 보건복지부의 노인취업 관련 정책에서는 노인복지법에 의한 65세 이상을 다루는 경우보다는 60세 이상 또는 그 이하 연령을 서비스 대상으로 삼는 경우도 있다. 현재 고령자 고용증진 프로그램은 고령자고용촉진법과 노인복지법이 중심이 되어 있지만, 이 두 법에 의한 프로그램 이외에 고용보험법 및 기타 정부 자체의 규정에 의한 노인 고용증진 프로그램도 있다. 따라서 이들을 포함하여 포괄적으로 정리해 보면 다음과 같다.

1. 고령자 고용촉진 기본계획 수립

고령자고용촉진법에 의하여 고용노동부장관은 5년마다 고령자 고용촉진 기본계획을 수립하도록 하고 있는데 제1차 계획(2006~2011년)은 2006년에 발표한 바 있으며 ① 60세 이상까지 고령근로자 고용확보, ② 고령자의 재취업 촉진, ③ 다양한 취업기회 제공, ④ 고령자 친화적 여건조성을 주요 내용으로 하고 있다. 제2차 계획(2012~2016년)은 2011년 12월에 발표되었으며, 주요 내용은 다음과 같다(고용노동부 보도자료, 2011. 12. 27일 발표).

- 비전: 더 많은 고령자가 더 오래 일할 수 있는 여건 조성
- 6대 정책과제: ① 세대 간 일자리 함께하기 지원, ② 주된 일자리에서 오래 일하기 지원, ③ 퇴직준비·능력개발 지원 강화, ④ 조기 재취업 및 일자리 지원 확대, ⑤ 사회공헌 일자리 등 사회기여와 재능나눔 지원 활성화, ⑥ 고령사회 대비 제도 인프라 정비
- 추진전략: 노동시장에서 능력 있는 한 오래 일할 수 있도록 지원하되 청년, 고령자 세대 간에 공생·발전을 도모

제2차 계획에는 베이비부머 세대를 겨냥한 정책이 많이 포함되어 있으나 향후 그러한 정책의 시행 여부와 효과는 두고 볼 일이다.

2. 고령자 우선고용 직종지정 및 고용

고용상 연령차별 금지 및 고령자고용 촉진에 관한 법률에 의해 고용노동부장관은 고령자(55세 이상) 및 준고령자(50~54세)에게 적합한 직종(우선고용직종)을 선정하여 발표하며, 정부 및 공공기관은 우선고용 직종에 고령자와 준고령자를 우선 고용해야 하고, 이외의 기관은 우선고용 하도록 노력할 것을 규정하고 있다. 2008년에 고용노동부장관이 발표한 중고령자·고령자 우선고용 직종(당시 노동부 고시 제2008-56호)은 공공부문 47개와 민간부문 83개 총 130개이다.

3. 고령자 등 고용차별 금지

고령자고용촉진법에 의해 사업주는 근로자를 모집, 채용 및 해고함에 있어서 정당한 이유 없이 고령자 또는 준고령자라는 이유로 차별하지 못하도록 하고 있다.

4. 고령자 취업지원

고령자고용촉진법에 의해 정부가 ① 고령자에 대한 구인·구직 정보를 수집하여 제공, ② 고령자에 대한 직업능력 개발훈련을 실시, ③ 사업주에 대한 고령자 고용을 지도하고 고령자 교육과 훈련 및 작업환경 개선에 대한 지원, ④ 고령자 취업알선 기능을 강화, ⑤ 고령자의 취업지도와 직업알선 등의 업무를 효율적으로 수행하기 위해 필요한 지역에 고령자고용정보센터 운영, ⑥ 고령자 인재은행 및 중견전문인력 고용지원센터 지정 등을 하도록 하고 있다.

5. 고령자 고용촉진 지원

고용보험법과 고령자고용촉진법에 의해 고용주에게 보조금을 지급하는 프로그램이 있으며 2011년 현재 다음과 같은 프로그램이 있다.

(1) 고령자 고용연장 지원금: 기존 정년을 폐지하거나 56세 이상으로 1년 이상 정년연장의 경우 근로자 1인당 월 30만 원씩 1년간 지급하고, 정년이 만 57세 이상인 퇴직자를 재고용하는 경우 고령자 1인당 월 30만 원씩 6개월간 지급한다.

(2) 임금 피크제 지원금: 정년을 연장하면서 임금 피크제를 도입하는 경우, 정년퇴직자를 재고용하면서 임금 피크제를 도입하는 경우, 근로시간 단축을 통해 고용을 연장하는 경우 등에 대해 근로자에게 지원금을 지급한다.

(3) 고령자 고용환경 개선자금: 고령친화적 시설이나 장비를 설치, 개선, 교체, 구입하는 경우 사업주에게 고령자 고용환경 개선자금을 저리로 융자해줌으로써 고령자 고용을 간접적으로 연장할 수 있다.

(4) 정년퇴직자 재고용지원: 사업주는 정년에 도달한 자가 그 직장에 다시 취업하기 원하는 경우 재고용하도록 노력해야 하고, 정부는 정년퇴직자 재고용에 대해 장려금을 지급할 수 있다.

(5) 퇴직 예정자 구직활동 지원: 사업주는 정년퇴직 예정 고령자의 구직활동을 지원하도록 노력하게 하고, 정부는 성실한 이행 사업주에 대해 지원할 수 있다.

6. 정년 연장 노력

고령자고용촉진법(제19조)에서는 사업주가 정년을 60세 이상이 되도록 노력하도록 하고 정년연장 계획서를 제출하도록 하고 있다.

7. 고령자 뉴스타트 프로그램

고령자 뉴스타트 프로그램은 50대 이상 준·중고령자의 재취업, 창업을 지원하고 동시에 인력이 부족한 중소기업에 고령인력 활용기회를 제공하고자 2007년부터 고용노동부 주관으로 일정기간 취업능력향상 패키지 프로그램을 고용보험에 가입한 중소기업에 제공하는 것으로 시작되었다. 취업능력 향상 패키지는 직업훈련, 취업능력 향상, 현장연수 등으로 구성되어 있다.

8. 직업능력 개발 사업

고용보험의 직업능력개발 사업을 통해 직업훈련 사업을 실시하고 있는데 고령자의 참여를 배제하고 있지는 않지만 훈련기관들이 훈련생들의 취업률로 기관 평가를 받기 때문에 상대적으로 취업률이 저조한 고령자에게 동등한 훈련기회가 주어지지 않을 가능성이 있다. 이러한 이유 때문인지는 몰라도 50대 연령층 가운데 직업훈련을 받은 비율은 10% 이내로 나타나고 있다(정경희 외, 2011).

9. 노인 일자리 사업

(1) 한국노인인력개발원 일자리 사업

노인복지법(제23조 및 제23조의 2 : 2005년 개정)에 의하여 국가나 지방자치단체는 노인의 능력과 적성에 맞는 일자리 개발 보급과 교육훈련 등을 전담할 노인일자리 전담기관을 설치하도록 하고 있는 것에 따라 한국노인인력개발원을 설립하여 노인들에게 공익형, 교육형, 복지형, 시장형 및 인력 파견형 일자리를 개발하여 보급하고 있다.

(2) 지역사회 시니어 클럽

지역사회 시니어 클럽(Community Senior Club)은 노인복지법 제23조(노인사회참여 지원)와 제23조의 2(노인 일자리 전담기관의 설치·운영 등), 노인복지법시행령 제17조의 3 및 4(노인 일자리 전담기관 운영위탁 등)에 의하여 노인의 사회적 경험과 지식을 활용할 수 있는 다양한 일자리를 개발하고 이에 참여할 수 있는 여건을 조성하여 노인의 삶의 질 향상을 위해 지역사회 내에서 일정한 시설과 전문 인력을 갖추고 지역의 자원을 활용하여 노인 일자리를 창출·제공하는 노인 일자리 전담기관으로 2001년부터 시작되었다. 2012년 1월 현재 전국적으로 91개 클럽이 있다.

(3) 대한노인회 취업지원센터

노인복지법(제23조)에 의해 지역사회 구직희망 노인의 취업상담·알선 등을 통해 노인의 소득보장 및 사회참여 기회 확대를 위해 대한노인회 중앙회 및 시·도지부에 설치되어 있다.

10. 지역 일자리 사업

이 사업은 2009년 행정안전부에서 근로 능력이 있는 사회적 취약계층에 대해 근로연계 복지 프로그램인 희망근로사업으로 시작된 것인데 2010년부터 지역 맞춤형 일자리 사업으로 전환되었다. 이 맞춤형 일자리 사업은 2010년까지 희망근로사업을 종료하고 지역공동체 일자리 사업, 자립형 지역공동체사업(마을기업), 청년 창업 프로젝트, 지역형 예비 사회적 기업육성 등으로 세분화되었다. 이 사업은 단순한 취약계층의 임시적 지원보다 안정적이고 시장지향적인 일자리를 추진함과 동시에 지역 주도적이고 지역 자율적인 일자리 정책을 추진해 나감으로써 지자체의 일자리 창출 역량을 강화시키는 방향으로 나가고 있다.

11. 사회적 기업과 지역사회 일자리 창출 사업

고용노동부에서 주관하여 시행하고 있는 사업으로 사회적 기업 육성사업과 사회적 일자리 창출 사업(지역 맞춤형 일자리 사업 포함) 등을 추진하고 있다. 사회적 기업(social enterprise)은 취약계층에게 일자리나 사회 서비스를 제공하는 것과 같은 취약계층의 고용창출 목적을 추구하고 이를 위해 수익을 창출하는 영업활동을 하는 조직을 말한다. 사회적 기업 육성사업은 2007년 7월부터 시행된 사회적 기업 육성법에 따라 정부에서는 단기적으로는 비영리 민간단체를 공모하여 지원하고 중장기적으로는 사회적 기업을 육성하여 지속적 일자리를 창출하도록 하려는 것이다. 그리고 사회적 일자리 창출 사업은 지역에 기반을 둔 고용정책으로 정부재정과 민간자원을 결합하여 추진하고 있으며, 2003년부터 시작되었다. 사회적 일자리 창출 사업의 지역특화형태로서 지역 맞춤형 일자리 사업이 있는데, 이는 지자체가 고용관련 비영리 법인(단체)과 협업 네트워크를 구성하여 사업을 제안하고 고용창출 등의 효과가 큰 것으로 판단되는 사업을 선정하여 사업비를 지원해 주는 일자리 창출 사업으로 2006년도부터 시작되었다.

12. 기타 일자리 창출 사업

기타 일자리 사업으로 여성가족부의 아이 돌보미 지원사업과 산림청의 숲가꾸기참여사업이 있다.

여성가족부의 아이 돌보미 지원사업은 여성 고령자가 참여할 수 있는 사업이다. 양육경험이 있는 유휴 여성들을 유급자원봉사자로 활용하는 사업이다. 양육경험이 있는 여성은 소정의 교육을 거친 후 이수증을 받아 지역의 건강가정지원센터에서 수행하는 사업과 연계된 아이 돌보미 지원사업에 참여하여 시간당 수당을 받을 수 있는데, 연령이 65세 미만으로 제한되어 있다.

숲가꾸기참여사업은 저소득층과 청년실업자 등을 산림 서비스 일자리 사업에 우선 고용하여 일자리를 창출하는 시업이다. 숲가꾸기참여사업은 특별한 기술, 자격, 경험을 가진 사람을 우선 고용하는데 18세 이상 65세 미만이어야 하고, 실업자 또는 정기적 소득이 없는 일용근로자, 임업훈련기관 기술교육 이수자, 산림분야 자격증 소지자, 산림관련 퇴직 공무원, 산림조합의 퇴직자를 대상으로 하여 임업 보조요원으로 활용하고 있다.

V. 고령자 고용정책의 문제점과 개선 방향

1. 고령자 고용정책의 문제점

1) 대상 관련 문제점

(1) 조기정년 및 조기퇴직

① 정년연장의 지체: 공무원 및 국영 기업체의 정년은 60세 또는 그 이상으로 연장되는 추세이나 민간기업의 정년은 아직도 평균 57세로 거의 고정되어 있고 정년연장은 평균수명 연장과 사회적 부담의 증가에 비해 크게 지체되고 있다. 2001년부터 2009년까지 8년 사이에 정년은 평균 0.5세 정도 높아졌을 뿐이다(고용노동부, 2010).

② 베이비부머 세대의 대량 퇴직에 대한 고용대책 미비: 2010년부터 연속적으로 베이비부머 세대들이 대량으로 퇴직하는데 이들에 대한 재고용 대책이 없어 개인과 가족의 경제적·심리적 및 사회적인 면에 대단히 큰 부정적 영향을 미치게 될 것이다.

③ 정년연장에 대한 법규정 실효성 미약: 고령자고용촉진법에 사업주가 정년을 정하는 경우 60세 이상이 되도록 노력해야 한다고 규정하고, 300인 이상 사업장 사업주에게 정년연장계획서를 제출하도록 요청할 수 있다고 규정하고 있는데, 이에 대한 강제성이나 벌칙규정이 전혀 없고 정년연장에 대한 인센티브도 약한 편이어서 정년연장의 법적 실효성이 대단히 미약하다.

(2) 조기정년의 반복지성: 조기정년은 평균수명이 급속도로 연장되는 추세에 반하며, 개인과 가족에게 경제적 어려움과 심리적 및 사회적 측면에도 스트레스를 주는 반복지적 현상이라 할 수 있다.

(3) 고령자 고용의무(의무 고용률 유지)의 법적 실효성 미약: 고용상 연령차별 금지 및 고령자고용 촉진에 관한 법률에 의한 300인 이상의 사업장에 대한 55세 이상 고령자 3% 이상의 고용규정은 강제성이 없는 권장규정이고 벌칙도

없어 시행의 효과가 대단히 미약한 편이다.

(4) 노화에 따른 생산성 약화의 고정관념 팽배 : 노화와 생산성에 대한 비과학적 고정관념의 팽배로 인해 특히 민간 측에서 노인 고용의지가 약한 편이다. 외국의 연구 결과 70세 말까지 노화에 따른 생산성의 저하는 큰 변화가 없거나 미약하다고 한다(Habib, 1990; Birren & Perlmutter, 1990). 노인에 대한 편견과 노인에게 기회를 주지 않음으로써 능력발휘의 기회가 제한되어 결국은 노화에 따라 생산성이 저하된다는 고정관념이 유지·확산(Butler, 1990; Rowe, 1990)되고 있다고 해도 과언이 아니다.

(5) 기업 측의 정년연장 의지 미약 : 기업 측에서는 60세 이상을 고령자로 취급하는 일반적 인식이 팽배하고, 연공가급적 보수체계가 아직도 크게 유지되고 있고, 유교적 문화로 인한 고령자 인사 및 노무 관리에 어려움이 크기 때문에 노인고용을 꺼리는 경향이 농후하다.

(6) 노동력 부족현상에 대한 대응책으로의 고령인력 활용의지 미약 : 국가 및 기업의 노동력 부족현상에 대한 대응책으로의 노인인력 활용의지가 미약한 것이 문제이다. 특히 섬유, 의복, 출판인쇄업 부문에서의 인력 부족률은 상당히 높은 편이다.

(7) 고령자 자신의 문제 : 고령자는 새로운 직업능력 확보 등의 노력이 부족하고 과거의 직위나 임금을 노동조건으로 내세우기 때문에 구인자 측이 수용하기 어려운 경우가 많은 것이 문제라 할 수 있다.

2) 서비스 종류 및 수준 관련 문제점

(1) 고령자에 대한 재취업 훈련 미비 : 기업 자체가 퇴직예정자에 대한 재취업 훈련의 필요성을 느끼지 못하고 이에 대한 국가의 인센티브도 거의 없는 상태이다. 기업은 정년퇴직 준비교육에 노인 재취업 교육을 포함하지 못하고 있고 노인 재취업 훈련기관과 고령자 취업알선기관이 절대적으로 부족한 상태이다. 또한 취업고령자에 대한 사후관리를 통한 문제점 및 개선노력이 전무한 것도 문제이다.

(2) 평생직업훈련 기관의 부족: 청년층은 물론 중고령자까지도 자기 적성을 재발견하여 전직, 취업 및 재취업하기 위해서는 경제적 수준과 훈련 시간을 고려하여 융통성 있게 중장기적으로 체계적 교육과 훈련을 받을 수 있는 평생직업훈련 기관이 거의 없다.

(3) 고용능력 및 생산성 유지 향상 프로그램 부족: 고령자의 취업이나 재취업에 고용능력을 향상시키거나 생산성을 유지 또는 향상시키려는 관점이 부족하고 따라서 훈련·교육 내용도 그런 점을 반영하지 못하고 있다.

(4) 안정적 일자리 창출 부족: 고령자 고용정책에서 제공되는 대부분의 일자리들이 적어도 2~3년 이상 안정적인 일자리가 되지 못하는 임시적 일자리가 되는 경우가 많다.

(5) 연령과 욕구수준에 따른 고용 서비스 부재: 연령상 50대, 60대, 70대에 적합한 고용 서비스나 욕구에 맞는 고용 서비스가 제공되지 못하고 있다. 특히 베이비부머 세대들에 대한 고용 서비스는 질적으로 달라야 할 이유가 많은데 정부는 이 점을 중요하게 생각하지 못하고 있는 것으로 보인다. 또한 고용 정책 부서의 다양화(고용노동부, 보건복지부, 행정안전부 등)로 정책적 연계와 통합성이 부족하고 서비스의 수준이 다른 경우도 문제이다. 지원금이나 수당에서 고용노동부 주관 프로그램이 보건복지부 주관 프로그램보다 높은 경우가 있어 형평성 문제도 발생한다.

3) 전달체계 관련 문제점

(1) 노인 및 고령자 연령상 중복으로 인한 고용증진 정책 혼선: 준고령자(50세 이상)와 고령자(55세 이상), 노인(일반적으로 65세 이상)의 연령상 겹침 현상으로 고용증진 전달체계가 노동부와 보건복지부에 혼재되어 있고 또한 대상에 대한 연령별 정의가 상이하여(노동부는 55세 이상, 보건복지부는 법률상 65세 이상자를 대상으로 하고 있지만 실제로는 55세 이상자도 다루고 있음) 대상이 명확히 구분되지 못하고 있으며, 따라서 대상이 중복되기도 하고 노인취업에 대하여 일관성 있는 정책을 시행하기도 어렵게 되어 있다.

⑵ 정부의 고령자 고용 관심 저조: 정부가 고령자 고용에 대한 관심이 저조한 것이 문제이다. 취업을 원하는 고령자 수가 취업을 원하는 장애인 수보다 많음에도 불구하고 장애인고용촉진공단과 같은 노인 재취업 훈련기관이 없는 것이 유감이다.

⑶ 고령자 취업알선기관 간 연계 부족: 고령자 취업알선 기관 간 연계가 부족한 것이 문제이다. 홍보 부족, 법 규정의 임의적 시행, 기업 측의 의지부족 등으로 취업알선 정보와 노인공동작업장의 일거리 유치가 잘되지 않고 있다.

4) 재정 관련 문제점

⑴ 고용훈련 서비스 비용을 수요자의 경제적 수준에 따라 차등화하여 큰 부담 없이 직업교육과 훈련을 받을 수 있어야 할 것이다.

⑵ 고령자 고용정책을 위한 전반적 재정투자의 부족: 장기적 차원에서 고령자 고용의 필요성을 인식한 장기적 재정지원 계획이 불확실하거나 부족하다. 특히 제2차 고용촉진기본계획에서 장기적 재정투자 계획이 제시되어 있지 못하다.

⑶ 고용노동부 산하 고령자 취업관련 서비스 기관에 대한 정부 예산지원 미흡: 고령자인재은행 및 고령자고용정보센터에 대한 예산 지원이 부족하여 실효성이 미약한 상태이다.

⑷ 보건복지부 산하 고령자취업 서비스 기관에 대한 정부 예산지원 미흡: 지역사회 시니어클럽, 노인취업알선센터 등에 예산지원이 대단히 미흡한 상태에 있다.

2. 정책적 과제와 개선 방향

위에서 살펴본 우리나라의 고령자 고용정책의 문제점을 개선하기 위한 정책과제와 정책방향을 제시해 보기로 하겠다.

1) 고령화사회의 중년기 이후 새로운 인생관 재정립 교육 필요

인생 발달주기에서 중년층에 도달하면 과거를 돌아보고 자기 성찰을 통해 새로운 인생관을 정립할 수 있는 계기를 마련하는 것이 필요하다. 또한 자기의 적성도 재발견할 수 있기 때문에 직업생활을 연장하기 위한 교육과 취업훈련을 받기 전에 중년기 이후 인생설계에 필요한 전반적 교양교육을 다시 받을 수 있는 기회를 갖는 것이 필요하다. 따라서 중년기 이후 30~40년 이상을 살기 위한 인생설계에 필요한 새로운 체계적 교양교육을 받는 교육제도를 마련하는 것이 필요하다.

2) 중장기적 계획 속의 정년 연장 정책

(1) 정년 연장에 대한 장기적 대책과 중단기적 대책 수립과 시행: 저출산 현상이 크게 개선될 것으로 기대하기 어렵기 때문에 우리나라도 장기적으로 보면 결국 노동자의 고령화 현상을 맞이할 수밖에 없을 것이다. OECD(2004)에서 발간된 고령화와 고용정책 연구 보고서에 의하면 우리나라는 2020년에 노동인력의 거의 40%가 50세 이상의 고령자가 될 것이고, 2050년까지는 약 50% 정도가 50세 이상의 고령자가 될 것이라고 예측한 바 있다. 이 같은 예측은 상당히 타당성 있는 예측으로 장기적 차원에서 노동인력이 고령화할 수밖에 없기 때문에 국가의 노동력을 유지하기 위해서도 정년연장 계획을 세우고 그 장기적 계획 하에 중단기적으로 정년을 점차적으로 연장하는 방향의 정책을 추진해야 할 것이다.

(2) 장기적 계획 하에 2020년까지 60세까지로 정년연장: 정년연장으로 인한 노동시장의 충격을 줄이고 기업 측의 준비를 위해 1차적으로 2020년까지 60세로 연장하도록 법제화하는 것이 바람직하다.

(3) 보수체계의 능력급 전환

① 능력급 보수체계로의 과감한 전환: 정년연장을 위해서는 기업의 보수체계를 연공가급제에서 능력급으로 가능하면 빠른 시일 내에 전환해야 할 것이다.

② 55세 이후 연공가급분의 보수가산 중단: 55세 이후는 연공가급분에 의한 보수가산은 중단하고 능력급에 의해서만 가산해야 할 것이다.

③ 임금 피크제 적극 도입: 55세까지의 보수를 60세까지의 보수와 같게 보수증가율을 조정하거나 아니면 55~57세 이후 보수를 하향조정하여 정년 또는 근로기간을 연장하는 것이 바람직하다.

(3) 정년연장 단체에 대한 보조금제도 시행: 현행 고령자 고용연장 지원금 제도의 강화로 정년연장을 적극 유도하여야 할 것이다.

(4) 노화와 생산성과의 관계에 대한 과학적 연구 결과에 의해 정년연장의 타당성을 설득할 것: 직종별·연령별 생산성에 대한 과학적 연구(실험적 연구 포함)와 고령노동자 고용의 장단점 등을 연구한 결과에 의해 정년연장의 필요성에 대해 기업 등을 설득하는 것이 바람직하다. 과학적 근거 없이 고령자를 강제적으로 고용하게 하면 직장에서 고령노동자는 '소용은 별로 없지만 할 수 없이 고용된 사람' 아니면 '시혜 대상자'로 낙인찍힐 가능성도 있음을 유의해야 할 것이다.

2) 근무연장·재고용

(1) 정년 후 근무연장 또는 재고용 유도: 현행 정년퇴직자 재고용 지원 프로그램을 강화하여 정년 후 재고용을 적극 유도해야 할 것이다.

(2) 현행 임금 피크제 지원금 제도 강화: 정년을 연장하면서 임금 피크제를 도입하는 경우, 정년 퇴직자를 재고용하면서 임금 피크제를 도입하는 경우, 근로시간 단축을 통해 고용을 연장하는 경우 등에 대해 근로자에게 지원금을 지급하는 제도를 적극 활용하도록 하고 이에 대한 지원금의 지원 기간과 수준도 높이도록 해야 할 것이다.

(3) 정년 후 재고용·근무연장에 대한 다양한 고용조건 적용 유도: 정년 후 재고용 조건의 다양한 형태(임금률을 낮춤, 현행 임금체계를 유지하되 퇴직금 지급은 중단, 임금과 퇴직금 없이 수당만 지급, 파트타임 등)를 연구하여 단체의 사정과 개인에 따라 적합한 방법을 적용토록 하는 것이 바람직하고, 특히

중소기업 측에 대한 이러한 적용을 유도하는 것이 바람직하다.

3) 고령자 재취업 증진

(1) 고령자고용촉진법 규정의 강제화: 현행 고령자고용촉진법에는 고령자 취업을 단순히 권장하는 것으로 되어 있어 실효성이 대단히 제한적이다. 이 규정을 장애인고용촉진 등에 관한 법률에서와 같이 강제적용 하도록 하고 이를 어기는 경우 고용장려기금에 기여금을 내도록 하는 식으로 벌칙을 규정하여야 할 것이다.

(2) 취업알선기관의 일원화 및 증대: 고령자취업알선기관으로 고령자인재은행(고령노동부 소관)과 노인취업알선센터(보건복지부 소관)를 통합하여 고령자인재은행으로 일원화하고 지방자치단체 지원기관도 중앙정부기관과 연계하고 그 수를 대폭 증대하는 것이 바람직하다.

(3) 퇴직예정자 구직활동 지원 강화: 현행 제도로 되어 있는 사업주의 정년퇴직 예정 고령자 구직활동 지원을 정부에서 적극 지원하도록 해야 할 것이다.

(4) 고령자 고용 서비스 기관간의 상호연계 필요: 향후 정보화 사회 추진정책에 따라 공공 및 민간 취업알선 기관 간의 정보교환 및 정보의 체계화가 이루어지도록 해야 할 것이다.

(5) 고령자 고용관계 국가행정기관의 일원화 및 확충: 현재 고령자 고용관계 업무를 고용노동부와 보건복지부가 취급하고 있는데, 고령자 고용관계 업무는 전반적으로 고령자고용촉진법에 의하여 노동부로 일원화하는 것이 바람직하고, 고용노동부로의 일원화가 어려우면 노인복지법을 개정하여 보건복지부로 일원화하는 것도 바람직하다.

4) 직업능력 배양 훈련

(1) 퇴직 전 직업훈련 지원: 사업주 측에서는 정년퇴직 전에 일정 기간 동안 사내나 외부시설에 의뢰하여 새로운 직종에 대한 훈련을 받도록 하는 것이 필요하다(현행 고용보험법 제29조 및 동 시행령 제43-47조의 적극 시행 및 활

용이 가능하고, 대기업에서는 자체적으로 훈련비용을 지원토록 유도. 예를 들면 포항제철에서는 퇴직 1년 전부터 자체적으로 훈련비를 지급하고 있음).

(2) 사업주 측에서 퇴직 전 정년퇴직 준비교육 실시 및 강화: 늦어도 퇴직 2~3년 전부터 퇴직예정자가 퇴직 후의 생활설계와 재취업 계획을 세우도록 도와주는 것이 바람직하다. 현재 국내의 여러 단체에서 실시하는 퇴직 준비교육은 퇴직 2~6개월 이내에 하고 있어 재고용을 위한 계획수립에 효과적 영향을 거의 미치지 못하고 있다.

(3) 고령자 재취업을 위한 직업훈련 총괄기관(가칭 고령자고용촉진공단) 설립 필요: 재취업을 원하는 고령자가 재취업을 원하는 장애인보다 많음에도 불구하고 장애인을 위해서는 장애인고용촉진공단과 같은 기관이 있는데 노인 재취업을 위한 기관은 없다. 따라서 고령자 취업 및 재취업 증진을 위해 고령자고용촉진공단을 설립하는 것이 바람직하다. 이를 위해서는 고령자고용촉진법을 개정하거나 노인복지법을 개정하여 이 기관의 기능과 사업을 규정하는 것이 바람직하다.

5) 국가 전체 인력수급 차원에서의 고령자 고용 촉진

(1) 업종별 인력부족에 대한 대체인력으로 고령자 고용 촉진: 과거 및 현재에도 계속되고 있는 인력난(특히 3D 업종)에 대처하기 위하여, 또한 임금의 국제경쟁력이 약화되고 있는 현상에 대처하기 위해서 고령자를 일반근로자보다 낮은 임금으로 고용하는 방법을 고려하는 것이 바람직하다.

(2) 비제조업 분야 및 사회복지 서비스 분야의 인력보충에 고령자 활용: 고령자가 무임금으로 자원봉사 할 수 있는 분야도 대단히 많으므로 고령자 적합 직종에는 반드시 제조업만이 아니라 비제조업 및 사회복지 서비스 분야도 폭넓게 포함해야 할 것이고, 노인의 자원봉사활동은 국가의 인력수요를 줄여줄 수 있기 때문에 바람직하다.

6) 고령자 재고용에 대한 사회적 인식 증진

(1) 고령자 고용 이점 홍보: 고령자 고용이 직장에서 어떠한 이점이 있는가를 홍보하여 사회적 인식을 증진시킬 필요가 있다.

(2) 고령자 고용주의 사회복지 참여 사명감 고취: 고령자 고용은 사업주가 민간 차원에서 고령자를 위한 사회복지에 참여한다는 인식을 확산시킬 필요가 있다.

7) 재취업에 대한 고령자 자신의 태도개선 문제

(1) 고령자의 적극적 직업능력 향상태도 배양: 고령화사회에서 고령자 개인의 성공적 노화를 위해서는 물론 사회적 비용을 절약하고 지속가능한 고령화 사회를 만들어 나가기 위해 고령자가 적극적으로 직업능력 향상을 위한 노력을 하도록 하는 사회교육적 차원의 조치가 필요하다.

(2) 재취업에 대한 고령자 자신의 현실적 입장 수용태도 배양: 고령자로 하여금 과거에 집착하지 말고 현재의 현실적 입장을 수용하여 재고용에 임하도록 하는 합리적 차원의 사회교육적 조치가 필요하다.

이상에서 고령자 고용 현황과 관련된 정책적 프로그램과 문제점을 살펴보고 고령자 고용 증진을 위한 정책과제와 개선방안을 생각해 보았다. 고령자 취업은 특히 우리나라와 같이 조기정년이 관행화되어 있는 사회에서는 무엇보다도 소득보장의 수단으로 중요한 의미를 가지며, 이 외에 건강유지, 여가 시간 활동, 자신의 능력을 확인하는 등의 수단으로서도 의미를 갖는다. 그럼에도 불구하고 국가와 사회에서는 고령자의 취업과 재취업에 대해 그다지 큰 관심을 보이지 않고 있다.

고령자의 취업과 재취업을 증진하기 위한 정책적 프로그램은 정책 입안자의 관심 부족과 사회의 전반적인 고령자 능력에 대한 부정적 사고로 인하여 이에 대한 사회적 관심이 실제로는 잘 집중되지 못하고 있다. 우리나라는 세계 역사상 유례를 찾기 어려울 정도로 빠르게 인구 고령화가 진전되고 있는 사회인만큼, 통상적으로 노인으로 규정하는 65세보다 10년이나 일찍 노동시장에서 물러나서 특별히 하는 일 없이 20~30년을 보내야 하는 노년기 시간에 대한 근본적 대책으로 고령자 취업과 재취업, 그리고 정년 연장을 심각하게 고려해 보아야 할 것이다.

고령자의 취업과 재취업은 국가적으로 단순히 구성원의 노후 소득보장 수단으로의 중요성은 말할 필요도 없고, 유용한 인적자원을 활용하고, 고령자를 사회 속으로 통합시키고, 나아가서는 사회문제를 예방하고 또한 사회복지비용을 절약하는 데도 크게 기여할 수 있는 것이 될 것이다. 아직도 노후 사회보장과 사회 서비스 체계가 열악한 상황에서 고령자의 취업과 재취업 정책마저 미약하다면 평균수명의 연장은 많은 고령자에게 고통과 시련의 시간이 될 것이다.

55세 이른 나이에 퇴직하여 개인적으로 그리고 사회적으로 유용한 존재가 되지 못하는 오늘의 고령자상을 보다 긍정적인 고령자상으로 바꾸어 가기 위한 고령자의 취업과 재취업 정책은 국가와 사회가 공동으로 적극 개발하고 개선해 나가야 할 것이다.

오늘의 고령자 모습 속에서 오늘의 젊은 세대들이 장래 자신들의 고령자상을 기대하게 된다면 누구도 원치 않는 노년기가 될 것이라는 두려움을 떨쳐 버릴 수 없을 것이다. 그러므로 오늘의 젊은 세대들에게 보다 아름답고 보람차고 의미 있는 노년기의 희망을 심어 주기 위해서도 고령자 취업과 재취업 정책은 더욱 적극적으로 추진되어야 할 것이다.

제 17 장
우리나라 고령자 교육 정책

제2차 세계대전 종전 이후 세계 역사에서 우리나라가 가난과 전쟁의 폐허 위에 1인당 국민소득 2만 달러 이상을 이루어 내고 세계 10위권의 수출 대국을 이루어 낸 유일한 국가로 발전하는 데 가장 큰 원동력이 된 것은 높은 교육열과 교육수준이라는 것은 누구도 부정할 수 없을 것이다.

일제 강점기에는 말할 필요도 없고 해방 이후에도 교육기회를 거의 박탈당한 오늘의 노인세대와 의무교육제도가 수립되었지만 경제적 이유로 교육의 기회를 충분히 누리지 못한 오늘의 50대 이후의 고령자 세대들은 평균 교육수준이 남자는 10년, 여자는 7년 정도밖에 되지 않는다. 오늘의 고령자들은 기초생활과 자녀교육에 헌신하는 가운데 제대로 자신의 노후준비도 못한 채 어느 덧 은퇴하게 되었거나 은퇴를 준비해야 하는 상황에 이르렀다.

지난 60여 년 간 경제성장과 사회발전의 결과 우리나라 국민의 평균수명은 급속하게 연장되어 2010년 현재 남녀 평균 80세에 이르게 되었지만 50대 중반 퇴직이 아직도 일반화되어 있다. 이러한 현실에서 퇴직 후 평균 20~30년을 더 살 수 있는 긴 노년기를 맞이하였고, 사회는 고령화사회라는 새로운 모습의 사회로 탈바꿈하면서 국가는 물론 고령자 개인도 노후생활 준비와 보장을 위한 여러 가지 새로운 과제에 직면하고 있다.

개인적으로는 물론 사회적으로도 고령자 개인의 노년기 준비와 적응을 위해 나아가서는 50대 이후의 새로운 인생을 설계하고 실천하기 위해 고령자 교육은 새로운 의미를 가지고 그 필요성이 커지고 있다. 이미 선진국에서는 고령화사회를 의식한 노후생활 준비와 적응을 위해 다양한 고령자 교육 정책을 수립하여 시행하고 있으나 우리나라는 한 마디로 고령자 교육은 거의 방치된 상태라 해도 과언이 아닐 정도로 사회는 물론 국가도 특별한 관심을 두지 못하고 형식적으로만 대응해 오고 있을 뿐이다.

인생 80세가 보편화되고 향후 30~40년 동안에 평균수명이 6~7년 더 연장될 것으로 추정되고 있으며, 최근 인생 100세를 목표로 한 정책적 슬로건까지 등장하고 있는 가운데 고령자의 노년기 또는 인생설계에서 가장 핵심적인 요소가 될 수 있는 고령자 교육의 현실을 살펴보고 문제점과 개선 방향을 제시해 보는 것은 고령화사회에 대응하는 중요한 과제 중의 하나라 생각된다.

노인교육은 고령자 교육보다는 대상과 내용에서 제한되는 면이 있기는 하지만 우리 사회에서는 고령자 교육보다는 노인교육이라는 말이 더 일반화되어 있다. 그러나 노인교육은 노인복지 차원에서가 아니라 평생교육 차원에서 그리고 고령화사회 대응 차원에서 다루어져야 할 것이고 그 대상이 반드시 노년층에 한정된 것이 아니라 중년층 이상으로까지 확대될 수도 있기 때문에 노인교육보다는 고령자 교육이라 하는 것이 더 적합하다고 생각하여 이 장에서 고령자 교육이라는 이름을 붙였다.

I. 현행 우리나라 고령자 교육 정책

1. 고령자 교육의 시각

정부의 고령자 교육 정책 추진은 교육과학기술부와 보건복지부 사이에서 줄타기를 거듭하면서 아직도 혼재되어 있다. 역사적으로는 1978년부터 1982년까지 약 5년간 문교부(현재의 교육과학기술부)가 노인교육을 관장하다가 1983년부터 노인교육관련 업무가 보건사회부(현재의 보건복지부)로 이관되었다.

그 후 1998년 교육인적자원부의 '사회 국제교육국'이 '평생교육국'으로 개편되면서, 그 안에 '평생교육 기획과'와 '평생학습 정책과'가 설치되어 노인교육관련 업무를 관장하게 되었다. 그러나 아직도 실제 고령자 교육, 특히 60세 이상의 노인교육은 사회복지관, 노인복지관, 노인교실 등의 노인복지 여가시설에서 실시되고 있으며, 보건복지부에서 관장하고 있다. 또한 보건복지부 노인지원과에서 실질적인 노인교육 관련 업무의 상당 부분을 담당하고 있어 두 부처 사이에 역할분담은 여전히 미결의 과제로 남아 있다.

고령자 교육 정책에 대한 정부의 관할 부서를 보면 공적으로 고령자 교육을 보는 시각이 크게 두 가지로 나누어져 있는 것으로 볼 수 있다. 하나는 단순히 노후생활의 여가활동으로 보는 시각과 다른 하나는 생애발달 주기상 중·노년기 이후의 소득유지, 사회적응 및 사회기여를 위한 평생교육으로 보는 시각이다. 그런데 1990년대까지는 고령자 또는 노인을 생애발달 주기에 입각한 평생교육의 대상으로 보는 관점은 대단히 미약하였고 노인복지의 관점이 거의 지배적이었다.

우리나라의 사회교육에서 노년기를 생애발달 주기상 중요한 시기로 보기 시작한 것은 2000년대부터라 할 수 있다. 평생교육법(제9조)에 의한 평생교육 진흥 종합계획을 5년 단위로 수립하도록 규정된 바에 따라 제1차 계획(2002~2006년)이 수립되면서 고령화사회에 대비한 노인교육 활성화를 중요 정책과제로 삼고 노인교육기관을 평생교육법상(1983년부터 시행된 사회교육법이 2002년에 평생교육법으로 개칭되고 내용도 개정되어 2003년부터 시행됨) 평생교육기관으로 추가하게 됨으로써 노인교육을 평생교육의 관점에서 보기 시작한 것으로 볼 수 있다. 평생교육법의 개정과 이에 따른 제1차 평생교육 진흥 종합계획의 실천 결과로 보면 사실 노인교육을 고령화사회에 대응하는 고령자 교육으로 보는 프로그램은 거의 개발되지 못하였고, 평생교육 프로그램 일부에 반영된 정도도 대단히 미약하였다. 현재 시행되고 있는 제2차 평생교육 진흥 종합계획(2008~2012년)에서도 '생애 단계별 창조적 학습자 육성'이라는 정책 영역에 '고령화사회에 대비하는 성인후기 평생학습의 구체화'를 포함시키고 추진전략으로 생애 단계별 맞춤형 평생학습 전략을 계획하여 실천해 오고는 있으나 아직도 노인교육을 평생교육의 관점에서 다루는 시각은 분명히 드러나지 못하고 있는 것으로 보인다.

우리나라의 노인교육은 1972년 처음 서울평생교육원에서 시작되었는데, 이후 각종 노인단체, 복지단체, 종교기관 및 개인이 노인교육 기관을 설립하여 제공하였고, 1989년 노인복지법 개정으로 노인교육 기관이 노인복지 여가시설의 노인교실로 규정되어 법적인 근거가 마련되었다. 법적 근거의 의미는 실제 정부의 지원은 거의 없는 편이지만 노인교육 기관이 국가 법률로 인정되고 있다는 것이고, 노인복지 분야에서 노인교육이 나름대로 의미를 가지고 시행되는 근거가 되고 있다는 것이다. 노인문제의 다양화 및 노인복지 서비스의 확대와 더불어 노인교육 프로그램 시행 기관도 확대되게 되었지만 아직까지도 고령자 교육은 노인복지의 관점에서 보는 시각이 훨씬 더 우세하다고 하겠다.

2. 고령자의 교육 욕구 및 참여율

고령자를 연령으로는 최소 50세 이상으로 볼 수 있지만 중년기까지 포함할 수도 있다는 의미에서 2008년 40대 이상(40대와 50대 758명, 60대 이상 777명)을 대상으로 고령자 교육의 필요성과 교육 참여 의사를 조사한 결과(한정란 외, 2008)를 보면 중년층(40~50대)과 노년층(60대 이상) 거의 대부분은 고령자 교육의 필요성과 참여할 의사가 있다고 응답하였다. 즉, 중년층의 94.8%는 노인교육이 필요하다고 응답하였고, 92.6%는 노인교육에 참여하고 싶다고 응답하였다. 그리고 노년층의 81.9%는 노인교육이 필요하다고 응답하였고, 87.4%는 노인교육에 참여하고 싶다고 응답하였다(<표 17-1>, <표 17-2> 참조).

표 17-1 중년층의 노인교육 필요성 인식도 및 참여의사 (단위: 명, %)

노인교육 필요성		노인교육 참여 의사	
전혀 필요 없음	6(0.8)	절대 참여하고 싶지 않음	2(0.3)
필요 없음	33(4.4)	가능하면 참여하고 싶지 않음	54(7.2)
필요	543(71.7)	가능하다면 참여하고 싶음	567(75.1)
매우 필요	175(23.1)	반드시 참여하고 싶음	132(17.5)
계	757(100.0)	계	755(100.0)

출처: 한정란 외(2008), 노인교육체계화 및 활성화 방안.

표 17-2 노년층의 노인교육 필요성 인식도 및 참여의사 (단위: 명, %)

노인교육 필요성		노인교육 참여 의사	
전혀 필요 없음	40(5.3)	절대 참여하고 싶지 않음	23(3.0)
필요 없음	97(12.8)	가능하면 참여하고 싶지 않음	73(9.6)
필요	464(61.3)	가능하다면 참여하고 싶음	416(55.0)
매우 필요	156(20.6)	반드시 참여하고 싶음	245(32.4)
계	757(100.0)	계	757(100.0)

출처: 한정란 외(2008), 노인교육체계화 및 활성화 방안.

2008년도 보건복지부에서 의뢰한 노인복지 욕구조사(보건복지부·계명대학산학협력단, 2009)에 의하면 60세 이상 노인 중 평생교육 참여를 희망하는 노인의 비율은 25.8%이고 남녀별로는 거의 차이가 없었다(<표 17-3>). 연령이 높을수록 참여 희망률은 떨어지는 것으로 나타났다. 2007년 현재 60세 이상에 대한 평생교육 참여율을 조사한 통계청 자료에서도 참여율은 21.7% 정도여서 역시 60세 이상의 평생교육 참여 희망률은 낮은 편이라 할 수 있다.

표 17-3 60세 이상 고령자의 평생학습 참여 희망률(2008년) (단위: %)

성별		전체		연령 집단					
남	여	60+	65+	60~64	65~69	70~74	75~79	80~84	85+
26.3	25.5	25.8	22.7	33.6	29.1	24.7	18.0	10.8	6.6

출처: 보건복지부·계명대학교산학협력단(2009), 노인실태조사.

표 17-4 OECD 국가의 고령자 평생교육 참여율 (단위: %)

국 가	구 분	45~54세	55~64세
한국	전체	25.2	21.2
	남	21.2	16.7
	여	29.2	25.4
OECD 평균	전체	40.0	27.0
	남	38.8	27.0
	여	41.3	28.1
캐나다(2008)	전체	41.7	27.6
	남	37.9	26.8
	여	45.6	28.3
핀란드(2006)	전체	56.7	37.8
	남	48.8	31.0
	여	64.9	44.7
프랑스(2006)	전체	33.0	16.2
	남	35.0	15.2
	여	31.1	17.3
독일(2007)	전체	46.6	28.2
	남	48.1	29.6
	여	45.1	26.8
이탈리아(2006)	전체	21.7	11.8
	남	22.6	13.0
	여	20.9	10.7
영국(2006)	전체	49.0	37.0
	남	45.9	33.1
	여	52.0	40.9
미국(2005)	전체	48.4	40.5
	남	41.7	33.2
	여	54.2	46.8

출처: 교육과학기술부·한국교육개발원(2010), 2010 한국성인의 평생학습실태.

한정란 외의 조사와 계명대학의 조사에서 60세 이상 고령자의 교육 참여 희망률이 큰 차이를 보이고 있는 데는 두 가지 이유를 생각할 수 있다. 한정란 외의 조사에서는 '노인교육'에 대한 참여 희망률이었고, 계명대학교의 조사에서는 '평생학습'에 대한 참여 희망률이었기 때문에 차이가 날 수 있었을 것이라 생각된다. 다른 이유는 60세 이상은 평생교육이 참여형식에서 부담이 된다고 생각하여 참여 희망률이 낮은 것 같고, 반면에 노인교육은 참여형식에서 상당히 부담이 적은 것으로 생각하여 참여 희망률이 높은 것 같다.

평생학습 참여율에 대한 통계나 조사결과의 연령구분이 각각 달라 50세 이상 고령자나 50세 이상의 연령별 통계를 정확히 알기는 어렵다. OECD 국가와 비교한 우리나라 45~64세의 평생교육 참여율을 보면 우리나라의 고령자 평생교육 참여율이 OECD 선진국에 비해 상당히 낮음을 알 수 있다(<표 17-4>).

3. 현행 고령자 교육 정책

우선 전통적 노인복지 차원의 고령자 교육 정책을 살펴본 후 평생교육 관점에서의 고령자 교육 정책을 살펴보기로 하겠다. 노인복지 차원의 고령자 교육은 노인교육으로 많이 이야기되고 있기 때문에 노인교육으로 부르는 것이 좋겠지만 전체적으로 고령자 교육의 한 부분이라는 의미에서 여기서는 노인복지 차원의 고령자 교육 정책 또는 노인교실 고령자 교육 정책으로 부르기로 하겠다.

1) 노인복지 차원의 고령자 교육 정책

앞에서 언급한 바와 같이 우리나라에서는 노인복지 차원의 고령자 교육이 먼저 시작되었고 아직도 그러한 관점의 고령자 교육이 우세한 편이다. 고령자 교육은 1972년부터 민간 차원에서 먼저 시작되었으며 국가의 인정과 지원을 받는 정책이 된 것은 1989년 노인복지법 개정으로 노인교실을 "노인들에 대하여 사회활동 참여욕구를 충족시키기 위해 건전한 취미생활, 노후 건강유지, 소득보장, 기타 일상생활과 관련한 학습 프로그램을 제공함을 목적으로 하는 시설"로 규정한 것에 따른 것이다.

노인복지법에서는 노인교실이라 규정하지만 일반적으로는 '노인학교' 또는 '노인대학'으로 부르고 있다. 노인복지법 시행규칙에 규정된 노인교실 이용 대상자는 60세 이상이고, 노인교실을 설치하고자 하는 자는 노인 여가복지시설 설치신고서를 시·군·구청장에게 제출하여 신고필증을 받도록 하고 있다.

시설기준 및 직원배치 기준을 보면 노인교실은 사무실 1개, 화장실 1개, 강의실 1개, 휴게실 1개(강의실과 겸용 가능)이고, 강의실의 규모는 33㎡(10평 정도) 이상이어야 하고, 직원은 시설장 1명, 강사 1명(외부강사 포함)으로 되어 있다. 그리고 노인교실 운영기준에는 운영규정을 작성하여 시·군·구청장에게 제출하고, 교육은 주 1회 이상 실시하도록 하고 있고, 회계 처리와 장부 등 비치에 관한 규정을 정하고 있다.

노인교실의 일반적 이름인 노인학교 또는 노인대학은 민간기관 또는 개인이 개설하고 있는데 노인복지법에 규정된 신고와 신고필증을 받는 절차를 지키지 않는 경우가 많다. 신고 절차를 거치지 않고 노인학교나 노인대학을 개설하여도 아무런 제재도 없고, 신고하여 신고필증을 받아도 실제적으로 정부로부터 재정지원을 받거나 실질적 도움을 받는 경우도 드물다. 그리고 현재 보건복지부에서 노인복지 시설의 지원과 운영에 대한 규정을 매년 '노인보건복지 사업안내'라는 이름으로 발간하여 노인복지 사업 지원 절차나 서비스 제공 안내를 제시하고 있는데 노인교실에 대한 내용은 없다. 과거에는 노인교실에 대한 약간의 재정지원이 가능하다는 안내가 있었으나 최근에는 그러한 규정이 없어졌는데, 노인교실은 실제로 정부의 지원을 받는 종합사회복지관과 노인복지회관에서 필수적으로 제공하고 있기 때문에 별도의 안내를 하지 않는 것이 아닌가 생각된다.

2010년 12월 현재 전국적으로 신고된 노인교실은 1,464개소로 되어 있으나 실제로는 이보다 훨씬 많을 것으로 추정된다. 노인교실 설치 단체나 개인은 앞에서 설명한 바와 같이 노인교실로 신고하여도 실익이 없기 때문에 신고할 필요를 느끼지 못하는 것 같다. 따라서 미신고 노인교실이 훨씬 많을 것으로 추정된다.

정부에서는 노인교실의 설치 및 운영에 관한 규정을 두고는 있지만 실제로 가장 중요한 노인교실의 교육 내용에 대한 규정이나 안내(매년 발간하는 노인 보건복지사업 안내)를 전혀 하지 않고 있는 것은 노인복지 차원의 노인교육의 중요성을 거의 인정하지 못하는 것을 상징적으로 나타내는 것이라 할 수 있다.

노인복지 차원의 고령자 교육은 처음부터 민간 차원에서 시작되었고 현재도 지역사회종합복지관과 노인복지회관(종합노인복지관) 외에는 정부의 재정적 지원 없이 민간 차원에서 제공되기 때문에 정부가 교육 내용에 대해 개입하는 것이 부적절할 수는 있다. 그러나 정부가 적어도 교육 내용에 대한 지침은 제공하는 것이 바람직하고 필요함에도 불구하고 그러한 노력은 찾아보기 어렵다. 정부의 소극적 태도 및 무관심 속에서 노인교실의 교육을 보다 발전시키기 위해 민간 차원에서 표준 교과과정을 마련해 보고자 하는 노력이 2000년대를 전후하여 있어 왔지만 결국 성공하지 못하였다(예를 들면 한국교회노인학교연합회에서 노인학교 교과과정 표준화 노력을 한 적이 있다). 2007년에 서울대학교 노화고령사회연구소에서 노인교실에 주로 사용할 수 있는 교재 20권(<제3기 인생 길라잡이 시리즈>)을 기획하여 현재까지 12권을 발간한 것이 우리나라 노인교실의 교과과정 표준화의 첫 시도라 할 수 있다.

노인교실의 교과과정에 대한 체계적인 지침이 없다 보니 그 교육 내용도 천차만별이다. 극소수의 노인교실은 자체적으로 체계적인 교과과정을 갖추고 있으나 대부분의 경우는 교육 내용이 비전문가에 의해 기획되고 비체계적으로 운영되고 있다. 따라서 교육의 내용은 흥미 위주이거나 강사 임의로 강의 주제를 정하거나 강의 질을 담보하기 어려운 경우가 대부분이다. 그러므로 노인복지 차원의 노인교실 고령자 교육은 목표와 내용이 체계적인 교육으로서의 의미가 거의 결여된 단순한 여가 프로그램에 지나지 않는다고 해도 과언이 아니다.

2) 평생교육 차원의 고령자 교육

평생교육은 연령을 구분하지 않고 고령자까지 포함한 모든 사람을 대상으로 하여 정규 학교 교육(초·중·고·대학의 학부 및 그 이상 수준의 교육 또는 이에 준하는 학력 양성의 교육)을 제외한 학력 보완교육, 성인 기초·문자해득교육, 직업능력 향상교육, 인문교양교육, 문화예술교육, 시민참여교육 등을 포함한 모든 형태의 조직적 교육활동을 제공하는 것을 말한다.

평생교육법(2003년 이전의 사회교육법)과 저출산고령사회기본법(제15조)에 의해 모든 연령의 국민(모든 세대)은 평생에 걸쳐 학습하고 능력과 적성에 따라 교육을 받을 수 있도록 교육의 기회를 제공해야 한다는 규정에 따라 고령자도 당연히 평생교육의 대상자가 되는 것이다. 사실 평생교육은 생애 발달 과정에서 정규 학교 교육 이외의 교육을 받을 필요가 있다는 취지에서 만들어진 사회적 제도이기 때문에 노인도 그 대상에서 배제되지는 않지만 평생교육은 전통적으로 노년층을 대상으로 하는 교육과정이나 고령화사회를 의식한 중년기 이후 교육 또는 고령자 교육과정에는 큰 관심을 갖지 못하였다. 평생교육이 노년층에 대해 관심을 가졌다 하더라도 단지 노후생활의 적응, 자기개발 및 사회봉사 등이었고, 평균수명이 80년 이상으로 연장되는 고령화사회에 대응하는 교육은 되지 못한 경우가 대부분이다.

평생교육 차원에서 고령화사회를 의식하여 생산력이나 직업능력을 강화하여 계속 일할 수 있도록 전반적 능력을 향상하거나 특히 중년기 이후 인생을 성찰하고 인생에 새로운 의미를 부여하고 새로운 인생을 설계하여 실천하도록 하는 데 목적을 둔 교육과정을 만들어 운영할 수 있지만 평생교육의 전반적 틀은 고령화사회에 대응하는 교육으로서의 고려가 부족한 면이 많았다. 따라서 평생교육의 틀 속에 고령화사회 고령자 교육을 포함시켜 중년기 이후 평생교육 과정을 새롭게 구성하는 것도 한 방법이지만 고령자 교육을 별도로 분리하여 고령화사회 고령자 교육으로 새로운 영역을 구성하는 것도 한 방법이 될 수 있다.

고령화사회 고령자 교육은 생애발달과정에서 중년기 이후 심리사회적 특성과 평균수명이 80세 이상이 되는 점과 건강하고 경험을 갖추어 능력을 발휘할 수 있는 고령기 30~40년을 살아가야 하는 점을 전제로 하는 것이다. 따라서 고령화사회 고령자 교육은 중년기 이후를 새롭게 살아갈 수 있는 인문학적 지식과 남은 인생을 재설계할 수 있는 기본적 능력을 향상하고 발달과업을 보다 잘 수행할 수 있는 교양적 지식과 기술을 배울 수 있는 교육이 되어야 한다는 의미에서 평생교육과는 구별되는 별도의 교육이 되는 것도 바람직하다고 생각한다. 고령자 교육이 평생교육의 틀 속에 있는 것이 좋을지 아니면 별도로 '고령화사회 고령자 교육'으로 분리하는 것이 좋을지는 더 많은 검토가 필요하겠지만 고령자 교육은 전 세계적 현상으로 진전되고 있는 고령화사회에 대응하는 교육이 되어야 한다는 점은 더 이상 간과할 수 없는 중요한 과제가 아닐 수 없다.

우리나라가 평생교육의 관점에서 고령자 교육에 대한 중요성을 인식하기 시작한 것은 2000년대 이후라 할 수 있다. 물론 그 이전에도 노년기를 고려한 교육 내용이 있었을 수 있으나 이는 어디까지나 생애발달 단계상 은퇴 이후의 생활과 전통적인 은퇴생활의 틀 속에서 노년기에 잘 적응하는 것에 초점을 두었을 가능성이 크다. 고령화사회를 의식한 평생교육은 평생교육법에 의해 제1차 평생교육 진흥 종합계획(2002~2006년)을 수립한 때부터라 할 수 있다. 제1차 계획에서는 사회적 통합증진을 위한 정책과제의 하나로 '고령화사회에 대비한 노인교육 강화'를 설정하고 그 세부적 핵심 과제로 ① 관계법령 정비 및 보완, ② 지역단위 노인교육 협력 체제 구성, ③ DB 구축, ④ 각급 학교 등을 이용한 노인교육 기회 확대, ⑤ 사회 적응력 향상을 위한 노인교육의 다양화, ⑥ 고령 인적자본을 사회적 자본으로 활용하여 사회참여 증진, ⑦ 세대 간 교류 확대를 통한 노인 이해교육 강화를 설정하였다.

<표 17-5>에 제시된 제1차 계획 중에서 ① 노인교육기관을 평생교육기관으로 추가, ② 노인교육전문가 양성과정 개실(10개 대학), 퇴직자의 지역사회 자원봉사자 활용(금빛 평생교육 봉사단 구성), ③ 노인교육과정 개설(노인교육과정 10개 대학 시범운영)이 시행되었고 그 외 사회적 통합증진을 위한 정책과제로 취약계층 평생교육 프로그램 지원(지원사업 중 노인대상 사업 수가 크게 증가함, 2007년 현재 총 197개 사업 중 80개가 노인대상 사업임) 사업이 시행되었다.

제2차 평생교육 진흥 기본계획(2008~2012년)에서는 '생애 단계별 창조적 학습자 육성'이라는 추진과제 중 고령화를 대비하는 성인후기 평생학습 구체화를 중점과제로 제시하고 있다(<그림 17-1> 참조).

제2차 계획에서는 제1차 계획에서 부족했던 생애 단계별 맞춤형 학습전략을 도입하였는데 그 구체적 내용은 <표 17-6>과 같다. 특히 중년기 이후부터의 특성을 고려하여 제2인생설계 준비교육, 제2직업준비 교육, 은퇴 후 생활설계 등을 평생교육의 주요 내용으로 삼고 있는 것은 바람직하다고 판단되나 구체적으로 이러한 계획이 어떤 프로그램을 통해 수행되고 있는지는 불확실하다.

표 17-5 제1차 평생교육진흥종합계획의 고령자 교육관련 사항

과 제	설 명
관계 법령 정비 및 보완	• 노인교육기관을 평생교육법상 평생교육기관으로 추가하여 법적 근거 마련(2003)
지역단위 노인교육협력체제 구성	• 지역별 거점 노인교육기관 지정, 지역별 노인교육기관 협력 네트워크 구축을 통해 프로그램 및 인적자원 공동활용(2005)
DB 구축	• 다양한 매체의 노인교육 교재 및 자료(문자, 음성, 동영상)를 개발·보급(2003)
각급 학교 등을 이용한 노인교육기회 확대	• 노인교육 담당자 양성과정의 전문화·체계화(2002) • 초·중·고등학교에서의 지역 노인 대상의 평생교육 확대(2003) • 노인들에게 고등교육기회 제공을 위한 대학의 정규과정개방 및 평생교육원에 노인교육과정 개설 권장(2002) • 평생교육원 및 학원 등 이용 시 수강료 할인혜택 부여(2002)
사회적응력 향상을 위한 노인교육의 다양화	• 정보격차(Digital Divide) 해소를 위한 노인정보화교육 확대(2003) • 퇴직 전 노후준비 및 퇴직 후 사회적응교육과정 개설(2003)
고령인적자원을 사회적 자본으로 활용하여 사회참여 증대	• 퇴직자들을 지역사회 자원봉사요원으로 활용(2002) • 고령자에게 적합한 직업교육프로그램 개발 및 운영(2003)
세대 간 교류 확대를 통한 노인이해 교육 강화	• 초·중·고등학교 학생들에게 노인 및 노화에 대한 교육(2004) • 시설 간 연계를 통해 세대 간 함께하는 기회 제공(2003) • 노인 세대와 젊은 세대가 함께하는 자원봉사 프로그램 운영(2003) • 교육방송을 통한 노인을 위한 방송 및 노인에 대한 이해를 높이는 방송 실시(2004)

출처 : 교육과학기술부(2002). 제1차 평생교육진흥종합계획(2002~2006).

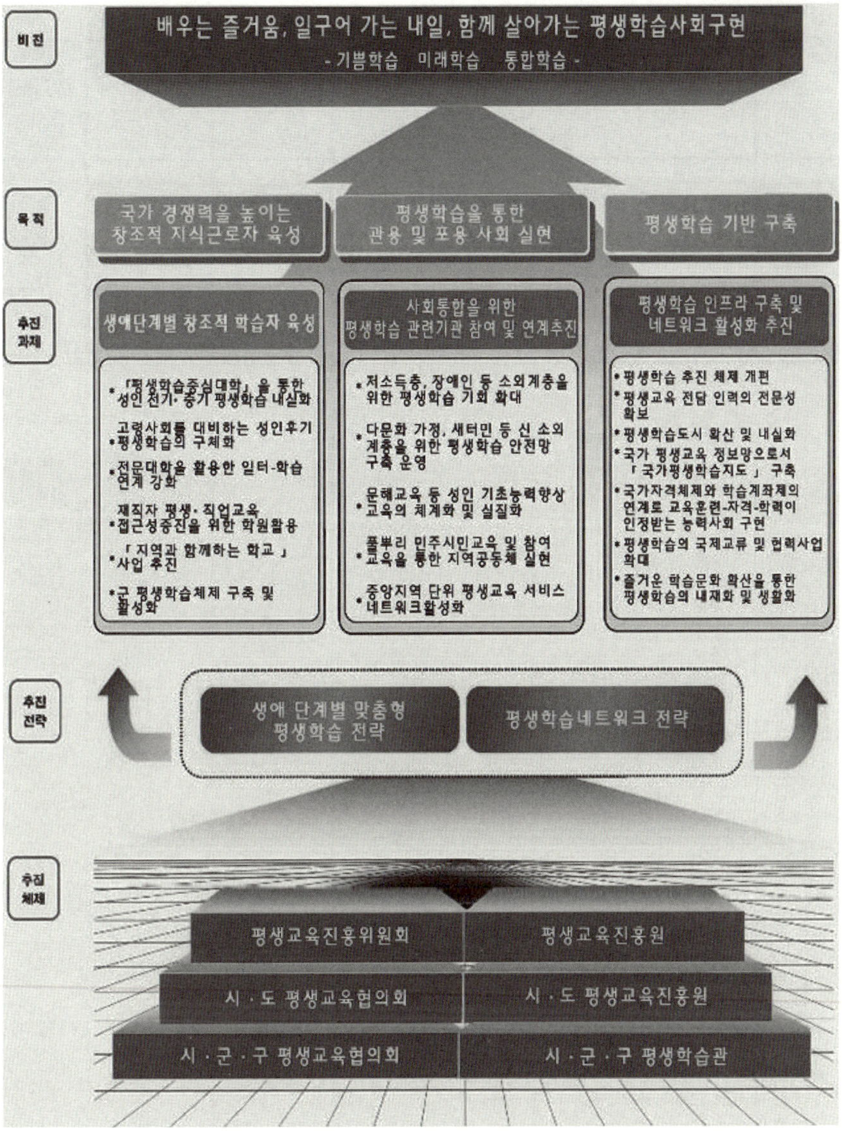

출처: 교육과학기술부(2008), 제2차 평생교육진흥기본계획(2008~2012).

그림 17-1 제2차 평생교육진흥 기본계획의 틀

표 17-6 생애단계별 맞춤형 평생학습전략

<table>
<tr><th colspan="2">구 분</th><th>①
성인 입문기
(20~24세)</th><th>②
성인 전기
(25~39세)</th><th>③
생애
제1전환기
(40~44세)</th><th>④
성인 중기
(45~54세)</th><th>⑤
생애
제2전환기
(55~59세)</th><th>⑥
성인 후기
(60~69세)</th><th>⑦
성인 완성·
정리기
(70세~)</th></tr>
<tr><td colspan="2">특성</td><td>• 입직으로 인한 경제활동의 본격적 시작</td><td>• 경제활동 시작 및 결혼·출산을 통한 가족생활 시작</td><td>• 경제활동 의전성기, 제2의 직업생활 모색</td><td>• 경제활동 비중감소, 은퇴 이후 생활과 노후대비 필요</td><td>• 퇴직으로 인한 인생구조 재정비기</td><td>• 경제·사회 활동 참여 욕구가 높고, 자녀 결혼, 배우자 사별로 가족관계 변화</td><td>• 가족과의 이별, 건강악화, 죽음에 대한 준비 필요</td></tr>
<tr><td rowspan="6">평생교육 주요내용</td><td rowspan="2">자아실현</td><td>• 생애설계 취업·진로 교육</td><td></td><td colspan="2">• 제2인생 설계준비 교육</td><td>• 은퇴 후 생애설계 교육</td><td></td><td>• 생애정리 교육
• 기본생활 적응 교육</td></tr>
<tr><td></td><td></td><td colspan="2">• 노후대비 교육</td><td>• 건강교육 (심리적 위기 극복 및 노인 질환 대비 등)</td><td>• 노후 건강관리 교육</td><td></td></tr>
<tr><td>고용가능성 증진</td><td>• 직무기초 능력 교육 (팀워크, 리더십 교육 등)
• 직업윤리 교육</td><td>• 직무능력 전문화 교육</td><td colspan="2">• 제2직업준비 교육 (창업·전직·전업준비 교육, 경력단절 여성 직업 교육 등)</td><td></td><td>• 노후 커리어 관리 교육</td><td></td></tr>
<tr><td rowspan="2">사회적 포용 증진</td><td>• 부모역할 교육</td><td>• 부모역할 및 자녀 교육</td><td colspan="2">• 가족갈등 해소 교육 (부부간, 부모·자녀 간)</td><td></td><td>• 세대 간 통합 교육</td><td></td></tr>
<tr><td></td><td></td><td colspan="2">• 지역사회 참여 교육 및 사회봉사활동 교육</td><td>• 지역사회 참여 교육</td><td>• 사회봉사 활동 교육</td><td>• 사회관계 개선 교육</td></tr>
</table>

출처: 교육과학부(2008), 제2차 평생교육진흥기본계획(2008~2012).

고령화사회에 대비한 성인후기 평생학습을 구체화한 정책의 내용은 다음과 같다.

□ 생애 제2전환기, 성인후기, 성인완성·정리기에 대응하는 평생교육 프로그램의 전문화 및 활성화 추진

- 생애 제2전환기(55~59세) : 은퇴 후 생애설계 교육, 건강 교육(심리적 위기극복 및 노인질환 대비 교육), 여가교육(지역사회 참여교육, 인문학 교양 교육 등)
- 성인후기(60~69세) : 노후 커리어 관리 교육, 사회봉사활동 교육, 노후 건강관리 교육, 세대 간 통합 교육, 여가 교육
- 성인완성·정리기(70세 이상) : 생애정리 교육, 기본생활적응 교육, 여가 교육

■ 보건복지부, 노동부, 문화관광부 등 중앙부처와 지방자치단체 및 공공기관이 실시하고 있는 각종 평생교육 프로그램과 연계 활성화

◘ 인문학 교양 교육, 지역사회 참여 교육, 환경변화 적응 및 세대 간 적응 프로그램 등 평생교육 프로그램을 특화·개발하여 관련 부처 및 각종 노인시설에 공급

- 대학 <평생학습정책중점연구소>, 노인복지학과 등 대학의 인적·물적 자원을 적극 활용한 평생교육 프로그램을 개발할 수 있도록 정부는 행·재정적으로 지원

□ 은퇴기 이후 삶의 질 향상을 위한 생활형 평생교육 프로그램으로서 '환경변화 적응' 및 '세대 간 적응 프로그램' 개발·제공

■ 퇴직 전 전문성을 살릴 수 있는 근로 기회 제공을 위해 NGO, 지자체, 노동부 등과 연계한 자원봉사형 사회적 일자리 창출

◘ 고령 퇴직자 DB 구축을 통한 지역사회 자원봉사활용 체제 구축으로 지역사회와의 연대감 강화 및 사회통합 유도

※ 교과부 금빛평생교육봉사단 참가자: 2003년 1,700명 → 2006년 2,000명 → 2007년 2,500명

※ 문광부: 지방문화원 중심으로 지역봉사 및 일자리 기회를 창출하는 <실버문화프로그램> 2005년부터 운영 확대

○ 노년인구의 학력상승, 평생학습 수요 증대에 부응하여 범부처 간 연계해 대학병원·부설 평생교육원·박물관 시설 등을 활용한 학습·여가·복지·문화 통합 프로그램 제공

제2차 평생교육 진흥 기본계획을 고령화사회에 대응하는 고령자 교육의 관점에서 보면 적절한 고령자 교육 또는 고령자를 위한 평생 교육으로서 부족한 점이 발견된다. 고령화사회의 고령자 교육은 40대부터를 고려한 정책이 되는 것이 바람직한데 40~54세까지를 생애 전환기 및 성인 중기로 보고(<표 17-6>에서 ③과 ④) 고령화사회 현상과 연계한 평생교육 정책으로 생각하지 못하고 있고, 55세 이후, 즉 성인후기 평생학습의 구체화 정책에서만 고령화사회를 고려하고 있는데 고령화사회로의 빠른 진전에 따른 중년기의 연장 또는 건강한 노년기의 연장 사실은 고려하지 못하고 있다고 하겠다.

3) 노후설계 및 경력개발 고령자 교육

평생교육의 관점을 수용하고는 있지만 평생교육법에 의한 교육으로 보기 어려운 다른 두 가지 형태의 고령자 교육이 있다. 하나는 고령자 노후설계 교육이고 다른 하나는 고령자 경력개발 교육이다. 그런데 이 같은 교육 프로그램은 거의 국가나 지방정부가 지원하는 평생교육 차원의 고령자 교육 정책이라 보기에는 애매모호한 점이 있다.

(1) 고령자 노후설계 교육

개인을 대상으로 하는 노후설계 교육이 1980년대부터 시작되었으나 본격적으로는 2000년대부터 ① 공공기관, ② 민간기관, ③ 대학교, ④ 기업, ⑤ 종교기관, ⑥ 산학협동, ⑦ 복지기관 등에서 상당히 많이 이루어지는 경향을 보이고 있다. 이는 아마 국가의 저출산고령화사회 정책, 노인복지정책 및 평생교육 정책 중의 하나 또는 그 이상이 영향을 미쳐 시행되기 시작했다고 할 수 있다. 이러한 프로그램들은 주로 50대 이후 퇴직 예정자들을 대상으로 이루어지고 있다.

(2) 고령자 경력개발 교육

고령자 경력개발 역시 노인복지와 평생교육의 관점을 다 포함하고 있는 교육으로 2000년대 중반 이후 노인복지 관련 공공기관이나 민간기관 종사자의 전문성 향상 프로그램과 취업에 초점을 맞춘 전문 인력 양성 프로그램이 시행되어 오고 있다.

II. 현행 고령자 교육 프로그램 시행 기관

우리나라의 고령자 교육 정책에 따른 교육 프로그램을 시행하는 기관은 ① 사회복지관 및 노인복지관, ② 경로당, ③ 대학 및 대학부설 평생교육원, ④ 종교시설, ⑤ 평생학습관, ⑥ 공공기관, ⑦ 기업 등이다.

1. 사회복지관 및 노인복지관의 고령자 교육 프로그램

사회복지관은 사회복지사업법에 근거하여 설립된 기관으로 지역사회 내에서 일정한 시설과 전문 인력을 갖추고 인적·물적 자원을 동원하여 지역사회 문제를 해결하고 주민의 복지욕구를 충족시키기 위한 종합적인 사회복지사업을 수행하는 사회복지시설이다. 사회복지관 사업내용 중에 교육문화사업의 하나인 노인여가문화사업으로 노인을 대상으로 제공하는 각종 사회교육사업에 노인교육이 포함되어 있다.

2011년 10월 현재 사회복지관은 전국적으로 429개소가 설치 운영되고 있다. 사회복지관은 노인교육만을 전담하는 시설은 아니지만 많은 사회복지관들이 노인을 위한 교육 및 여가 프로그램들을 운영하고 있다는 점에서 중요한 노인교육 시설의 하나가 된다. 또한 노인층으로 특화된 대상에 대해 서비스를 담당하는 노인복지관은 고령화에 따라 빠르게 증가하는 추세인데, 2011년 말 기준으로 전국 237개소가 운영되고 있다.

노인복지관은 "노인의 교양취미생활 및 사회참여활동 등에 대한 각종 정보와 서비스를 제공하고, 건강증진 및 질병예방과 소득보장, 재가복지, 그 밖에 노인의 복지증진에 필요한 서비스를 제공함을 목적으로 하는 시설(노인복지법 제36조)"이다.

사회복지관과 노인복지관에서 제공하는 노인교육 프로그램은 복지관마다 다르며 사회복지관보다는 노인복지관에서 더 다양한 프로그램을 제공하고 있다. 최근 복지관들 중에 지역의 평생교육 시설로 등록하거나 평생학습관으로 지정 받는 곳이 점차 증가하는 추세이다. 노인교육 프로그램은 교양, 건강증진, 전통문화, 취미, 노후설계, 정보화, 동아리 활동 등 다양하다.

2. 경로당의 고령자 교육 프로그램

경로당은 노인복지법에 따른 노인여가복지시설이지만 노인교실이 설치 운영될 수 있는 곳이다. 1981년 한국성인교육협회가 대한노인회로 흡수되면서 학구단위로 노인회를 재조직하여 노인교실을 설치 운영하였으며 이 때 학구단위 노인교실(학구단위 노인교실은 노인복지법상 노인교실과는 다름)은 주로 초등학교에 설치되었다. 이에 대한 행정업무는 교육과학부에서 담당하다가 이후에 보건복지부로 이관되었다. 그러나 현재는 그런 학구단위 노인교실은 운영되지 않고 있으며, 대한 노인회에서 관장하는 경로당 활성화 프로그램의 하나로 경로당에서 노후생활교육을 실시하고 있다. 교육 내용은 노후생활, 정보통신 등 다양한 교육을 실시하여 노인들에게 건전한 여가선용의 기회를 제공하는 것을 목적으로 하고 있다. 모든 경로당에서 노인교육을 시행하는 것이 아니라 경로당 순회 프로그램 관리자가 경로당 프로그램을 평가한 후 프로그램이 미흡한 경로당을 선정하여 노인복지관과 연계시켜 교육을 시행한다.

3. 대학 및 대학부설 평생교육원 고령자 교육 프로그램

대학부설 평생교육원은 대학의 총학장 책임 아래 각 대학의 특성에 맞추어 대학의 평생교육을 담당하기 위해 자율적으로 설치운영되고 있는 기관으로, 평생교육법 규정에 따라 대학의 장은 대학생 또는 대학생 외의 자를 대상으로 자격취득을 위한 직업교육과정 등 다양한 평생교육과정을 운영할 수 있다.

현재 대학에서 실시하고 있는 고령자 교육은 ① 대학 공개강좌 (예: 경북대학교), ② 대학 교수 출장 교육(예: 대구대학교), ③ 외부지원에 의한 노인교육 프로그램, ④ 노인교육 지도자 과정 등으로 시행하고 있다. 일부 대학 평생교육원에서는 고령자들의 평생학습 욕구를 해소하고 활기찬 노년문화를 형성해 나가기 위해 고령자에 대해 대학 부설 평생교육원의 평생교육 프로그램을 국가나 지방정부의 지원을 받아 할인 및 무료 이용 지원 정책을 추진하고 있다. 일반적으로 대학과 연계된 고령자 교육은 다른 주체가 제공하는 교육보다 질이 높고 다양한 주제와 내용의 교육을 제공할 수 있기 때문에 대학이나 대학 부설의 평생교육에서 제공하는 고령자 교육 프로그램(고령자가 참여 가능한 프로그램)은 향후 고학력의 고령자들에게 좋은 교육을 받을 수 있는 기회가 될 것이다.

4. 종교시설에서의 고령자 교육 프로그램

노인교육을 실시하고 있는 종교기관의 수가 계속 늘어나고 있다. 종교기관에서 운영하는 노인교육 프로그램의 수를 정확히 알기는 어렵지만 기독교 개신교 계통의 교회노인학교연합회 또는 협의회, 천주교의 노인대학연합회, 불교의 조계종 등의 통계 자료를 종합해 보면 2008년 현재 종교단체에서 운영하고 있는 노인대학은 986개소가 되고 통계적으로 잡히지 않는 곳까지 추정하면 최소 1,500개 이상이 될 것으로 본다(한정란, 2008).

종교단체는 그 특성상 시설자원, 인적자원, 재정자원 및 조직자원이 풍부한 편이어서 노인대학 프로그램에 상당한 지원이 가능하다. 종교단체의 재정자원은 노인대학의 운영에 중요한 자원이 된다. 대개의 경우 무료이거나 저렴한 학비만을 받고 있기 때문에 노인들이 경제적인 부담 없이 노인교육에 참여할 수 있다. 종교단체에서의 노인교육시설이 비약적으로 성장할 수 있었던 것은 재정적 지원뿐 아니라 시설자원과 다양한 인적자원 동원이 가능했기 때문이다. 종교단체는 다양한 용도의 공간과 교육용 시설과 집기를 갖추고 있기 때문에 교육시설로 활용하기 편리한 곳이기도 하고 또한 양질의 서비스를 제공할 수 있는 신도들을 확보하고 있어 이를 적극 활용할 수도 있다.

5. 평생학습관에서의 고령자 교육 프로그램

평생학습관은 지역주민을 대상으로 평생교육 프로그램을 운영하는 지역평생교육정보센터로서의 기존 역할과 아울러 평생교육에 관한 연구, 연수 및 정보제공의 기능을 하는 곳으로 교육청에서 지정한 평생교육기관이다.

평생학습관은 평생교육법 제21조에 따라 관할 지역 내 주민을 대상으로 평생교육프로그램을 운영하고 평생교육 기회를 제공하기 위해 시·도교육감이 지정하여 운영한다. 지역특성에 따라 시·군·구 단위 또는 읍·면·동 단위로 도서관, 시·군·구민회관, 문화원 등 기존의 평생교육시설을 활용하거나 신설하여 지역단위 평생학습관으로 지정 운영된다. 평생학습관은 특히 지역평생교육정보센터와 연계하여 지역주민을 대상으로 하는 평생교육프로그램 운영 등 평생교육에 관한 연구, 연수 및 정보제공 기능을 수행하고 있다. 2011년 현재 142,776개의 평생교육 프로그램 가운데 노인 관련 프로그램은 2,306개로 1.6% 정도밖에 되지 않으며 어린이, 청소년, 성인에 비해 대단히 적은 숫자이다(평생교육정보시스템, 2011). 그런데 2,306개의 노인관련 교육 프로그램 중 84% 정도(1,932개소)가 평생학습관에서 이루어지고 있어 다른 교육 대상에 비해 평생학습관에서의 교육 비율이 상당히 높은 편이다.

6. 공공기관 및 기업의 고령자 교육 프로그램

공공기관 및 기업에서의 고령자 교육은 주로 노후설계 교육이나 퇴직 준비 교육 그리고 경력개발 교육이다. 2000년대부터 공공기관과 기업이 고령자 교육에 참여하는 경우가 크게 증가하고 있다.

III. 고령자 교육 정책의 문제점과 개선 방향

이상에서 우리나라 고령자의 교육 욕구, 고령자 교육 정책 및 교육 프로그램 시행 기관을 살펴보았다. 평균수명의 연장과 급속히 진전되는 고령화사회에 대응하는 관점에서 현행 고령자 교육 정책 및 프로그램의 문제점과 개선 방향을 교육의 전반적 목표, 교육 대상, 교육 프로그램 내용과 수준, 전달체계 및 재정으로 나누어 제시해 보기로 하겠다.

1. 교육의 전반적 목표

고령자 교육은 전반적 교육 목표를 분명히 설정해야 할 것이다. 현재 우리나라 노인교육은 물론 고령자 교육은 전반적 교육 목표가 없거나 뚜렷하지 않다. 고령화사회에 대응하는 고령자 교육의 전반적 목표는 '건강하게 자신과 사회에 가치를 부여하면서 노화하는 것'이 되어야 할 것이다. 건강유지 행동은 개인이 생애과정을 통해 노력해야 하는 과정이고, 특히 중년기 이후에는 더욱 건강유지 행동에 유의해야 할 것이다. 중년기 이후 30~40년이 자신에게 자기성취와 발전의 기간이 되고 동시에 사회에 부담을 주지 않고 오히려 공헌하는 가치를 부여하는 기간이 되어야 한다는 것이다. 이 같은 목표는 개인과 사회의 제도적 노력으로 가능할 수 있기 때문에 고령화사회의 고령자 교육의 목표로 적합하게 추구될 수 있을 것이다.

2. 교육 대상

교육 대상은 중년층까지 포함하는 것으로 확대되어야 할 것이다. 현재 우리나라에서는 사실상 고령자 교육이라는 말을 쓸 수 없을 정도로 50대는 물론 40대 이상을 폭넓게 다루는 교육 정책은 없다고 할 수 있다. 노인복지 차원에서 그 정책과 내용은 거의 방치된 상태이기는 하지만 그래도 노인교육이라는 말을 쓸 수 있는 대상은 대체로 60세 이상으로 한정되어 있다. 고령자 교육은 그 대상에 있어서 좁게는 50대 이상 넓게는 40대 이상을 대상으로 하는 것이 향후 우리나라 국민의 평균수명 연장과 인구 고령화에 대응하기에 적합할 것으로 생각된다. 생애주기 발달과정에서 중년기의 시작은 현재까지 인생을 돌아보고 앞으로의 인생을 새롭게 재설계하는 중요한 변화의 시기라 할 수 있다.

미국의 사회심리학자 새들러(Sadler, 2000)는 40대부터를 제3기 인생(the third age)으로 보고, 그 제3기 인생은 제2의 성장을 하는 시기로 보고 있다. 발달심리학자 에릭슨(Erikson, 1963)은 중년기의 발달과업은 생산성으로 보고 있는데 특히 중년기부터는 인생의 생산성을 사회와 인류를 위해 가치 있는 것을 만들고 장래 사회를 이어나갈 인생의 후배가 되고 사회의 후배가 되는 젊은 세대를 잘 보살피고 후원하는 것을 가장 중요한 과업이라 주장하고 있다.

또한 영국의 사회철학자 라스렛(Laslett, 1989)은 제3기 인생은 퇴직하면서 시작되고 제3기 인생의 과업은 자기성취(개인적 성취)라고 주장하고 있다. 라스렛이 말하는 퇴직은 개인에 따라 그 시기가 다를 수 있기 때문에 40대에 올 수도 있고, 50대 그리고 그 후 어느 때라도 올 수 있기 때문에 중년기는 우리가 생각하는 것보다 짧을 수도 길 수도 있다. 중요한 것은 자기성취는 40대부터의 과업도 될 수 있다는 것이다. 그러한 의미에서 새들러의 제2의 성장이나 라스렛의 자기성취는 큰 차이 없는 자신의 성장과 발전이라 할 수 있다.

중년기는 노년기를 준비하는 시기이기도 하고 새로운 제2의 성장을 준비하는 시기이기도 하기 때문에 중년기부터 남은 인생을 새롭게 조명하면서 인생설계를 재점검하고 필요하면 새로운 설계를 하고 그 설계를 실천하기 위해 준비하는 시기이므로 사람들은 중년기부터 새로운 인생 교육을 받을 필요가 있다. 따라서 중년기부터 인생을 성찰하여 제2의 성장을 시작하고 경우에 따라서 개인적 성취를 준비하기 위해 새로운 인생을 계획할 수 있는 시간적 여유를 가질 필요가 있기 때문에 중년기를 고령자 교육의 대상으로 삼는 것이 바람직하다.

처음부터 고령자 교육 대상에 40대를 참여시키기 곤란하다면 50대부터 시작하여 점차 그 포함 연령을 낮출 수도 있을 것이다. 한편 고령자 교육은 '고령자 교육'이라는 이름을 붙일 필요가 없다. 그 과정에 대해 개인적 판단으로 저항감이 있는 사람은 50대에 참여할 수도 있을 것이고 저항감이 없는 사람은 40대에 참여할 수도 있을 것이다. 2009년부터 서울대학교 노화고령사회연구소에서 주관하여 시작한 제3기 인생대학(university of the third age)의 교육 대상도 40대부터 교육해도 별 문제가 없었고, 오히려 더 바람직하다는 반응을 보인 것을 보면 고령자 교육 대상을 40대부터 포함시키는 것은 문제가 없을 것이라 생각한다.

3. 교육 프로그램의 종류 및 수준

중년기 교육은 크게 다섯 가지 영역으로 나누되 필수와 선택 영역이 있어야 할 것이다. 현재의 노인교육이나 고령자 교육의 내용은 너무나 단편적이고 비체계적이다. 앞에서 말했듯이 40대 이후는 인생을 재조명하고 재설계할 필요가 있기 때문에 그 교육 내용에는 먼저 40대 이후 인생을 재조명하고 재설계하는 데 필요한 교양수준의 교육, 특히 인문학 위주의 교육이 필수적으로 있어야 할 것이다. 그러한 교양수준 교육을 바탕으로 크게 다섯 가지 선택영역을 두고 한 가지 이상을 선택하도록 하는 것이 바람직하다. 다섯 가지 영역은 ① 소득유지 영역, ② 사회적응 영역, ③ 사회공헌 영역, ④ 자기개발 영역, ⑤ 직업 교육·훈련 영역으로 구분할 수 있다. 이러한 교과 과정은 체계적으로 개발되어야 할 것이고 각 과정이나 과목에 대한 교과서도 개발되어야 할 것이다.

그리고 교육의 수준은 학위 과정과 비학위 과정으로 구분하여 학위 과정은 전문대학 정도의 2년제 과정, 학사 편입후의 2년제 학위과정, 4년제 과정(학점은행제도 활용 가능) 등으로 구분하는 것이 바람직하다. 비학위과정은 현재의 평생교육과정처럼 다양하게 일정한 과정을 만들거나 단편적 내용을 개인적으로 선택하는 방식으로 할 수 있을 것이다.

현재 평생교육법에서 규정하여 수립되고 시행되는 평생교육 진흥 기본계획은 보다 많은 사회 각계각층의 전문가와 수요자가 같이 참여하여 수립하고 실천하는 협력체계를 구축해야 할 것이다. 평생교육체계는 고령화사회가 존속하고 발전하는 데 가장 핵심적 역할을 할 것이기 때문에 국민들이 충분히 이해하고 참여할 수 있어야 할 것이다. 특히 이 계획은 저출산고령사회 기본계획과 밀접하게 연계되어야 할 것이다.

4. 전달체계

고령자 교육은 다음과 같은 기준에 따라 다양한 형태와 방법으로 전달되어야 할 것이다.

(1) 고령화사회의 대학 기능 재조정: 대학이 평생교육 전달체계의 가장 핵심적 조직이 되어야 하기 때문에 고령화사회에서 대학은 청년층만 위주로 교육시키는 것이 아니라 청년층 대 중년층 이상의 평생교육 비중을 7 : 3 내지는 8 : 2 정도로 분담하는 것이 바람직하다.

(2) 교육제도: 교육수준과도 중복되지만 정규 교육과정으로 하는 것과 비정규 과정으로 하는 것으로 구분할 수 있다.

(3) 교육방법: 대면교육(off-line)과 원격교육(on-line) 방법을 활용하여 한 가

지만 선택 또는 두 가지를 병행할 수도 있도록 한다.

⑷ 강의와 실습의 병행: 교육방법은 가능하면 강의와 실습이 병행되도록 하는 것이 바람직하고, 특히 직업교육과 연계된 부분은 실습이 훨씬 더 중요시되어야 할 것이다.

⑸ 전달기관의 다양화: 현재 평생교육기관에 규정된 다양한 조직이 사회적 책임성을 가지고 전달하도록 해야 할 것이다.

⑹ 전달시기: 특히 일을 하거나 다른 활동을 하면서 참여할 수 있도록 야간 및 주말에 적절하게 전달되는 것이 바람직하다.

⑺ 고령자 교육 관리 정부부서의 통일: 현재 보건복지부와 교육과학부로 나누어져 있는 고령자 교육 관리체계를 교육과학부 중심으로 통일하는 것이 바람직하다.

⑻ 교육의 질 통제 수단 필요: 현재 노인교육처럼 거의 방치되어 교육의 내용과 질이 통제되지 못하는 것은 혼선만 초래할 것이고 국민의 선택의 자유를 현혹시킬 수도 있기 때문에 교육의 질을 통제하는 수단이 강구되어야 할 것이다.

⑼ 고령자 교육에 대한 독립적 관리 및 연구기관 수립 검토: 앞에서 언급한 바와 같이 고령자 교육을 평생교육의 틀 속에 둘 것인지 아니면 별도로 독립시킬 것인지를 연구하여 효과성과 효율성을 높이는 방향으로 추진되어야 할 것이다.

5. 재 정

평생교육은 일차적으로 모든 국민이 큰 부담 없이 참여가능하도록 개인이나 가족의 소득수준에 따라 국가의 차등적 지원이 있어야 할 것이다. 저소득층에 대한 지원은 교육 바우처 제도로 이루어지는 것이 바람직하다.

제 18 장
고령화사회와 제3기 인생

평균수명이 연장되고 노인인구 비율이 급속하게 늘어나는 추세에서 우리의 일생과정(인생주기), 특히 중년기나 노년기를 전통적인 의미로 생각한다면 개인적으로 고령화사회에서 중년기 이후의 긴 시간 30~40년을 의미 있고 보람되게 보내기 어려울 것이고, 사회적으로도 고령화사회를 유지하기 어려울 것이다.

고령화사회의 부정적 영향을 생각하여 두려워할 것이 아니라 고령화사회는 지금까지와는 다른 새로운 사회가 되어야 하고 지속가능해야 하고 발전해야 하기 때문에 고령화사회를 새롭게 만들어 나가야 한다. 그런 의미에서 국가가 정책적 준비를 하는 것이 무엇보다 중요하지만 개인적으로도 인생주기에 대해 새롭게 이해하고 철저하게 중년기 이후 인생을 준비할 필요가 있다.

I. 전통적 인생주기론의 중년기와 노년기

일생의 과정을 연령과 기대되는 역할 등을 고려하여 몇 가지 단계로 나누어 생각하는 것을 '인생주기(life cycle)' 또는 '생활주기'라고 한다. 혹자는 '일생과정(life course)'이라고도 한다.

인생주기는 점차로 그 단계가 여러 개로 늘어나고 있는데, 사람들이 점점 더 오래 살게 된 것과 관련이 있는 것 같다. 전통적인 인생주기론 중에 고전적인 것과 현대적인 것을 생각해 보기로 하겠다.

1. 공자의 인생주기론

공자(孔子)는 정확히 인생주기를 말하지는 않았지만 인생주기로 볼 수 있는 말을 하였다. 많이 알려진 『논어(論語)』에 나오는 말이다: "나는 15세에 학문에 뜻을 두었고, 30세에 모든 기초를 세웠고, 40세에 사물의 이치에 대하여 의문 나는 점이 없었고, 50세에 천명을 알았고, 60세에 남의 말을 순순히 받아들였고, 70세에는 뜻대로 행하여도 도에 어긋나지 않았다(吾十有五而志于學 三十而立 四十而不惑 五十而知天命 六十而耳順 七十而從心所欲 不踰矩)".

공자는 2500여 년 전에 태어나 73세까지 살았는데 70세를 넘어 산 사람은 찾아보기 어려운 시기(인생칠십고래희[人生七十古來稀]라는 말이 들어맞은 시기)에 장수한 사람이다. 공자가 70세 이상의 인생주기에 대해 한 말은 당시 대부분 사람들에게는 어울리지 않는 말이었지만, 70년 이상 장수한 인생을 되돌아보며 15세 이후 10년 단위 인생 단계에서 이룩한 삶의 태도를 말한 것이라는 점에서는 의미가 있다. 즉, 공자의 인생주기론은 오늘날에도 인생주기의 의미와 인생주기 각 단계마다 이루어야 할 인생의 중요한 과제를 생각하는데 도움이 될 수 있을 것이다.

2. 에릭슨의 인생주기론

20세기에 들어와서 인간의 평균수명이 크게 연장되면서 학문을 연구하는 사람이나 일반사람들도 인생주기의 단계와 그 단계마다 중요과제(발달과업)에 대한 관심이 많아졌다. 인생의 각 단계마다 개인적으로 해결해야 하고 또한 해결하기를 바라는 과제를 발달과업(developmental task)이라 한다. 인생의 각 단계마다 주어진 발달과업을 잘 해결하고 다음 단계로 넘어가게 되면 계속 성장하고 발전하는 데 별 문제가 없지만, 그렇지 않으면 과거의 단계에서 해결하지 못한 것이 걸려 성장과 발전에 방해가 되고 때로는 이전 단계의 것을 해결하려 매달리는 경우도 있다.

에릭슨(Erickson)은 인생주기를 초기에는 ① 영아기(0~1세), ② 초기아동기(2~3세), ③ 놀이기(4~5세), ④ 학령기(6~12세), ⑤ 청소년기(13~18세), ⑥ 초기성인기(19~39세), ⑦ 중년기(40~64세), ⑧ 노년기(65세 이상) 8단계로 나누었다. 에릭슨이 1950년에 처음 8단계 인생주기론을 주장할 때만 해도 그가 살고 있던 미국의 평균수명은 70세에도 미치지 못하였다. 그 후 1980년대 후반에 들어서면서 인생 80년이 보편화되었고 따라서 노년기가 80~90대까지 연장되었다. 이에 80대와 90대의 초고령기를 별도로 생각하고 초고령기의 발달과업을 노년초월(gerotranscendence)이라 하여 이 단계를 추가하여 인생주기를 9단계로 제시하였다(Erikson, 1997: 에릭슨 사후 그의 부인 조안 에릭슨(Joan Erikson)이 그의 주장을 정리하여 9단계론을 제시하였다). 에릭슨이 인생주기 8단계나 9단계를 이야기할 때, 나이로 정확히 구분하지는 않았지만, 나이를 따져 보면 대체로 위에서 말한 경우에 해당된다. 여기서는 인생의 9단계 중 중년기와 노년기만 간단히 설명하기로 하겠다.

중년기와 노년기는 편의상 나이로 구분할 수 있지만 실제로는 중년기 끝부분과 노년기 시작 부분이 겹치고 또 평균수명이 연장되고 있기 때문에 중년기도 역시 연장되고 있다고 해도 과언이 아니다. 따라서 중년기와 노년기를 같이 생각해 보기로 한다.

중년기는 인생에서 가장 긴 시간을 차지하는 기간이라 할 수 있는데 평균수명이 길어짐에 따라 중년기는 65세를 넘어 70세 또는 75세까지로 연장될 필요가 있다. 중년기를 40세부터라 하고 노년기를 65세부터라 하면 중년기는 25년, 노년기를 70세부터라 하면 중년기는 30년, 노년기를 75세부터라 하면 중년기는 35년이 될 것이다.

중년기에 해결하고 넘어가야 할 인생의 과제, 즉 발달과업은 무엇인가? 그

것은 가족과 사회 더 나아가서는 세계를 위해 가치 있는 것을 만들어 내는 것이다. 에릭슨은 이것을 '생산성(generativity: 생성감으로 번역하는 경우도 있음)'이라는 말로 표현하였다.

자녀를 낳아 올바르게 잘 양육하는 것, 직업 활동이나 사회봉사를 통하여 사회에 유익이 되는 서비스를 제공하거나 상품을 생산하는 것, 새로운 것을 발명하거나 발견하는 것, 새로운 예술작품이나 문학작품을 만들어 내는 것, 학자로서 학문적 업적을 이루는 책이나 논문을 쓰는 것, 후세대를 도와주고 후원하는 것(멘토[mentor] 역할을 하는 것) 등이 바로 생산성이라는 발달과업을 이루는 것이다.

이와 같은 중년기 발달과업을 잘 이루지 못하면 침체감에 빠지게 된다. 즉, 자기 이기심과 방종(아무 거리낌 없이 제 마음대로 함)과 욕심에 빠지고 젊은 사람들이나 후세대 그리고 사회와 이웃에 대한 관심이 부족해지고 자신에게만 몰두하게 된다는 것이다.

중년기부터 인간은 자기 자신이나 자기 가족만 생각하는 이기적인 입장에서 벗어나 이웃과 사회를 생각하는 데 많은 관심을 쏟기 원한다고 주장하는 사람도 있다. 이 주장에 의하면 가족을 넘어 이웃과 사회를 위해 무엇인가 유익하고 의미 있는 것을 만들어 내고자 하는 것은 인생의 중년기에 이룩하여야 하고 이룩하기를 원하는 중요한 인생의 과업이라 할 수 있다. 이와 같이 타인을 향하는 삶의 태도는 중년기에는 물론 노년기에도 유지되는 것이 정상적이고 성숙한 삶의 모습이라 할 수 있다.

에릭슨이 주장하는 노년기에 해결해야 할 인생의 과업은 무엇일까? 그것은 자아통합(自我統合)과 노년초월(老年超越) 두 가지이다. 자아통합을 노년 전반기 발달과업이라 한다면 노년초월은 노년 후반기의 발달과업이라 할 수 있다.

자아통합은 "자기의 과거 및 현재의 인생을 바라던 대로 살았다고 받아들이고, 만족스럽게 여기고, 의미 있게 생각하고, 앞으로 다가올 죽음을 인정하고 기다리는 것"을 말한다. 자아통합이 잘 이루어지지 못하면 자기의 과거 및 현재의 인생을 후회하고 불만스럽게 생각하고 다시 한 번 기회가 주어진다면 지금과는 다르게 살겠다고 생각하고 죽음 앞에 남은 시간이 너무 짧아 어찌

할 수 없기 때문에 불안 초조해 하면서 절망적인 태도를 갖는다는 것이다.

노년초월은 "자신을 이 세상에 현실적으로 살고 있는 육체적 존재가 아니라 이 세상을 뛰어넘는 초월적 존재, 우주와 영원한 시간 속의 존재, 과거와 미래를 연결하는 존재로 생각하고, 세상의 물질적인 것에 대한 관심보다는 정신적이고 영적인 것에 더 많은 관심을 두고 죽음을 살아 있는 모든 존재의 순리로 받아들이고 그 죽음의 준비가 되어 있는 상태"를 말한다.

초고령기에 있는 사람들은 죽음을 당연하게 받아들이고 두려움 없이 생각하고, 이 세상에서 남아 있는 시간에 연연해하고 물질적이고 현세적인 것에 얽매이기 보다는 영원한 시간 속에서 존재하게 될 자신을 생각하고 영적이고 정신적인 면에 관심을 쏟는 것이 바람직하다는 것이다. 이런 의미에서 노년초월은 노년 후반기의 발달과업이 될 수 있다.

에릭슨의 9단계 이론에서 노년 전반기와 노년 후반기에 관계되는 발달과업은 보다 심리 내면적인 요소에 초점을 두고 있고 개인의 사회적 역할이나 관계에 관련되는 요소는 다루지 않고 있지만 고령화사회에서 연장된 노년기에 개인적인 삶의 태도나 심리적 과업을 해결하는 데 도움이 될 수 있을 것이라 생각된다.

II. 고령화사회의 새로운 인생주기론과 제3기 인생

지금까지 사람들은 일반적으로 노년기는 별로 길지 않고 건강상태도 좋지 않기 때문에 직업 활동이나 생업을 그만두고 특별히 하는 일 없이 적당히 여가를 보내며 조용히 은퇴생활을 하는 시기로만 생각해 왔다. 그렇기 때문에 노년기를 새롭게 생각하는 경우가 많지 않았다.

그런데 60세 이후 기대여명이 20~30년 연장되고 또한 건강수명도 연장되어 80대, 심지어는 90대까지도 신체적으로 그리고 정신적으로 건강하게 지내는 사람들이 많아지고 있기 때문에 60대 이후 20~30년이나 연장된 긴 시간을 단순히 은퇴하여 조용히 지내는 시기로 생각하는 것은 바람직하지 않다고 생각하는 사람들이 많아지고 있다.

중년기 이후 또는 노년기 기간이 크게 연장된 고령화사회에서는 전통적 인생주기론에서와 같이 내면 지향적이고 소극적이고 안전 지향적인 발달과업 수행을 중요시하는 것보다는 새로운 의미의 적극적인 발달과업을 수행하는 것이 바람직하다는 의미에서 고령화사회를 의식한 인생주기론으로 제3기 인생론을 소개하고자 한다.

1. 라스렛의 인생주기론과 제3기 인생론

1989년에 라스렛(Laslett)이라는 영국의 사회철학자는 평균수명이 점차 연장되는 고령화사회를 생각하면서 그의 저서 『신선한 인생지도(A Fresh Map of Life)』에서 인생주기를 네 단계로 나누어 노년기 중요성을 강조하고 노년기의 새로운 의미를 제시하였다. 그는 인생주기를 제1기 인생(the first age), 제2기 인생(the second age), 제3기 인생 (the third age), 제4기 인생(the fourth age)으로 나누고 각 시기마다 과제를 제시하였다.

제1기 인생은 출생해서부터 직업을 얻기 위한 교육을 끝내는 시기까지이다. 연령으로 말하면 0세에서 대학을 졸업하는 24~25세 정도까지라 할 수 있다. 제1기 인생은 인생에서 경제적으로 독립하지 못하고 부모에게 의지할 수밖에 없고 교육과 훈련을 받아야 하는 시기이므로 이 시기의 주요 인생과업은 '의존과 교육 및 훈련'이다.

제2기 인생은 취업하여 경제적으로 독립하여 결혼하고 가정과 직장에 대한 의무를 다하는 퇴직할 때까지의 시기를 말한다. 연령으로는 대체로 25세부터 60~65세까지에 해당되는 시기이다. 이 시기의 인생과업은 '경제적 독립과 의무수행 및 성숙'이다.

제3기 인생은 퇴직 후 건강하게 지내는 시기로서 퇴직 후 시기의 대부분이 이에 해당된다. 건강을 잘 유지해 온 사람들에게는 80대 나아가서는 90대까지도 해당될 수 있다. 이렇게 연령과 통상적 퇴직과 연계하여 제3기 인생의 시작 시기를 구분하는 것도 의미 있지만 라스렛은 사실상 제3기 인생의 시기를 구분하는 것은 나이와 크게 관계없이 개인적 선택에 의해 시작될 수 있다고 하였다. 라스렛이 특별히 강조한 인생의 단계는 바로 이 제3기 인생인데 제3기 인생에서의 발달과업은 '자기성취(自己成就: personal achievement)'라고 하였다. 자기성취는 자기의 적성에 맞고 자기가 원하는 활동을 하면서 만족을 느끼는 것을 말한다.

제2기 인생은 사실 미리 계획하여 선택하기에는 여러 가지로 어려운 점이나 장애가 많다. 긴 인생의 계획을 젊어서부터 충분히 세우기가 어렵고, 자신의 적성을 정확히 발견하기도 어려우며 자기 적성이라 생각한 것이 과연 자기에게 맞는 것인지 충분히 경험해서 알 수 있는 시간도 부족하고, 많은 경우 경제적 어려움이나 부모나 주위사람들의 권유로 자기 적성과는 무관한 직업을 택할 수도 있다. 그리고 한 번 직업을 선택하고 나면 바꾸는 것이 쉽지 않은 경우도 많다. 이러한 이유로 제2기 인생은 자기 적성에도 맞고 자기가 원하는 직업 활동을 하는 인생을 만들어 나가도록 계획을 세울 수 있는 경우가 많지 않다. 다시 말해 제2기 인생은 자신이 계획한 인생이었다고 말하기 어렵다는 것이다. 인생을 상당히 경험해 보고 자기 적성도 충분히 파악하여 자기가 원하는 인생을 계획하여 살아볼 수 있는 시기가 바로 제3기 인생이라 할 수 있다. 제3기 인생은 반드시 자기가 오랫동안 해 오던 일에서 정년퇴직한 후 새로 시작하는 인생을 말하는 것은 아니다. 해 오던 일을 제2기 인생의 어느 시기에 과감하게 그만두고 새로운 계획으로 새로 시작하는 인생도 제3기 인생이 될 수 있다는 것이다. 그리고 자기가 해 오던 일이 자기 적성에 맞고 자기가 원하는 일이면 그 일을 계속하다가 정년퇴직하면서 제3기 인생은 시작될 수 있다. 대부분의 경우 제2기 인생까지 계속 직업 활동을 하다가 정년퇴직하기 때문에 정년퇴직 이후 건강하게 생활하는 인생기간을 제3기 인생이라 한다.

제4기 인생은 퇴직하여 건강하게 지내다가 신체적 또는 정신적으로 쇠약해지거나 질병으로 건강이 약해져 독립적으로 생활하기 어렵게 되는 시기를 말한다. 이 시기는 반드시 경제적으로 의존의 시기가 되는 것은 아니지만 건강 면에서 다른 사람에게 의존하는 의존 시기가 된다. 건강 면에서 의존 시기는 개인에 따라 짧을 수도 길 수도 있다. 따라서 이 시기의 발달과업은 '의존'이라 할 수 있지만 반드시 그런 것은 아니다. 다만 의존하는 것이 일반적이고 오히려 정상적이라 할 수 있다. 그러나 의존의 시기인 제4기 인생은 개인적 노력으로 극단적으로는 없는 기간으로 만들 수도 있다.

따라서 노년기 전체를 제3기 인생으로 생각하는 의미에서 유럽 국가, 미국, 캐나다, 호주 등의 선진국에서는 제3기 인생을 중요하게 생각하고 노인들을 교육하는 기관을 '제3기 인생대학(University of the Third Age[U3A])'이라 부르고 대학교에서 제3기 인생대학을 시행하는 경우와 지역단위의 퇴직자들 자체 모임에서 시행하는 경우가 많다. 앞으로 우리나라에서도 제3기 인생에 대한 의식을 강화하고 중년기 이후 노화과정을 이해하고 계획과 준비를 잘하도록 하는 의미에서 통상적 퇴직을 하지 않은 중년기를 대상으로 하는 교육모형도 새로운 모형이 될 수도 있을 것이다. 우리나라에서는 2009년부터 서울대학교에서 중년층을 대상으로 하는 새로운 제3기 인생대학 모형을 개발하여 시행 중에 있다. 중년기를 대상으로 한 제3기 인생대학은 제3기 인생을 준비하는 의미가 더 크다고 할 수 있다.

2. 새들러의 인생주기론과 제3기 인생론

영국의 라스렛은 제3기 인생은 일반적으로 은퇴한 이후 건강하게 지내는 시기라고 했지만 중년기부터 노년기의 건강하게 지내는 시기까지로 생각하는 사람이 있다. 미국의 사회심리학자인 새들러(Sadler, 2000)는 그의 저서 『제3기 인생: 40이후의 성장과 쇄신을 위한 6원칙(The Third Age: 6 Principles for Growth and Renewal after Forty)』에서 제3기 인생(The Third Age)을 40대 이후의 30년 이상으로 정의하고 있다(사실 40대 이후 어느 시기라고 분명히 정의하지 는 않았음).

새들러의 저서는 40대와 50대 200여 명을 인터뷰한 후 다시 50명을 12년간 추적 조사한 자료를 정리한 결과이다. 새들러는 라스렛처럼 인생을 4단계로 분명히 구분한다는 주장을 하지 않았고, 따라서 제1기 인생, 제2기 인생이나 제4기 인생도 명확히 정하지 않았다. 추측컨대 제1기 인생은 라스렛의 제1기 인생과 같은 것으로 보이고, 제2기 인생은 취업부터 40대 이후 자발적 또는 비자발적으로 퇴직하여 새로운 일을 시작하기 전까지를 말하는 것으로 보이고, 제4기 인생은 라스렛이 정의한 것과 같은 것으로 생각된다. 새들러는 제3기 인생의 과업을 '제2의 성장(the second growth)'으로 보고 있다. 제2의 성장에서 중요한 것은 우리의 창의력을 활용하여 우리의 생활을 쇄신하고 새로운 방향으로 나가는 것이다.

전통적 인생주기에서 50대 이후는 퇴직이라는 비행장에 안전하게 도착하기 위해 속도를 줄이고 안전띠를 매는 삶을 사는 것이다. 다시 말해 전통적인 인생주기의 틀은 우리 부모나 선배들이 살고 간 삶에서 벗어나지 못하고 50대 이후 수십 년을 안전 위주의 소극적 삶을 사는 것이다. 전통적 인생주기에서는 인생은 40대의 어느 시기에 인생의 정점에 도달하여 점차 하향하는 것이었기 때문에 인생에서 정점이 하나만 있는 것으로 생각하였다. 하지만 고령화사회의 새로운 인생주기에서는 40~50대 이후에 우리가 원한다면 다시 한 번 이상 나타날 수 있는 인생의 정점을 향해 비행하기 위해 안전띠를 다시 맬 수도 있다는 것이다. 우리는 노화를 부정할 수 없지만 우리가 그 어느 때보다 활기차고 목표가 뚜렷한 삶을 살아가고 우리 속의 잠재력을 찾아내어 개발한다면 노화의 과정을 새로운 성장의 과정으로 바꿀 수 있다는 것이다.

새들러는 중년기 이후 우리의 잠재력으로 제2의 성장을 이룩할 수 있는 여섯 가지 원칙을 제시하고 있는데 이는 ① 습관적 생활 재검토와 생활변화의 위험 감수, ② 현실적 낙관주의 태도 개발, ③ 긍정적 제3기 인생의 정체성 확립, ④ 일에 대한 재정의와 일과 여가의 조화, ⑤ 개인적 자유와 친밀감의 조화, ⑥ 자기와 타인에 대한 배려의 생활태도 조성이다(상세한 설명은 Sadler, 2000[김경숙 역, 2006] 참조).

새들러는 이 여섯 가지 원칙을 발전시켜 나간다면 40대 이후의 인생은 쇠퇴(decline), 질병(disease), 의존(dependency), 우울(depression), 노망(decrepitude)의 5D 인생이 아니라 갱신(renewal), 갱생(rebirth), 쇄신(regeneration), 원기회복(revitalization)과 회춘(rejuvenation)의 5R 인생, 즉 제2의 성장의 인생을 펼쳐 나갈 수 있다고 주장한다.

새들러의 제3기 인생론은 중년기 위기론(mid-life crisis)과도 관련이 있다고 본다. 중년기 사람들이 대부분 위기를 경험하는가, 그 위기는 다른 인생주기에서 나타날 수 있는 위기와 차별되는가, 위기라 할 수 있는 현상이 특히 중년기의 40대에만 나타나는가, 중년기 위기라 할 수 있는 것들이 과연 위기라 할 정도인가 등에 대해 아직도 엇갈리는 주장이 있다. 중년기 위기라는 말이 1965년부터 나타나기 시작한 이후 이루어진 많은 연구들은 중년기 위기론을 중년기의 보편적인 현상으로 보기 어렵다고 주장하기 때문에 아직도 인생주기론에서 중요한 현상으로 인정되고 있지는 않은 것으로 보인다(Cavanaugh & Balnchard-Fields, 2006).

그러나 중년기 위기론은 적어도 일반인들 중에 많은 사람들이 이를 받아들이고 있고 중년기 위기론에서 주장하는 바가 위기라 할 수 있는 정도는 아닐지 몰라도 중년기를 지나면서 나타나는 자기 자신에 대한 재검토와 새로운 조정에 대해서는 유의할 필요가 있다. 특히 중년기는 자기 인생을 돌아보고 자신의 인생에 대해 진지하게 생각하게 되는 경향이 있는 것에 대해서는 학자들 간에 큰 이론이 없는 것 같으며, 인생을 다시 생각한다는 면에서 중년기 위기론은 새들러의 제3기 인생론을 뒷받침할 수 있다고 생각한다.

중년기 위기론은 1965년 엘리어트 재크스(Elloitt Jaques)가 만들어 낸 말로 서구사회에서 중년기 사람들이 젊음이 지나가고 노년기가 임박해 옴을 의식하면서 자기 자신을 돌아보고 자신에 대해 심각한 회의를 갖게 되는 시기를 일컫는 의미로 사용되기 시작하였다. 특히 중년기 위기론은 젊음을 찬양하는 서구문화의 산물이라고도 한다. 이 말이 처음 사용되었을 때 대중매체에서 중년기에 대한 새로운 현상을 발견한 것처럼 대대적으로 소개함으로써 그 이론의 과학적인 근거가 불분명함에도 불구하고 일반인들은 중년기 위기를 보편적 현상처럼 받아들이기 시작하였다.

중년기 위기론에서 주장하는 위기의 원인은 신체적 노화로 인한 신체적 변화, 다가오는 노년기에 대한 불안, 일(직업 활동)과 경력, 부부관계, 폐경, 부모의 죽음, 자녀의 성장과 집 떠남 등의 변화와 관련된 문제나 후회 등이 개별적 또는 복합적으로 작용하는 것으로 보고 있다. 그리고 그 원인에 있어서 남자의 경우는 일과 관련되는 것이 많고 또한 부인에게 곧 닥쳐올 폐경과 이에 따른 출산 능력 상실과 관계하여 젊은 여성에게 매력을 느끼게 되는 경우도 많다는 것이다. 중년기 위기에 직면하게 되면 막연한 꿈이나 목표를 동경하게 되고, 달성하지 못한 목표에 대한 깊은 후회에 빠지고, 젊은이와 같은 감정에 빠지기를 원하고, 혼자 있거나 몇몇 친구들과 시간을 보내기를 원한다는 것이다. 그리고 또한 술을 많이 마시거나 특이한 것(오토바이, 보트, 옷, 스포츠카, 보석 등)을 사 모으거나, 문신을 하거나, 우울증에 빠지거나, 신체 외모에 과도한 신경을 쓰거나, 젊은 사람들과 어울리는 등의 행동을 보이는 경우도 많다는 것이다.

그러나 실제로 조사해 보면 중년기 위기를 겪는 사람들은 10~20% 정도에 그치고 위기라 하는 것들의 상당수는 다른 인생의 주기에 나타나며 중년기 사람들에게 깊은 심리적 상처(trauma)를 줄 정도의 위기는 아니라는 것이다. 중년기에 사람들은 대부분 그런 위기라는 것들은 잘 극복하고 있고 자신의 삶에 대한 회고와 자신에 대한 회의 등을 통해 자신의 삶과 역할을 새평가하고 재조정을 하게 된다고 하여 중년기 위기가 아니라 중년기 수정(mid-life correction)이라 하는 편이 적합하다는 주장도 있다(Cavanaugh & Blanchard-Fields, 2006).

이 같은 중년기 위기론이나 중년기 수정론을 받아들인다면 중년기는 새롭게 인생의 가치와 목표를 재검토해 보는 기회가 된다는 점에서, 그리고 중년기부터를 제2의 성장을 위한 제3기 인생으로 재지향할 수 있다는 점에서 의미 있다고 생각된다. 새들러는 중년기 위기론을 자신의 제3기 인생론에 접목시키지는 않았지만 중년기부터를 제3기 인생으로 보는 근거의 일부를 중년기 위기론이나 중년기 수정론에서도 찾을 수 있다고 생각된다.

3. 제3기 인생의 의미

라스렛은 제3기 인생을 퇴직 후의 건강한 삶의 시기로 보고 자기성취를 발달과업으로 주장했고, 새들러는 제3기 인생을 중년기부터의 건강한 삶의 시기로 보고 제2의 성장을 발달과업으로 제시하고 있다.

라스렛이 말하는 제3기 인생은 제2기 인생부터 해 오던 직업활동을 중년기의 어느 시기에 그만두고 퇴직한 이후의 건강한 삶의 시기로 본다면 연령상으로는 대체로 60대 이후가 될 수 있을 것이다. 새들러가 말하는 제3기 인생은 40대부터의 어느 시기에 지금까지 해 오던 직업활동을 그만두고 새로운 일(그것은 반드시 직업활동이 아닐 수도 있음)을 시작하거나 해 오던 활동에서 새롭게 성장·발전하는 시기로 볼 수 있다. 이런 의미에서 제3기 인생은 40대 이후부터라 생각할 수도 있고 60대 이후부터라 생각할 수도 있기 때문에 시작 연령에 크게 집착할 필요는 없다.

그런데 제3기 인생의 시작은 달력상의 나이나 통상적 퇴직이나 신체적 나이와 별로 관계없는 개인의 선택사항이기 때문에(Laslett, 1989), 일단 제2기 인생을 시작한 이후 어떤 계기가 있어 지금까지와는 다른 새로운 인생을 시작하게 되는 시기부터를 제3기 인생의 시작으로 보아도 될 것이다. 다시 말하면 제3기 인생은 중년기부터의 어느 때부터 신체적 및 정신적으로 건강하게 생활하는 기간이라 해도 무방할 것이다. 이런 의미에서 제3기 인생은 라스렛과 새들러의 입장을 절충하여 40대 이후 어느 시기에 시작되든 자기 적성에 맞고 자기가 원하던 활동을 시작하여 건강을 유지하는 한 그 활동을 계속하는 시기라 할 수 있다.

따라서 제3기 인생의 발달과업으로 라스렛이 말한 '자기성취'나 새들러가 말한 '제2의 성장'은 큰 틀에서는 별 차이가 없으므로 제3기인생의 발달과업을 새들러의 주장대로 '자기성취'로 하는 것이 적합하다고 생각한다. 라스렛이 제3기 인생 시작 시기 선택과 제3기 인생의 성공 여부는 제2기 인생에서의 계획과 준비에 달렸다고 주장한 것에 전적으로 동의한다. 40대 이후에 남은 인생에 대한 의식을 새롭게 하여 새로운 인생을 설계하고 준비한다면 50대나 60대 이후에도 인생의 정점은 한 번 이상 나타날 수 있다는 주장을 받아들여도 좋을 것이다.

제3기 인생의 시작 시기는 40대부터 개인에 따라 상당한 차이를 보일 수 있고 또한 통상적인 퇴직 후의 삶을 살고 있는 사람들도 있기 때문에 제3기 인생에 대한 준비 의식과 계획 수립을 제대로 하려면 제3기 인생 준비 과정의 교육을 받는 것이 바람직하다. 앞으로 우리나라에서 '제3기 인생 계획', '노후 인생 설계' 또는 '인생 설계'를 위한 체계적 교육 프로그램이 개발되어 원하는 경우 참여가 가능하게 될 것이다. 이는 세 가지 모형으로 개발되는 것이 바람직하다고 본다. 하나는 40대와 50대를 대상으로 계획과 준비에 초점을 둔 모형이고, 다른 하나는 제3기 인생에 들어가 있는 사람들을 대상으로 제3기 인생의 적응에 더 중심을 두면서 제3기 인생에 대한 계획도 같이 고려하는 모형이다. 또 다른 하나는 교육시간을 길게 잡아(기간을 늘이거나 단 기간에 다양한 내용을 제공) 제3기 인생의 의식 강화, 계획수립, 준비, 제3기 인생에의 적응 등의 폭넓은 내용으로 40대 이후 중년기와 노년기에 있는 모든 사람들을 대상으로 하는 모형이다.

III. 제3기 인생 계획 세우기

제3기 인생은 제2기 인생 동안에 미리 계획하는 것이 바람직하지만 그렇지 못하면 제3기 인생의 시작과 더불어 계획할 수도 있다. 그리고 제3기 인생의 시작부터 계획하지 못한 사람들도 아직도 늦지 않았다는 생각으로 남은 여생 기간을 어떻게 보낼까를 생각하여 계획을 세우는 것이 반드시 필요하다.

제3기 인생은 자기성취의 시기이기 때문에 자기성취를 위해 하는 활동은 자기 적성에 맞아야 하고, 하고 싶은 것이어야 하며, 그 활동을 하면서 즐거움과 만족을 느낄 수 있는 것이어야 한다.

그러한 활동은 지금까지 해 오던 직업활동일 수도 있고, 지금까지와는 다른 직업활동이거나 자원봉사활동일 수도 있고, 취미와 특기 활동, 종교활동일 수도 있다. 그리고 그런 활동이 한 가지만이 아니라 두 가지 또는 그 이상일 수도 있다. 예를 들면 직업활동을 하면서 자원봉사활동을 할 수도 있고, 취미와 특기 활동을 하면서 시간 나는 대로 봉사활동을 할 수도 있다. 또는 종교적 포교(선교)활동, 자원봉사활동, 그리고 취미활동을 할 수도 있다.

제3기 인생에서 새로운 활동이나 또는 해 오던 일을 계속하는 경우도 새롭게 배우고 연습해야 한다. 해 오던 일을 계속하는 경우도 새로운 지식과 기술이 필요하기 때문에 새로 공부하거나 훈련 받을 필요가 있고, 자원봉사활동도 잘하려면 훈련을 받아야 한다. 그리고 새로운 취미나 특기를 개발하기 위해서는 교육과 훈련이 필요하다. 노년기에 새로운 것을 배우기는 젊은 시절에 비해 어렵지만 계속적으로 반복하여 연습하고 훈련받으면 충분히 가능하다.

제3기 인생의 여생계획은 자기의 경제적 사정, 건강상태 및 연령에 따라 무엇을 할 것인지와 무엇을 배울 것인지 언제까지 할 것인지를 포함한 시간 계획을 세워 시행하는 것이 바람직하다.

제3기 인생의 계획은 여생기간의 시간사용 계획이라 해도 과언은 아니다. 여생의 시간 관리를 어떻게 할 것인가를 생각하여 여생 계획을 세우는 것이 좋다.

그러면 제3기 인생 계획은 왜 필요한지, 그 인생 계획은 언제, 어떤 내용으로 세우는 것이 좋은지를 생각해 보기로 하자.

1. 제3기 인생 계획의 필요성

앞에서 인생 계획을 세우는 것이 왜 필요한가를 한두 가지 이야기한 적이 있지만 좀 더 상세히 제시해 보기로 하겠다.

첫째, 구체적으로 계획을 세우면 그 계획에 따라 준비하고 바라던 목표를 잘 달성할 수 있기 때문이다. 모든 일은 계획을 세워서 시행하는 것이 바라던 목표를 잘 달성할 수 있다는 것은 경험으로는 물론 일을 하는 기본적인 방법으로 널리 인정되고 있기 때문이다. 성공한 사람들은 계획을 세우고 목표를 설정했다는 것도 목표 설정의 중요성을 입증하는 것이 된다.

둘째, 제3기 인생 과정을 스스로 미리 선택할 수 있고 준비할 수 있기 때문이다. 제3기 인생의 과정은 제1기 인생이나 제2기 인생의 과정과는 다르게 자기 스스로 선택하여 만들어 갈 수 있기 때문에 계획을 세우기 쉽고 그 계획에 따라 미리 준비하고 실천할 수 있는 정도가 훨씬 쉽다고 할 수 있다.

셋째, 인생 계획을 세우면 장래에 대한 불안한 마음을 없애 주고 자신 있게 살아갈 수 있기 때문이다. 제3기 인생에 대한 계획이 그대로 실천될 수 있는 것은 아니지만 계획을 세우면 장래에 대한 불안을 많이 해소할 수 있다는 것도 이미 계획을 세워 실천한 사람들에게서 증명되고 있다.

넷째, 제3기 인생 계획을 수립하면 30~40년 또는 그 이상의 긴 시간 동안 대체로 규칙적으로 생활할 수 있고 이 계획을 통해 건강하게 장수하는 데 도움이 될 수 있기 때문이다. 미리 계획을 세울 수 있으면 더 바람직하지만 제3기 인생에 들어선 이후에 계획을 세워도 여생의 시간을 규칙적인 생활로 잘 보낼 수 있다.

다섯째, 인생의 1/3 또는 1/4을 차지하는 기간이기 때문에 그 긴 인생의 시간을 소중하고 의미 있게 또는 가치 있게 보낼 수 있어야 하기 때문이다. 제3기 인생을 살고 있는 사람들이 뚜렷한 계획과 목표 없이 그저 우리 보다 앞서 간 선배들이 살았던 여생과 비슷한 인생을 되풀이하고 있는 것을 우리 주위에서 많이 볼 수 있다. 평균수명이 80년으로 길어졌다 하더라도 인생은 짧다고도 생각할 수 있다. 그 짧은 인생 속의 30~40년을 뚜렷한 목적과 목표도 없이 적당히 산다는 것은 참으로 안타까울 뿐이다. 나이 먹으면 그럴 수밖에 없다거나 내 주위의 같은 연배들의 인생이나 선배들이 살고 간 인생과 비교해서 특별히 다르게 살아 보려는 생각을 잘하지 못하는 경우도 많기 때문에 제3기 인생에서 인생 계획을 생각하지 못하는 경우도 많은 것 같다.

2. 제3기 인생 계획수립 시기

제3기 인생은 지금까지 제2기 인생에서 생계를 위해 해 오던 직업활동을 정년퇴직이나 다른 이유로 그만 두고 시간적 여유를 가지고 자기가 원하는 대로 활동할 수 있는 시기부터 시작된다고 할 수 있다.

직업 활동은 거의 모든 남성은 의무적으로라도 할 수밖에 없기 때문에 제3기 인생도 남성의 일생을 중심으로 말하고 있다. 직업활동을 해 온 여성의 경우는 남성과 별로 다를 바 없지만 특별한 직업 활동을 하지 않고 평생을 가정주부(전업주부)로 지내 온 여성의 경우 제3기 인생은 언제부터 시작된다고 할 수 있을까? 가정주부로 살아온 경우는 남편이 퇴직한 시기부터 제3기 인생이 될 수 있다.

그리고 제2기 인생 동안 자영업을 해 오거나 농사일을 해 온 사람들은 제3기 인생에도 그것을 계속하는 경우가 많기 때문에 직장생활을 해 오던 사람들처럼 분명히 어떤 시기부터 제3기 인생이 시작된다고 말하기 어렵다. 자기 적성에 맞고 원하는 일이면 특별히 제3기 인생을 구분할 필요 없이 계속할 수도 있고, 그렇지 않다면 새로운 직업으로 바꿀 수도 있을 것이다. 자기가 원하는 새로운 직업 활동으로 바꾸게 되면 그때부터 제3기 인생이 시작된다고 할 수 있다.

제3기 인생에서 생활자금 계획이 우선 가장 중요하기 때문에 생활자금 계획은 가능하면 빠르게 세우는 것이 좋은데 제2기 인생 시작부터 세워 실천할 수 있으면 가장 바람직하다. 생활자금 계획 이외에는 제3기 인생 계획은 제2기 인생 후반기에 해당되는 40대 초반부터 진지하게 생각해야 하고 아무리 늦어도 퇴직 4~5년 전에는 완료하는 것이 가장 바람직하다. 그러나 그런 계획이 왜 필요한지 잘 알지 못했거나 계획을 세울 시간적 여유가 없이 지냈거나, 퇴직하면 그때부터 계획을 세워도 되겠지 하고 안이하게 지내 온 경우 또는 이미 제3기 인생에 접어들어 상당히 시간을 보낸 사람들도 계획이 필요하다고 생각한 그때부터 계획을 세워도 결코 늦었다고 할 수 없다.

여생은 누구에게나 소중하기 때문에 현재의 나이가 얼마든 시간이 얼마나 남았든 상관없이 남은 시간을 의미 있고 보람되게 보내기 위해 인생 계획을 세워 실천하는 것이 바람직하다. 이미 너무 늦었다고 생각할 것이 아니라 "결코 늦지 않다"는 생각으로 계획을 세워 보는 것이 중요하다.

3. 제3기 인생 계획의 내용

제3기 인생 계획은 제3기 인생 시작 전에 미리 세우는 것이 바람직하다는 생각에서 중요한 사항을 계획에 모두 포함시키기로 한다. 제3기 인생의 입장에서 해당되지 않는 사항이 있을지 모르지만 제3기 인생 이전 사람의 입장과 제3기 인생에 접어든 사람들의 입장을 모두 생각하면서 설명하기로 하겠다.

<표 18-1>에서 보는 바와 같이 계획해야 할 분야는 여러 가지로 많다. 흔히들 노후 생활계획이나 여생계획을 말하면 생활자금 준비만을 의미하는 경우가 대부분이다. 제3기 인생에서 돈이 중요한 것은 잘 알고 있지만 돈으로 해결되지 않는 것도 많기 때문에 다른 분야에 대한 계획도 필요한 것이다.

표 18-1 제3기 인생 계획의 분야와 내용

계획 분야	내 용
1. 자유시간 활동	취미활동, 학습활동, 여행 등
2. 지역사회 참여/자원봉사 활동	지역사회 모임, 지역사회 개선활동, 전문적 및 비선분석 자원봉사활동, 국내외 봉사활동 참여 등
3. 일(직업 활동)	직업활동, 직업훈련, 직업능력 배양
4. 가족관계	부부관계, 자녀와의 관계, 노부모와의 관계
5. 친구관계	학교 동창, 고향 친구, 이웃 친구 등과의 관계
6. 건강유지	운동, 건강검진, 영양/음식물 섭취 등
7. 주택	자녀와 동거여부, 주택형태, 주택개조, 주거장소, 이사 등
8. 생활자금(예산)	수입과 지출

(1) 자유시간 활동

자유시간은 잠자는 시간, 생리활동 하는 시간, 일상적으로 반드시 해야 할 일을 하는 시간을 제외하고 남은 시간이고 자기 마음대로 할 수 있는 한가한 시간을 말한다. 나이가 많아질수록 자유시간은 점점 더 많아진다. 우리나라 65세 이상 노인들의 하루 자유시간은 평균 7시간 정도가 된다.

자유시간에 할 수 있는 활동은 스포츠 등 취미활동 및 학습활동이 있을 수 있다. 스포츠 등 취미활동은 혼자서 할 수 있는 것과 두 명 이상이 단체로 할 수 있는 것이 있다.

자유시간 활동은 중년기부터 익히고 참여하면 좋겠지만 제3기 인생에 들어와서도 얼마든지 가능하다. 제3기 인생에 들어와서 배우는 데는 어려움이 좀 많지만 반복해서 연습하고 복습하면 충분히 가능하다. 특히 학습활동은 제3기 인생에서도 잘해 내는 사람들을 많이 볼 수 있는데 70대에 공부하여 박사학위까지 받은 사람도 있다. 그런 사람들은 특별한 사람들이라기보다 대부분 보통사람들이다. 마음만 먹으면 누구나 할 수 있다. 문제는 "이 나이에 되겠느냐"라고 시작도 하지 않는 태도이다. 배움은 결코 늦는 일이 없으며 "나는 할 수 있다"는 자신감이 무엇보다도 중요하다.

(2) 지역사회 참여 및 자원봉사 활동

지역사회 활동은 지역사회의 사회복지관, 노인복지관, 동호인 모임 등에 참여하거나 지역사회를 개선하고 발전시키는 데 도움이 되는 문화 활동, 환경지킴이 활동, 교통질서 확립 운동, 지역사회 청소 운동, 불우이웃 돕기 운동 등을 말한다. 지역사회 개선 운동에 노인들이 적극 참여하면 지역사회 주민들로부터도 좋은 반응을 얻을 수 있다.

노인들은 인생의 많은 경험과 지식과 기술을 가지고 있기 때문에 지역의 복지단체, 병원, 공공단체의 일손이 부족한 것을 도와 줄 수 있고 독거노인, 소년소녀 가장, 장애인 등 도움을 필요로 하는 사람들을 정기적으로 그리고 수시로 방문하여 물질적 및 정신적으로 도움을 줄 수도 있다.

자원봉사활동은 도움 활동의 대가로 보수는 받지 않고 개인이나 단체를 도와주는 활동을 말한다(경우에 따라 교통비나 식비를 받는 것은 가능함). 미국의 경우는 노인들 가운데 거의 절반 정도가 자원봉사에 참여하고 있는데 우리나라의 경우 노인 자원봉사 참여율은 5%도 안 된다. 우리나라 노인들의 자원봉사 참여율이 외국에 비하여 낮은 데는 몇 가지 이유가 있다. 자원봉사 참여의 의미와 즐거움과 보람을 잘 모르고 있기 때문이고, 자원봉사를 주선해 주거나 연결시켜 주는 단체를 잘 몰라서 참여하지 못하기 때문이다. 그리고 제2기 인생까지 자원봉사 참여의 기회나 교육을 받은 적도 거의 없기 때문이기도 하다. 안 해 보던 일을 하게 되면 쑥스럽기도 하고 어색하기도 한 점이 있지만 그 점을 극복하고 자원봉사 훈련을 받으면 누구나 참여가 가능하고 즐거움과 보람을 느낄 수 있다.

노인들은 자신이나 가족을 넘어 이웃과 사회와 인류까지 생각하고 그들을 도와줌으로써 아름다운 삶의 모습과 가치를 창조하거나 생산할 수 있다. 자원봉사는 에릭슨이 말한 제3기 인생의 발달과업을 수행하는 데 크게 도움이 되는 활동이라 할 수 있다.

(3) 일

일은 제2기 인생에서처럼 제3기 인생에서 모두 하는 활동은 아니지만 일을 하는 것은 자신과 가족의 경제생활을 유지하는 수단이 되고, 사회에 공헌하고, 명예나 부를 누릴 수 있게도 해 주며, 생활에 긴장을 주기도 하고, 여러 가지 지식과 기술을 배우는 기회도 되고, 사람들을 사귀는 기회도 되기 때문에 사람들은 일을 중요하게 생각한다.

제3기 인생에 들어와서 하기 싫은 일을 경제적 이유나 다른 이유로 하게 되는 것은 어쩔 수 없다고 할 수 있지만 그 일이 자기의 적성에 맞고 만족을 준다면 일을 하는 것은 바람직하다. 대개 전문직에 종사한 사람들은 제3기 인생에서도 그 일을 계속하기 바라는 경우가 많다. 제2기 인생까지 해 오던 일이 자기의 적성에 맞지 않은 경우는 자기 적성에 맞는 새로운 일을 제3기 인생에서 새로 시작할 수도 있다.

현재 우리나라 노인들(60세 이상) 가운데 1/3 정도가 일을 하고 있는데 일을 하는 이유는 생계비·용돈 마련이 가장 많았고(90%), 그 외에는 건강유지(6%), 시간 보내기 위함(3%)으로 나타났다(보건복지부·계명대학교산학협력단, 2009). 그리고 일하는 노인 가운데 90%는 일을 계속하기를 원하였다. 현재 우리나라의 노인들은 노후 소득보장제도의 적용을 받지 못하는 경우가 훨씬 많아 경제적 이유 때문에 일하고 또한 일하기 원하는 노인들이 압도적으로 많다. 경제적 이유로 일을 한다고 해도 한편으로는 자기성취를 위해서도 일하는 것이 될 수 있고, 앞으로는 경제적 이유보다는 자기성취를 위해 일하려는 비율이 점차 늘어날 것이다.

향후 인구 고령화가 급속히 진행되고 현재 우리나라에서 평균 57세로 되어 있는 관행적 정년보다는 훨씬 더 오래 일해야 하는 이유를 앞에서 설명하였다. 따라서 적어도 60대 말까지는 일해야 하거나 일하는 것이 사회적으로 바람직하기 때문에 중년기 이후 60대 말까지 일을 계속 할 수 있는 계획을 세우는 것은 대단히 중요하다. 우리나라 고령자 고용 정책을 보면 아직은 사회적 인식과 정부의 정책이 유리한 조건은 아니지만 사회적 인식이 개선될 것이고 국가의 정책도 정년을 연장하고 연령차별을 금하는 방향으로 나갈 것이기 때문에 일하는 것이 개인적으로 중요하고 바람직하다고 생각되면 하던 일을 계속 하거나 아니면 새로운 지식과 기술을 배워 전직하는 것도 계획하여 실천해야 할 것이다.

(4) 가족관계

① 부부관계

제3기 인생이 되면 직장에서 퇴직하는 경우가 대부분이므로 가족과 같이 지낼 수 있는 시간이 많아진다. 그러나 퇴직했을 무렵에 가족 중에 매일 식사를 같이하며 대화할 수 있는 시간적 여유가 있는 사람은 자기 배우자 외에 찾기 어렵다.

제3기 인생에서 배우자는 성적인 관계의 파트너라기보다는 인생의 가장 중요한 동반자이고 상담자이고 또한 친구이다. 학자들이 연구한 바에 의하면 제2기 인생 초반기에 결혼하여 결혼생활의 만족도가 가장 높았는데 자녀를 낳아 기르고 교육시키는 일, 가사일, 직장일에서 점점 바빠지다 보면 결혼생활 만족도는 점점 낮아졌다가 제3기 인생에 접어들면서 다시 높아지기 시작한다고 한다. 그것은 제3기 인생에서 동반자, 상담자, 친구로서 배우자의 중요성과 가치가 높아지기 때문이라 할 수 있다.

우리나라에서 지난 10년 동안 제3기 인생에서 이혼하는 황혼 이혼이 크게 증가하고 있지만 아직까지 거의 대부분의 부부에게는 해당되지 않는 것으로 본다. 모든 부부에게 다 그런 것은 아니지만 제3기 인생에서 부부관계가 다시 만족스러워진다는 것은 일리 있는 말이다. 그러나 자동적으로 부부관계가 좋아지는 것은 아니다. 부부 각자가 관계를 더욱 돈독하게 만들도록 계획을 세워 노력하면 더욱 만족스럽고 아름다운 관계를 만들어 갈 수 있을 것이다.

결혼해서 자녀를 낳고 기르며 30년 이상을 같이 살아온 사람이 자기 배우자이고 앞으로 건강하면 백년해로(百年偕老: 부부가 함께 100년 동안 같이 살고 함께 늙음)할 수 있는 사람이기에 제3기 인생에서 가장 중요한 사람은 배우자이다.

특히 제3기 인생 계획을 세우는 데 있어 중요하게 생각해야 할 것은 배우자와 함께하는 시간을 많이 가질 수 있도록 하는 것이 중요하다. 배우자와 같이 인생 계획(여생 계획)도 세우고, 시간을 쉽게 낼 수 있기 때문에 많은 대화도 나누고, 가능하면 취미활동도 같이하고 지역사회활동과 봉사활동에도 같이 참여하도록 배우자를 격려하고 도와주고, 가정일도 도와주는 등 부부관계를 새롭게 그리고 더욱 돈독하게 만들어 가는 것이 바람직하다. 이 같은 노력은 제3기 인생에 접어들어서는 물론 제2기 인생에 있는 사람들에게도 필요한 일이고 앞으로의 계획이 되어야 한다.

② 자녀와의 관계

제3기 인생에 접어들면 자녀가 있는 경우는 이미 대학생이 되어서 공부나 자기 친구들과의 관계로 바빠 집에서 같이 식사하거나 얼굴을 마주하는 경우가 많지 않다. 자녀가 취업을 한 경우도 집안에서 자주 보기 어려운 경우가 많고 결혼하여 독립해 나가는 경우는 더욱 그렇다.

제2기 인생에서는 일에 바빠 자녀들의 양육에 신경 쓰고 대화할 시간이 부족했는데 제3기 인생에 접어들어 가족들을 대할 시간이 많을 때는 자녀들은 벌써 저만치 떨어져 있고 바빠서 서로 대하기가 어려워진다. 자녀 결혼 전에는 물론 자녀 결혼 후에도 자녀들과 같이 할 수 있는 이벤트나 시간을 정기적으로 마련하여 자녀들과 부모 모두가 아름다운 추억으로 간직하도록 하고 자녀들과 만남 또는 부모들과의 만남이 습관화되도록 하는 것이 바람직하다. 생일, 명절, 연중 정기적 만남, 동반 나들이나 여행 등을 생각할 수 있다.

③ 노부모와의 관계

평균수명이 길어진 관계로 60~70대의 나이가 되었는데도 80대나 90대 된 노부모가 생존해 있는 경우가 많기 때문에 노부모와도 자주 만나거나 연락함으로써 노부모를 가족에서 소외시키지 않도록 계획하는 것도 중요하다. 가족 대소사에 노부모 초대, 정기적 방문, 전화문안, 생일이나 기타 노부모의 개인 사정을 잘 이해하고 챙기는 방법 등을 생각할 수 있다.

(5) 친구관계

친구는 어느 나이에 있어서나 모두 중요하다. 이웃, 학교동창, 직장동료, 취미 동아리, 지역사회활동, 자원봉사활동, 종교생활 등을 통해 많은 친구를 사귀지만 나이가 들수록 친구 수는 줄어든다. 나이 들어 새로운 친구를 사귀기가 쉽지 않기 때문에 지금까지 사귀어 온 친구들과의 관계를 잘 유지하도록 하는 것이 중요하다. 새로운 친구를 사귈 수도 있지만 지금까지 정기적으로 만나는 친구들의 모임이 있다면 모임에 빠지지 말고 출석하고 모임의 활동에 솔선하여 봉사하는 자세를 가지는 것이 중요하다. 친구는 나이가 비슷한 사람들끼리 이루어지는 경우가 거의 대부분이지만 젊은 세대와의 어울림도 중요하기 때문에 가능하면 연령의 차이가 있는 사람들이 같이 친구로 어울리는 관계의 모임도 하나 정도는 만들거나 참여하는 것도 바람직하다. 전문 직업 활동 분야, 종교 활동 분야, 취미 동아리 등에서는 충분히 가능하고 실제로 그런 모임들이 많이 있다.

(6) 건강유지

건강이 중요하다는 것은 말할 필요가 없다. 특히 나이가 들수록 신체적으로는 급성질병은 줄어들고 주로 성인병이라 할 수 있는 당뇨, 고혈압, 신부전증, 신경통, 관절염 등과 같은 만성질병이 증가한다. 우리나라의 65세 이상 노인들 가운데 40% 정도는 만성질병이 있으며 몇 가지가 겹쳐 있는 사람도 많다. 만성질병이 있는 사람들 중에 절반 이상이 그 질병으로 인해 생활하기 어려운 점이 많다고 한다. 나이가 들수록 특히 치매와 같은 정신장애가 나타날 가능성이 높아진다. 우리나라의 경우 65세 이상이 되면 평균 7~8% 정도는 치매 증상이 나타나고 나이가 들수록 치매 증상이 나타날 확률은 크게 증가한다. 80세 이상의 경우는 약 1/3이 치매 증상을 보인다고 할 수 있다.

노년기에 와서 건강을 챙기는 것도 중요하지만 노년기의 건강은 노년기 이전의 청년기나 중년기 시절부터 평소 건강을 유지하고 증진하기 위해 얼마나 실제 행동으로 노력했느냐에 크게 좌우된다. 세계보건기구(WHO)에서는 고령화사회의 대책으로 개인은 물론 정부에서도 평생을 통해 건강관리를 잘하도록 하는 건강유지행동이 필요하다는 것을 강조하고 있다.

제3기 인생은 퇴직하여 건강하게 지내는 시기인 만큼 건강이 유지되지 못하면 곧 제4기 인생으로 갈 수밖에 없다. 평생 동안 건강관리와 건강유지 행동이 중요하지만 제3기 인생에서의 건강유지 행동은 무엇보다 중요하다. 사실 건강에 대해 알고 있는 일반상식대로만 행동해도 건강유지는 잘할 수 있다. 알고 있는 것을 행동으로 옮겨 꾸준히 매일 실천하는 의지가 가장 중요하다. 건강유지 행동에는 식생활, 운동, 휴식, 건강검진이 중요하다고 하겠다.

건강관리도 중요하지만 의료비용을 어떻게 마련할 것인가도 생각해야 한다. 현재 거의 모든 국민은 국민건강보험에 가입해 있기 때문에 보험료로 비용의 대부분을 부담하게 되지만 특별한 진료나 중병의 경우 또는 장기입원의 경우 본인부담금이 많아지기 때문에 별도의 민간 건강보험에 가입하거나 다른 비용조달 방법을 생각해야 한다. 60세가 넘은 사람들은 은행이나 보험회사의 건강보험(의료보험)에 가입하려면 조건이 까다롭고 보험 상품도 많지 않지만 실버보험이라는 이름으로 점차 많은 건강보험(의료보험)이 생겨나고 있고 80세 중반까지도 가입 가능한 것도 있다. 전문가와 상담하여 가능하면 적절한 민간 건강보험에 가입하는 것이 바람직하다.

2008년부터 노인장기요양보험제도가 시행되어 일상생활에서 자기관리가 어려운 사람들은 재가 요양보호 서비스(방문요양, 방문간호, 방문목욕, 주·야간보호, 단기보호)를 받거나 장애가 심하면 시설 요양보호 서비스(그룹 홈이나 요양시설)를 받을 수 있고 비용의 80~85%를 보험으로 부담할 수 있다. 장기요양보험제도는 보험을 무한정 이용할 수 있는 것이 아니라 1개월에 사용할 수 있는 비용의 한도가 정해져 있기 때문에 그 한도를 넘으면 모두 본인이 부담해야 한다. 따라서 법에 규정된 서비스 외의 서비스를 추가로 받거나 오랫동안 서비스를 받게 되면 본인이 모두 부담해야 하기 때문에 이런 추가비용을 지불하기 위해 별도의 민간 건강보험을 들어 두는 것이 바람직하다.

(7) 주택

노후에 어디서 누구와 같이 살 것인가는 중요한 문제이다. 건강한 경우와 건강하지 않은 경우, 배우자가 있을 경우와 없을 경우에 어디에서 어떻게 살 것인가는 등을 생각해야 할 것이다.

첫째, 자녀와 같이 살 것인가 아니면 부부끼리 또는 독신으로 자녀와 별거할 것인가?

둘째, 현재 살고 있는 집에서 그대로 살 것인가 아니면 집을 처분하고 다른 집에서 살 것인가? 현재의 집에서 그대로 산다면 주택구조에서 생활하기 불편한 점이 있으면 개조할 것인가?

셋째, 현재 살고 있는 지역(도시, 교외, 농어촌, 해외, 실버타운 등)에서 살 것인지 아니면 다른 지역으로 이사를 갈 것인가?

넷째, 건강한 경우와 건강하지 못한 경우, 배우자가 있는 경우와 없는 경우에 어디에서 살 것인지? 지금은 건강하지만 건강이 좋지 않을 미래를 생각하여 실버타운 같은 곳에 미리 입주할 것인가? 아니면 지역사회에 살면서 재가 장기요양 서비스를 받고 장애가 심해지면 그때 가서 장기요양시설에 입원할 것인가?

다섯째, 현재 살고 있는 주택이 본인 소유라면 사망할 때까지 주택을 유산으로 지킬 것인지 아니면 노후 생활을 좀 더 여유 있게 보내기 위해 소유한 주택을 담보하여 은행으로부터 일정한 생활비를 매월 연금처럼 받는 주택연금(역모기지제도)으로 활용할 것인가?

(8) 생활자금

노후에 가장 중요한 것은 돈이라 해도 과언은 아니다. 제3기 인생을 자기성취의 시기로 만드느냐 아니냐는 생활자금을 어떻게 마련하고 지출할 것인가에 대한 계획에 달려 있다.

생활자금도 미리 중년기부터(더 빠르면 더 좋다) 잘 계산하여 준비하는 것이 바람직하지만 제3기 인생에 접어들어서도 여생의 생활자금을 계산해 보고 준비하도록 노력하여야 한다. 특별히 처분 가능한 부동산도 없고 새로운 자금이 고정적으로 들어올 가망성이 없으면 현재의 확실한 수입으로 어떻게 지출할 것인가를 잘 계획하는 것이 중요하다.

① 생활자금 계산

노후 생활자금은 크게 두 부분으로 구성된다. <표 18-2>와 같이 기초 생활비와 여유 생활비로 구성된다. 기초 생활비 부분에서는 개인과 부부에 따라 큰 차이는 없겠지만 여유 생활비 부분에서는 개인과 부부에 따라 큰 차이가 날 수 있다.

표 18-2 노후 생활비 구성요소

종 류	설 명	세부 항목
기초 생활비	인간으로서의 기본적 존엄성 유지와 최소한의 문화생활 유지를 위한 비용	생계비(식품, 광열, 수도, 가구·집기, 피복/신발, 교양/오락, 교통/통신, 기타 등), 주거비, 의료비, 교육비, 세금, 개인용돈 등
여유 생활비	노후 삶을 보다 풍요하고 윤택하게 하고 자기성취를 이루기 위한 비용	건강유지/예방비, 장기요양 추가비용, 여행/여가 활동비, 경조사비, 자녀 생활/결혼 자금, 긴급 예비자금(3~6개월) 등

기초생활비는 부부 공존 기간 비용과 배우자 사망 후 독거 기간 비용을 나누어 계산하여야 한다. 즉, 부부 공존기간 생활비와 독거기간의 생활비(남편 사망 후 여성이 더 오래 사는 경우가 대부분이므로 남편 사망 당시 부인 나이에서 기대여명 기간을 고려한 생활비)를 계산해야 한다는 것이다.

여유 생활비는 부부나 개인의 자유시간 활동 정도, 지역사회 및 자원봉사 활동의 참여 정도, 직업활동 정도, 건강상태, 주택 상태 등에 따라 다를 수 있기 때문에 자신의 형편에 맞게 적절한 수준으로 정할 수밖에 없다.

노후 생활자금 계산에서 추가로 더 생각해야 할 것이 있다. 생활자금을 일단 평균수명까지의 기간만 계산하였는데 평균수명 이상을 사는 것을 목표로 하는 경우 예를 들면 90세까지 살 것을 목표로 하는 경우는 여유생활자금에서 좀 더 많은 자금을 계산해 넣는 방법도 있고, 처음부터 계산할 때 90세까지를 목표로 하여 계산하고 더 일찍 사망하게 되면 남은 자금은 상속재산이 되게 생각할 수도 있다.

또 한 가지 생각할 것은 노후생활비를 현재의 가치로 계산한 것이기 때문에 향후의 물가상승률을 고려하여야 한다.

② 생활자금 부족분 계산

노후 총생활자금이 계산되고 나면 총생활자금에서 퇴직 후 또는 제3기 인생에서부터 부부나 개인 명의로 고정적으로 들어올 수입, 예를 들면 공적연금(국민연금이나 공무원 연금 등), 퇴직금 또는 관련 이자, 개인연금, 연금적금, 기타 저축 등을 뺀 금액을 계산한다. 총생활자금에서 고정수입을 뺀 금액이 노후생활 부족 생활자금이 된다. 고정적이 아니고 때때로 기대할 수 있는 불확실한 보조금, 자녀나 친척의 지원금은 고정수입으로 보지 않는 것이 좋다.

살펴본 노후 생활자금은 상당히 큰 금액이지만 앞으로 30~40년간 고정적 수입으로 충당할 수 있는 부분을 빼고 나면 새로 마련해야 할 노후자금은 훨씬 줄어들 것이고 준비하는 기간이 길면 길수록 부담은 적어질 것이다.

③ 노후생활 부족자금 해결책 마련

일반적으로 선진국에서는 물론 우리나라에서도 공적연금의 소득대체율이 대체로 50% 정도 또는 그 이하이고, 퇴직금제도를 개선하기 위해 도입된 퇴직연금도 퇴직 후 사망 시까지 지급되는 경우는 거의 없기 때문에 별도의 개인연금이나 다른 저축 수단 또는 부동산 등을 이용한 다른 방법도 생각해야 할 것이다.

앞에서 노후 소득보장으로 3층 보장(1층 공적연금, 2층 퇴직연금, 3층 개인연금)의 필요성을 이야기했는데, 선진국에서는 3층 보장의 방향으로 노후를 준비하는 것이 일반적 경향이고 그렇게 될 수밖에 없을 것이다. 노후의 소득대체율을 80% 정도로 본다면 공적연금에서 40~50%, 퇴직연금에서 10~20%, 개인연금에서 10~20% 정도를 조달할 수 있도록 하는 것이 바람직하다(<그림 18-1> 참조).

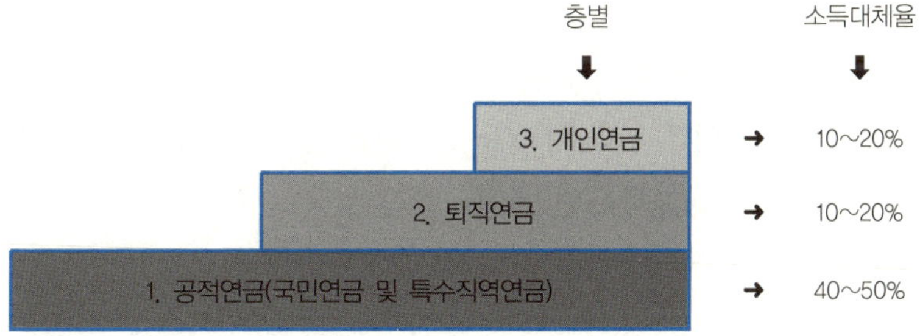

그림 18-1 노후소득 3층 보장 계획과 소득대체율

그런데 공적연금이나 퇴직연금은 직장생활을 하거나 사업을 하는 동안 강제적으로 가입할 수밖에 없으므로 퇴직 시기까지는 자동으로 준비되지만(소득대체율은 개인에 따라 차이가 있을 수 있음) 개인연금은 개인의 선택사항이기 때문에 개인적으로 그 필요성을 절실하게 느끼지 못하거나 사정이 하락하지 않아 미리 오랜 기간 준비할 수 없는 경우가 많다. 개인적으로는 나름대로 사정과 이유가 있겠지만 한 가지 분명한 것은 같은 금액의 연금을 받는 것을 가정한다면 개인연금에 일찍부터 가입할수록 매월 내는 기여금(불입금)이 적어진다는 것이다. 이점을 생각하면 크게 무리가 되지 않는 한 제2기 인생 시작부터 개인연금도 같이 시작하는 것이 가장 현명한 노후 준비 방법이 될 것이다.

가능하면 제2기 인생 초기부터 개인연금이나 노후신탁 등에 가입하여 준비하거나 건전한 재테크 방법으로 준비하는 것이 바람직하다. 특히 제3기 인생 계획 중 노후 생활자금만은 별도로 생각하여 젊은 시절부터 준비하는 것이 중요하다. 그런데 이미 제3기 인생에 접어 든 경우는 부족 자금을 충당할 새로운 수입원을 찾거나 만들기 어려운 경우가 많다.

새로운 수입원을 찾기 어려운 경우는 현재의 고정적 수입의 범위 내에서 부부나 개인의 생활 계획을 수립할 수밖에 없고, 때때로 기대할 수 있는 수입은 그 때 그때의 여유생활자금으로 취급하여야 할 것이다. 제3기 인생에서 수입을 늘리기 위해 재테크를 할 수도 있지만 전문가가 아닌 이상 위험성이 높은 방법을 택하지 말고 전문가의 상담을 받아 안전한 방법으로 투자하는 것이 바람직하다.

이미 제3기 인생에 접어든 부부나 개인이 기대할 수 있는 수입원으로 생각할 수 있는 것은 개인에 따라 다르겠지만 월급(일하는 경우), 자신 명의의 공적연금, 개인연금, 연금신탁, 연금적금, 보통예금, 소유주택, 기타 재산 수입, 자녀의 고정적인 지원금(용돈포함), 정부의 생활보조금(국민기초생활보장 보조금), 기초노령연금, 민간단체 결연 후원금을 생각할 수 있다.

생활이 어려운 경우는 정부로부터 국민기초생활보조금과 기초노령연금을 같이 받을 수 있고, 민간단체 후원금도 중요한 수입원이 된다. 국민기초생활

보조금으로 매월 받을 수 있는 돈(현금)은 월 최저생계비 부족분이다. 그리고 기초노령연금은 65세 이상 노인 중 하위 소득 70%에 해당하는 사람이 매월 2~11만 원 정도 현금으로 받을 수 있다.

이상에서 설명한 제3기 인생 계획은 <표 18-3>과 같은 양식을 만들어 중요한 사항을 요약해서 기입해 보는 것이 좋다.

고령화사회를 지속가능하고 발전가능하게 하면서 개인적으로는 물론 사회적으로 바람직한 고령화사회 대응책의 하나로 중년기 이후 30~40년 아니면 20~30년을 제3기 인생으로 정의하고, 제3기 인생을 제2의 성장 시기 또는 자기성취의 시기로 만들 수 있다는 의미에서 새로운 개념의 인생주기로 제3기 인생을 강조하였다. 그리고 그러한 제3기 인생은 시간이 지나 나이를 먹음으로 자연히 이루어지는 것이 아니라 제3기 인생을 미리 의식하고 설계하고 준비하고 실천함으로써 가능해진다는 것도 강조하였다.

제3기 인생의 개념과 발달과업은 개인의 단순한 철학적 사고나 신념이 아니라 사람들의 생애를 직접 관찰하여 연구한 결과에 의한 과학적이고 논리적인 주장이다. 그러므로 새로운 인생주기로서의 중년기나 노년기의 제3기 인생을 의미 있게 받아들이고, 계획하고 준비하여 실천가능하도록 노력하는 것은 고령화사회에서 받아들여야 할 마땅한 삶의 태도와 방법이라 할 수 있다.

표 18-3 제3기 인생 계획 요약표(예시)

연도(2012~2032)			12	13	14	15	161	17	183	197	20	21	22	23	24	25	26	27	28	29	30	31	32
가족 연령		본인	60	61	62	63	64	65	66	67	68	69	70	71	72	73	74	75	76	77	78	79	80
		배우자	55	56	57	58	59	60	61	62	63	64	65	66	67	68	69	70	71	72	73	74	75
가족 행사/이벤트			딸 결혼	정년 여행	아들 결혼	관광 여행	주택 수리	관광 여행		관광 여행		관광 여행	고희 잔치	관광 여행		관광 여행		고희 잔치	실버타운입주	관광 여행			
본인 계획		자유시간 활동	서예, 악기 배움						스포츠댄스				제3기 인생대학 교육										
		지역/자원 봉사활동	요양시설 봉사, 제3기 인생대학 봉사, 교회 전도 활동																				
		일(직업활동)	전일/시간제 일						시간제 일														
		가족관계	월 1회 가족모임, 가족 관광여행 3년 1회, 부부모임 참여																				
		친구/이웃 관계	초등동창, 고등동창, 동호회 월 1회 모임																				
		건강유지	게이트 볼, 미니골프 참여, 매일 만보걷기, 연 1회 건강검진																				
		주택	자녀와 별거, 주택수리, 실버타운 입주, 역모기지제도 이용																				
생활자금	수입	본인월급	900	900	900	900	900	900	800	800	800	800	600										
		배우자월급																					
		공적연금 본인	900	900	900	900	900	900	900	900	900	900	900	900	900	900	900	900	900	900	900	900	900
		공적연금 배우자																					
		개인연금 본인																					
		개인연금 배우자																					
		동산	600	600	600	600	600	600	600	600	600	600	600	600	6006	600	600	600	600	600	600	600	600
		부동산	900	900	900	900	900	900	900	900	900	900	900	900	900	900	900	900	900	900	900	900	900
		자녀지원금																					
		정부보조																					
		기타수입																					
		계(A)																					
	지출	생계비	900	900	900	900	900	900	800	800	800	800	800	700	700	700	700	700	700	700	700	700	700
		주거비																					
		의료비	100	100	100	100	100	100	120	120	120	120	120	120	120	120	120	120	150	150	150	150	150
		교육비																					
		세금	100	100	100	100	100	100	100	100	100	100	100	100	100	100	100	100	100	100	100	100	100
		개인용돈	360	360	360	360	3600	360	360	360	360	360	240	240	240	240	240	240	240	240	240	240	240
		건강유지비	240	240	240	240	240	240	240	240	240	240	240	300	300	300	300	300	300	300	300	300	300
		추가의료비	120	120	120	120	120	120	120	120	120	120	120	150	150	150	150	150	200	200	200	200	200
		여가·여행비	50	400	50	400	5000	400	50	400	50	400			500					500			
		경조사비	100	100	100	100	100	100	100	100	100	100	50	50	50	50	50	50	50	50	50	50	50
		자녀 생활/결혼 지원비	900	900	900	900	100	100	100	100	100	100											
		긴급비용	200	200	200	200	200	200	200	200	200	200	100	100	100	100	100	100	100	100	100	100	100
		기타 비용																					
		계(B)																					
	수입-지출 차이(A-B)																						

*생활자금 숫자의 단위는 1,000원임. 총계와 수지 차이는 계산하지 않았음.

참고문헌

강병근(2008). 노인인권보호에 관한 국제법적 논의. ***서울국제법연구***, 15, 2, 91-116.

경제기획원(1966, 1970, 1980). ***인구 및 총주택조사보고서***. 서울: 경제기획원.

고지희·김경태(2005). 고령화사회에 따른 노인교육프로그램의 활성화 방안에 관한 연구. ***장안논총***, 25, 180-241.

고용노동부(2010). 고령자 고용 현황.

고용노동부(2010). 정년제 운용 현황.

교육과학기술부(2002). 제1차 평생교육진흥종합계획(2002-2006).

교육과학기술부(2007). 제2차 평생교육진흥종합계획(2008-2012).

교육과학기술부·한국교육개발원(2010). ***한국 성인의 평생학습 실태***. 서울: 한국교육개발원.

국민건강보험공단(2010). 건강보장선진화를 위한 미래전략(2010 건강보장선진화위원회 활동보고서).

국민연금연구원(2006). 외국의 연금제도(연구보고서).

국민연금연구원(2007). 외국의 공공부조방식 노후소득보장제도(연구보고서).

권순정(2010). 일본 노인주거시설의 종류와 공급특성에 관한 연구. ***한국의료복지시설학회지***, 16, 3, 49-56.

기획예산처(2007). 2007년도 국가예산.

김기홍 외(2010). 고령인력 고용지원서비스 강화방안(한국직업능력개발원연구보고서).

김덕환 외(2005). ***노인복지와 공적요양보험: 독일의 수발보험 도입배경을 중심으로***. 서울: 신흥메드싸이언스.

김문길·김태완·전지현(2010). ***2010년 빈곤통계연보***. 서울: 한국보건사회연구원.

김미숙(2003). 일본의 공적개호보험제도의 문제점과 과제. ***노인복지연구***, 21, 239-261.

김미혜(2003). 인터넷신문에 나타난 노인이미지 분석: 오마이 뉴스를 중심으로. ***한국노년학***, 23, 1, 13-30.

김승희·김은숙 역(2006). ***일본의 복지정책***. 서울: 한울아카데미.

김영숙(2002). 중·고등학생의 노인이미지에 대한 도시와 농촌의 비교연구. ***한국노년학***, 21, 3: 75-89.

김용택(2001). 일본의 노인주택정책과 관련법. 한국노인문제연구소 편, ***주요 선진국의 노인주택정책***(pp. 149-210). 서울: 한국노인문제연구소.
김원종(2004). OECD 국가들의 인구고령화 파급효과 및 대응전략. ***OECD FOCUS***, 2004년 9월호, 47-59.
김지연(2009). 고령화사회의 노인평생교육 활성화방안에 관한 연구. 서울시립대학교 도시과학대학원 석사학위논문.
김철주·홍성대(2007). OECD국가 노인장기요양보호 체계 개혁방향: 비공식적 장기요양보호에 대한 보상 및 지원 제도화를 중심으로. ***노인복지연구***, 통권 35호, 231-251.
김형수·이원재(2003). 노후 건강 및 복지증진을 위한 평생교육프로그램 개발에 관한 연구. ***보건교육***, 20, 1, 1-12.
김혜승·강미나(2008). 주거수요분석에 기초한 노인주거지원 정책과제 연구(국토연구원 연구보고서).
남명희(2008). 한국 노인교육 프로그램 개발에 관한 연구: 가톨릭 시니어 아카데미를 중심으로. 명지대학교 사회복지대학원 석사학위논문.
대한민국정부(2008). 제1차 저출산고령사회 기본계획(보완판).
대한민국정부(2010). 제2차 저출산고령사회 기본계획.
문국현(2006). 고령화시대의 기업의 사회적 책임. 서울복지재단 주최 심포지엄 발표논문(2006. 9. 8. 서울 프레스센터).
문성웅 외(2008). 2008년도 외국의 보건의료체계와 의료보장제도 연구(국민건강보험공단 연구보고서).
박경란·이영숙(2001). 대학생이 갖고 있는 노인에 대한 고정관념 분석. ***한국노년학***, 21, 2, 71-83.
박성희(2006). 독일의 노인취업정책과 노인교육. ***인하교육연구***, 12, 109-131.
박창제·이상일·남현주·김혜경·최희경(2008). ***복지국가의 고령자 보건의료정책***. 고양: 공동체.
보건복지부(2006). 생활시설노인의 권리.
보건복지부(2006). ***국민건강영양조사(제3기)***(연구보고서). 과천: 보건복지부.
보건복지가족부·계명대학교산학협력단(2009). 2008년도 전국노인생활실태조사 및 복지욕구조사(보건복지가족부 용역보고서).
보건복지부(2009). 2009 노인보건복지사업지침서.
보건복지부(2011). 2010년 국민기초생활보장 수급자 현황.
보건복지부(2011). 2011년 노인보건복지 사업 안내.
보건복지부(2011). 2011년 노인복지시설현황.
서병숙·김수현(1999). 대학생의 노인에 대한 이미지연구. ***한국노년학***, 19, 2, 97-111.
선우덕 외(2005). 고령화 사회에서의 노인보건의료체계 구축방안(한국보건사회연구원 연구보고서).

신영석(2010). 사회보험의 현황과 과제: 기초노령연금의 재구조화와 건강보험 지속 가능성 중심으로. ***보건복지포럼*** (2010. 8), 48-54.
손정원·차지은(2008). 영국의 노인을 위한 주택정책. ***도시문제*** (2008년 8월), 92-98.
우채영(2004). 노인들의 학습참여에 따른 삶의 만족도 변화. 계명대학교 교육대학원 석사학위논문.
유병선(2006). ***고령사회의 노인주거복지 과제: 노인공동생활주택으로 해결하자***. 서울: 한국학술정보.
유해미(2006). 아동 양육 정책의 재편과 시민권의 변화. ***페미니즘연구***, 9-44.
윤석진(2006). 사회보장을 받을 권리의 법적 성격. ***중앙법학***, 8, 2, 57-91.
윤자영(2010). OECD 국가의 고령자 고용정책(베이비붐세대고용대책위원회 보고서).
이광석(2007). 영국 공공주택정책의 정책 방향과 한국에의 시사점. ***노인복지연구***, 37, 335-360.
이광재(2004). 노인요양보호제도에 관한 복지국가유형별 비교연구. 충남대학교 행정대학원 석사논문.
이광재(2007). ***노인요양보험제도의 이해***. 고양: 공동체.
이서영(2009). 일본 개호보험제도의 동향: 개호보험 시행 이후의 주요 개정내용을 중심으로. ***보건복지포럼***, 156, 90-99.
이선자(1989). 각 연령군별로 본 노인에 대한 태도의 심리학적 고찰. ***한국노년학***, 9, 79-91.
이석준(2001). 국가인권위원회의 사회복지적 의의와 과제. ***피해자학연구***, 11, 2, 131-164.
이소정·정경희·이윤경·한정란·유삼현(2008). 성공적인 제3기 인생 준비를 위한 사회적 기반조성(한국보건사회연구원 정책연구보고서).
이연숙 외(1993). 한국형 노인주택연구. 서울: 경춘사.
이인수(2000). 농촌지역 대학생의 노인에 대한 인식도 연구. ***한국노년학***, 20, 2, 123-135.
이인재 외(2005). 공공부문 노인적합형 일자리 개발(한국노인인력개발원 연구보고서).
이재홍(2010). 미국의 고령자 고용동향과 고용정책. 국제노동브리프(한국노동연구원).
이혜원(1999). 노인에 대한 사회복지사의 태도조사. ***한국사회복지학***, 20, 3, 115-127.
장복희(2003). 고령사회와 관련한 주요 국제기구에서의 논의와 실천과제. ***가톨릭법학***, 1, 219-246.
장영희(2007). ***고령화시대 노인주거복지 정책방안***. 서울: 한국시정개발연구원.
전병유 외(2005), 고용 없는 성장에 대한 대응전략연구(II)(한국노동연구원 연구보고서).
정경희·이윤경·이소정·이은진·조혜현(2008). ***국제적 관점에서 본 고령화 대응현황과 과제***. 서울: 한국보건사회연구원.
정경희 외 12인(2011). 베이비붐 세대 실태조사 및 정책 현황(한국보건사회연구원의 보건복지부 용역보고서)
정명숙(2006). 평생교육시설 노인교육 프로그램의 참가자 특성과 만족도에 관한 연구. 동아대학교 교육대학원 석사학위논문.
조선일보(2011). 71년생 돼지띠 남성들 94세 이상 산다(2011년 1월 3일자 보도 내용)
초의수(1998). 노인주거현실과 노인주거정책. 박광준 외 편. ***주택보장과 주택정책*** (pp. 129-158). 부산: 세종출판사.
최성재(2009). 수도권지역 중년기 이후세대의 노후생활 인식과 노인에 대한 인식. ***한국노년학***, 20, 3, 115-127.
최성재(2007). ***새로 시작하는 제3기 인생***. 서울: 서울대학교출판문화원.
최성재·장인협(2010). ***고령화사회의 노인복지학***. 서울: 서울대학교출판문화원.
최은영·권순만·김찬우·강주희(2005). ***OECD 국가의 노인장기요양서비스 체계 비교와 정책적 함의***. 서울: 한국보건사회연구원.
최재천(2010). 사회 고령화와 노인인권. 국가인권위원회 편, ***노인인권논문집***(pp. 3-39).
KBS 방송문화연구소(2011). 노후생활에 대한 의식조사 보고서.
통계청(1995). ***통계로 본 한국의 발자취***. 대전: 통계청.
통계청(2006). ***장래인구 추계(2005-2050)***.. 대전: 통계청.
통계청(2008). 2008 고령자 통계.
통계청(2010). 경제활동인구조사.
통계청(2010). 경제활동 인구조사(청년층 및 고령자 부가조사 결과).
통계청(2011). 2011년 고령자 통계.
하성규(1998). 인간다운 생활과 주거권. 박광준 외 편. ***주택보장과 주택정책*** (pp. 11-34). 부산: 세종출판사.
한국노총중앙연구원(2009). 주요국 노후보장체계와 퇴직연금의 역할정립 방안(연구보고서).
한국보건사회연구원(2009). 한국의 사회복지지출추계와 OECD 국가의 노후소득보장체계(연구고서).
한정란(2007). ***노인교육의 이해***. 서울: 학지사.
한정란(2000). 대학생들의 노인에 대한 태도에 관한 연구. ***한국노년학***, 20, 3, 115-127.
한정란·박성희·원영희·최일선(2008). 노인교육의 체계화 및 활성화방안 연구(보건복지가족부 정책연구 용역사업 보고서).
허정무(2007). ***노인교육학 개론***. 서울: 양서원.
홍일선(2007). 고령사회를 대비한 헌법적 논의. ***공법학연구***, 9, 2, 139~180.
駒村康平(2005). 福祉の 總合政策. 東京: 創成社(김승희·김은숙 역[2006]. ***일본의 복지정책***. 서울: 한울아카데미).
內海洋一 編著(1993). ***高齢者社會政策***. 東京: ミネルヴア書房.
日本內閣府(2009). ***高齢社會白書***. 東京: 內閣府.
日本國立社會保障·人口問題研究所(2000). ***人口統計資料集***. 東京: 日本國立社會保障·人口問題研究所.

Anderson, R. E. & Carter, I. (1990). ***Human behavior in the social environment : A social systems approach*** (4th ed.). Hawthorne, NY : Aldine de Gruyter.

Atchley, R. C. & Barusch A. S. (2004). ***Social forces & aging : An introduction to social gerontology*** (10th ed.). Belmont, CA: Wadsworth.

Baltes, M. M., Mass, I., Wihms, H. U., Borchett, M. & Little, T. D. (1999). Everyday competence in old age and very old age : Theoretical considerations and empirical findings. In P. B. Baltes & K. U. Mayer (Eds.), ***The Berlin aging study*** (pp. 384-402). New York: Cambridge University Press.

Bauman Z. (1988). ***Freedom.*** Milton Keynes, U. K.: Open University Press. (문성원 역 [2002]. *자유.* 서울 : 도서출판 이후).

Belwal, U. & Haight, J. M. (2006). Designing for an aging workforce (Paper presented at a seminar session of Pennsylvania State University).

Birren, J. E. & Perlmutter, M. A. (1990). Measuring our psychological performance. In R. N. Buttler, M. Oberlink, & M. Schechter (Eds.), ***The promise of productive aging : From biology to social policy*** (pp. 48-69). New York: Springer Publishing Co.

Butler, R. N. (1969). Ageism: Another form of bigotry. ***The Gerontologist***, 9, 243-246.

Butler, R. N., Oberlink, M. R. & Schechter (Eds.). (1990). ***The promise of productive aging.*** New York : Springer Publishing Company.

Butler, R. N. (1990). Comment (p. 106) in the concluding discussion led by A. Svangvorg. In R. N. Buttler, M. Oberlink, & M. Schechter (Eds.), ***The promise of productive aging : From biology to social policy*** (pp. 48-69). New York : Springer Publishing Co.

Cavanaugh, J. C. & Blanchard-Fields, F. (2002). ***Adult development and aging*** (4th ed.). Belmont, CA : Wadsworth/Thomson Learning.

Cavanaugh, J. & Blanchard-Fields (2006). ***Adult development and aging.*** Belmont, CA : Wadsworth.

Chan, G. & Tan, V. & Koh, S. (2000). Ageing and fitness to work. ***Occupational Medicine***, 50, 7, 483-91.

Colombo et al.(2011). ***Help wanted : Providing and paying for long-term care.*** Paris : OECD.

Costa, G. & Sartori, S. (2007). Ageing, working hours and work ability. ***Ergonomics***, 50, 11, 1914-1930.

Cowgill, D. O. & Holmes, L. D. (1972). ***Aging and modernization.*** New York : Appleton-Century-Croft.

Cowgill, D. O. (1986). ***Aging around the world.*** Belmont, CA : Wadsworth Publishing Co.

Department of Communities and Local Government (DCLG), U. K (2006). ***Quality and***

choice for older people's housing: a strategic framework.

Department of Communities and Local Government (DCLG), U. K (2008). ***The code for sustainable homes: setting the standard in sustainability for new homes.***

Du, Peng & Yang Hui. 2010. China's population ageing and active ageing. ***China Journal of Social Work***, 3, 2-3, 139-152.

Erikson, E. H. (1963). ***Childhood and society*** (2nd. ed.). New York : W. W. Norton & Co.

Erikson, E. H. (1997). ***The life cycle completed : Extended version with new chapters on ninth stage of development by Joan M. Erikson.*** New York : W. W. Norton & Co.

Fredman, S. (2008). ***Human rights transformed : Positive rights and positive duties***. New York: Oxford University Press. (조효제 역 [2009]. ***인권의 대전환 : 인권공화국을 위한 법과 국가의 역할***. 서울 : 교양인).

Glass, T. A. et al. (1995). Change in productive activity in late adulthood : MacArthur studies of successful aging. ***Journal of Gerontology, SOCIAL SCIENCES,*** 50B(2), S65-S76.

Gulnick, J. M. (1985). Determinants of functional health status in the elderly. Unpublished doctoral dissertation. University of California, Berkeley.

Habib, P. (1990). Population aging and the economy. In R. H. Binstock & L. K. George (Eds.), ***Handbook of the aging and the social sciences*** (3rd ed.) (pp. 328-345). San Diego : Academic Press.

Harris, D. K. & Cole, W. E. (1980). ***Sociology of aging.*** Boston : Horton Mifflin Harcourt (최신덕 역 [1985]. ***노년사회학***. 서울 : 경문사).

Hechinger, F. M. 1986. About education, college for the elderly: a Japanese model. ***The New York Times*** (1986년 3월 4일자).

Heckenhausen, J., Dixon, R. A. & Baltes, P. B. Gains and losses in development through adulthood as perceived by different adult age groups. ***Developmental Pychology,*** 25, 109-121.

Hoover, S. L. & Siegel, J. S. (1986). International demographic trends and perspectives on aging. ***Journal of Cross-Cultural Gerontology***, 1, 2, 5-30.

Horn J. L. & Cattell, R. B. (1966). Refinement and test of the theory of fluid and crystallized intelligence. ***Journal of Educational Psychology***, 57, 253-270.

Hummert, M. I. (1999). A social cognitive perspective on age stereotypes. In T. M. Hess & F. Blandchard-Fields (Eds.), ***Social cognition and aging*** (pp. 175-196). San Diego : Academic Press.

Hutchison, T., Morrison, P. P. & Mihailovich, K. (2006). A review of the literature on active ageing(A research paper prepared for the Department of Health and Ageing, Australian Government).

Hunt, L. (2008). ***Inventing human rights: A history.*** New York : W. W. Norton & Co. (전진성 역 [2009]. ***인권의 발명.*** 서울 : 돌베개).

Hutchison, T., Morrison, P. P. & Mikhailovich (2006). ***A review of the literature on active ageing.*** Canberra, Austrlaia : Healthpact Research Centre for Health Promotion and Wellbeing, University of Canberra.

Ilmarinen, J. E. (2001). Aging workers. ***Occupational and Environmental Medicine***, 58, 546-552.

Izumi, H. (2006). Housing for seniors in Japan : Policy Issues and directions. In proceedings of policy forum on low fertility and ageing society held in Seoul on September 13-14, 2006.

Jansen, T., Chioncel, N. & Dekkers, H. (2006). Social cohesion and integration : learning active citizenship. ***British Journal of Sociology of Education***, 27, 2, 189-205.

Kahn, A. J. & Kammerman, S. B. (1976). ***Social service in international perspective.*** Washington, DC : DHEW.

Kahn, A. J. (1979). ***Social policy and social services*** (2nd. ed.). New York : Random House.

Koning, J. D.(2007). Is the changing Pattern in the use of active labour market policies consistent with what evaluation tell us about their relative performance? In Koning, J. D. (ed.), ***The evaluation of active labour market policies - Measures, public private partnership and benchmarking.*** Northampton, MA : Edward Elgar.

LaPierre, T. A. & Hughes, M. E. (2009). Population aging in Canada and the United States. In P. Uhlenberg (Ed.), ***International handbook of population aging*** (pp. 191-230). New York : Springer Publication Co.

Larson, R. (1978). Thirty years of research on the subjective well-being of older Americans. ***Journal of Gerontology***, 33, 1, 109-123.

Laslett, P. (1989). ***A Fresh map of life***. Cambridge: Harvard University Press.

Lindauer, M. S. et al. (1997). Aging artists on the creativity of their old age. ***Creative Research Journal***, 10, 2-3, 133-152.

Marshall, T. H. (1950). ***Citizenship and social class and other essays.*** Cambridge : Cambridge University Press.

McLaughlin, T. and Mills, A. (2008). Where will we live when we get older? ***Quality in Ageing***, 9, 3, 15-21.

Meager, N. (2007). Recent developments in active labour market policies in the UK : the shifting focus from unemployment to inactivity. In J. D. Koning, (Ed.), ***The evaluation of active labour market policies - Measures, public private partnership and***

***benchmarking* (pp. 117-146).** Northampton, MA : Edward Elgar.

MHLW(Ministry of Health, Labour and Welfare), Japan (2008). ***Employment measures for older people in Japan.*** Tokyo : MHLW.

Montepare, J. N. & Zebrowitz, L. A. (2002). A Social-developmental view of ageism. In T. D. Nelson (Ed.), ***Ageism : Stereotyping and prejudice against older persons*** (pp. 78-125). Cambridge, MA : MIT Press.

Moody, H. R. (2006). ***Aging : Concepts and controversies*** (5th. ed.). London : Pine Forge Press.

Mullan, P. (2002). ***The imaginary time bomb : Why an aging population is not a social problem***. London : I. B. Tauris Publishers.

Nicaise, I. (2007). Active labour market policies & social inclusion : The case of flemish social enterprises. IN J. D. Koning (Ed.), ***The evaluation of active labour market policies - Measures, public private partnership and benchmarking (pp. 147-166).*** Northampton, MA : Edward Elgar.

Northcott, H. C. (1994). Public perceptions of the population ageing crisis. ***Canadian Public Policy***, 20, 1, 66-77.

OECD (2004). ***Ageing and employment policies Korea 2004***. Paris : OECD.

OECD (2005). ***Long-term care for older people***. Paris : OECD.

OECD (2005). ***Live longer, work longer***. Paris : OECD.

OECD (2007). ***Health data.*** Paris : OECD.

OECD (2007). Pension reform : The Unfinished agenda (OECD policy brief).

OECD (2009). ***Pension at a Glance 2009 : Retirement-income systems in OECD countries***. Paris : OECD.

OECD (2009). ***Policies for healthy ageing: An overview***. Paris : OECD.

OECD (2009). ***Society at a glance***. Paris : OECD.

OECD (2010). ***OECD factbook 2010***. Paris : OECD.

OECD (2010). ***Health data 2007***. Paris : OECD.

OECD (2011). Paying for the past, providing for the future: Intergenerational Solidarity (Background paper of session 3 for the OECD Ministerial on Social Policy held in Paris on May 2-3, 2011).

OECD (2011). ***Pension at a glance***. Paris : OECD.

OECD (2011a). ***Pension reforms must deliver affordable and adequate benefits, warns OECD***. http://www.oecd.org/documentprint

OECD (2011b). ***Society : Spending for seniors to double or more by 2050, says OECD***. http://www.oecd.org/documentprint

Oster, S. M. & Hamermesh, D. S. (1998). Aging and productivity among economists.

Review of Economics and Statistics, 1, 154-156.

Ostiguy, L., Hopp, T. & McNeil, R. (1997). Participation in lifelong learning programs by older adults. ***Ageing International,*** Fall 1997/Winter 1998, 10-23.

Palmore, E. (1990). ***Ageism : Negative and positive***. New York : Springer Publishing Co.

Purcell, P. (2009). Older workers : Employment and retirement trends. CSR Report for congress) (http://www.crs.gov).

Riley, M. W. & Forner, A. (1968). ***Aging and society, Vol. 1 : An inventory research findings***. New York : Russell Sage Foundation.

Riley, M. W. (1994). Ageing and society : past, present and future. ***The Gerontologist***, 34, 436-446.

Rowe, J. W. (1990). Physical condition and physical performance in older persons. In R. N. Buttler, M. Oberlink, & M. Schechter (Eds.), ***The promise of productive aging : From biology to social policy*** (pp. 48-69). New York : Springer Publishing Co.

Rowe J. & Kahn, R. (1998). ***Successful aging***. New York : Dell Publishing

Sadler, W. (2000). ***The third age : 6 principles for growth and renewal after forty***. Cambridge, MA : Da Capo Press [김경숙 역. 서드 에이지 : 마흔 이후 30년. 서울 : 사이].

Settersten, Jr. R. A. (2003). Propositions and Controversies in Life-Course Scholarship. In R. A. Settersten, Jr. (Ed.), ***Invitation to the life course : Toward new understandings of later life*** (pp. 15-45). Amityville, NY : Baywood Publishing Company.

Stolitz, G. J. (1968). A century of international mortality trends. In C. B. Nam (Ed.), ***Population and society*** (pp. 124-151). Boston : Houghton Mifflin.

Strehler (1977). ***Time, cells and aging*** (2nd ed.). New York : Academic Press.

Taqi, A(2002). Older people, work and equal opportunity. ***International Social Security Review***, 55, 1, 107-122.

Tinker, A. (2006). Housing policy for older people in the UK. In proceedings of policy forum on low fertility and ageing society held in Seoul on September 13-14, 2006.

Turner, J. H. (2003). ***The Structure of sociological theory*** (7th ed.). Belmont, CA : Wadsworth/Thomson Learning.

United Nations (Department of Social and Economic Affairs) (1956). ***Population Studies, No. 26*** (The aging populations and its economic and social implications). New York : United Nations.

United Nations (1993, 2000). ***The sex and age distribution of world population***. New York : United Nations.

United Nations (2002). ***Report of the second world assembly on ageing, March 8-12, 2002***. New York : United Nations.

United Nations. (2007). ***World population prospects: The 2006 revision***. New York : United Nations.

United Nations (2010). ***Follow-up to the second world assembly on ageing***. Report of the Secretary-General (A/65/158).

United Nations Center for Human Rights. (2005). ***Human rights and social work***. New York: United Nations (이혜원 역 [2005]. *인권과 사회복지실천*. 서울 : 학지사).

Vaillant, G. E. (2002). ***Aging well***. Boston: Little, Brown and Company.

Wacker, R. R. & Roberto, K. A. (2008). ***Community resources for older adults : Programs and services in an era of change.*** Los Angeles, CA : Sage Publications.

Walker, A. (2002). A strategy for active ageing. ***International Social Security Review***, 55, 1, 121-139.

Warwick Institute for Employment Research, University of Warwick, and Economic Research & Consulting. (2006). ***Ageing and employment: Identification of good practice to increase job opportunities and maintain older workers in employment***. Brussel : European Commission.

Weeks, J. R. (2005). ***Population: An introduction to concepts and issues*** (9th ed.). Belmont, CA : Wadsworth/Thompson Learning.

Whiteford, P. & Whitehouse, E. (2006). Pension challenges and pension reforms in OECD Countries. ***Oxford Review of Economic Policy***, 22, 1, 78-94.

Whitbourne, S. K. (1986). The psychological construction of the life span. In J. E. Birren & K. W. Schaie (Eds.), ***Handbook of the psychology of aging*** (pp. 594-618). New York : Van Nostrand Reinhold.

WHO. (2002). ***Active ageing : A policy framework***. Geneva : WHO.

Williamson, J. B. & Watts-Roy, D. M. (1999). Framing the generational equity debate, In J. B. Williamson, D. M Watts-Roy Eds.), ***The Generation equity debate*** (pp. 3-37). New York : Columbia University Press.

Woolf, L. M. ***Ageism***. (2008). (www.webster.edu/~woolflm/ageism.html).

http://www.roadscholar.org

http://blog.daum.net/_blog/hdn/ArticleContentsView.do

찾아보기

ㄴ

ㄷ

ㄹ

ㅁ

ㅂ

ㅇ

ㅈ

ㅊ

ㅋ

ㅌ

ㅍ

ㅎ

■ 집필자 소개(장별 집필 순)

최성재

서울대학교 사회복지학과 교수(현재)

서울대학교 사회복지학과 졸업(학사)

미국 Washington University 사회사업대학원 수료(석사)

미국 Case Western Reserve University 응용사회과학대학원 수료(사회복지학박사)

국제노년학·노인의학회 아태지역 회장

한국사회복지학회장

한국노년학회장

한국사회복지대학교육협의회 회장

대통령직속 저출산고령사회위원회 위원

국제노년학·노인의학회 차기 부회장 겸 사무총장(2013~2017년)

저서 : 『고령화사회의 노인복지학』(공저), 『사회복지행정론(공저), 『사회복지조사방법론』, 『사회문제와 사회복지』(공편), 『사회복지자료분석론』 외 다수

우국희

서울기독대학교 사회복지학과 교수(현재)

서울대학교 인류학과 졸업(학사)

서울대학교 대학원 사회복지학과 수료(석사)

서울대학교 대학원 사회복지학과 수료(박사)

한국노인복지학회 이사

국민건강보험공단 장기요양등급판정위원

은평구 지역사회복지대표협의체위원

국가인권위 노인정책자문위원

저서 : 『가족복지론』(공저), 『인간행동과 사회환경』(공저), 「고령화시대의 노인과 위험담론」, 「중고령이주노동자들의 특성 및 죽음불안」, 「부적절한 실천과 사회복지사의 윤리적 책임」 외 논문 다수

신 원 우
협성대학교 사회복지학과 교수(현재)
서울대학교 사회복지학과 졸업(학사)
서울대학교 대학원 사회복지학과 수료(석사)
서울대학교 대학원 사회복지학과 수료(사회복지학박사)

저서 : 『지역사회복지론』(공저), 『한국사회복지의 현실과 선택』(공저), 「노숙인 음주문제의 변화」

남 기 철
동덕여자대학교 사회복지학과 교수(현재)
서울대학교 사회복지학과 졸업(학사)
서울대학교 대학원 사회복지학과 수료(석사, 박사)
한국노인인력개발원 학술위원
참여연대 사회복지위원회 실행위원
서울사회복지협의회 교육자문위원
서울복지시민연대 대표
서울지역자활센터협회 이사

저서 : 『노숙인복지론』, 『노숙인과 사회복지실천』, 『자원봉사론－사회복지전달체계의 개편과 민관협력』(공저), 『전환기의 한국복지패러다임』(공저), 『한국 사회복지의 현실과 선택』(공저), 『사회복지실천의 기법과 지침』(공역) 외 다수

유 채 영
충남대학교 사회복지학과 교수(현재)
서울대학교 사회과학대학 사회복지학과 졸업(학사)
서울대학교 대학원(석사과정) 사회복지학과 수료(석사)
서울대학교 대학원(박사과정) 사회복지학과 수료(박사)
한국중독전문가협회 회장
법무부 약물비행 예방 및 치료 분야 지도위원
청소년보호위원회 정책자문위원
보건복지부 알코올상담센터 기술지원위원
사행산업통합감독위원회 중독예방치유센터 기술지원위원

저서 : 『사회복지실천분야론』(공저), 『사회복지 윤리와 철학』(공저), 『가족복지론』(공저), 『사회복지학개론』(공저), 『중독재활총론』(공저) 외

김용득
성공회대학교 사회복지학과 교수(현재)
서울대학교 사회복지학과 졸업(학사)
서울대학교 대학원 사회복지학과 수료(석사)
서울대학교 대학원 사회복지학과 수료(박사)
한국장애인복지학회 수석부회장(현재)
한국사회복지학회 학술위원장(현재)

저서 : 『한국장애인복지의 이해』(공저), 『사회복지서비스와 공급체계－쟁점과 대안』(공저), 『장애인의 시민권과 영국의 지역사회보호』(역서) 등

이인재
한신대학교 재활학과 교수(현재)
서울대학교 사회복지학과 졸업(학사)
서울대학교 대학원 사회복지학과 수료(석사)
서울대학교 대학원 사회복지학과 수료(박사)
한국사회서비스학회장(현재)
경기복지시민연대 공동대표(현재)

저서 : 『한국지역복지실천론』, 『사회보장론』(공저) 등

성정현
협성대학교 사회복지학과 교수(현재)
연세대학교 사회사업학과 졸업(학사)
서울대학교 사회과학대학원 사회복지학과 수료(석사)
서울대학교 사회과학대학원 사회복지학과 수료(박사)

저서 : 『가족복지론』(공저), 『여성복지론』(공저), 『이혼과 가족조정』(공역) 외 다수